Laura S. Palú.

Obras completas
Sigmund Freud

Volumen 4

Obras completas

Sigmund Freud

Ordenamiento, comentarios y notas de James Strachey
con la colaboración de Anna Freud,
asistidos por Alix Strachey y Alan Tyson

Traducción directa del alemán de José L. Etcheverry

Volumen 4 (1900)

La interpretación de los sueños (primera parte)

Amorrortu editores

Indice general

Volumen 4

xi   Advertencia sobre la edición en castellano
xiv   Lista de abreviaturas

1   **La interpretación de los sueños (1900 [1899])**

3   Introducción, *James Strachey*
17   *La interpretación de los sueños*

17   Advertencia (a la primera edición)
19   Prólogo a la segunda edición
21   Prólogo a la tercera edición
23   Prólogo a la cuarta edición
24   Prólogo a la quinta edición
25   Prólogo a la sexta edición
26   Prólogo a la octava edición
27   Prólogo a la tercera edición inglesa (revisada)

29   I. La bibliografía científica sobre los problemas del sueño

34   A. Relación del sueño con la vida de vigilia
38   B. El material del sueño. La memoria en el sueño
48   C. Estímulos y fuentes del sueño
      1. Los estímulos sensoriales exteriores, 48
      2. Excitación sensorial interior (subjetiva), 56
      3. Estímulo corporal interno (orgánico), 58
      4. Fuentes psíquicas de estímulo, 64
68   D. ¿Por qué olvidamos el sueño una vez despiertos?
72   E. Las particularidades psicológicas del sueño
89   F. Los sentimientos éticos en el sueño
98   G. Teorías sobre el sueño y función del sueño
110 H. Relaciones entre el sueño y las enfermedades mentales

115 Apéndice de 1909
117 Apéndice de 1914

118   II. El método de la interpretación de los sueños. Análisis de un sueño paradigmático

142   III. El sueño es un cumplimiento de deseo

153   IV. La desfiguración onírica

180   V. El material y las fuentes del sueño

182   A. Lo reciente y lo indiferente en el sueño
204   B. Lo infantil como fuente de los sueños
233   C. Las fuentes somáticas del sueño
252   D. Sueños típicos
         (α) El sueño de turbación por desnudez, 253
         (β) Los sueños de la muerte de personas queridas, 258
         [(γ) Otros sueños típicos], 279
         [δ] El sueño de examen, 281

285   VI. El trabajo del sueño

287   A. El trabajo de condensación
311   B. El trabajo de desplazamiento {descentramiento}
316   C. Los medios de figuración del sueño

Volumen 5

345   D. El miramiento por la figurabilidad
356   E. La figuración por símbolos en el sueño. Otros sueños típicos
407   F. Ejemplos. Cuentas y dichos en el sueño
426   G. Sueños absurdos. Las operaciones intelectuales en el sueño
458   H. Los afectos en el sueño
485   I. La elaboración secundaria

504   VII. Sobre la psicología de los procesos oníricos

507   A. El olvido de los sueños
527   B. La regresión
543   C. Acerca del cumplimiento de deseo
565   D. El despertar por el sueño. La función del sueño. El sueño de angustia

578   E. El proceso primario y el proceso secundario. La represión
598   F. Lo inconciente y la conciencia. La realidad

609   Apéndice A. Una premonición onírica cumplida

613   **Sobre el sueño (1901)**

615   Nota introductoria, *James Strachey*
617   *Sobre el sueño*

669   Apéndice B. Escritos de Freud que versan predominantemente o en gran parte sobre el sueño

671   Bibliografías e índice de autores

A. Indice de autores y lista de trabajos que se mencionan en el texto, 672
B. Lista de otras obras sobre sueños publicadas antes de 1900, 700

707   Indice de sueños
713   Indice de símbolos
715   Indice alfabético

Advertencia sobre la edición en castellano

El presente libro forma parte de las *Obras completas* de Sigmund Freud, edición en 24 volúmenes que ha sido publicada entre los años 1978 y 1985. En un opúsculo que acompaña a esta colección (titulado *Sobre la versión castellana*) se exponen los criterios generales con que fue abordada esta nueva versión y se fundamenta la terminología adoptada. Aquí sólo haremos un breve resumen de las fuentes utilizadas, del contenido de la edición y de ciertos datos relativos a su aparato crítico.

La primera recopilación de los escritos de Freud fueron los *Gesammelte Schriften*,[1] publicados aún en vida del autor; luego de su muerte, ocurrida en 1939, y durante un lapso de doce años, aparecieron las *Gesammelte Werke*,[2] edición ordenada, no con un criterio temático, como la anterior, sino cronológico. En 1948, el Instituto de Psicoanálisis de Londres encargó a James B. Strachey la preparación de lo que se denominaría *The Standard Edition of the Complete Psychological Works of Sigmund Freud*, cuyos primeros 23 volúmenes vieron la luz entre 1953 y 1966, y el 24º (índices y bibliografía general, amén de una fe de erratas), en 1974.[3]

La *Standard Edition*, ordenada también, en líneas generales, cronológicamente, incluyó además de los textos de Freud el siguiente material: 1) Comentarios de Strachey previos a cada escrito (titulados a veces *«Note»*, otras *«Introducción»*).

---

[1] Viena: Internationaler Psychoanalytischer Verlag, 12 vols., 1924-34. La edición castellana traducida por Luis López-Ballesteros (Madrid: Biblioteca Nueva, 17 vols., 1922-34) fue, como puede verse, contemporánea de aquella, y fue también la primera recopilación en un idioma extranjero; se anticipó así a la primera colección inglesa, que terminó de publicarse en 1950 (*Collected Papers*, Londres: The Hogarth Press, 5 vols., 1924-50).

[2] Londres: Imago Publishing Co., 17 vols., 1940-52; el vol. 18 (índices y bibliografía general) se publicó en Francfort del Meno: S. Fischer Verlag, 1968.

[3] Londres: The Hogarth Press, 24 vols., 1953-74. Para otros detalles sobre el plan de la *Standard Edition*, los manuscritos utilizados por Strachey y los criterios aplicados en su traducción, véase su «General Preface», vol. 1, págs. xiii-xxii (traducido, en lo que no se refiere específicamente a la lengua inglesa, en la presente edición como «Prólogo general», vol. 1, págs. xv-xxv).

2) Notas numeradas de pie de página que figuran entre corchetes para diferenciarlas de las de Freud; en ellas se indican variantes en las diversas ediciones alemanas de un mismo texto; se explican ciertas referencias geográficas, históricas, literarias, etc.; se consignan problemas de la traducción al inglés, y se incluyen gran número de remisiones internas a otras obras de Freud. 3) Intercalaciones entre corchetes en el cuerpo principal del texto, que corresponden también a remisiones internas o a breves apostillas que Strachey estimó indispensables para su correcta comprensión. 4) Bibliografía general, al final de cada volumen, de todos los libros, artículos, etc., en él mencionados. 5) Indice alfabético de autores y temas, a los que se le suman en ciertos casos algunos índices especiales (p.ej., «Indice de sueños», «Indice de operaciones fallidas», etc.).

El rigor y exhaustividad con que Strachey encaró esta aproximación a una edición crítica de la obra de Freud, así como su excelente traducción, dieron a la *Standard Edition* justo renombre e hicieron de ella una obra de consulta indispensable.

La presente edición castellana, traducida directamente del alemán,[4] ha sido cotejada con la *Standard Edition*, abarca los mismos trabajos y su división en volúmenes se corresponde con la de esta. Con la sola excepción de algunas notas sobre problemas de traducción al inglés, irrelevantes en este caso, se ha recogido todo el material crítico de Strachey, el cual, como queda dicho, aparece siempre entre corchetes.[5]

Además, esta edición castellana incluye: 1) Notas de pie de página entre llaves, identificadas con un asterisco en el cuerpo principal, y referidas las más de las veces a problemas propios de la traducción al castellano. 2) Intercalaciones entre llaves en el cuerpo principal, ya sea para reproducir la palabra o frase original en alemán o para explicitar ciertas variantes de traducción (los vocablos alemanes se dan en nominativo singular, o tratándose de verbos, en infinitivo). 3) Un «Glosario alemán-castellano» de los principales términos especializados, anexo al antes mencionado opúsculo *Sobre la versión castellana*.

Antes de cada trabajo de Freud, se consignan en la *Standard Edition* sus sucesivas ediciones en alemán y en inglés; por nues-

---

[4] Se ha tomado como base la 4ª reimpresión de las *Gesammelte Werke*, publicada por S. Fischer Verlag en 1972; para las dudas sobre posibles erratas se consultó, además, Freud, *Studienausgabe* (Francfort del Meno: S. Fischer Verlag, 11 vols., 1969-75), en cuyo comité editorial participó James Strachey y que contiene (traducidos al alemán) los comentarios y notas de este último.

[5] En el volumen 24 se da una lista de equivalencias, página por página, entre las *Gesammelte Werke,* la *Standard Edition* y la presente edición.

tra parte proporcionamos los datos de las ediciones en alemán y las principales versiones existentes en castellano.[6]

Con respecto a las grafías de las palabras castellanas y al vocabulario utilizado, conviene aclarar que: *a*) En el caso de las grafías dobles autorizadas por las Academias de la Lengua, hemos optado siempre por la de escritura más simple («trasferencia» en vez de «transferencia», «sustancia» en vez de «substancia», «remplazar» en vez de «reemplazar», etc.), siguiendo así una línea que desde hace varias décadas parece imponerse en la norma lingüística. Nuestra única innovación en este aspecto ha sido la adopción de las palabras «conciente» e «inconciente» en lugar de «consciente» e «inconsciente», innovación esta que aún no fue aprobada por las Academias pero que parecería natural, ya que «conciencia» sí goza de legitimidad. *b*) En materia de léxico, no hemos vacilado en recurrir a algunos arcaísmos cuando estos permiten rescatar matices presentes en las voces alemanas originales y que se perderían en caso de dar preferencia exclusiva al uso actual.

Análogamente a lo sucedido con la *Standard Edition*, los 24 volúmenes que integran esta colección no fueron publicados en orden numérico o cronológico, sino según el orden impuesto por el contenido mismo de un material que debió ser objeto de una amplia elaboración previa antes de adoptar determinadas decisiones de índole conceptual o terminológica.[7]

---

[6] A este fin entendemos por «principales» la primera traducción (cronológicamente hablando) de cada trabajo y sus publicaciones sucesivas dentro de una colección de obras completas. La historia de estas publicaciones se pormenoriza en *Sobre la versión castellana*, donde se indican también las dificultades de establecer con certeza quién fue el traductor de algunos de los trabajos incluidos en las ediciones de Biblioteca Nueva de 1967-68 (3 vols.) y 1972-75 (9 vols.).

En las notas de pie de página y en la bibliografía que aparece al final del volumen, los títulos en castellano de los trabajos de Freud son los adoptados en la presente edición. En muchos casos, estos títulos no coinciden con los de las versiones castellanas anteriores.

[7] El orden de publicación de los volúmenes de la *Standard Edition* figura en *AE*, 1, pág. xxi, *n.* 7. Para esta versión castellana, el orden ha sido el siguiente: 1978: vols. 7, 15, 16; 1979: vols. 4, 5, 8, 9, 11, 14, 17, 18, 19, 20, 21, 22; 1980: vols. 2, 6, 10, 12, 13, 23; 1981: vols. 1, 3; 1985: vol. 24.

Lista de abreviaturas

(Para otros detalles sobre abreviaturas y caracteres tipográficos, véase la aclaración incluida en la bibliografía, *infra*, 5, pág. 671.)

AE   Freud, *Obras completas* (24 vols., en curso de publicación). Buenos Aires: Amorrortu editores, 1978–.

BN   Freud, *Obras completas*. Madrid: Biblioteca Nueva.*

EA   Freud, *Obras completas* (19 vols.). Buenos Aires: Editorial Americana, 1943-44.

GS   Freud, *Gesammelte Schriften* (12 vols.). Viena: Internationaler Psychoanalytischer Verlag, 1924-34.

GW   Freud, *Gesammelte Werke* (18 vols.). Volúmenes 1-17, Londres: Imago Publishing Co., 1940-52; volumen 18, Francfort del Meno: S. Fischer Verlag, 1968.

RP   *Revista de Psicoanálisis*. Buenos Aires: Asociación Psicoanalítica Argentina, 1943–.

SA   Freud, *Studienausgabe* (11 vols.). Francfort del Meno: S. Fischer Verlag, 1969-75.

SE   Freud, *The Standard Edition of the Complete Psychological Works* (24 vols.). Londres: The Hogarth Press, 1953-74.

SR   Freud, *Obras completas* (22 vols.). Buenos Aires: Santiago Rueda, 1952-56.

Sexualtheorie und Traumlehre   Freud, *Kleine Schriften zur Sexualtheorie und zur Traumlehre*. Viena, 1931.

---

* Utilizaremos la sigla *BN* para todas las ediciones publicadas por Biblioteca Nueva, distinguiéndolas entre sí por la cantidad de volúmenes: edición de 1922-34, 17 vols.; edición de 1948, 2 vols.; edición de 1967-68, 3 vols.; edición de 1972-75, 9 vols.

La interpretación de los sueños
(1900 [1899])

«Flectere si nequeo superos, Acheronta movebo».[1]

Introducción

Die Traumdeutung

Ediciones en alemán *

1900   Leipzig y Viena: Franz Deuticke, iv + 375 págs.
1909   2ª ed. La misma editorial, vii + 389 págs. (Corregida y aumentada.)
1911   3ª ed. La misma editorial, x + 418 págs. (Corregida y aumentada.)
1914   4ª ed. La misma editorial, x + 498 págs. (Corregida y aumentada.)
1919   5ª ed. La misma editorial, ix + 474 págs. (Corregida y aumentada.)
1921   6ª ed. La misma editorial, vii + 478 págs. (Reimpresión de la 5ª ed., con excepción de un nuevo prólogo y de correcciones en la bibliografía.)
1922   7ª ed. La misma editorial, vii + 478 págs. (Reimpresión de la 6ª ed.)
1925   GS, **2**, 543 págs., y **3**, págs. 1-185. (Corregida y aumentada.)
1930   8ª ed. Leipzig y Viena: Franz Deuticke, x + 435 págs. (Corregida y aumentada.)
1942   GW, **2-3**, xv + 642 págs. (Reimpresión de la 8ª ed.)
1972   SA, **2**, 693 págs.

«Preface to the Third (Revised) English Edition»

(1931   Fecha de redacción.)
1932   Londres: George Allen & Unwin; Nueva York: The Macmillan Co.

---

* {A partir de la edición de 1925 (*GS*), fueron incorporados total o parcialmente al texto tres trabajos de Freud que habían sido publicados originariamente por separado; ellos son: «Un ejemplo típico de sueño edípico disfrazado» (1910*l*), «Agregados a la interpretación de los sueños» (1911*a*) y «Figuración del "gran logro" en el sueño» (1914*e*).}

1923   *La interpretación de los sueños.* BN (17 vols.), **6**, 335 págs., y **7**, 417 págs. Traducción de Luis López-Ballesteros.

1943   Igual título. *EA*, **6**, 364 págs., y **7**, 419 págs. Traducción de Luis López-Ballesteros. Incluye parcialmente 1911*a* (el mismo traductor), **7**, págs. 73-9 y 127-8; 1914*e* (el mismo traductor), **7**, pág. 99. Se agrega 1910*l* (traducción de Ludovico Rosenthal), **19** (1944), pág. 271. Otros agregados o notas de Freud posteriores a la primera edición alemana se incluyen en **19**, págs. 243-79.

1948   Igual título. *BN* (2 vols.), **1**, págs. 233-588. Traducción de Luis López-Ballesteros. Incluye parcialmente 1911*a* y 1914*e* (el mismo traductor), **1**, págs. 439-41 y 463, y 465, respectivamente.

1953   Igual título. *SR*, **6**, 278 págs., y **7**, 316 págs. Traducción de Luis López-Ballesteros. Incluye parcialmente 1911*a* (el mismo traductor), **7**, págs. 55-9 y 95-6. Se agregan 1910*l* y 1914*e* (traducción de Ludovico Rosenthal), **19** (1955), págs. 238-9 y 135-6, respectivamente. Otros agregados o notas de Freud posteriores a la primera edición alemana se incluyen en **19**, págs. 217-46.

1967   Igual título. *BN* (3 vols.), **1**, págs. 231-584. Traducción de Luis López-Ballesteros. Incluye parcialmente 1911*a* (el mismo traductor), **1**, pág. 146. Se agregan 1910*l* y 1914*e*, **3** (1968), págs. 161 y 94-5, respectivamente. Otros agregados o notas de Freud posteriores a la primera edición alemana se incluyen en **3**, págs. 144-67.

1972   Igual título. *BN* (9 vols.), **2**, págs. 343-720. Traducción de Luis López-Ballesteros. Incluye 1911*a*, págs. 564-8 y 594-5; 1910*l*, pág. 589*n*. Se agrega 1914*e*, **5** (1972), pág. 1734. Otros agregados o notas de Freud posteriores a la primera edición alemana se incluyen en **2** como notas de pie de página.

1955   «Prólogo para la tercera edición inglesa de *La interpretación de los sueños*». *SR*, **20**, págs. 195-6. Traducción de Ludovico Rosenthal.

1968   Igual título. *BN* (3 vols.), **3**, págs. 321-2.

1972   Igual título. *BN* (9 vols.), **2**, pág. 348.

---

* {Cf. la «Advertencia sobre la edición en castellano», *supra*, pág. xiii y *n*. 6.}

4

Nota bibliográfico-histórica

En realidad, *Die Traumdeutung* apareció por primera vez en 1899. Freud menciona este hecho al comienzo de su segundo escrito sobre Josef Popper-Lynkeus (1932*c*), *AE*, **22**, pág. 203: «Fue en el invierno de 1899 cuando ante mí tuve al fin mi libro *La interpretación de los sueños*, posdatado para que apareciese como del nuevo siglo». Pero ahora tenemos una información más precisa, proveniente de su correspondencia con Wilhelm Fliess (Freud, 1950*a*). En su carta del 5 de noviembre de 1899 (Carta 123), Freud anuncia que «ayer finalmente apareció el libro»; y a juzgar por la carta anterior, parece que había recibido dos ejemplares por anticipado aproximadamente quince días atrás, uno de los cuales había enviado a Fliess como regalo de cumpleaños.

La interpretación de los sueños es uno de los dos libros —el otro es *Tres ensayos de teoría sexual* (1905*d*)— que Freud fue «actualizando» en forma más o menos sistemática a medida que se iban reeditando. En el caso de la presente obra, después de la tercera edición los cambios no fueron identificados como tales; esto produjo cierta confusión en el lector de las ediciones siguientes, ya que el nuevo material suponía a veces el conocimiento de modificaciones en los puntos de vista de Freud muy posteriores al período en que el libro se escribió por primera vez. Intentando superar esta dificultad, los editores de la primera compilación de las obras de Freud (los *Gesammelte Schriften*) reimprimieron en un volumen la primera edición de *La interpretación de los sueños* en su forma original e incluyeron en un segundo volumen todo el material agregado con posterioridad. Por desgracia, sin embargo, la tarea no se llevó a cabo muy sistemáticamente, porque no se indicaron las fechas de los diversos agregados, sacrificándose así buena parte de las ventajas del plan. En las ediciones subsiguientes se volvió al primitivo volumen único, sin diferenciaciones.

Los agregados referentes al simbolismo en los sueños son mucho más abundantes que los referentes a cualquier otro tema. En su «Contribución a la historia del movimiento psicoanalítico» (1914*d*), *AE*, **14**, págs. 18-9, y al comienzo de la sección E del capítulo VI de la presente obra (cf. **5**, pág. 356 *), Freud explica que tardó en comprender plenamente

---

* {Se entiende que las remisiones internas de los volúmenes 4 y 5 corresponden a las páginas de la presente edición. Como aclaramos en la «Advertencia sobre la edición en castellano» (*supra*, pág. xii, *n* 5), en el volumen 24 se dará la equivalencia con la paginación de las *Gesammelte Werke* y la *Standard Edition*.}

la importancia de este aspecto del tema. En la primera edición, el examen del simbolismo se limitó a unas pocas páginas y a un solo sueño paradigmático (que ejemplifica el simbolismo sexual), al final de la sección D («El miramiento por la figurabilidad») del capítulo VI (5, págs. 353-4). En la segunda edición (1909) no se agregó nada a esta sección, pero en cambio se insertaron varias páginas sobre el simbolismo sexual al final de la sección D («Sueños típicos») del capítulo V. Esas páginas se ampliaron en medida considerable en la tercera edición (1911), mientras que el capítulo VI se mantuvo sin modificaciones. Evidentemente se hacía necesaria una reorganización, y en la cuarta edición (1914) se incluyó en el capítulo VI una sección enteramente nueva sobre simbolismo, a la cual se trasladó todo el material acerca del tema que se había acumulado en el capítulo V, junto con una cantidad de material totalmente inédito hasta entonces. En las ediciones ulteriores no se introdujeron más cambios en la *estructura* del libro, aunque se agregó mucho más material. Después de la versión en dos volúmenes (1925) —es decir, en la octava edición (1930)— se reinsertaron algunos pasajes de la sección D («Sueños típicos») del capítulo V, que anteriormente habían sido desechados.

En la cuarta, quinta, sexta y séptima ediciones (o sea, de 1914 a 1922) se incluyeron, al final del capítulo VI, dos ensayos de Otto Rank que luego fueron omitidos: «Sueño y creación literaria» (1914*c*) y «Sueño y mito» (1914*d*).

Resta considerar las *bibliografías*. La primera edición contenía una lista de unos ochenta libros, en su gran mayoría citados por Freud en el texto. Tal nómina se mantuvo sin alteraciones en las ediciones segunda y tercera, pero en esta última se agregó una nueva lista, de unos cuarenta libros escritos después de 1900. De allí en adelante, ambas comenzaron a crecer rápidamente, hasta que en la octava edición la primera lista contenía unas 260 obras y la segunda más de 200. A esta altura, sólo una mínima parte de los títulos incluidos en la primera lista (de obras anteriores a 1900) correspondían a libros realmente mencionados por Freud en el texto, mientras que la segunda lista (de obras posteriores a 1900) no podía verdaderamente —como se infiere de los mismos comentarios de Freud en diversos prólogos— mantenerse al día respecto de la producción de escritos analíticos o cuasianalíticos sobre el tema. Además, una buena cantidad de obras citadas por Freud en el texto no figuraban en *ninguna* de las dos listas. Parece probable que, a partir de la tercera edición, Otto Rank haya asumido la responsabilidad principal por la confección de estas bibliografías.[1]

La publicación de la correspondencia de Freud con Fliess nos permite seguir con cierto detalle el proceso de composición de *La interpretación de los sueños*. En su «Contribución a la historia del movimiento psicoanalítico» (1914*d*), echando una ojeada retrospectiva a su parsimonioso ritmo de publicación en los primeros tiempos, dice Freud: «Lo esencial de *La interpretación de los sueños*, por ejemplo, quedó terminado a comienzos de 1896, pero su redacción definitiva se demoró hasta el verano de 1899». En las observaciones introductorias a su escrito «Algunas consecuencias psíquicas de la diferencia anatómica entre los sexos» (1925*j*), *AE*, **19**, pág. 267, escribe: «Antes de publicar *La interpretación de los sueños* y "Fragmento de análisis de un caso de histeria" [1905*e*] [...] esperé, si no los nueve años que recomienda Horacio, entre cuatro y cinco años». Ahora tenemos la posibilidad de ampliar y en ciertos aspectos corregir estos recuerdos, sobre la base de datos contemporáneos al autor.

Fuera de algunas alusiones dispersas sobre el tema —que, en su epistolario, se remontan hasta 1882—, la primera evidencia impresa del interés de Freud por los sueños aparece en una larga nota al pie en el primero de sus historiales clínicos (el de la señora Emmy von N., registro correspondiente al 15 de mayo), incluido en los *Estudios sobre la histeria* de Breuer y Freud (1895), *AE*, **2**, págs. 89-90. Al examinar el hecho de que los pacientes neuróticos parecen sometidos a la necesidad de vincular entre sí cualesquiera representaciones que por azar se les pasen de manera simultánea por la mente, dice: «No hace mucho, por observaciones en otro ámbito, he podido convencerme del poder que posee esa compulsión a asociar. Durante varias semanas debí trocar mi lecho habitual por uno más duro, en el cual es probable que soñara más o con mayor vivacidad, o quizás era sólo que no podía alcanzar la profundidad normal en mi dormir. En el primer cuarto de hora tras despertar yo sabía de todos los sueños de la noche, y me tomé el trabajo de ponerlos por escrito y ensayar su solución. Conseguí reconducir todos esos sueños a dos factores: 1) al constreñi-

---

[1] Una carta de Freud a André Breton, fechada el 14 de diciembre de 1932 (cf. Freud, 1933*e*), declara explícitamente que desde la cuarta edición en adelante las bibliografías quedaron totalmente en manos de Rank.

miento de tiniquitar aquellas representaciones en las que durante el día me había demorado sólo pasajeramente, que sólo habían sido rozadas y no tramitadas, y 2) a la compulsión a enlazar unas con otras las cosas presentes en el mismo estado de conciencia. Lo carente de sentido y contradictorio de los sueños se reconducía al libre imperio del segundo factor».

Desgraciadamente, este pasaje no puede ser fechado con exactitud. El prólogo al volumen fue escrito en abril de 1895. Una carta del 22 de junio de 1894 (Carta 19) parece indicar que los historiales ya estaban terminados para entonces, y lo estaban, casi con certeza, el 4 de marzo de 1895. La carta que escribió Freud en esta fecha (Carta 22) es particularmente interesante, ya que incluye la primera insinuación de la teoría del cumplimiento de deseo: en ella Freud cita la anécdota del «sueño de comodidad» del estudiante de medicina (cf. *infra*, págs. 144-5). Sin embargo, recién el 24 de julio de 1895 el análisis de un sueño propio —el de la inyección de Irma, sueño paradigmático tratado en el capítulo II— llevó a Freud definitivamente a adoptar esa teoría. (Cf. la Carta 137, del 12 de junio de 1900.) En setiembre de ese mismo año (1895) Freud escribió la primera parte de su «Proyecto de psicología» (publicado como apéndice a la correspondencia con Fliess, en 1950*a*), de cuyas secciones 19, 20 y 21 puede decirse que constituyen la primera aproximación a una teoría coherente de los sueños (*AE*, **1**, págs. 381-9). Allí se incluyen ya muchos elementos importantes que reaparecen en la presente obra, tales como: 1) el carácter de cumplimiento de deseo de los sueños; 2) su carácter alucinatorio; 3) el funcionamiento regrediente de la psique en las alucinaciones y en los sueños (lo cual ya había sido señalado por Breuer en su contribución teórica a los *Estudios sobre la histeria*); 4) el hecho de que el estado del dormir implica una parálisis motriz; 5) la naturaleza del mecanismo de desplazamiento en los sueños, y 6) la similitud entre los mecanismos de los sueños y de los síntomas neuróticos. Por encima de todo esto, sin embargo, el «Proyecto» ofrece una clara indicación de lo que probablemente sea el más importante entre todos los descubrimientos obsequiados al mundo en *La interpretación de los sueños*: la distinción entre los dos modos diferentes del funcionamiento psíquico, el proceso primario y el proceso secundario.

Pero todo ello dista de agotar la importancia del «Proyecto» y de las cartas a Fliess vinculadas con aquel, escritas a fines de 1895. No es exagerado decir que gran parte del capítulo VII de *La interpretación de los sueños*, y por cierto gran parte de los posteriores estudios «metapsicológicos» de Freud, sólo se han hecho inteligibles desde la publicación del «Proyecto».

Quienes estudiaron los escritos teóricos de Freud han tomado nota de que algunos de sus conceptos *más* importantes son apenas examinados —o no lo son en absoluto—, aun en sus especulaciones psicológicas más profundas; nos referimos a conceptos como «energía psíquica», «sumas de excitación», «investidura», «cantidad», «calidad», «intensidad», etc. Prácticamente, la única aproximación a un examen de estos conceptos que puede encontrarse entre las obras publicadas de Freud es la penúltima frase de «Las neuropsicosis de defensa» (1894*a*), AE, 3, pág. 61, donde sienta la hipótesis de que «en las funciones psíquicas cabe distinguir algo (monto de afecto, suma de excitación) que tiene todas las propiedades de una cantidad —aunque no poseamos medio alguno para medirla—; algo que es susceptible de aumento, disminución, desplazamiento y descarga, y se difunde por las huellas mnémicas de las representaciones como lo haría una carga {*Ladung*} eléctrica por la superficie de los cuerpos». La parquedad de los escritos posteriores de Freud en cuanto a la explicación de estas nociones básicas sugiere que él daba por sentado que esas nociones eran tan consabidas para sus lectores como para él mismo; y tenemos una deuda de gratitud con la publicación póstuma de la correspondencia con Fliess, pues ella arroja mucha luz precisamente sobre estas oscuridades.

Por supuesto, es imposible abordar aquí un examen detallado del tema; el lector tendrá que recurrir a ese volumen (Freud, 1950*a*) y a la esclarecedora introducción del doctor Kris.[2] Sin embargo, es posible indicar en forma bastante simple lo básico de la cuestión. La esencia del «Proyecto» de Freud reside en la idea de combinar dos teorías de diferente origen en un todo unitario. La primera de esas teorías derivaba, en última instancia, de la escuela fisiológica de Helmholtz; el fisiólogo Brücke, profesor de Freud, era un miembro preeminente de esa escuela. Según esta teoría, la neuropsicología —y por consiguiente la psicología— estaría gobernada por leyes puramente fisicoquímicas; por ejemplo la «ley de constancia», frecuentemente mencionada tanto por Freud como por Breuer, y así descrita en 1892 (en un borrador publicado póstumamente: Breuer y Freud, 1940), AE,

---

[2] En relación con esto, también es muy interesante el artículo de Siegfried Bernfeld «Freud's Earliest Theories» (1944).

1, pág. 190: «El sistema nervioso se afana por mantener constante dentro de sus constelaciones funcionales algo que se podría denominar la "suma de excitación"». La mayor parte de la contribución teórica de Breuer (otro discípulo de la escuela de Helmholtz) a los *Estudios sobre la histeria* fue una detallada construcción que seguía esa línea. La segunda teoría principal convocada por Freud en su «Proyecto» fue la doctrina anatómica de la neurona, que a fines de la década del ochenta comenzó a ser aceptada por los neuroanatomistas. (El término «neurona» recién fue introducido por Waldeyer en 1891.) Esta doctrina establecía que la unidad funcional del sistema nervioso central era una célula distinta, que carecía de continuidad anatómica directa con las células adyacentes. Las primeras frases del «Proyecto» muestran claramente que se basaba en una combinación de estas dos teorías. Su propósito, escribe Freud, es «figurar a los procesos psíquicos como estados cuantitativamente determinados de partículas materiales especificables». Luego postulaba que esas «partículas materiales» eran las neuronas, y que su estado de actividad se distinguía de su estado de reposo por una «cantidad», que estaba «sujeta a las leyes generales del movimiento». Así, una neurona podía estar «vacía» o «llena de una cierta cantidad», es decir, «investida».[3] La «excitación nerviosa» debía entenderse como una «cantidad» que fluía a través de un sistema de neuronas, y esa corriente podía ser resistida o facilitada según el estado de las «barreras de contacto» entre las neuronas. (El término «sinapsis» fue introducido después, en 1897, por Foster y Sherrington.) El funcionamiento del sistema nervioso en su conjunto estaba sujeto a un principio general de «inercia», según el cual las neuronas siempre tienden a deshacerse de cualquier «cantidad» con la que puedan estar llenas —un principio correlativo con el de «constancia»—. Utilizando como «ladrillos» estos conceptos y otros similares, Freud construyó un modelo sumamente complicado y extraordinariamente ingenioso, donde la psique aparece como un aparato neurológico.

En el esquema de Freud desempeñaba un papel primordial la división hipotética de las neuronas en tres clases de sistemas, diferenciados según sus modos de funcionamiento. Los dos primeros se vinculaban respectivamente con los estímulos *externos* y con las excitaciones *internas*. Ambos ope-

---

[3] Debe destacarse que estas especulaciones de Freud anteceden en muchos años a cualquier investigación sistemática sobre la naturaleza de los impulsos nerviosos y las condiciones que rigen su trasmisión.

raban sobre una base puramente *cuantitativa*; es decir, sus acciones estaban totalmente determinadas por la magnitud de las excitaciones nerviosas actuantes sobre ellos. El tercer sistema se correlacionaba con las diferencias *cualitativas* que distinguen las sensaciones y los sentimientos concientes. Esta división de las neuronas en tres sistemas servía de base a minuciosas explicaciones fisiológicas sobre cosas tales como el trabajo de la memoria, la percepción de la realidad, el proceso de pensamiento, y también los fenómenos del soñar y de los trastornos neuróticos.

Pero los puntos oscuros y las dificultades comenzaron a acumularse, y durante los meses siguientes a la redacción del «Proyecto» Freud estuvo corrigiendo continuamente sus teorías. Con el trascurso del tiempo, su interés se desvió gradualmente de los problemas neurológicos y teóricos a los psicológicos y clínicos, y en un momento dado abandonó todo el esquema. Y cuando algunos años más tarde (en el capítulo VII de este libro) retomó una vez más el problema teórico, la base neurofisiológica había sido manifiestamente dejada de lado (aunque por cierto Freud nunca abandonó su creencia de que, en última instancia, se llegaría a una fundamentación física de la psicología). Con todo, buena parte de la pauta general del esquema primitivo, y muchos de sus elementos, fueron trasladados al nuevo esquema; y por eso el «Proyecto» es importante para los lectores de *La interpretación de los sueños*. Los sistemas de neuronas fueron remplazados por sistemas o instancias *psíquicos*; una hipotética «investidura» de energía psíquica ocupó el lugar de la «cantidad» física; el principio de inercia devino la base del principio de placer (o, como lo denominó Freud aquí, de displacer). Además, algunas de las detalladas exposiciones de procesos psíquicos que se ofrecen en el capítulo VII deben mucho a sus antecedentes fisiológicos, y pueden comprenderse con mayor facilidad si se los relaciona con ellos. Esto vale, por ejemplo, para la descripción de cómo se establecen las huellas mnémicas en los «sistemas mnémicos», para el examen de la naturaleza de los deseos y de los diferentes modos de satisfacerlos, y para el énfasis puesto en el papel que cumplen los procesos verbales de pensamiento en la adaptación a las exigencias de la realidad.

Todo esto justifica suficientemente la afirmación de Freud en el sentido de que *La interpretación de los sueños* estaba terminada, en lo esencial, a comienzos de 1896. Sin embargo, ahora estamos en condiciones de añadir algunas salvedades. Así, por ejemplo, la existencia del complejo de Edipo fue establecida recién durante el verano y el otoño de 1897 (Cartas 64 a 71); y aunque ello no constituyó en sí una contribución directa a la teoría de los sueños, gravitó mucho para que se colocase el acento en las raíces *infantiles* de los deseos inconcientes que están en el sustrato de los sueños. De más obvia importancia teórica fue el descubrimiento de la omnipresencia, en los sueños, del deseo de dormir, anunciado por Freud recién el 9 de junio de 1899 (Carta 108). Y la primera insinuación sobre el proceso de la «elaboración secundaria» parece la incluida en una carta del 7 de julio de 1897 (Carta 66). La similitud estructural entre sueños y síntomas neuróticos ya había sido señalada, según vimos, en el «Proyecto» de 1895, y a ella se alude de manera intermitente hasta el otoño de 1897. Curiosamente, sin embargo, luego parece haber caído en el olvido, porque el 3 de enero de 1899 (Carta 101) se la anuncia como un nuevo descubrimiento, y como una explicación del motivo por el cual el libro había quedado inconcluso durante tanto tiempo.

La correspondencia con Fliess nos permite seguir con cierto detalle el verdadero proceso de composición. La idea de escribir el libro es mencionada por primera vez en mayo de 1897, pero rápidamente Freud la deja de lado, probablemente porque en esa época su interés comenzaba a centrarse en su autoanálisis —el cual lo habría de llevar, durante el verano, a descubrir el complejo de Edipo—. A fin de año el libro fue retomado una vez más, y aparentemente en los primeros meses de 1898 se completó un primer borrador de toda la obra, con excepción del primer capítulo.[4] La tarea se interrumpió en junio de ese año y no fue reanudada después de las vacaciones estivales. El 23 de octubre de 1898 (Carta 99) Freud escribe que el libro «descansa inmodificado; me falta el motivo que me llevara a dejarlo listo para la publicación, y las lagunas en la psicología [o sea el capítulo VII], así como las otras en que se atascó el ejemplo analizado hasta el fondo, constituyen, para terminarlo, unos impedimentos que aún no he superado». Hubo una pausa de muchos meses, hasta que súbitamente —y según escribe el propio Freud, «por ninguna razón en especial»— el libro volvió a ponerse en movimiento, a fines de mayo de 1899. De ahí en más avanzó con rapidez. El primer capí-

---

[4] A esto debe aludir Freud en un pasaje de la presente obra (cf. **5**, pág. 475), donde señala que había postergado por más de un año la impresión del manuscrito ya terminado. En realidad, le faltaba todavía escribir el primer capítulo.

tulo, que se ocupa de la bibliografía sobre los sueños, y que siempre había sido un espantajo para Freud, quedó terminado en junio, y las primeras páginas se enviaron a la imprenta. La revisión de los capítulos centrales se completó a fines de agosto, y el último capítulo, sobre «La psicología de los procesos oníricos», estaba totalmente reescrito y las páginas finales despachadas a comienzos de setiembre.

Tanto el manuscrito como las pruebas eran regularmente sometidos por Freud a la crítica de Fliess. Este parece haber ejercido considerable influencia sobre la forma final del libro, y a él se debió que Freud omitiera (evidentemente por razones de discreción) el análisis de un importante sueño propio (cf. la cita anterior). Pero las críticas más severas vinieron del autor mismo, y fueron dirigidas sobre todo contra el estilo y la forma literaria. «Creo», escribió el 21 de setiembre de 1899 (Carta 119), cuando el libro estaba terminado, «que mi autocrítica no era del todo injustificada. En algún lugar de mi ser se escondía una sensibilidad hacia la forma, una valoración de la belleza como una suerte de perfección, y las frases de mi libro sobre los sueños, retorcidas, ufanas de sus giros indirectos y que miran de soslayo a los pensamientos, han inferido grave afrenta a un ideal dentro de mí. Difícilmente me equivoque, entonces, si concibo esa falla formal como signo de un deficiente dominio del material».

Pero a pesar de estas autocríticas y de la depresión que siguió a la casi total indiferencia con que fue recibido el libro por el mundo exterior —en los primeros seis años después de su publicación sólo se vendieron 351 ejemplares—, Freud siempre consideró a *La interpretación de los sueños* como su obra más importante. «Un *insight* como este», dice en su prólogo a la tercera edición inglesa, «no nos cabe en suerte sino una sola vez en la vida» (*infra*, pág. 27).

La presente traducción *

La presente traducción se basa en la octava edición alemana (1930), la última publicada en vida del autor.** Al mismo tiempo, difiere de las anteriores en un importante

* {Si bien las consideraciones que siguen se refieren obviamente a la traducción inglesa, las reproducimos porque tienen validez también para la presente versión castellana.}
** {La versión castellana fue tomada en este caso de *SA*, **2**, teniendo a la vista *GW*, **2-3**; ambas ediciones reproducen, asimismo, la de 1930.}

aspecto, porque toma en cuenta las variantes contenidas en las diversas ediciones. Se ha hecho un esfuerzo por indicar, con fechas, cualquier modificación sustancial introducida en el libro después de su primera publicación. Siempre que algún material fue descartado o muy alterado en ediciones ulteriores, el pasaje suprimido o la versión primitiva se dan en una nota al pie. La única excepción es que se han omitido los dos apéndices al capítulo VI escritos por Rank. La posibilidad de incluirlos fue detenidamente considerada, optándose al fin por la negativa. Los ensayos son autónomos y no guardan relación directa con el libro de Freud; habrían ocupado unas cincuenta páginas, y no habrían aportado un esclarecimiento especial a los lectores de nuestra lengua, porque versan fundamentalmente sobre la literatura y la mitología alemanas.

Las bibliografías fueron totalmente reordenadas. La primera de ellas contiene una lista de todos los trabajos mencionados en el texto o en las notas al pie; está dispuesta, además, de modo que sirva como índice de autores.* La segunda bibliografía contiene todas las obras que en las ediciones alemanas figuran en la lista de trabajos anteriores a 1900, a pesar de que en realidad *no* son citados por Freud; se decidió que valía la pena incluirlas, porque no hay otra bibliografía de obras sobre el tema anteriores a 1900 que sea comparable a esta en exhaustividad y fácilmente accesible. Los escritos posteriores a 1900 han sido descartados —excepto los que aparecen citados en el texto y que por consiguiente se han incluido en la primera bibliografía—. Sin embargo, debe formularse una advertencia respecto de mis dos listas. La investigación ha descubierto una alta proporción de errores en las bibliografías de las ediciones alemanas. Estos errores se corrigieron siempre que fue posible; pero una buena cantidad de los textos no pudieron localizarse en Londres, y estos (señalados con un asterisco) deben considerarse con reservas.

Los agregados editoriales se han impreso entre corchetes.** Sin duda, a muchos lectores les irritará la cantidad de referencias y otras notas explicativas. Las referencias, sin embargo, remiten casi siempre a los propios escritos de Freud, y se encontrarán muy pocas a otros autores (exceptuadas,

* {«Bibliografía A», al final del volumen 5, págs. 672-99. La que se menciona a continuación es la «Bibliografía B», en *ibid.*, págs. 699-706.}
** {Los de la presente versión, tal como se aclara en la «Advertencia sobre la edición en castellano» (*supra*, pág. xii), figuran entre llaves.}

por supuesto, las que hace el propio Freud). En todo caso, debe aceptarse que *La interpretación de los sueños* es uno de los grandes clásicos de la literatura científica, y que ha llegado el momento de tratarlo como tal. Quien esto escribe confía en que estas referencias, y en particular las referencias cruzadas a otras partes de la obra misma, harán más fácil realmente a los estudiosos serios el seguir la intrincada trama del material. Los lectores que sólo buscan una lectura amena —si es que los hay— tendrán que acorazarse para desatender a estas intercalaciones.

Unas palabras sobre la traducción misma. Por supuesto, en el texto de los sueños debió prestarse gran atención a las palabras usadas. Donde la versión traducida impresione al lector como insólitamente dura, puede dar por sentado que la dureza ha sido impuesta por alguna necesidad verbal, determinada a su vez por la interpretación que sobrevendrá; donde haya incoherencias entre las diferentes versiones de un mismo sueño, puede tener la certeza de que parejas incoherencias hay en el original.* Estas dificultades verbales culminan en los casos, bastante frecuentes, en que una interpretación depende enteramente de un juego de palabras. Hay tres métodos optativos para encarar tales situaciones. El traductor puede omitir por completo el sueño; o puede remplazarlo por otro sueño análogo, ya sea derivado de su propia experiencia o fabricado *ad hoc*. Estos dos métodos han sido adoptados como recurso principal en las anteriores traducciones del libro. Pero cabe oponerles serias objeciones. Una vez más, debemos recordar que nos estamos ocupando de un clásico de la ciencia. Queremos enterarnos de los ejemplos elegidos por Freud —no por algún otro—. Por lo tanto, este traductor ha adoptado la pedante y cansadora tercera alternativa: mantener el juego de palabras original en alemán, y explicarlo laboriosamente entre corchetes o en una nota al pie. Todo el encanto que podría provocar el juego de palabras se evapora por completo durante ese proceso. Pero, desgraciadamente, este es un sacrificio necesario.

La señora R. S. Partridge y el doctor C. F. Rycroft (entre otros) han ayudado generosamente en la ardua tarea de leer las pruebas de imprenta. La señora Partridge tuvo también a su cargo, en gran parte, la confección de los índices. La revisión de las bibliografías fue realizada en lo fundamental por el señor G. Talland.

* {La misma observación vale en el caso de la presente versión.}

Por último, debo agradecer al doctor Ernest Jones por su constante aliento y consejo. El primer volumen de su biografía de Freud ilumina en grado inestimable el trasfondo de esta obra, tanto en su conjunto como en muchos de sus detalles.

James Strachey

16

Advertencia (a la primera edición)

En mi presente ensayo de exponer la interpretación de los sueños no creo haber rebasado el círculo de intereses de la neuropatología. En efecto, el examen psicológico muestra que el sueño es el primer eslabón en la serie de productos psíquicos anormales; otros de sus eslabones son las fobias histéricas, las representaciones obsesivas y las delirantes, de las que el médico tiene que ocuparse por razones prácticas. Como se verá, el sueño no puede reclamar para sí pareja importancia práctica; no obstante, tanto mayor es su valor teórico como paradigma, y quien no sepa explicarse el origen de las imágenes oníricas se esforzará en vano por comprender las fobias, las ideas obsesivas y las delirantes, y aun, llegado el caso, por ejercer sobre ellas una influencia terapéutica.

Pero esos mismos nexos a que nuestro tema debe su importancia han de considerarse también responsables de las lagunas del presente trabajo. Las numerosas fracturas que se encontrarán en la exposición corresponden a otros tantos lugares de contacto en que el problema de la formación de los sueños se injerta dentro de problemas más vastos de la psicopatología. No pudimos tratarlos aquí, y tendremos que consagrarles elaboraciones futuras cuando dispongamos del tiempo y de las fuerzas necesarias y cuando se reúna nuevo material.

Las peculiaridades del material que utilicé para elucidar

---

[1] [{Corresponde al epígrafe de pág. 1.} En una carta a Werner Achelis del 30 de enero de 1927, Freud escribió: «Por último, una palabra sobre la traducción del epígrafe de *La interpretación de los sueños*, e incluso sobre la interpretación de ese epígrafe. Usted traduce "*Acheronta movebo*" como "mover las ciudadelas de la Tierra". Pero lo que significa es "remover el mundo subterráneo". He tomado la cita de Lassalle, en cuyo caso probablemente tenía un significado personal y se vinculaba con clasificaciones sociales —no psicológicas—. En mi caso, pretendí meramente destacar con él lo más importante de la dinámica del sueño. El deseo rechazado por las instancias mentales superiores (el deseo onírico reprimido) remueve al mundo mental subterráneo (el inconciente) para ser oído. ¿Qué puede usted encontrar de "prometeico" en esto?» (Freud, 1960*a*). (Véase también *infra*, **5**, pág. 597.)]

la interpretación de los sueños dificultaron también esta publicación. Ya la lectura del trabajo mostrará las razones por las cuales resultaron inutilizables para mis fines todos los sueños relatados en la bibliografía o los que pudieran recogerse de personas desconocidas; no tuve otra posibilidad que optar entre mis propios sueños y los de mis pacientes en tratamiento psicoanalítico. Ahora bien, debí renunciar a estos últimos a causa de la indeseable complicación que en su caso experimentan los procesos oníricos por la intromisión de caracteres neuróticos. Pero la comunicación de mis propios sueños me imponía, sin remedio, franquear las intimidades de mi vida psíquica a las miradas ajenas en medida mayor de lo que me gustaría o podría exigirse de un autor que no es un literato, sino un investigador de la naturaleza. Era algo penoso, pero inevitable; debí avenirme a ello para no tener que renunciar absolutamente a presentar las pruebas de mis resultados psicológicos. Desde luego, no pude resistir el impulso de disimular muchas indiscreciones omitiendo y remplazando ciertas cosas; siempre que lo hice resultó grandemente perjudicado el valor de los ejemplos de que me servía. Sólo me cabe formular la esperanza de que el lector de este trabajo, comprendiendo mi difícil situación, se muestre indulgente, y, además, que todas las personas que se vean aludidas de algún modo por los sueños que yo comunico se avengan a concederme la libertad de pensamiento, al menos en mi vida onírica.

Prólogo a la segunda edición

Antes de cumplirse su primer decenio de vida, se ha hecho necesaria una segunda edición de este libro de difícil lectura. Esto no lo debo al interés de los círculos de especialistas a que iban dirigidas estas páginas. Mis colegas, los psiquiatras, no parecen haberse molestado en superar la inicial extrañeza que mi novedosa concepción del sueño pudo provocar. Y, por su parte, los filósofos de profesión, habituados a despachar los problemas de la vida onírica con algunas pocas consideraciones (casi siempre las mismas) y como apéndice al tratamiento de los estados de conciencia, no repararon, manifiestamente, en que este es el cabo que permitirá devanar lo que se requiere para la inevitable y radical reformulación de nuestras doctrinas psicológicas. Esa actitud de la crítica bibliográfica científica no hacía esperar otra cosa sino que mi libro pasase inadvertido, bajo la condena del silencio; tampoco el pequeño grupo de esforzados seguidores que bajo mi guía adoptaron el psicoanálisis como terapia médica y, al igual que yo, utilizan la interpretación de los sueños en el tratamiento de los neuróticos, habría podido agotar la primera edición del libro. Debo expresar, entonces, mi reconocimiento hacia esos vastos círculos de personas cultas y ávidas de saber que me han acompañado, incitándome a retomar, después de nueve años, un trabajo difícil y por muchas razones fundamental.

Me alegra poder decir que fueron muy pocos los cambios que hube de introducir. Aquí y allí incorporé nuevo material, agregué algunas ideas que una experiencia más vasta me sugirió después, y en algunos puntos intenté reformulaciones; pero quedó intacto lo esencial acerca del sueño y de su interpretación, así como las tesis psicológicas que de ello se siguen; al menos en lo subjetivo, todo eso ha resistido la prueba del tiempo. Quien conozca mis otros trabajos (sobre la etiología y el mecanismo de las psiconeurosis) sabe que nunca he presentado lo inconcluso como algo acabado, y que me empeño de continuo en enmendar mis proposiciones toda vez que logro afinar después mis perspectivas; ahora bien, en el campo de la vida onírica puedo atenerme a lo que escribí primero. Durante los largos años que insumió mi trabajo sobre los problemas de las neurosis, muchas veces me sentí desorientado y aun me extravié; y entonces fue siempre *La interpretación de los sueños* la que me devolvió la confianza en mí mismo. Mis numerosos opositores científicos dan muestras, por ende, de un seguro instinto cuando se niegan a darme batalla justamente en el campo de la investigación de los sueños.

También el material de este libro (esos sueños míos, en buena parte desvalorizados o superados por los acontecimientos, y en los que elucidé las reglas de la interpretación de los sueños) mostró, frente al intento de revisarlo, una capacidad de persistencia refractaria a cualquier modificación decisiva. Es que para mí el libro posee otro significado, subjetivo, que sólo después de terminarlo pude comprender. Advertí que era parte de mi autoanálisis, que era mi reacción frente a la muerte de mi padre, vale decir, frente al acontecimiento más significativo y la pérdida más terrible en la vida de un hombre. Después que lo hube reconocido, me sentí incapaz de borrar las huellas de esa influencia.[1] Para el lector, no obstante, ha de serle indiferente el material con el que aprenda a valorar la importancia de los sueños y a interpretarlos.

Cuando no pude incluir en el texto original alguna observación indispensable, indiqué su pertenencia a la segunda elaboración de la obra mediante corchetes.[2]

Berchtesgaden, verano de 1908

---

[1] [El padre de Freud había muerto en 1896. En su carta a Fliess del 2 de noviembre de 1896 (Freud, 1950*a*, Carta 50) relata parcialmente sus sentimientos en ese momento.]

[2] [*Nota agregada* en 1914:] Los corchetes fueron omitidos en las ediciones ulteriores [a partir de la cuarta].

Prólogo a la tercera edición

Mientras que entre la primera y la segunda edición de este libro debieron trascurrir nueve años, la necesidad de una tercera se hizo sentir apenas expirado un año. Tengo derecho a alegrarme por ese cambio; pero si antes me negué a considerar que el desdén manifestado por los lectores hacia mi obra probaba su insignificancia, ahora no puedo apreciar el interés que ha despertado como la demostración de su excelencia.

El progreso del conocimiento científico no dejó de afectar a *La interpretación de los sueños*. Cuando la redacté en 1899, mi teoría de la sexualidad [1905*d*] no existía, y el análisis de las formas más complejas de psiconeurosis estaba aún en sus comienzos. La interpretación de los sueños sirvió de ayuda para el análisis de las neurosis; después, la comprensión más profunda de estas repercutió sobre la concepción del sueño. Y la propia doctrina de la interpretación de los sueños siguió desarrollándose en una dirección no suficientemente destacada en la primera edición de este libro. Por mi propia experiencia, así como por los trabajos de Wilhelm Stekel y otros, aprendí desde entonces a apreciar mejor el alcance y la importancia del simbolismo en el sueño (o, más bien, en el pensamiento inconciente). Así, durante estos años se habían acumulado muchas cosas que debían ser consideradas. Intenté dar razón de estas novedades mediante numerosas adiciones al texto y notas de pie de página. Ahora bien, si en ocasiones esos añadidos amenazan desbordar el marco de la exposición, o si no en todos los pasajes se logró elevar el texto anterior al nivel de nuestras concepciones actuales, ruego se miren con benevolencia estas fallas del libro, pues no son sino consecuencias e indicios del rápido desarrollo que ha experimentado nuestro saber. Me atrevo también a predecir las orientaciones en que las futuras reediciones de *La interpretación de los sueños* (si es que llegan a ser necesarias) diferirán de las anteriores. Por una parte, deberán procurar apropiarse de manera más íntima del rico material de la poesía, el mito, los usos lingüísticos y el folklore; por la otra, abordarán las relaciones del sueño con la neurosis y las perturbaciones mentales con mayor profundidad que la posible aquí.

Otto Rank me prestó valiosa ayuda en la selección de los agregados y tuvo a su exclusivo cargo la revisión de las pruebas de imprenta. Me siento reconocido hacia él y hacia muchos otros por sus contribuciones y enmiendas.

Viena, primavera de 1911

Prólogo a la cuarta edición

El año pasado (1913), el doctor A. A. Brill concluyó en Nueva York la traducción al inglés de este libro (*The Interpretation of Dreams*, G. Allen and Co., Londres).

En esta ocasión, Otto Rank no sólo cuidó de las pruebas, sino que enriqueció el texto con dos contribuciones independientes [1914*c* y 1914*d*] (apéndices al capítulo VI).

Viena, junio de 1914

Prólogo a la quinta edición

El interés por *La interpretación de los sueños* no decayó en el curso de la Guerra Mundial, y aun antes de terminada esta se hizo necesaria una nueva edición. Para ella no he podido tomar en cuenta la bibliografía aparecida desde 1914; la publicada en lenguas extranjeras ni siquiera llegó a mi conocimiento o al del doctor Rank.

Está próxima a aparecer una traducción húngara de *La interpretación de los sueños*, al cuidado de los doctores Hollós y Ferenczi. En mis *Conferencias de introducción al psicoanálisis*, publicadas en 1916-17 por Hugo Heller, Viena, la segunda parte, que comprende once lecciones, está consagrada a una exposición sobre los sueños que quiere ser más elemental y se propone establecer un nexo más íntimo con la doctrina de las neurosis. En su conjunto presenta el carácter de un extracto de *La interpretación de los sueños*, si bien en algunos lugares ofrece análisis más detallados.

No he podido decidirme a reescribir a fondo este libro para elevarlo al nivel de nuestras concepciones psicoanalíticas actuales. Ello implicaría destruirlo en su especificidad histórica. Pienso, por lo demás, que en sus casi veinte años de vida ha cumplido su misión.

Budapest-Steinbruch, julio de 1918

Prólogo a la sexta edición

Las dificultades que hoy experimenta la industria editorial son las responsables de que esta nueva edición aparezca mucho después de lo requerido, y que por primera vez se publique como reimpresión inmodificada de la precedente. Sólo la bibliografía del final del volumen fue completada y ampliada por el doctor Otto Rank.

Mi conjetura de que este libro, después de casi veinte años de existencia, había cumplido su misión no se ha visto, pues, confirmada. Más bien diría que tiene una nueva tarea por cumplir. Si antes se trataba de proporcionar algunos esclarecimientos acerca de la naturaleza del sueño, ahora se ha vuelto igualmente importante salir al paso de los tenaces malentendidos a que esos esclarecimientos están expuestos.

Viena, abril de 1921

Prólogo a la octava edición

En el lapso trascurrido entre la última edición de este libro (la séptima, la de 1922) y la actual revisión, Internationaler Psychoanalytischer Verlag, de Viena, editó mis *Gesammelte Schriften*. En estos, el segundo volumen consiste en la reimpresión exacta de la primera edición de *La interpretación de los sueños*, mientras que todos los posteriores añadidos se reúnen en el tercer volumen. En cambio, las traducciones aparecidas mientras tanto se ajustan a las ediciones independientes del libro; tal el caso de la francesa de I. Meyerson, publicada en 1926 con el título *La science des rêves* (en «Bibliothèque de Philosophie Contemporaine»), la sueca de John Landquist, de 1927 (*Drömtydning*), y la española de Luis López-Ballesteros y de Torres [1922], que ocupa los volúmenes 6 y 7 de las *Obras completas*. La traducción húngara, cuya inminente aparición anuncié en 1918, todavía no se publicó.[1]

También en la presente revisión de *La interpretación de los sueños* he tratado la obra, en lo esencial, como documento histórico, y sólo introduje aquellos cambios que la aclaración y profundización de mis opiniones me sugirieron. De acuerdo con esta actitud, he renunciado definitivamente a incluir la bibliografía sobre el problema de los sueños publicada desde la primera edición de este libro, y eliminé las secciones correspondientes de ediciones anteriores. También faltan aquí los dos ensayos «Sueño y creación literaria» [1914c] y «Sueño y mito» [1914d] que Otto Rank había aportado a las ediciones anteriores. [Cf. *supra*, págs. 6 y 14.]

Viena, diciembre de 1929

---

[1] [Fue publicada en 1934. — En vida de Freud aparecieron, además de las traducciones mencionadas en estos prólogos, una versión rusa (1913), una japonesa (1930) y una checa (1938).]

Prólogo a la tercera edición inglesa (revisada)[1]

En 1909, G. Stanley Hall me invitó a la Clark University, en Worcester, para que pronunciase las primeras conferencias sobre psicoanálisis.[2] Ese mismo año, el doctor Brill publicó la primera de sus traducciones de mis escritos, pronto seguida por otras. Si el psicoanálisis ocupa hoy un papel en la vida intelectual de Estados Unidos, o si ha de tenerlo en el futuro, este resultado deberá atribuirse en buena parte a la actividad del doctor Brill en este campo y en otros.

Su primera traducción de *La interpretación de los sueños* apareció en 1913. Desde entonces muchas cosas han ocurrido en el mundo, y en mucho han cambiado nuestras concepciones sobre las neurosis. Este libro, con su nueva contribución a la psicología, que sorprendió al mundo en el momento de su publicación (1900), permanece inalterado en lo esencial. Contiene, aun de acuerdo con mi juicio actual, el más valioso de los descubrimientos que tuve la fortuna de hacer Un *insight* como este no nos cabe en suerte sino una sola vez en la vida.

Viena, 15 de marzo de 1931

---

[1] [Las ediciones alemanas no incluyen este prólogo, y no existe ningún texto en alemán de él. Aquí lo hemos tomado de la tercera edición inglesa. {Cf. *supra*, pág. 3.}]
[2] [Cf. Freud, 1910*a*.]

I. La bibliografía científica sobre los problemas del sueño[1]

En las páginas que siguen demostraré que existe una técnica psicológica que permite interpretar sueños, y que, si se aplica este procedimiento, todo sueño aparece como un producto psíquico provisto de sentido al que cabe asignar un puesto determinado dentro del ajetreo anímico de la vigilia. Intentaré, además, aclarar los procesos que dan al sueño el carácter de algo ajeno e irreconocible, y desde ellos me remontaré a la naturaleza de las fuerzas psíquicas de cuya acción conjugada o contraria nace el sueño. Llegada a este punto, mi exposición se interrumpirá, pues allí el problema del sueño desemboca en cuestiones más amplias, cuya solución debe acometerse en otro material.

Antepongo un panorama de las opiniones de autores que me precedieron, así como del estado actual de los problemas del sueño en el pensamiento científico. Lo hago porque en el curso de la exposición misma no tendré muchas ocasiones de volver sobre ello. A pesar de un esfuerzo más que milenario, la comprensión científica del sueño ha avanzado muy poco. Esta opinión es tan general entre los autores que parece superfluo avalarla con citas aisladas. En las obras que incluyo como bibliografía al final de este trabajo se encontrarán muchas observaciones sugerentes y un rico e interesante material sobre nuestro tema, pero poco o nada que acierte con la naturaleza del sueño o resuelva definitivamente sus enigmas. Y menos todavía, desde luego, es lo que ha pasado al conocimiento de las personas cultas.

¿Qué concepción[2] se tuvo del sueño en las épocas iniciales de la humanidad, entre los pueblos primitivos, y qué influencia pudo ejercer el sueño sobre sus intuiciones acerca del mundo y del alma? He ahí un tema de tan alto interés que sólo a disgusto excluyo su tratamiento del presente texto. Me remito a las conocidas obras de Sir John Lubbock,

[1] [*Nota agregada* en las ediciones segunda a séptima:] Hasta la fecha en que se publicó por primera vez este libro (1900).
[2] [Este párrafo y el siguiente se agregaron en 1914.]

Herbert Spencer, E. B. Tylor y otros, y sólo he de agregar que no podremos apreciar el alcance de estos problemas y especulaciones sino después que hayamos resuelto la tarea que tenemos por delante, la «interpretación de los sueños».

En las ideas que los pueblos de la Antigüedad clásica tenían sobre el sueño resuena manifiestamente un eco de la concepción primitiva.[3] Suponían que los sueños estaban en relación con el mundo de seres sobrehumanos en que ellos creían, y que traían revelaciones de los dioses y los demonios. Además, estaban convencidos de que contenían un mensaje importante para quien los soñaba: por regla general le anunciaban el porvenir. La extraordinaria diversidad del contenido de los sueños y de la impresión que dejaban volvió muy difícil, por añadidura, formarse una concepción unitaria acerca de ellos, y obligó a establecer múltiples distingos y a crear grupos de sueños de acuerdo con su valor y su confiabilidad. Desde luego, el juicio que cada uno de los filósofos de la Antigüedad se formó acerca del sueño no fue independiente de la posición que estaba dispuesto a conceder a la mántica en general.

En los dos escritos de Aristóteles donde se trata del sueño, este ya se ha convertido en objeto de la psicología. Se nos dice que no es un envío de los dioses, no es de índole divina, sino demoníaca; en efecto, la naturaleza misma es demoníaca y no divina, vale decir: el sueño no surge de una revelación sobrenatural, sino que obedece a las leyes del espíritu humano (que, por otro lado, está emparentado con la divinidad). El sueño es definido como la actividad anímica del durmiente en cuanto duerme.[4]

Aristóteles conoce algunos de los caracteres de la vida onírica. Por ejemplo, que el sueño amplifica pequeños estímulos que sobrevienen durante el dormir («se cree estar atravesando un fuego y abrasarse en él, cuando en verdad

---

[3] [*Nota agregada* en 1914:] Lo que sigue se basa en la cuidadosa exposición de Büchsenschütz (1868).

[4] [*De divinatione per somnum*, II, y *De somniis*, III. — En la primera edición, este párrafo estaba redactado de la siguiente manera: «El primer escrito donde se trata del sueño como objeto de la psicología parece ser el de Aristóteles (*De los sueños y su interpretación*). Aristóteles declara que los sueños son de naturaleza "demoníaca" pero no "divina"; sin duda esta distinción tiene su importancia, si supiéramos traducirla correctamente». El párrafo siguiente terminaba con la frase: «Debido a la insuficiencia de mis propios conocimientos y a la falta de ayuda especializada, no pude penetrar más profundamente en el tratado de Aristóteles». La forma actual de estos pasajes data de la edición de 1914; y una nota en *GS*, 3 (1925), pág. 4, señala que en realidad Aristóteles escribió no una sino dos obras sobre el tema.]

sólo ocurre un calentamiento insignificante de este o de aquel miembro»[5]). Y de esta conducta extrae la conclusión de que los sueños bien pueden revelar al médico los primeros indicios, todavía imperceptibles durante el día, de una alteración corporal incipiente.[6]

Como es sabido, antes de Aristóteles los antiguos no tenían al sueño por un producto del alma soñante, sino por una inspiración de los dioses. Ya desde la Antigüedad, entonces, se impusieron las dos corrientes opuestas de apreciación de la vida onírica que hemos de encontrar en todas las épocas. Se distinguía entre sueños veraces y valiosos, enviados al durmiente para ponerlo en guardia o anunciarle el porvenir, y sueños vanos, engañosos y nimios, cuyo propósito era precipitarlo en el error o refirmarlo en su perdición.

Gruppe (1906, 2, pág. 390)[7] reproduce una de estas clasificaciones de los sueños siguiendo a Macrobio y Artemidoro [Daldiano (cf. pág. 120n.)]: «Los sueños se dividían en dos clases. La primera sólo era influida por el presente (o por el pasado), pero carecía de significación para el futuro; comprendía los ἐνύπνια, *insomnia*, que reproducían directamente la representación dada o su contrario, por ejemplo, el hambre o su apaciguamiento, y los φαντάσματα, que ampliaban en la fantasía la representación dada, como la pesadilla, *ephialtes*. En cambio, la otra clase se consideraba significativa para el porvenir; a ella pertenecen: 1) el augurio directo que se recibe en sueños (χρηματισμός, *oraculum*); 2) la predicción de un acontecimiento inminente (ὄραμα, *visio*), y 3) el sueño simbólico, que requería explicitación (ὄνειρος, *somnium*). Esta teoría se ha mantenido durante muchos siglos».

La tarea de una «interpretación de los sueños»[8] se plantea en conexión con esta alternancia en su apreciación. Puesto que de los sueños se esperaba obtener importantes esclarecimientos, pero no todos eran directamente comprensibles, y no podía saberse si un sueño determinado, incomprensible, no anunciaba sin embargo algo importante, tenía que nacer el empeño por remplazar el contenido incomprensible del sueño por otro trasparente y, por tanto, pleno de significado. En la Antigüedad tardía se consideró como la máxima au-

---

[5] [*De divinatione*, I.]

[6] [*Nota agregada* en 1914:] El médico griego Hipócrates se ocupa de la relación entre el sueño y las enfermedades, en un capítulo de su famosa obra [*El viejo arte de curar*, X; cf. también *Régimen*, IV, 88, *passim*].

[7] [Este párrafo se agregó como nota al pie en 1911, y fue incorporado al texto en 1914.]

[8] [Este párrafo se agregó en 1914.]

toridad en interpretación de sueños a Artemidoro Daldiano, cuya minuciosa obra [*Oneirocritica*] ha de resarcirnos de los escritos del mismo tenor que por desgracia se han perdido.[9]

La concepción precientífica de los antiguos sobre el sueño armonizaba sin duda perfectamente con su cosmovisión general, que solía proyectar al mundo exterior como realidad aquello que sólo la tenía dentro de la vida anímica. Además, respondía a la impresión dominante que provoca el sueño en la vida de vigilia cuando su recuerdo perdura al despertar: en el recuerdo, el sueño se presenta como algo ajeno, por así decir procedente de otro mundo y contrapuesto a los otros contenidos psíquicos. Por lo demás, sería erróneo creer que la doctrina del origen sobrenatural de los sueños no encuentra partidarios en nuestros días. Prescindamos de todos los publicistas místicos y pietistas, que sin duda tienen derecho a ocupar lo que resta del reino de lo sobrenatural, antes tan extenso, mientras la ciencia natural no logre conquistarlo por completo con sus explicaciones; pero aun hombres de agudo ingenio y reacios a todo lo extraordinario se empeñan en defender su fe religiosa en la existencia e intervención de fuerzas espirituales suprahumanas invocando, precisamente, el carácter inexplicable de los fenómenos oníricos (cf. Haffner, 1887). El modo en que muchas escuelas filosóficas, como la de Schelling, aprecian la vida onírica es una clara supervivencia del carácter divino del sueño, indiscutido en la Antigüedad. Y tampoco ha terminado la controversia sobre la virtud adivinatoria del sueño en cuanto anunciador del porvenir: los intentos de explicación psicológica no bastan para dominar el material reunido, no importa cuán definidamente las simpatías de quienes han abrazado el pensamiento científico se inclinen por rechazar semejante tesis.[10]

[9] [*Nota agregada* en 1914:] Sobre la historia ulterior de la interpretación de los sueños en la Edad Media, véase Diepgen (1912) y las monografías de Förster (1910 y 1911), Gotthardt (1912), etc. Almoli (1848 [1ª ed., 1637]), Amram (1901) y Löwinger (1908) estudiaron la interpretación de los sueños entre los judíos; también lo hizo, más recientemente y tomando en cuenta el punto de vista psicoanalítico, Lauer (1913). Tenemos información sobre la interpretación de los sueños entre los árabes a través de Drexl (1909), Schwarz (1913) y el misionero Tfinkdji (1913); entre los japoneses, a través de Miura (1906) e Iwaya (1902); entre los chinos, a través de Secker (1910), y entre los hindúes, a través de Negelein (1912).

[10] [Freud volvió una y otra vez sobre el tema del ocultismo en los sueños. Cf. Freud, 1922a, 1925i (sección C) y 1933a (30ª conferencia). Un sueño supuestamente premonitorio es analizado en un trabajo de 1899 (Freud, 1941c), que se incluye como apéndice de esta obra (*infra*, **5**, págs. 609-11). Cf. también *infra*, pág. 88, y **5**, pág. 608.]

Muy difícil es escribir una historia de nuestro conocimiento científico sobre los problemas oníricos. La razón es que, por valioso que sea en algunos puntos, en él no se observa progreso alguno siguiendo líneas determinadas. No se ha llegado a la formación de una infraestructura de resultados seguros, sobre la cual pudiera seguir construyendo un investigador que viniese después, sino que cada autor acomete los mismos problemas por así decir desde el principio. Si quisiera atenerme al orden cronológico de los autores y resumir las opiniones de cada uno sobre los problemas oníricos, tendría que renunciar al esbozo de un cuadro de conjunto sobre el estado actual de los conocimientos acerca del sueño; por eso he preferido exponer los temas en lugar de seguir a los autores, y con relación a cada uno de los problemas oníricos mencionaré el material que para su solución contenga la bibliografía.

Puesto que no está a mi alcance dominar toda la bibliografía sobre este asunto, tan desperdigada y que tanto se superpone con la consagrada a otros temas, he de rogar a mis lectores que se conformen con que en mi exposición no se pierda ningún hecho fundamental y ningún punto de vista importante.

Hasta hace muy poco, la mayoría de los autores se veían movidos a tratar juntos el dormir y el soñar, añadiendo por regla general la consideración de estados análogos que abundan en la psicopatología, así como procesos semejantes al sueño (v. gr., las alucinaciones, visiones, etc.). En cambio, en los trabajos más recientes se advierte el esfuerzo por restringir el tema y tomar como objeto, por ejemplo, un problema particular del ámbito de la vida onírica. Quiero ver en este cambio una expresión del convencimiento de que en asuntos tan oscuros no es lícito buscar ilustración y acuerdo sino mediante una serie de investigaciones de detalle. No otra cosa que una de estas, y por cierto de naturaleza psicológica especializada, es lo que puedo ofrecer aquí. Poca ocasión he tenido de ocuparme del problema del dormir, pues es esencialmente fisiológico, aunque en las características del estado del dormir tiene que estar contenida la alteración de las condiciones de funcionamiento del aparato psíquico. Por eso hemos omitido también la bibliografía sobre el dormir.

El interés científico por los fenómenos oníricos en sí lleva a plantearse los problemas que a continuación trataremos, y que en parte se superponen.

A. Relación del sueño con la vida de vigilia

Según el juicio ingenuo del individuo despierto, el sueño, si es que no proviene directamente de otro mundo, arrebata al durmiente a otro mundo. El viejo fisiólogo Burdach, al que debemos una cuidadosa y fina descripción de los fenómenos oníricos, expresó esta convicción en una frase muy citada (1838, pág. 499): «...nunca se retoma la vida diurna con sus esfuerzos y goces, sus alegrías y dolores; más bien el sueño se propone liberarnos de ella. Aun cuando toda nuestra alma esté ocupada por un objeto, un profundo dolor desgarre nuestra interioridad o una tarea acapare la totalidad de nuestras fuerzas espirituales, el sueño nos proporciona algo por completo ajeno, o toma de la realidad sólo elementos singulares para sus combinaciones, o se mimetiza con nuestro estado de ánimo y simboliza la realidad». I. H. Fichte (1864, 1, pág. 541) habla en el mismo sentido directamente de *sueños de complemento,* y dice que son uno de los secretos beneficios de la naturaleza autocurativa del espíritu.[1] En igual sentido vemos pronunciarse también a L. Strümpell en su estudio sobre la naturaleza y el origen de los sueños (1877), tan justamente apreciado: «El que sueña da la espalda al mundo de la conciencia vigilante...» (*ibid.,* pág. 16); «En el sueño se pierde prácticamente por completo la memoria para el contenido ordenado de la conciencia vigilante...» (*ibid.,* pág. 17); «El retraimiento, casi desprovisto de recuerdo, en que cae el alma durante el sueño con respecto a los contenidos y procesos, sujetos a regla, de la vida de vigilia...» (*ibid.,* pág. 19).

No obstante, la abrumadora mayoría de los autores han defendido la opinión contraria acerca de la relación del sueño con la vida de vigilia. Así, Haffner (1887, pág. 245): «Ante todo, el sueño prosigue la vida de vigilia. Nuestros sueños siguen siempre las representaciones que la conciencia tuvo poco antes. Una observación precisa hallará casi siempre el hilo por el cual el sueño se anuda con las vivencias del día anterior». Weygandt (1893, pág. 6) contradice directamente la afirmación de Burdach ya citada, «pues puede observarse a menudo, y al parecer en la inmensa mayoría de los sueños, que estos nos reconducen justamente a la vida habitual en lugar de liberarnos de ella». Maury (1878, pág. 51) dice con fórmula concisa: «*Nous rêvons de ce que nous avons vu, dit, désiré ou fait*»;* y Jessen, en su *Psychologie,*

---

[1] [Esta frase se agregó en 1914.]
* {«Soñamos lo que hemos visto, dicho, deseado o hecho».}

publicada en 1855, sostiene con algo más de detalle (pág. 530): «En mayor o menor grado, el contenido de los sueños está determinado siempre por la personalidad individual, por la edad, el sexo, el estamento, la cultura, los modos de vida habituales y los acontecimientos y experiencias de toda la vida anterior».

De manera inequívoca toma posición sobre este problema [2] el filósofo J. G. E. Maass (1805) [1, págs. 168 y 173]: «La experiencia corrobora nuestra afirmación según la cual con la mayor frecuencia soñamos con las cosas a que están dirigidas nuestras pasiones más ardientes. Ello deja ver que nuestras pasiones han de influir sobre la producción de nuestros sueños. El ambicioso sueña con los laureles logrados o por lograr (quizá sólo en su imaginación), mientras que el enamorado se ocupa en sus sueños del objeto de sus dulces esperanzas. (...) Todos los apetitos y repugnancias sensuales dormidos en nuestro corazón pueden, si por cualquier razón son estimulados, determinar que de las representaciones asociadas con ellos nazca un sueño o que estas representaciones se inmiscuyan en un sueño ya existente» (citado por Winterstein, 1912).

No otra cosa pensaron los antiguos acerca de la dependencia del contenido del sueño respecto de la vida. Cito de acuerdo con Radestock (1879, pág. 134): Cuando Jerjes, antes de su campaña contra Grecia, era disuadido por los buenos consejos de tomar esa decisión, y en cambio sus sueños le alentaban siempre a emprenderla, Artabanos, el viejo y prudente intérprete de sueños de los persas, le dijo certeramente que las imágenes del sueño contenían las más de las veces lo que el hombre ya pensaba en la vigilia.

En el poema didáctico de Lucrecio, *De rerum natura*, encontramos este pasaje (IV, 962):

> «*Et quo quisque fere studio devinctus adhaeret,*
> *aut quibus in rebus multum sumus ante morati*
> *atque in ea ratione fuit contenta magis mens,*
> *in somnis eadem plerumque videmur obire;*
> *causidici causas agere et componere leges,*
> *induperatores pugnare ac proelia obire...*».*

2 [Este párrafo se agregó en 1914.]
* {«Y aquello en que más uno se ha ocupado,
y las cosas en que más se ha detenido
y en que más atención hubiese puesto,
eso mismo nos parece que en el sueño
por lo común se hace; los abogados
defienden causas e interpretan leyes,
los generales dan asaltos y libran combates...».}

Y Cicerón (*De divinatione*, II, lxvii, 140) dice exactamente lo mismo que tanto tiempo después habría de sostener Maury: «*Maximeque reliquiae earum rerum moventur in animis et agitantur, de quibus vigilantes aut cogitavimus aut egimus*».*

La contradicción entre esas dos opiniones acerca de la relación de la vida onírica con la vida de vigilia parece, de hecho, insoluble. Por eso es oportuno recordar aquí la exposición de F. W. Hildebrandt (1875, págs. 8 y sigs.), quien opina que las peculiaridades del sueño no pueden describirse de ningún otro modo que mediante una «serie de [tres] oposiciones, que al parecer se agudizan hasta convertirse en contradicciones». «La *primera* de estas oposiciones la forman el *estricto retraimiento o aislamiento* del sueño respecto de la vida real y verdadera, por un lado, y por el otro el perpetuo *entrelazamiento* entre ambos, la continua dependencia del sueño respecto de la vida. El sueño es algo enteramente separado de la realidad vivenciada en la vigilia. Podría decirse que es una existencia herméticamente encerrada en sí misma, y separada de la vida real por un abismo insuperable. Nos desprende de la realidad, borra en nosotros el recuerdo normal de esta y nos sitúa en un mundo diferente y en una historia personal por entero diversa, que en el fondo nada tiene que ver con la real...». Hildebrandt expone después cómo, al dormirnos, todo nuestro ser y sus formas de existencia desaparecen como «tras una puerta-trampa invisible». Tal vez hacemos en sueños una excursión por mar hasta Santa Elena para ofrecer a Napoleón, allí prisionero, exquisitos vinos del Mosela. El ex emperador nos recibe con deferencia extrema, y casi lamentamos que el despertar nos arruine esa interesante ilusión. Ahora comparamos la situación del sueño con la realidad. Nunca fuimos comerciantes en vinos, ni quisimos serlo. Tampoco hemos hecho viajes marítimos, y Santa Elena sería el lugar en que menos pensaríamos para ello. En modo alguno experimentamos simpatía por Napoleón, sino un enconado odio patriótico. Y, sobre todo, no habíamos nacido todavía cuando Napoleón murió en la isla; imposible entonces establecer una relación personal con él. Así, la vivencia onírica aparece como algo ajeno que se introduce entre dos tramos de vida que forman una serie continua y perfectamente ajustada.

«Y sin embargo —dice después Hildebrandt [*ibid.*, pág. 10]— lo en apariencia *contrario* es igualmente cierto y ver-

---

* {«Pero en particular se movilizan y agitan en el alma los restos de las cosas en que hemos meditado y hemos promovido en la vigilia».}

dadero. Creo que la relación y el lazo más estrechos van de la mano con aquel retraimiento o aislamiento. Y aun podemos decir: En todo lo que el sueño ofrece, toma el material para ello de la realidad y de la vida mental que se despliega en esa realidad. (...) Por extraordinario que sea su trámite, nunca podrá separarse verdaderamente del mundo real, y todas sus creaciones, las más sublimes o las más ridículas, siempre tienen que tomar prestada su tela de aquello que se ha presentado a nuestra vista en el mundo de los sentidos, o de lo que ya ha encontrado lugar en la marcha de nuestros pensamientos de vigilia; con otras palabras: de aquello que ya hemos vivenciado en el mundo exterior o en el mundo interior».

B. El material del sueño. La memoria en el sueño

Que todo el material que compone el contenido del sueño procede de algún modo de lo vivenciado, y por tanto es reproducido, *recordado* en el sueño, eso, al menos, puede considerarse un conocimiento incuestionado. Pero sería erróneo suponer que ese nexo del contenido del sueño con la vida de vigilia se obtendrá sin trabajo, como un resultado evidente, tan pronto como se emprenda la comparación. Más bien, se lo debe buscar con atención, y en muchísimos casos sabe ocultarse por largo tiempo. El fundamento de ello se encuentra en una serie de peculiaridades que exhibe la capacidad de recuerdo en el sueño, peculiaridades que, si bien observadas por todos, se sustrajeron hasta ahora de cualquier explicación. Vale la pena, pues, estudiarlas con detalle.

En primer lugar, puede ocurrir que en el contenido del sueño emerja un material que después, en la vigilia, no reconozcamos como perteneciente a nuestro saber y a nuestra vivencia. Recordamos bien que soñamos eso, pero no haberlo vivenciado. Quedamos a oscuras acerca de la fuente en que pudo nutrirse el sueño, y aun damos en creer en una actividad productora autónoma de este, hasta que, a menudo después de largo tiempo, una nueva vivencia nos devuelve el recuerdo que habíamos perdido de la vivencia primera, y así descubrimos la fuente del sueño. Entonces debemos confesar que en el sueño supimos y recordamos algo que se sustraía de nuestra capacidad de recuerdo en la vigilia.[1]

Un ejemplo de este tipo, particularmente notable, es el que nos cuenta Delboeuf [1885, págs. 107 y sigs.], tomado de su propia experiencia onírica. Vio en sueños el patio de su casa cubierto de nieve, y encontró dos pequeñas lagartijas medio congeladas y sepultadas bajo la nieve. Como amigo de los animales que era, las recogió, les procuró calor y las devolvió a un pequeño agujero de la pared apropiado para ellas. Además, les puso allí unas hojas de un pequeño helecho que crecía en la pared y del cual él sabía que gustaban mucho. En el sueño conocía el nombre de la planta: *Asplenium ruta muralis*. El sueño prosiguió después, y luego de una divagación volvió a las lagartijas; Delboeuf, para su asombro, vio entonces dos nuevos animalitos que se habían

---

1 [*Nota agregada* en 1914:] Según señala Vaschide (1911), se ha observado a menudo que en sueños la gente habla idiomas extranjeros más fluida y correctamente que en la vigilia.

puesto a comer los restos del helecho. Levantó la vista y vio una quinta y una sexta lagartijas que se dirigían al agujero de la pared, y por fin toda la calle se cubrió de una procesión de lagartijas que iban en esa misma dirección, etc.

Delboeuf, en la vigilia, conocía muy pocos nombres latinos de plantas, y entre estos no había ningún *Asplenium*. Para su gran asombro debió convencerse de que existía realmente un helecho de ese nombre. *Asplenium ruta muraria* era su designación correcta, que el sueño había desfigurado un tanto. No podía pensarse en una coincidencia casual; pero para Delboeuf siguió siendo un enigma de dónde pudo haber sacado en el sueño el conocimiento del nombre *Asplenium*.

El sueño había ocurrido en 1862; dieciséis años después descubrió el filósofo, en casa de uno de sus amigos, donde se encontraba de visita, un pequeño álbum con flores secas, como esos que en muchos cantones de Suiza suelen venderse a los extranjeros a modo de *souvenirs*. Un recuerdo afloró en él, abrió el herbario, halló el *Asplenium* de su sueño y reconoció su propia letra en el nombre latino escrito allí. Ahora podía establecerse el nexo. Una hermana de este amigo, en viaje de bodas, había visitado a Delboeuf en 1860 (dos años antes del sueño de las lagartijas). Llevaba entonces consigo ese álbum, que destinaba a su hermano, y Delboeuf se tomó el trabajo de inscribir, al dictado de un botánico, el nombre latino debajo de cada una de las plantitas.

El favor del azar, que tanto valor presta a este ejemplo, permitió a Delboeuf referir todavía otra parte del contenido de ese sueño a su fuente olvidada. Un día de 1877 le cayó en las manos un viejo volumen de una revista ilustrada en que vio una figura con la misma procesión de lagartijas que había soñado en 1862. El volumen era de 1861, y Delboeuf recordó de pronto que en la época de su publicación él era suscriptor de la revista.

Que el sueño disponga de recuerdos que son inasequibles durante la vigilia es un hecho tan asombroso, y su importancia teórica es tanta, que llamaré más la atención sobre ello comunicando todavía otros sueños «hipermnésicos». Cuenta Maury [1878, pág. 142] que en cierta época solía frecuentarlo durante el día la palabra *Mussidan*. El sabía que era el nombre de una ciudad francesa, pero nada más. Una noche soñó que conversaba con cierta persona que le dijo venir de Mussidan; preguntóle dónde quedaba esa ciudad, y la respuesta fue que Mussidan era cabecera de distrito en el *Département de la Dordogne*. Ya despierto, Maury no dio crédito alguno a la información contenida en el sueño; pero el atlas geográfico le mostró que era totalmente correcta. En este caso se refirma el mayor saber del sueño, pero la fuente olvidada de ese saber no se descubrió.

Jessen relata (1855, pág. 551) un sueño de tipo enteramente semejante, ocurrido mucho tiempo atrás: «A esta clase pertenece, entre otros, el sueño de Escalígero el Viejo (citado por Hennings, 1784, pág. 300). Escribía una poesía en honor de los hombres famosos de Verona, y se le apareció en sueños un hombre que dijo llamarse Brugnolus, quejándose de que se lo olvidase. Aunque Escalígero no recordaba haber oído hablar de él, le dedicó unos versos, y después su hijo se enteró en Verona de que antiguamente un tal Brugnolus había sido famoso allí como crítico».

Un sueño hipermnésico,[2] que se singulariza por el hecho de que en el sueño que sobrevino inmediatamente después se produjo la identificación del recuerdo primero no reconocido, es el que relata el marqués d'Hervey de St. Denis [1867, pág. 305] (según Vaschide, 1911, págs. 232-3): «Soñé cierta vez con una joven mujer de dorados cabellos; la vi en plática con mi hermana mientras le mostraba un bordado. En el sueño me pareció muy conocida, y aun creí haberla visto repetidas veces. Ya despierto, ese rostro seguía vívido frente a mí, pero no pude reconocerlo en absoluto. Volví a dormirme, y la imagen onírica se repitió. Pero en este nuevo sueño dirigí la palabra a la blonda dama y le pregunté si no había tenido ya el placer de conocerla en alguna parte. "Sin duda —respondió—; recuerde usted la playa de Pornic". Al punto me desperté y pude recordar con toda seguridad las circunstancias asociadas con ese rostro encantador que había visto en el sueño».

El mismo autor nos informa [*ibid.*, pág. 306] (en Vaschide, *ibid.*, págs. 233-4) que un músico conocido de él oyó una vez en sueños cierta melodía que le pareció totalmente novedosa. Sólo muchos años más tarde la encontró impresa en una vieja recopilación de piezas musicales que no recordaba haber tenido nunca antes en sus manos.

En una publicación a la que por desgracia no tengo acceso (*Proceedings of the Society for Psychical Research*), Myers [1892] ha reunido toda una serie de tales sueños hipermnésicos. En mi opinión, cualquiera que se ocupe de sueños tiene que reconocer como fenómeno muy habitual que el sueño acredita conocimientos y recuerdos que en la vigilia no se cree poseer. En mis trabajos psicoanalíticos con neuróticos, de los que después informaré, cada semana tengo varias veces la ocasión de demostrar a mis pacientes, por sus

---

[2] [Este párrafo y el siguiente se agregaron en 1914.]

40

sueños, que ellos conocen muy bien citas, palabras obscenas, etc., y se sirven de ellas en sueños aunque las hayan olvidado en la vida de vigilia. Comunicaré aún otro caso —inocente— de hipermnesia onírica porque aquí es muy fácil descubrir la fuente de donde el sueño extrajo el conocimiento a que sólo él tenía acceso.

Un paciente soñó, dentro de una trama más larga, que pedía en un café una «*Kontuszówka*». Y después de relatarlo preguntó qué sería eso; nunca había oído semejante nombre. Pude responderle que *Kontuszówka* era un aguardiente polaco que él no podía haber inventado en el sueño, puesto que yo lo conocía desde hacía mucho tiempo por los carteles en que se lo anunciaba. Nuestro hombre no quiso primero dar crédito a lo que le decía. Algunos días después, y luego de haber convertido en realidad, en un café, lo que soñó, reparó en ese nombre escrito en un cartel, y por cierto en una esquina por la que desde hacía meses debía pasar al menos dos veces cada día.

En mis propios sueños [3] he experimentado cuánto dependemos del azar en el descubrimiento del origen de elementos oníricos singulares. Así, antes de concebir este libro, durante años me persiguió la imagen de un campanario de iglesia de forma muy simple; yo no podía recordar si lo había visto. De pronto lo reconocí, y con total seguridad, en una pequeña estación situada entre Salzburgo y Reichenhall. Esto ocurrió entre 1895 y 1900, y yo había recorrido por primera vez ese tramo en 1886. Años después, cuando ya me ocupaba intensamente del estudio de los sueños, la imagen de cierto extraño local, que con frecuencia se reiteraba en mis sueños, llegó a resultarme molesta. Veía, en una precisa relación espacial con mi persona, hacia mi izquierda, un espacio oscuro en el que se distinguían varias figuras grotescas de piedra. Una sombra de recuerdo a la que no quería dar crédito me decía que era la entrada de una cervecería; pero no podía explicarme ni el significado de esa imagen onírica ni la fuente de que provenía. En 1907 viajé por casualidad a Padua, adonde lamentaba no haber podido regresar desde 1895. Mi primera visita a esa bella ciudad universitaria me había dejado insatisfecho, pues no pude admirar los frescos del Giotto en la Madonna dell'Arena: en mitad del camino que conducía hasta allí me dijeron que ese día la capilla estaba cerrada. En mi segunda visita, doce años después, quise resarcirme. Lo primero entonces fue buscar el camino que me llevase hasta la Madonna dell'Arena.

[3] [Este párrafo se agregó en 1909.]

En esa calle, a mano izquierda de la dirección en que yo avanzaba, y probablemente en el lugar donde en 1895 hube de volver sobre mis pasos, descubrí el local que tantas veces había visto en sueños, con las figuras de piedra que allí se encontraban. Era en realidad la entrada de un restaurante.

La vida infantil es una de las fuentes de donde el sueño recibe, para su reproducción, un material que, en parte, no es recordado ni utilizado en la actividad de pensamiento de la vigilia. Me limitaré a citar algunos de los autores que han observado y destacado esto.

Hildebrandt (1875, pág. 23): «Expresamente se admitió ya que el sueño trae de regreso al alma, con una capacidad de reproducción maravillosa, hechos archivados, y aun olvidados, de tiempo muy remoto».

Strümpell (1877, pág. 40): «Esto se refuerza todavía más cuando se repara en que el sueño, de tiempo en tiempo, atravesando los más espesos y profundos sedimentos que épocas posteriores han ido depositando sobre las primeras vivencias de la juventud, rescata las imágenes de lugares, de cosas y de personas singulares totalmente incólumes y con su frescura originaria. Y esto no se limita a aquellas impresiones que en su origen alcanzaron conciencia vívida o se asociaron con fuertes valores psíquicos, y que reaparecen después en el sueño como recuerdos genuinos que serán motivo de gozo para la conciencia de vigilia. Por el contrario, la profundidad de la memoria onírica recoge también imágenes de personas, de cosas y de lugares, así como vivencias de los tiempos más antiguos, que se acompañaron de conciencia débil o poseyeron escaso valor psíquico, o que habían perdido una u otro desde mucho tiempo atrás y por eso aparecen tanto en el sueño cuanto después, en la vigilia, como algo por entero ajeno y desconocido, hasta que se descubre su lejano origen».

Volkelt (1875, pág. 119): «Es particularmente notable la preferencia con que ingresan en el sueño recuerdos de la niñez y la juventud. El sueño nos recuerda incansablemente aquello en que desde hace mucho no pensamos y ha perdido toda importancia para nosotros».

El dominio del sueño sobre el material infantil, que, como es sabido, en buena parte desaparece en las lagunas de la capacidad de recuerdo conciente, origina interesantes sueños hipermnésicos, de los que comunicaré algunos ejemplos.

Maury cuenta (1878, pág. 92) que en su niñez viajaba a menudo desde Meaux, su ciudad natal, hasta Trilport, situa-

42

da no muy lejos, donde su padre dirigía la construcción de un puente. Cierta noche un sueño lo trasladó a Trilport y lo hizo jugar de nuevo en las calles de la ciudad. Un hombre se le acercó; llevaba una especie de uniforme. Maury le preguntó su nombre; él se presentó, dijo llamarse C. y era el guardián del puente. Una vez despierto, y dudando todavía de la realidad de ese recuerdo, Maury preguntó a una vieja servidora que lo acompañaba desde su infancia si podía recordar a una persona de ese nombre. «Claro que sí —fue la respuesta—; era el guardián del puente que su padre de usted construyó por entonces».

Un ejemplo igualmente bello, que confirma la seguridad de los recuerdos de infancia que afloran en el sueño, nos relata Maury [*ibid.*, págs. 143-4], de un señor F. cuya niñez había trascurrido en Montbrison. Este hombre decidió, veinticinco años después de su alejamiento de allí, volver a visitar su lugar de nacimiento y a viejos amigos de la familia que desde entonces no había visto. La noche anterior a su partida soñó que estaba en viaje, y llegando a Montbrison encontró a un señor cuyo rostro le resultaba desconocido; le dijo que era el señor T., amigo de su padre. El soñante sabía que de niño había conocido a un señor de ese nombre, pero en la vigilia no recordaba para nada su apariencia. Días después llegó en la realidad a Montbrison, reencontró el lugar del sueño que le había parecido desconocido y a un señor en quien al punto reconoció al señor T. del sueño. La persona real sólo estaba más vieja de lo que el sueño la mostró.

Puedo relatar aquí un sueño que yo mismo tuve, en que una relación sustituía a la impresión por recordar. Vi a una persona de la que supe, en el sueño, que era el médico de mi casa paterna. Su rostro no era nítido, sino que se confundía con la imagen de uno de mis profesores de la escuela secundaria, a quien todavía hoy encuentro a veces. No pude descubrir después, en la vigilia, la relación que enlazaba a esas dos personas. Pero cuando pregunté a mi madre por el médico de los primeros años de mi infancia, me enteré de que él era tuerto, y tuerto es también el profesor cuya persona se había superpuesto a la del médico en el sueño. Hacía treinta y ocho años que no veía al médico, y hasta donde yo sé nunca había pensado despierto en él, aunque una cicatriz que conservo en la barbilla habría podido recordarme su intervención.[4]

[4] [La última cláusula de esta oración se agregó en 1909; aparece en todas las ediciones posteriores hasta 1922, pero de allí en más

Como si fuera para reequilibrar el excesivo papel que los recuerdos infantiles desempeñan en la vida onírica, muchos autores afirman que en la mayoría de los sueños pueden señalarse elementos de los días más recientes. Robert (1886, pág. 46) llega a decir que, en general, el sueño normal sólo se ocupa de las impresiones de los días anteriores. Es verdad que, como hemos de verlo, la teoría del sueño construida por Robert exige imperiosamente relegar las impresiones más antiguas y privilegiar las más recientes. Pero el hecho que Robert indica es cierto, según puedo asegurarlo por mis propias investigaciones. Un autor norteamericano, Nelson [1888, págs. 380-1], cree que con la máxima frecuencia se emplean en el sueño impresiones del día anterior o de dos días atrás, como si las impresiones del día que precedió inmediatamente al del sueño no se hubieran extinguido —o archivado— en grado suficiente.

A muchos autores que no pretenden poner en duda el íntimo nexo del contenido del sueño con la vida de vigilia les ha llamado la atención que impresiones de las que el pensamiento despierto se ocupa con intensidad sólo afloren en el sueño cuando el trabajo mental diurno las ha esforzado a apartarse de algún modo. Así, por regla general, con un deudo fallecido no se sueña al principio, mientras el duelo ocupa por entero a los sobrevivientes (Delage, 1891 [pág. 40]). Ahora bien, una de las últimas observadoras, Miss Hallam, ha reunido también ejemplos de la conducta contraria, y en este punto sostiene el imperio de la individualidad psicológica (Hallam y Weed, 1896 [págs. 410-1]).

La tercera peculiaridad de la memoria en el sueño, la más extraordinaria e incomprensible, se muestra en la selección del material reproducido. No se atribuye valor solamente, como en la vigilia, a lo más significativo, sino también a lo más indiferente, a lo más insignificante del recuerdo. Dejo aquí la palabra a los autores que han expresado con mayor vigor su asombro.

Hildebrandt (1875, pág. 11): «He ahí lo extraordinario:

---

fue omitida. La mención de este mismo individuo en la pág. 283 sólo tiene sentido si se la refiere a esta cláusula omitida. El accidente que causó la cicatriz es mencionado en un historial donde se disfraza su carácter autobiográfico (Freud, 1899*a*), y el suceso mismo es probablemente el que se describe *infra*, **5**, pág. 552. Este sueño ocupa una parte importante de la carta a Fliess del 15 de octubre de 1897 (Freud, 1950*a*, Carta 71); también se cita en la 13ª de las *Conferencias de introducción al psicoanálisis* (1916-17), *AE*, **15**, pág. 184.]

el sueño por regla general no toma sus elementos de los acontecimientos mayores y más graves, ni de los intereses más poderosos y urgentes del día anterior, sino de cosas accesorias, por así decir de los jirones ínfimos de lo que acaba de vivirse o del pasado que ahora regresa. La muerte desgarradora de un familiar, bajo cuya impresión nos dormimos, queda borrada de nuestra memoria hasta que en el instante en que nos despertamos vuelve a ella con violencia perturbadora. En cambio, la verruga que tiene en la frente un amigo al que encontramos y en quien ya no pensamos más después de esa fugaz visión, esa sí que desempeña un papel en nuestro sueño...».

Strümpell (1877, pág. 39): «...esos casos en que la descomposición de un sueño descubre elementos que en efecto provienen de las vivencias del día anterior o del que precedió a este, pero tan insignificantes y nimios para la conciencia de vigilia que muy poco tiempo después de vivenciados se los relegó al olvido. Esas vivencias son, por ejemplo, frases oídas por casualidad o acciones de otros en que se ha reparado superficialmente, percepciones muy fugaces de cosas o personas, pequeñísimos fragmentos de una lectura, etc.».

Havelock Ellis (1899a, pág. 727): «*The profound emotions of waking life, the questions and problems on which we spread our chief voluntary mental energy, are not those which usually present themselves at once to dream consciousness. It is, so far as the immediate past is concerned, mostly the trifling, the incidental, the "forgotten" impressions of daily life which reappear in our dreams. The psychic activities that are awake most intensely are those that sleep most profoundly*».*

Binz (1878, págs. 44-5) toma precisamente estas peculiaridades de la memoria en el sueño como motivo para expresar su insatisfacción con las explicaciones que él mismo ha propuesto para el soñar: «Y el sueño natural nos plantea cuestiones parecidas. ¿Por qué no soñamos siempre con las impresiones mnémicas del día anterior, sino que a menudo nos sumergimos, sin motivo discernible, en un pasado que hemos dejado muy atrás, casi extinguido? ¿Por qué en el

---

* {«Las profundas emociones de la vida de vigilia, las cuestiones y problemas en que desplegamos nuestra mayor energía mental voluntaria, no son las que suelen presentarse en forma inmediata a la conciencia del sueño. En lo que se refiere al pasado más próximo, las impresiones de la vida cotidiana que reaparecen en nuestros sueños son sobre todo las insignificantes, las incidentales, las "olvidadas". Las actividades psíquicas más intensamente despiertas son las que duermen más profundamente».}

sueño la conciencia recibe tantas veces la impresión de imágenes mnémicas *indiferentes*, mientras que las células cerebrales permanecen casi siempre inmóviles y mudas allí donde contienen las huellas más excitables de lo vivido, y por más que una fuerte revivencia las haya excitado poco antes en la vigilia?».

Con facilidad se comprende que esa singular predilección de la memoria onírica por lo indiferente —y en consecuencia inadvertido— en las vivencias diurnas debía llevar a que las más de las veces se desconociese la dependencia del sueño respecto de la vida diurna, y después a dificultar al menos su comprobación en cada caso singular. Así fue posible que a Miss Whiton Calkins (1893, [pág. 315]), en la elaboración estadística de sus sueños (y los de sus colaboradores), le restase un 11 % del total en que no se discernía relación alguna con la vida diurna. Sin duda, Hildebrandt tiene razón cuando afirma (1875 [págs. 12-3]) que podríamos explicar genéticamente todas las imágenes oníricas siempre que dedicásemos en cada caso el tiempo y las búsquedas suficientes para pesquisar su origen. Llama a esto «un trabajo en extremo penoso e ímprobo. En efecto, casi siempre nos llevaría a perseguir toda clase de cosas enteramente desprovistas de valor psíquico por los rincones más recónditos de la memoria, toda clase de aspectos indiferentes de un tiempo ha mucho trascurrido, que deberíamos desenterrar del olvido en que los sepultó quizá la hora siguiente». Pero yo debo lamentar que este penetrante autor se abstuviese de seguir ese camino cuyo comienzo era tan poco brillante, pues lo habría llevado directamente al centro de la explicación de los sueños.

La conducta de la memoria en el sueño tiene sin duda la máxima importancia para cualquier teoría de la memoria en general. Enseña que «nada de lo que hemos poseído alguna vez en el espíritu puede perderse del todo» (Scholz, 1887, pág. 34). O, como lo expresa Delboeuf [1885, pág. 115], «*que toute impression, même la plus insignifiante, laisse une trace inaltérable, indéfiniment susceptible de reparaître au jour*»,* conclusión esta sugerida también por muchas manifestaciones patológicas de la vida psíquica. Ahora bien, téngase presente esta extraordinaria capacidad de rendimiento de la memoria en el sueño y se percibirá con nitidez la contradicción en que incurren ciertas teorías, que hemos de

* {«que toda impresión, aun la más insignificante, deja una huella inalterable, indefinidamente susceptible de salir a luz nuevamente».}

considerar más adelante, cuando pretenden explicar el carácter absurdo e incoherente de los sueños por un olvido parcial de lo que nos es familiar durante el día.

Quizá podría ocurrírsenos reducir el fenómeno del sueño, en su totalidad, al del recuerdo, y ver en el sueño la exteriorización de una actividad reproductora que no descansa ni siquiera durante la noche y que sería un fin en sí misma. Comunicaciones como la de Pilcz (1899) corroborarían esto; según él, pueden señalarse relaciones fijas entre el momento en que se sueña y el contenido de los sueños; así, en el dormir profundo se reproducen impresiones de los tiempos más alejados, pero hacia la mañana, impresiones recientes. No obstante, esa concepción parece de antemano muy improbable debido al modo en que el sueño procede con el material por recordar. Strümpell [1877, pág. 18] observa sobre esto, con acierto, que en el sueño no encontramos la repetición de acontecimientos vividos. Es verdad que suele hacer un amago de repetición, pero el eslabón siguiente falta, emerge alterado o en su lugar aparece algo enteramente ajeno. El sueño sólo trae *fragmentos* de reproducciones. Y esta es sin duda la regla, a punto tal que pueden basarse en ella conclusiones teóricas. No obstante, hay excepciones en que un sueño repite un acontecimiento vivido de manera tan completa como podría hacerlo nuestro recuerdo de vigilia. Delboeuf [1885, págs. 239-40] cuenta el caso de uno de sus colegas de universidad,[5] que revivió en sueños, con todos los detalles, un peligroso viaje en que sólo por milagro escapó de una desgracia. Miss Calkins (1893) relata dos sueños que tuvieron por contenido la reproducción exacta de una vivencia del día anterior, y yo mismo tendré más adelante ocasión de comunicar un ejemplo, que ha llegado a mi conocimiento, del regreso inmodificado de una vivencia infantil en el sueño. [Cf. págs. 204 y 212.][6]

---

[5] [En la primera edición, Freud agregaba aquí «que actualmente enseña en Viena», pero estas palabras se suprimieron en 1909. En *GS*, **3** (1925), pág. 8, Freud observa que «sin duda las palabras fueron correctamente omitidas, sobre todo porque el hombre había muerto».]

[6] [*Nota agregada* en 1909:] Por experiencia posterior agrego que en modo alguno es rara la repetición de tareas inocentes y triviales del día del sueño. Por ejemplo: hacer las valijas, preparar comidas en la cocina, etc. En tales sueños, empero, el soñante mismo no destaca el carácter de recuerdo, sino el de «realidad»: «Realmente yo hice todo eso ayer». [Cf. *infra*, pág. 203, y **5**, págs. 376-7. Los temas considerados en esta sección y en la precedente se retoman en las dos primeras secciones del capítulo V (págs. 180 y sigs.).]

C. Estímulos y fuentes del sueño

Lo que ha de entenderse por estímulos y fuentes del sueño puede ilustrarse recurriendo al dicho popular: «Los sueños vienen del estómago». Tras la fachada de estos conceptos se oculta una teoría que aprehende los sueños como la consecuencia de una perturbación en el dormir. No se habría soñado si algo perturbante no hubiera surgido en el dormir, y el sueño es la reacción frente a esa perturbación.

Las elucidaciones sobre las causas que provocan los sueños ocupan el mayor espacio en las exposiciones de los autores. De suyo se entiende que el problema sólo pudo plantearse después que el sueño pasó a ser objeto de la indagación biológica. Los antiguos, para quienes el sueño era un envío divino, no necesitaban buscarle fuente estimuladora ninguna; de la voluntad del poder divino o demoníaco brotaba el sueño, y del saber o del propósito de aquel, su contenido. Para la ciencia se plantea enseguida esta cuestión: ¿El estímulo de los sueños es siempre el mismo o puede ser múltiple? Y esto lleva a preguntarse si la explicación causal del sueño compete a la psicología o más bien a la fisiología. La mayoría de los autores parecen suponer que las causas de la perturbación en el dormir, y por tanto las causas del soñar, pueden ser de diverso tipo, y que tanto estímulos corporales cuanto excitaciones anímicas pueden desempeñar un papel en la excitación de los sueños. Las opiniones están muy divididas en la preferencia por una u otra de las fuentes del sueño y en el establecimiento de una jerarquía entre ellas de acuerdo con la importancia que revisten para la génesis de los sueños.

Donde el recuento de las fuentes del sueño es completo, resultan en definitiva cuatro clases, que también se han utilizado para la clasificación de los sueños mismos: 1) *excitación sensorial exterior (objetiva)*; 2) *excitación sensorial interior (subjetiva)*; 3) *estímulo corporal interno (orgánico)*, y 4) *fuentes de estímulo puramente psíquicas*.

1. *Los estímulos sensoriales exteriores*

El joven Strümpell, hijo del filósofo cuya obra sobre los sueños ya nos ha servido varias veces de guía en los problemas oníricos, ha comunicado, como se sabe, la observación de un enfermo que adolecía de anestesia general de la piel y parálisis de varios de los órganos superiores de los sentidos.[1] Cuando se obstruían a este hombre las pocas vías sensoriales que aún tenía expeditas, se dormía. Y todos nosotros, cuando queremos dormirnos, solemos procurar una situación semejante a la del experimento de Strümpell. Cerramos las vías sensoriales más importantes, los ojos, y buscamos apartar de los otros sentidos todo estímulo o toda alteración de los estímulos que actúan sobre ellos. Nos dormimos entonces, aunque no logremos del todo nuestro propósito. No podemos mantener completamente alejados los estímulos de nuestros órganos sensoriales, ni suprimir por completo la excitabilidad de estos. El hecho de que estímulos más fuertes nos despierten en cualquier momento demuestra que «también durante el sueño el alma se mantiene continuamente ligada con el mundo exterior al cuerpo».[2] Los estímulos sensoriales que nos llegan durante el dormir muy bien pueden convertirse en fuentes de sueños.

De esos estímulos existe una larga serie, desde aquellos que el estado del dormir trae consigo inevitablemente o que ha de admitir en ocasiones, hasta el casual estímulo despertador, idóneo para poner fin al dormir o destinado a eso. Una luz más intensa puede herir los ojos, un ruido hacerse perceptible o una sustancia olorosa excitar la membrana pituitaria. Mientras dormimos, un movimiento involuntario puede destapar partes de nuestro cuerpo y así exponernos a una sensación de enfriamiento, o bien con un cambio de posición producimos en nosotros mismos sensaciones de presión o de contacto. Un mosquito puede picarnos o un pequeño accidente nocturno asediar al mismo tiempo varios de nuestros sentidos. Los observadores han reunido toda una serie de sueños en los cuales el estímulo que se comprobó al despertar y un tramo del contenido del sueño concuerdan tan bien que puede reconocerse en el estímulo la fuente del sueño.

Cito aquí, siguiendo a Jessen (1855, págs. 527-8), una selección de esos sueños cuyo origen puede rastrearse hasta una estimulación sensorial objetiva (más o menos accidental):

«Todo ruido percibido de manera imprecisa suscita imágenes oníricas correspondientes; el estampido del trueno nos sitúa en medio de una batalla, el canto de un gallo puede trasformarse en el grito angustioso de un hombre, el chirriar

[1] [Adolf von Strümpell, 1883-84; el informe fue publicado por primera vez en 1878.]

[2] [Véanse las observaciones de Burdach *infra*, págs. 76-7.]

de una puerta provocará sueños sobre ladrones que penetran en nuestra casa.

»Cuando durante la noche nos destapamos, soñamos quizá que vagamos desnudos o que hemos caído al agua. Si nos ponemos de través en la cama y nuestros pies sobresalen de su borde, quizá soñemos que estamos parados al borde de un espantable abismo o bien que nos despeñamos desde una escarpada altura. Si por azar nuestra cabeza queda debajo de la almohada, entonces una gran roca penderá sobre nosotros amenazando sepultarnos bajo su mole. Acumulaciones de semen producen sueños voluptuosos, y dolores locales la idea de ser maltratado, de ataques hostiles o de heridas que nos infligen en el cuerpo. (. . .)

»Meier (1758, pág. 33) soñó cierta vez que era atacado por unas personas que lo arrojaban al suelo, tendiéndolo de espaldas, y allí lo clavaban mediante una estaca que le pasaron entre el dedo gordo del pie y el siguiente. Mientras se representaba esto en el sueño, despertó y pudo ver que tenía una pajuela entre esos dedos. Y el mismo Meier, según Hennings (1784, pág. 258), en otra ocasión en que la camisa de dormir le oprimía el cuello con cierta fuerza, hubo de soñar que lo ahorcaban. Hoffbauer [1796, pág. 146] soñó en su juventud que caía desde un alto muro, y al despertar observó que el armazón de su cama se había descuajeringado y él había caído realmente. (. . .) Gregory cuenta que cierta vez, al acostarse, puso a los pies de la cama un frasco con agua caliente, y después en sueños hizo una expedición a la cumbre del Etna donde el suelo calcinante se le hacía casi insoportable. Otro, después de ponerse una cataplasma sobre la cabeza, soñó que una banda de indios le arrancaban el cuero cabelludo. Un tercero, que se durmió con la camisa húmeda, creyó ser arrastrado por un río. Un ataque de podagra, sobrevenido mientras dormía, hizo creer a un enfermo que estaba en poder de la Inquisición y le daban tormento en el potro (Macnish [1835, pág. 40])».

El argumento basado en la semejanza entre estímulo y contenido del sueño puede reforzarse cuando se logra producir en un durmiente, aportándole estímulos sensoriales de acuerdo con un plan, los sueños que corresponden a esos estímulos. Según Macnish [*loc. cit.*, en Jessen (1855, pág. 529)], ya los Girou de Bouzareinges hicieron tales experimentos [1848, pág. 55]. «Dejó sus rodillas destapadas y soñó que viajaba de noche en una diligencia. Observó después, acerca de esto, que los viajeros conocen muy bien el frío que se siente de noche en las rodillas cuando se viaja en diligencia. Otra vez dejó al descubierto la parte posterior de su cabeza y soñó que asistía a una ceremonia religiosa al aire libre. Es que en el país donde vivía era costumbre llevar siempre cubierta la cabeza, salvo en ocasiones como la antedicha».

Maury (1878 [págs. 154-6]) comunica nuevas observaciones de sueños producidos en él mismo (una serie de otros experimentos no arrojó resultado alguno):

1. Le hacen cosquillas con una pluma en los labios y en la punta de la nariz. Sueña con una espantosa tortura; le aplican en el rostro una máscara de pez, y luego se la arrancan de golpe junto con la piel.

2. Afilan una tijera sobre unas pinzas. Oye sonar campanas, después tocan a rebato y se ve trasladado a las jornadas de junio de 1848.

3. Le hacen oler agua de colonia. Está en El Cairo, en la tienda de Johann Maria Farina. Siguen locas aventuras, que él no puede reproducir.

4. Le pellizcan ligeramente en la nuca. Sueña que le ponen una cataplasma y piensa en un médico que lo trató cuando niño.

5. Acercan a su rostro un hierro al rojo. Sueña con los «*chauffeurs*»,[3] que se han infiltrado en la casa y obligan a los moradores a entregar su dinero introduciendo los pies de sus víctimas en el brasero encendido. Después aparece la duquesa de Abrantes, cuyo secretario es él en sueños.

8. Le vierten una gota de agua sobre la frente. Está en Italia, suda copiosamente y bebe el vino blanco de Orvieto.

9. A través de un papel rojo le proyectan repetidas veces la luz de una bujía. Sueña con el tiempo, hace calor y vuelve a encontrarse en medio de una tormenta que soportó una vez en el Canal de la Mancha.

Otros intentos de producir sueños experimentalmente se deben a d'Hervey [1867, págs. 268-9 y 376-7], Weygandt (1893) y otros.

Muchos autores han observado la «extraordinaria habilidad con que el sueño entreteje en sus producciones una impresión repentina proveniente del mundo sensorial, convirtiéndola en una catástrofe que se ha ido preparando poco a poco» (Hildebrandt, 1875 [pág. 36]). «En mi juventud —cuenta este autor— me servía a veces de un reloj desper-

3 Los «*chauffeurs*» {«calentadores»} eran bandas de asaltantes de La Vendée [en la época de la Revolución Francesa] que utilizaban ese método de tortura.

51

tador para levantarme con regularidad a una hora determinada. Cien veces me sucedió que el sonido de este instrumento quedó integrado en un sueño en apariencia muy largo y coherente, como si todo el sueño hubiera sido una preparación para ese suceso y en él encontrara su culminación lógicamente inevitable» [*ibid.*, pág. 37].

Citaré luego, con otro propósito, tres de estos sueños de despertar [págs. 53-4].

Volkelt (1875, págs. 108-9) cuenta: «Un compositor soñó cierta vez que daba clase y quería explicar algo a sus alumnos. Después de hacerlo, se dirigió a uno de los jóvenes y le preguntó: "¿Me has comprendido?". El joven gritó como un poseído: "*Oh ja!*" {"¡Oh, sí!"}. Encolerizado, él lo reprendió por sus gritos. Y entonces toda la clase gritó: "*Orja!*". Y enseguida: "*Eurjo!*". Y por último: "*Feuerjo!*".[4] En ese momento despertó al grito de "*Feuerjo!*" que realmente daban en la calle».

Garnier (1872 [1, pág. 476]) cuenta que Napoleón I fue interrumpido en un sueño por la explosión de la máquina infernal. Dormido en su carruaje, revivía el paso del Tagliamento y el cañoneo de los austríacos, hasta que despertó sobresaltado exclamando: «¡Estamos destruidos!».[5]

Un sueño vivido por Maury es ya famoso (1878, pág. 161). Estaba enfermo y guardaba cama en su habitación; su madre se sentó junto a él. Soñó entonces con el período del Terror durante la Revolución Francesa, presenció atroces escenas de muerte y finalmente él mismo fue citado ante el Tribunal. Allí vio a Robespierre, a Marat, a Fouquier-Tinville y a todos los tristes héroes de esa época cruel; prestó declaración ante ellos y, después de una serie de peripecias que no se fijaron en su recuerdo, fue condenado. Lo llevaron al lugar de la ejecución en presencia de una enorme multitud. Subió al cadalso, y el verdugo lo ató a la plancha. Puso en acción el mecanismo y la cuchilla de la guillotina cayó; sintió que su cabeza era separada del tronco, se despertó presa de indecible angustia... y halló que el dosel de su cama había caído sobre sus vértebras cervicales como lo haría la cuchilla de la guillotina.

Este sueño dio motivo a una interesante discusión entre Le Lorrain (1894) y Egger (1895) en la *Revue philosophique*. Se debatió si es posible, y cómo puede suceder, que en el breve lapso que trascurre entre la percepción del

---

[4] [De estas tres últimas exclamaciones, las dos primeras carecen de sentido; la tercera es el grito convencional {«¡Fuego!»} para dar la alarma de incendio.]

[5] [Este ejemplo se retoma *infra*, págs. 245-6, y **5**, pág. 494.]

estímulo despertador y el despertar el soñante comprima un contenido onírico de trama en apariencia tan rica.[6]

Ejemplos de este tipo hacen aparecer las estimulaciones sensoriales objetivas sobrevenidas durante el dormir como la más comprobada entre las fuentes del sueño. También es la única que desempeña un papel en el conocimiento de los profanos. Si preguntamos a una persona culta, pero no familiarizada con la bibliografía sobre el sueño, por el modo en que se producen los sueños, sin duda responderá mencionando un caso de su conocimiento en que un sueño pudo explicarse por un estímulo sensorial objetivo reconocido al despertar. Pero la consideración científica no puede detenerse aquí; para ella es motivo de ulteriores indagaciones la observación de que el estímulo que impresiona los sentidos durante el dormir no emerge en el sueño en su figura real, sino que es remplazado por alguna otra representación que mantiene con él una relación cualquiera. Ahora bien, esa relación que liga el estímulo con el resultado del sueño es, en las palabras de Maury, «*une affinité quelconque, mais qui n'est pas unique et exclusive*»* (1853, pág. 72). Trascribamos, por ejemplo, tres de los sueños de despertar de Hildebrandt (1875, págs. 37-8); no podremos menos que preguntarnos después por qué el mismo estímulo produjo resultados oníricos tan diversos, y por qué precisamente estos.

«Salgo entonces de paseo una mañana de primavera y vago por los campos enverdecidos hasta llegar a una aldea vecina. Ahí veo a sus moradores vestidos de fiesta, el misal bajo el brazo, que en gran número se encaminan a la iglesia. ¡Justo! Hoy es domingo, y pronto se iniciará la misa matinal. Decido participar de ella, pero antes, porque estoy un poco acalorado, voy a refrescarme a la quinta del camposanto que rodea a la iglesia. Mientras leo ahí diversos epitafios, oigo al sacristán que trepa al campanario, y ahora veo en su cima la campanita de aldea que dará la señal para el comienzo del oficio religioso. Durante un buen rato todavía pende ella ahí, inmóvil, después empieza a oscilar... y de pronto resuenan sus repiques intensos y penetrantes... tan intensos y penetrantes que ponen fin a mi dormir. Pero las campanadas venían del despertador.

»Una segunda combinación. Es un diáfano día de invierno; las calles están cubiertas por un espeso manto de nieve. He comprometido mi participación en un viaje en trineo,

---

[6] [Este ejemplo se retoma *infra*, págs. 87-8, y **5**, págs. 491-3.]

* {«una afinidad cualquiera, pero que no es única ni exclusiva».}

pero debo esperar largo rato hasta que se me avisa que el trineo está a la puerta. Ahora hago los preparativos para subir a él; me pongo el abrigo de pieles, busco la manta para los pies... y por fin tomo asiento en mi lugar. Pero todavía se demora la partida, hasta que las riendas trasmiten la señal a los caballos expectantes; ahora ellos se ponen en marcha; los cascabeles, sacudidos con violencia, inician su bien conocida música con una fuerza tal que al instante desgarra la telaraña del sueño. Otra vez, no es sino el estridente sonar del despertador.

»Todavía un tercer ejemplo. Veo a una mucama que avanza a lo largo del pasillo, en dirección al comedor, llevando unas docenas de platos apilados. Me parece que la pila de porcelanas que lleva en sus brazos amenaza perder el equilibrio. "Ten cuidado —le advierto—; toda esa carga se irá al suelo". Desde luego, la réplica de rigor no se hace esperar: ella está acostumbrada a tales cosas, etc.; mientras, yo sigo sus pasos con mirada inquieta. Y justo en el umbral de la puerta da un tropezón... La frágil vajilla cae con estrépito, se hace añicos y se esparce en cien pedazos por el suelo. Pero el estrépito, que prosigue sin término, no es, como pronto observo, el de una vajilla sino en verdad el sonar de un timbre; y con ese sonar, como ahora lo advierte el que ya se despertó, el despertador cumplía su tarea».

¿Por qué el alma yerra en el sueño la naturaleza del estímulo sensorial objetivo? Strümpell (1877 [pág. 103]) ha respondido —y casi en el mismo sentido lo ha hecho Wundt (1874 [págs. 659-60])— que, frente a esos estímulos que irrumpen mientras se duerme, ella se encuentra en condiciones favorables a la formación de ilusiones. Una impresión sensorial es *reconocida* e *interpretada rectamente* por nosotros, es decir, es clasificada en aquel grupo mnémico al cual pertenece de acuerdo con todas las experiencias precedentes, cuando la impresión es suficientemente fuerte, clara y duradera y cuando disponemos del tiempo requerido para reflexionar en ello. Si estas condiciones no se cumplen, erramos el objeto del que proviene la impresión; sobre la base de esta, formamos una ilusión. «Si alguien se pasea a campo abierto y percibe confusamente un objeto distante, puede tomarlo primero por un caballo». Ante una mirada más atenta, puede imponerse la interpretación de que se trata de una vaca echada, y finalmente esa representación quizá se resuelva en otra, bien determinada: era un grupo de hombres sentados. De naturaleza igualmente indeterminada son las impresiones que el alma recibe por obra de estímulos exteriores durante el dormir; y sobre la base de esas impresiones forma también ilusiones, ya que la impresión evoca una cantidad mayor o menor de imágenes mnémicas y son estas las que le confieren su valor psíquico. Pero de cuál de los círculos mnémicos que acuden a la mente habrán de surgir las imágenes correspondientes y cuál de los nexos asociativos posibles se impondrá entonces, he ahí cuestiones que según Strümpell no pueden determinarse y quedan libradas, por así decir, al capricho de la vida anímica.

Estamos aquí frente a una opción. Podemos conceder que, en efecto, no puede perseguirse más allá la legalidad de la formación de sueños, y por tanto renunciar a preguntarnos si la interpretación de esa ilusión provocada por la impresión sensorial no obedece a otras condiciones. O bien podemos, por lo contrario, conjeturar que la estimulación sensorial objetiva que sobreviene durante el dormir desempeña sólo un modesto papel en cuanto fuente de los sueños, y que son otros los factores que determinan la elección de las imágenes mnémicas evocadas. De hecho, si examinamos los sueños de Maury, que él provocó experimentalmente y que a este fin yo he comunicado con tanto detalle, estamos tentados de decir que ese experimento reconstruye el origen de uno solo de los elementos oníricos, y que el restante contenido de esos sueños aparece más bien demasiado autónomo, demasiado preciso en los detalles, como para que el requisito de la concordancia con el elemento introducido por vía experimental pueda agotar su esclarecimiento. Y aun empezamos a desconfiar de la teoría de la ilusión y del poder de la impresión objetiva para configurar sueños cuando advertimos que esta, en ocasiones, recibe en el sueño la interpretación más caprichosa y remota. Así, Simon (1888) relata un sueño en que vio sentadas a una mesa unas personas gigantes, y oyó nítidamente el temible traqueteo que producían sus mandíbulas entrechocándose al masticar. Cuando despertó, oyó el ruido de cascos de un caballo que galopaba ante su ventana. Si aquí un galope ha evocado precisamente representaciones del círculo mnémico de los viajes de Gulliver, su estadía entre los gigantes de Brobdingnag y el virtuoso Houyhnhnms (como yo conjeturaría, sin que el autor me proporcione apoyo alguno), ¿acaso la elección de este círculo mnémico, tan insólito para el estímulo, no debió ser facilitada además por otros motivos? [7]

[7] [*Nota agregada* en 1911:] La aparición de personas gigantes en el sueño permite suponer que se trata de una escena de la infancia

2. *Excitación sensorial interior (subjetiva)*

A pesar de esas objeciones, es preciso conceder que el papel de las excitaciones sensoriales objetivas sobrevenidas durante el dormir ha quedado establecido de manera indiscutible en cuanto fuente del sueño, y si estos estímulos, por su naturaleza y su frecuencia, parecen quizás insuficientes para explicar todas las imágenes oníricas, lo indicado será buscar otras fuentes del sueño, pero que operen de manera análoga. Ahora bien, yo ignoro dónde nació por vez primera la idea de considerar, junto a los estímulos sensoriales exteriores, las excitaciones interiores (subjetivas) de los órganos de los sentidos. Pero el hecho es que en todas las exposiciones más recientes de la etiología del sueño ella aparece más o menos destacada. Dice Wundt (1874, pág. 657): «En las ilusiones oníricas desempeñan además un papel esencial, según creo, aquellas sensaciones subjetivas de la vista y del oído que nos son familiares en el estado de vigilia, como el caos lumínico del campo visual oscuro, el zumbido o silbido en los oídos, etc., y entre ellas en particular las excitaciones subjetivas de la retina. Así se explica la maravillosa inclinación del sueño a presentar a nuestros ojos, como por arte de magia, multitud de objetos semejantes o enteramente concordes. Vemos desplegarse ante nosotros innumerables pájaros, mariposas, peces, perlas multicolores, flores, etc. Aquí el polvillo lumínico del campo visual oscuro ha adoptado una figura fantástica, y los incontables puntos luminosos que lo forman son corporizados por el sueño en otras tantas imágenes singulares que, a causa de la movilidad del caos lumínico, son vistas como objetos *en movimiento*. También tiene su raíz allí la gran inclinación del sueño por las más diversas figuras de animales, cuya riqueza de formas se adecua particularmente bien a las imágenes lumínicas subjetivas».

En cuanto fuentes de las imágenes oníricas, las excitaciones sensoriales subjetivas tienen manifiestamente la ventaja de no depender, como las objetivas, de una contingencia exterior. Están, por así decir, disponibles para la explicación tantas veces esta lo requiera. Pero la confirmación de su papel como excitadoras del sueño es muy difícil o aun inal-

del soñante. [Cf. *infra*, 5, págs. 409-10.] — [*Agregado* en 1925:] Digamos de paso que la interpretación dada en el texto sobre una reminiscencia de los *Viajes de Gulliver* es un buen ejemplo de cómo no debe hacerse una interpretación. El intérprete del sueño no debe librarse a su propio ingenio omitiendo apoyarse en las ocurrencias del soñante.

canzable, y en este sentido resultan inferiores a los estímulos sensoriales objetivos, que pueden someterse a observación y experimento. La principal prueba del poder de las excitaciones sensoriales subjetivas para excitar sueños la proporcionan las alucinaciones llamadas «hipnagógicas», que Johannes Müller (1826) ha descrito como «fenómenos visuales fantásticos». Son imágenes a menudo muy vívidas y cambiantes, que en el período de adormecimiento suelen aparecérseles a ciertas personas de manera enteramente regular, y pueden perdurar unos momentos aun después de abiertos los ojos. Maury, que era propenso a ellas en sumo grado, les consagró un profundo análisis y afirmó su conexión y hasta su identidad con las imágenes oníricas (como ya lo había hecho, por lo demás, Müller [*ibid.*, págs. 49-50]). Para que surjan, dice Maury, se requiere una cierta pasividad anímica, una disminución del esfuerzo de atención (1878, págs. 59-60). Pero, si se tiene la disposición, basta caer por un segundo en ese letargo para ver una alucinación hipnagógica, después de la cual el sujeto quizá se despabilará; y este juego puede repetirse muchas veces, hasta que el dormir le pone término. Y si el despertar no sobreviene mucho tiempo después es frecuente, según Maury, que puedan identificarse en el sueño las mismas imágenes que antes de dormirse habían aparecido como alucinaciones hipnagógicas (*ibid.*, págs. 134-5). Así le sucedió a Maury cierta vez con una serie de figuras grotescas, de rostros deformados y extraños peinados, que le habían importunado con increíble pertinacia antes de dormirse y con las cuales, una vez despierto, recordó haber soñado. Otra vez, en que sentía hambre porque se había sometido a una dieta estricta, vio hipnagógicamente una fuente y una mano armada con tenedor que tomaba alimentos de ella. En sueños se vio ante una mesa ricamente puesta y oyó el ruido que hacían los comensales con sus tenedores. En otra ocasión, en que se durmió con una dolorosa inflamación de los ojos, tuvo la alucinación hipnagógica de pequeñísimos, microscópicos signos que debía descifrar por sí solo con gran esfuerzo; después de una hora despertó, y recordó un sueño en que aparecía un libro abierto de caracteres diminutos que él había debido leer trabajosamente.

A semejanza de estas imágenes, también alucinaciones auditivas de palabras, nombres, etc., pueden emerger hipnagógicamente y después repetirse en el sueño como una obertura —que anuncia los *leit-motiv* de la ópera de la cual es el comienzo—.

Por los mismos senderos que Müller y Maury transita un

observador más reciente de las alucinaciones hipnagógicas, G. Trumbull Ladd (1892). Mediante ejercitación, consiguió arrancarse bruscamente del dormir, sin abrir los ojos, entre dos y cinco minutos después que se había dormido poco a poco; tuvo así la ocasión de comparar las sensaciones de la retina que acababan de borrarse con las imágenes oníricas que sobrevivían en el recuerdo. Asegura que en todos los casos puede reconocerse una íntima relación entre ambas, de tal modo que los puntos y líneas luminosos de la luz interior de la retina aportan por así decir el esbozo, el esquema para las figuras oníricas percibidas psíquicamente. Por ejemplo, a un sueño en que vio frente a sí líneas claramente impresas que él leía y estudiaba, correspondía una disposición de los puntos luminosos de la retina en líneas paralelas. Para decirlo con sus palabras: la página claramente impresa que él leyó en el sueño se resolvía en un objeto que su percepción de vigilia había aprehendido como un fragmento de una hoja realmente impresa que se mirase desde una distancia excesiva, y a través de un agujerito practicado en un papel para divisarla mejor. Ladd opina, sin desdeñar por otra parte el aspecto central [cerebral] del fenómeno, que difícilmente nos sobrevenga un sueño visual que no se apoye en el material provisto por los estados interiores de excitación de la retina. Esto es válido en particular para los sueños que sobrevienen poco después de dormirse en una habitación oscura, mientras que en los sueños de la mañana, próximos al despertar, la luz objetiva que impresiona los ojos en la habitación iluminada constituiría la fuente de estímulo. Al carácter cambiante, y susceptible de mutaciones infinitas, de la excitación lumínica interior corresponde, precisamente, ese incesante flujo de imágenes que nuestros sueños proyectan ante nosotros. Si damos crédito a las observaciones de Ladd, no se podrá tener en poco la fecundidad de esta fuente subjetiva de estímulos para el sueño, pues las imágenes visuales constituyen, como es sabido, el ingrediente principal de nuestros sueños. La contribución de los otros ámbitos sensoriales, aun el auditivo, es de menor importancia e inconstante.

3. Estímulo corporal interno (orgánico)

Ahora que nos disponemos a buscar las fuentes del sueño dentro del organismo, y no fuera de él, debemos recordar que casi todos nuestros órganos interiores, que en estado de salud apenas nos dan noticia de su existencia, en los estados de afección —como solemos decir— o en las enfermedades se convierten para nosotros en fuente de sensaciones casi siempre penosas y, como tales, equiparables a aquellos excitadores externos que nos provocan dolor y sensaciones. Muy antiguas son las experiencias que llevaron a Strümpell, por ejemplo, a sostener (1877, pág. 107): «El alma alcanza en el dormir una conciencia sensitiva mucho más profunda y vasta de su corporeidad que en la vigilia, y se ve precisada a recibir y dejar que operen en ella ciertas impresiones de estímulos provenientes de partes y alteraciones de su cuerpo de los que nada sabía en la vigilia». Ya Aristóteles declaró muy posible que en los sueños se reparase en estados patológicos incipientes, no advertidos todavía en la vigilia (en virtud del agrandamiento de las impresiones por el sueño; cf. *supra*, págs. 30-1), y autores médicos que por sus concepciones distan mucho de creer en un don profético de los sueños han admitido ese significado del sueño, al menos en cuanto al anuncio de enfermedades. (Cf. P. M. Simon, 1888, pág. 31, y muchos otros autores.) [8]

Parece que ni siquiera en tiempos recientes faltan ejemplos creíbles de tales rendimientos diagnósticos del sueño. Por ejemplo, Tissié (1898 [págs. 62-3]) relata, siguiendo a Artigues (1884 [pág. 43]), la historia de una mujer de cuarenta y tres años, en apariencia totalmente sana, que durante algunos años fue frecuentada por sueños de angustia y en quien el examen médico pudo descubrir después una incipiente afección cardíaca, que pronto hubo de llevarla a la tumba.

Es manifiesto que, en toda una serie de personas, perturbaciones bien precisas de los órganos internos operan como excitadoras de sueños. Los autores coinciden en señalar

---

[8] [*Nota agregada* en 1914:] Además de este uso diagnóstico de los sueños (p. ej., en Hipócrates [cf. *supra*, pág. 31, *n.* 6]), es preciso tener en cuenta la importancia terapéutica que se les concedía en la Antigüedad. Entre los griegos existían oráculos oníricos a los que solían recurrir los enfermos en busca de curación. El enfermo se dirigía al templo de Apolo o de Esculapio, allí lo sometían a diversas ceremonias, purificación lustral, masajes, sahumerio, y así entraba en un estado de exaltación; lo hacían acostarse entonces en el templo sobre la piel de un carnero sacrificado. Se dormía y soñaba con remedios que se le presentaban en su forma natural o en símbolos e imágenes que luego los sacerdotes interpretaban. Para más información sobre los sueños terapéuticos de los griegos, véase Lehmann (1908, **1**, pág. 74), Bouché-Leclercq (1879-82), Hermann (1858, § 41, págs. 262 y sigs., y 1882, § 38, pág. 356), Böttinger (1795, págs. 163 y sigs.), Lloyd (1877), Döllinger (1857, pág. 130). — [Se hallará un comentario sobre el valor «diagnóstico» de los sueños en «Complemento metapsicológico a la doctrina de los sueños» (1917*d*), *AE*, **14**, pág. 222.]

la frecuencia de los sueños de angustia en enfermos que padecen afecciones cardíacas y pulmonares; más aún, este vínculo con la vida onírica ha sido tan destacado que puedo limitarme a mencionar la bibliografía (Radestock [1879, pág. 70], Spitta [1882, págs. 241-2], Maury [1878, págs. 33-4], Simon (1888), Tissié [1898, págs. 60 y sigs.]). Tissié llega a decir que los órganos enfermos imprimen el sello característico sobre el contenido del sueño. Los sueños de cardíacos suelen ser muy breves y terminan con un despertar aterrorizado; en su contenido, casi siempre desempeña un papel la situación de la muerte en circunstancias crueles. Los enfermos del pulmón sueñan con ahogos, opresiones, huidas, y en número notable están expuestos a la conocida pesadilla que, por lo demás, Börner (1855) pudo provocar experimentalmente poniendo boca abajo al durmiente u obstruyendo sus vías respiratorias. En el caso de perturbaciones digestivas, el sueño contiene representaciones tomadas del círculo del goce y del asco. Por último, la influencia de la excitación sexual sobre el contenido de los sueños es bien notoria en la experiencia de todos los individuos y presta el mayor apoyo a toda la doctrina de la excitación de los sueños por estímulo orgánico.

Si se estudia la bibliografía sobre el sueño, tampoco puede ignorarse que algunos de los autores (Maury [1878, págs. 451-2], Weygandt, 1893) se vieron movidos a ocuparse de los problemas oníricos por la influencia que sus propios estados patológicos ejercían sobre el contenido de sus sueños.

Si bien estos hechos han quedado indudablemente establecidos, el incremento en el número de fuentes del sueño que de ellos resulta no es tan importante como pudiera creerse. Ocurre que el sueño es un fenómeno que aparece en las personas sanas —quizás en todas, quizá todas las noches—, y la enfermedad de órgano no se cuenta, manifiestamente, entre sus condiciones indispensables. Ahora bien, nosotros no queremos saber a qué se deben ciertos sueños particulares, sino cuáles pueden ser las fuentes de estímulo para los sueños habituales de personas normales.

Pero hete aquí que no se requiere sino dar otro paso para tropezar con una fuente de los sueños que fluye con mayor abundancia que cualquiera de las anteriores y verdaderamente promete no secarse en ningún caso. Si está bien comprobado que el interior del cuerpo pasa a ser, en estados patológicos, fuente de estímulos oníricos, y si admitimos que, durante el dormir, el alma, apartada del mundo exterior, puede prestar mayor atención al interior del cuerpo, hay razones para suponer que los órganos no necesitan estar enfermos para provocar en el alma durmiente excitaciones que de algún modo se convierten en imágenes oníricas. Lo que en la vigilia percibimos oscuramente, y sólo en su cualidad, como cenestesia {*Gemeingefühl*}, a la cual, en opinión de los médicos, todos los sistemas de órganos prestan su concurso, constituiría por la noche, cuando su influencia es más intensa y sus diversos componentes aislados están activos, la fuente más poderosa y al mismo tiempo la más habitual para la suscitación de representaciones oníricas. No restaría entonces sino investigar las reglas que siguen los estímulos de órgano al trasponerse en representaciones oníricas.

Llegamos con esto a la teoría sobre la génesis de los sueños preferida por todos los autores médicos. La oscuridad en que el núcleo de nuestro ser, el «*moi splanchnique*» {«yo esplácnico»}, como lo llama Tissié [1898, pág. 23], se oculta a nuestra inteligencia y la oscuridad de la génesis del sueño se corresponden tan bien una a la otra que no se puede menos que relacionarlas. La argumentación que convierte a las sensaciones vegetativas de órgano en formadoras del sueño tiene además para el médico este atractivo: permite unificar la etiología del sueño y la de las perturbaciones mentales, que en su manifestación muestran tantas coincidencias; en efecto, las alteraciones de la cenestesia y los estímulos provenientes de los órganos internos acusan también considerable importancia en la génesis de las psicosis. Por eso no es asombroso que la teoría del estímulo corporal pueda hacerse remontar a más de un creador, que la expuso de manera autónoma.

Para muchos autores fue decisiva la argumentación desarrollada por el filósofo Schopenhauer en 1851. La imagen del mundo nace en nosotros porque nuestro intelecto moldea las impresiones que le vienen desde fuera en las formas del tiempo, el espacio y la causalidad. Los estímulos que parten del interior del organismo, del sistema nervioso simpático, se exteriorizan durante el día a lo sumo en una influencia inconciente sobre nuestro talante. Pero de noche, cuando se acalla el efecto ensordecedor de las impresiones diurnas, las impresiones que surgen del interior pueden atraer la atención, del mismo modo que por la noche oímos el murmullo de las fuentes que el alboroto del día vuelve imperceptible. Pero, ¿de qué otra manera reaccionará el intelecto frente a esos estímulos, si no es cumpliendo la función que le es propia? Por tanto, trasformará los estímulos en figuras que ocupan tiempo y espacio, que se mueven siguiendo el hilo de la causalidad, y así nace el sueño [cf. Schopenhauer,

1851*b*, **1**, págs. 249 y sigs.]. En el vínculo entre estímulos corporales e imágenes oníricas quisieron penetrar después con más detalle Scherner (1861) y tras él Volkelt (1875), autores cuya apreciación crítica reservo para la sección dedicada a las teorías sobre el sueño. [Cf. *infra*, págs. 106 y sigs.]

En una investigación llevada a cabo con particular persistencia, el psiquiatra Krauss [1859, pág. 255] derivó la génesis del sueño, así como de los delirios e ideas delirantes,[9] de idéntico elemento: la *sensación orgánicamente condicionada*. Apenas se concibe algún lugar del organismo que no pueda ser el punto de partida de un sueño o una imagen delirante. Las sensaciones orgánicamente condicionadas «pueden, empero, dividirse en dos series: 1) las que constituyen el talante global (cenestesia), y 2) las sensaciones específicas, inmanentes a los sistemas principales del organismo vegetativo, entre las que hemos distinguido cinco grupos: *a*) las sensaciones musculares; *b*) las pneumáticas; *c*) las gástricas; *d*) las sexuales, y *e*) las periféricas».

Krauss supone que el proceso de génesis de las imágenes oníricas sobre la base de los estímulos corporales es el siguiente: La sensación provocada evoca, siguiendo alguna ley de asociación, una representación emparentada con ella, y se conecta con esta última constituyendo un producto orgánico. Ahora bien, el comportamiento de la conciencia respecto de este producto en modo alguno es el normal. En efecto, no presta atención alguna a la sensación misma, sino que se vuelca por entero a la representación acompañante, lo cual simultáneamente explica que la verdad de estos hechos pudiera desconocerse por tanto tiempo. Krauss designa a este proceso también con una expresión particular: la *transustanciación* de las sensaciones en imágenes oníricas.

La influencia de los estímulos corporales orgánicos sobre la formación de los sueños es reconocida hoy por casi todos los autores, pero la pregunta por la ley de la relación entre ambos recibe respuestas muy diversas, casi siempre oscuras indicaciones. Ahora bien, admitida la teoría del estímulo corporal, se impone una tarea precisa a la interpretación de los sueños: reconducir el contenido de un sueño hasta los estímulos orgánicos que lo causaron; y si no quieren aceptarse las reglas de interpretación descubiertas por Scherner (1861), las más de las veces se tropezará con el hecho adverso de que la existencia de fuentes orgánicas de estímulo es revelada exclusivamente por el contenido mismo del sueño.

Sin embargo, se ha plasmado de manera bastante coinci-

[9] [Véase la caracterización del «*délire*» por Maury, *infra*, pág. 82.]

dente la interpretación de diversas formas de sueño llamadas «típicas» porque reaparecen en muchísimas personas con un contenido del todo similar. Son los conocidos sueños de despeñarse desde lo alto, de pérdida de los dientes, de vuelo y de vergüenza por andar desnudo o mal vestido. Estos últimos sueños estarían provocados simplemente por la percepción, hecha durante el dormir, de que se han arrojado las cobijas y se yace descubierto. El sueño de caída de los dientes se reconduce a un «estímulo dentario», con lo cual no se alude forzosamente a un estado de excitación patológica de los dientes. El sueño de vuelo es, según Strümpell [1877, pág. 119], la imagen de que se sirve adecuadamente el alma para interpretar el *quantum* de estímulo producido por el ascenso y descenso de los lóbulos pulmonares, cuando al mismo tiempo la sensibilidad cutánea del tórax ha descendido ya a un estado de no conciencia. Y esta última circunstancia ofrece la sensación que se conecta con la representación del estar suspendido. La caída desde una altura reconocería este motivo: en un momento en que la sensación de presión cutánea ha dejado de ser conciente, o bien un brazo que estaba junto al cuerpo se separa y desciende lentamente, o una pierna flexionada se estira de pronto, con lo cual la sensación de presión cutánea se vuelve de nuevo conciente, pero ese paso a la conciencia se corporiza psíquicamente como sueño de caída [*ibid.*, pág. 118]. Estos plausibles intentos de explicación tienen una falla manifiesta: sin mayor asidero hacen penetrar en la percepción anímica o desaparecer de ella este o aquel grupo de sensaciones de órgano, y ello hasta lograr la constelación que sea favorable para la explicación buscada. Por otra parte, más adelante tendré ocasión de volver sobre los sueños típicos y su génesis. [Cf. págs. 252 y sigs., y **5**, págs. 388 y sigs.]

Simon ha intentado derivar, de la comparación de una serie de sueños parecidos, algunas reglas sobre la forma en que los estímulos de órgano determinan sus resultados oníricos. Según él (1888, págs. 34-5), cuando durante el dormir un aparato orgánico cualquiera, que normalmente participa en la expresión de un afecto, se encuentre por algún otro motivo en el estado de excitación en que aquel afecto lo pondría, las representaciones oníricas que de allí nazcan contendrán las adecuadas al afecto. Otra regla reza: Cuando un aparato orgánico se encuentre durante el dormir en estado de actividad, excitación o perturbación, el sueño aportará representaciones relacionadas con el ejercicio de la función orgánica que ese aparato cumple.

Mourly Vold (1896) se propuso demostrar experimentalmente, en un ámbito particular, esa influencia que la teoría del estímulo corporal supone en la formación de los sueños. Sus experimentos consistieron en modificar la posición de los miembros del durmiente para comparar los resultados oníricos con tales mudanzas. Comunica, a manera de conclusión, los siguientes asertos:

1. La posición que un miembro tiene en sueños corresponde aproximadamente a su posición real, es decir, se sueña con un estado estático que corresponde al real.
2. Cuando se sueña con el movimiento de un miembro, es siempre de tal modo que una de las posiciones que adopta al cumplirlo corresponde a la real.
3. En sueños puede atribuirse la posición del miembro propio a otra persona.
4. Puede también soñarse que el movimiento correspondiente es estorbado.
5. Si el miembro tiene la posición correspondiente, puede aparecer en sueños como animal o monstruo, pudiendo establecerse en tal caso una cierta analogía entre ambos.
6. La posición de un miembro puede incitar en el sueño pensamientos que tienen alguna relación con el miembro; por ejemplo, si se trata de los dedos soñaremos que contamos.

De tales resultados concluiría yo que tampoco la teoría del estímulo corporal pudo eliminar la aparente arbitrariedad con que son seleccionadas las imágenes oníricas que han de suscitarse.[10]

4. *Fuentes psíquicas de estímulo*

Cuando tratábamos las relaciones del sueño con la vida de vigilia y considerábamos el origen del material onírico, nos enteramos de que en opinión de los investigadores del sueño, tanto los más antiguos cuanto los más recientes, los hombres sueñan con aquello en que se afanan durante el día y que les interesa en la vigilia. [Cf. págs. 34-5.] Ese interés que se continúa en el dormir desde la vida de vigilia no sólo sería un lazo psíquico que ata el sueño a la vida; se nos presenta como una fuente no desdeñable del sueño, que, junto a lo que ha devenido interesante durante el dor-

[10] [*Nota agregada* en 1914:] Con posterioridad, este autor ha publicado un informe de sus experimentos, en dos volúmenes (1910 y 1912), al que nos referimos más adelante [cf. pág. 236*n*.].

mir (los estímulos que sobrevienen en ese estado), bastaría para explicar el origen de todas las imágenes oníricas. Pero ya vimos que esa afirmación es contradicha por quienes sostienen que el sueño aparta al soñante de sus intereses diurnos, y que por regla general sólo soñamos con las cosas que más nos han conmovido durante el día cuando ya han perdido el atractivo de la actualidad para la vida de vigilia. [Cf. págs. 34 y 44.] De tal suerte, en el análisis de la vida onírica tenemos a cada paso la impresión de que no pueden establecerse reglas universales si no es previendo restricciones mediante un «a menudo», «por regla general», «casi siempre», y admitiendo de antemano la validez de las excepciones.

Si los intereses de la vigilia, junto con los estímulos interiores y exteriores sobrevenidos durante el dormir, bastaran para agotar la etiología del sueño, tendríamos que ser capaces de dar razón satisfactoria del origen de todos los elementos de un sueño; el enigma de las fuentes del sueño se habría disipado, y no quedaría sino deslindar, en cada sueño, las contribuciones respectivas de los estímulos oníricos psíquicos y los somáticos. En realidad, en ningún caso se ha logrado esa resolución completa de un sueño, y a quienes la intentaron les quedaron sobrando ingredientes oníricos —casi siempre muy abundantes— sobre cuyo origen nada pudieron decir. Evidentemente, el alcance que tienen los intereses diurnos como fuentes psíquicas del sueño no es el que haría esperar la confiada afirmación según la cual seguimos ocupándonos en sueños de nuestros asuntos.

Otras fuentes psíquicas del sueño no se conocen. Por eso todas las explicaciones del sueño que hallamos en la bibliografía —con excepción quizá de Scherner, a quien después citaremos [pág. 106]— exhiben una gran laguna en cuanto a la derivación del material de imágenes-representaciones más característico para el sueño. En esta perplejidad, la mayoría de los autores se han inclinado por empequeñecer en lo posible la contribución de lo psíquico en la excitación de sueños, que tan inasible se presenta. Es verdad que adoptan como clasificación principal la que distingue el *sueño por estímulo nervioso* del *sueño por asociación*, el último de los cuales halla su fuente exclusivamente en la reproducción [de un material ya vivenciado] (Wundt, 1874, págs. 657-8), pero no pueden quitarse la duda de «si [el sueño] ocurre sin un estímulo corporal que dé el impulso inicial» (Volkelt, 1875, pág. 127). Además, es insuficiente la caracterización del sueño por asociación puro: «En los genuinos sueños por asociación no puede hablarse ya de un tal núcleo firme [proveniente de una estimulación somática]. En ellos, hasta el centro del sueño está constituido por un agrupamiento laxo. Si en todo sueño la vida representativa queda liberada de la razón y del entendimiento, en los de este tipo ni siquiera es cohesionada por excitaciones corporales o anímicas ponderables, y así queda abandonada a su propio ajetreo multicolor y a un vértigo inconexo en que todo se entremezcla» (Volkelt, *ibid.*, pág. 118). Wundt intentó después (1874, págs. 656-7) minimizar la contribución de lo psíquico a la excitación de los sueños, cuando explicó que «erróneamente se ve en los fantasmas del sueño alucinaciones puras. Es probable que la mayoría de las representaciones oníricas sean en realidad ilusiones, en cuanto provienen de las impresiones sensoriales apenas perceptibles, que nunca se extinguen del todo durante el dormir». Weygandt hizo suyo este punto de vista y lo generalizó (1893, pág. 17). Respecto de todas las representaciones oníricas afirma que «su causa más próxima son estímulos sensoriales, a los que después se añaden asociaciones reproductivas». Todavía más lejos va Tissié en el rechazo de las fuentes psíquicas de estímulo (1898, pág. 183): «*Les rêves d'origine absolument psychique n'existent pas*»;* y en otro pasaje (*ibid.*, pág. 6): «*Les pensées de nos rêves nous viennent du dehors...*».**

Aquellos autores que, como el influyente filósofo Wundt, adoptan una posición intermedia, no dejan de observar que en la mayoría de los sueños cooperan estímulos somáticos e incitadores psíquicos desconocidos o reconocidos como intereses diurnos.

Más adelante sabremos que el enigma de la formación de los sueños puede resolverse mediante el descubrimiento de una inopinada fuente psíquica de estímulos. Entretanto, no nos maravillemos de que los estímulos que no brotan de la vida psíquica sean sobrevalorados en la formación de los sueños. No sólo son los únicos que pueden descubrirse fácilmente, y aun corroborarse por el experimento; además, la concepción somática de la génesis del sueño responde en un todo a la orientación de pensamiento que hoy domina en la psiquiatría. Es que si bien se insiste con la mayor fuerza en el dominio del cerebro sobre el organismo, todo lo que pueda revelar una independencia de la vida anímica respecto de alteraciones orgánicas demostrables, o una espontaneidad de aquella en sus exteriorizaciones, asusta hoy a los psiquiatras como si su reconocimiento hubiera de retrotraernos a

---

* {«Los sueños de origen absolutamente psíquico no existen».}
** {«Los pensamientos de nuestros sueños nos vienen de fuera».}

los tiempos de la filosofía de la naturaleza y de la metafísica del alma. La desconfianza del psiquiatra ha puesto a la psique, por así decir, bajo caución, y exige que ninguna de sus mociones trasluzca un poder propio de ella. Pero semejante abstinencia no revela sino poca fe en la validez de la cadena causal que se extiende desde lo corporal hasta lo anímico. Aun allí donde la investigación permite reconocer en lo psíquico la ocasión primaria de un fenómeno, un estudio más profundo sabrá descubrir, en cada caso, la continuación del camino que lleva hasta la fundamentación orgánica de lo psíquico. Pero donde lo psíquico haya de resultar, para el estado actual de nuestro conocimiento, la estación final, será preciso admitirlo.[11]

---

[11] [Los temas de esta sección se retoman en el capítulo V, sección C (págs. 233 y sigs.).]

D. ¿Por qué olvidamos el sueño una vez despiertos?

Consabido es que el sueño «se disipa» por la mañana. Sin duda, es susceptible de recuerdo. En efecto, sólo sabemos del sueño por el recuerdo que de él tenemos después del despertar; pero muy a menudo creemos que lo recordamos incompleto, que en la noche había más en él; podemos observar cómo un recuerdo onírico todavía vívido por la mañana se desintegra en el curso del día hasta que no quedan sino pequeños fragmentos; muchas veces sabemos que hemos soñado, pero no lo que soñamos, y estamos tan habituados a la experiencia de que el sueño está expuesto al olvido que no rechazamos por absurda la posibilidad de que haya soñado por la noche aquel que por la mañana nada sabe del contenido ni de la ocurrencia misma de su soñar. Por otra parte, sucede que ciertos sueños muestran una extraordinaria permanencia en la memoria. He analizado sueños que mis pacientes habían tenido veinticinco años antes y aún más, y yo mismo puedo recordar un sueño mío al que treinta y siete años, por lo menos, separan del día de hoy y no obstante nada ha perdido de su frescura en mi memoria. Todo esto es muy extraño, y de primera intención incomprensible.

Del olvido de los sueños se ocupa Strümpell con el mayor detalle [1877, págs. 79-80]. Este olvido es manifiestamente un fenómeno complejo, que Strümpell atribuye no a una única razón, sino a toda una serie de ellas.

En primer lugar, para el olvido de los sueños valen todas aquellas razones que en la vida de vigilia producen el olvido. En nuestra vigilia solemos olvidar enseguida un sinnúmero de sensaciones y percepciones porque eran demasiado débiles, porque la excitación psíquica asociada con ellas fue de grado muy bajo. Esto mismo sucede con muchas imágenes oníricas; se las olvidará porque fueron demasiado débiles, mientras que se recordarán imágenes más fuertes próximas a ellas. Sin embargo, el factor intensidad no es sin duda decisivo por sí solo para la retención de las imágenes oníricas; Strümpell [*ibid.*, pág. 82], al igual que otros autores (Calkins, 1893 [pág. 312]), admite que a menudo se olvidan con rapidez imágenes oníricas de las que se sabe que fueron muy vívidas, mientras que entre las conservadas en la memoria las hay muchas fugaces y tenues. Además, en la vigilia se suele olvidar fácilmente lo que ocurrió una sola vez, y retener mejor lo que pudo percibirse repetidas veces. Ahora bien, la mayoría de las imágenes oníricas son vivencias únicas;[1] esta característica contribuirá igualmente al olvido de todos los sueños. Más importante es una tercera razón del olvido. Para que sensaciones, representaciones, pensamientos, etc., alcancen una cierta magnitud mnémica, es necesario que no permanezcan aislados, sino que se presenten en conexiones y compañías del tipo adecuado. Si fragmentamos un breve verso en palabras y entremezclamos estas, será muy difícil retenerlo. «Bien ordenadas y en la secuencia que conviene, una palabra trae a la otra, y el todo, pleno de sentido, se fija fácilmente y por largo tiempo en el recuerdo. La retención de lo falto de sentido es en general tan difícil y rara en nosotros como la de lo confuso y desordenado» [Strümpell, *ibid.*, pág. 83]. Ahora bien, en la mayoría de los casos faltan en los sueños la comprensibilidad y el orden. Las composiciones oníricas están desprovistas en sí mismas de lo que posibilitaría su recordación, y se las olvida porque casi siempre se desvanecen ya en los instantes que siguen. Sin embargo, con estas explicaciones no se compadece del todo lo que Radestock (1879, pág. 168) sostiene haber observado: que retenemos mejor precisamente los sueños más extraños.

Todavía más eficaces para el olvido del sueño parecen a Strümpell [*ibid.*, págs. 82-3] otros factores que derivan del vínculo entre sueño y vida de vigilia. La facilidad con que los sueños son olvidados por la conciencia vigilante no es manifiestamente sino el envés de un hecho ya mencionado [cf. *supra*, pág. 47]: el sueño (casi) no toma de la vida de vigilia recuerdos ordenados, sino sólo detalles que él arranca de las conexiones psíquicas habituales dentro de las cuales se los recuerda en la vigilia. Así pues, la composición onírica no encuentra sitio en la sociedad de las series psíquicas de que·el alma rebosa. Le falta cualquier ayuda-memoria. «De tal manera, la formación onírica se desprende, por así decir, del suelo de nuestra vida anímica y queda suspendida en el espacio psíquico como una nube en el cielo, que el primer soplo de viento disipa enseguida» (1877, pág. 87). En esta misma dirección trabaja la circunstancia de que, tan pronto despertamos, el mundo apremiante de los sentidos acapara nuestra atención, y las imágenes oníricas que pueden resistir su poder son las menos. Retroceden ante las impresiones del nuevo día como se extingue el resplandor de las estrellas frente a la luz del sol.

En último lugar como favorecedor del olvido de los sue-

---

[1] Con frecuencia se han observado sueños que se repiten periódicamente. Véase la recopilación de Chabaneix (1897). [Cf. págs. 204-5.]

ños debe mencionarse el hecho de que la mayoría de los hombres no ponen interés en ellos. Quien, por ejemplo como investigador, se ha interesado durante un tiempo por el sueño, soñará en ese lapso más que antes, o mejor dicho: recordará sus sueños con mayor facilidad y frecuencia.

Otras dos razones para el olvido de los sueños, que Bonatelli [1880] (según Benini [1898, págs. 155-6]) agregaría a las de Strümpell, en realidad nos parecen estar ya contenidas en estas últimas; son: 1) que el cambio en la cenestesia al pasar del dormir a la vigilia no favorece la reproducción entre uno y otra, y 2) que el diferente ordenamiento del material de representaciones en el sueño lo vuelve por así decir intraducible para la conciencia vigilante.

Después de todas estas razones para el olvido, y como el propio Strümpell [1877, pág. 6] lo destaca, es todavía más asombroso que retengamos en el recuerdo tanto de los sueños. Los continuados esfuerzos de los autores por discernir reglas en el recuerdo de los sueños entrañan una confesión: también aquí ha quedado algo enigmático e irresuelto. Con justicia se ha insistido recientemente en algunas particularidades del recuerdo de los sueños; por ejemplo, que un sueño que de mañana se tenía por olvidado puede recordarse en el curso del día si su contenido, aunque olvidado, es rozado casualmente por una percepción (Radestock, 1879 [pág. 169]; Tissié, 1898 [págs. 148-9]).

Pero el recuerdo de los sueños, en general, está expuesto a una objeción susceptible de rebajar grandemente su valor ante la consideración crítica. He aquí la duda: nuestro recuerdo, que tanto descuida del sueño, ¿no falsea lo que ha retenido?

También Strümpell expresa esa duda sobre la exactitud de la reproducción del sueño (1877 [pág. 119]): «Entonces es fácil que la conciencia despierta introduzca mucho, involuntariamente, en el recuerdo del sueño: nos figuramos haber soñado cosas que el sueño que tuvimos no contenía».

Con particular énfasis se expresa Jessen (1855, pág. 547): «Además, en la investigación e interpretación de sueños coherentes y lógicos es preciso tomar en cuenta una circunstancia en la que, al parecer, no se reparó lo suficiente hasta ahora: casi siempre nos alejamos de la verdad porque, cuando evocamos en nuestra memoria un sueño que tuvimos, sin advertirlo o sin quererlo llenamos y completamos las lagunas que presentan las imágenes oníricas. Rara vez, y quizá nunca, un sueño coherente lo ha sido tanto como nos aparece en el recuerdo. Ni aun el más veraz de los hombres puede contar sin añadidos ni adornos un sueño maravilloso que ha tenido: el afán del espíritu humano por discernir coherencia en todo es tan grande que, frente al recuerdo de un sueño incoherente en algún sentido, completará involuntariamente esa falta de coherencia».

Casi como una traducción de las palabras de Jessen nos suenan estas observaciones de Egger [1895, pág. 41], no obstante haber sido concebidas por este independientemente: «...*l'observation des rêves a ses difficultés spéciales et le seul moyen d'éviter toute erreur en pareille matière est de confier au papier sans le moindre retard ce que l'on vient d'éprouver et de remarquer; sinon, l'oubli vient vite ou total ou partiel; l'oubli total est sans gravité; mais l'oubli partiel est perfide; car si l'on se met ensuite à raconter ce que l'on n'a pas oublié, on est exposé à compléter par imagination les fragments incohérents et disjoints fournis par la mémoire (...); on devient artiste à son insu, et le récit périodiquement répété s'impose à la créance de son auteur, qui, de bonne foi, le présente comme un fait authentique, dûment établi selon les bonnes méthodes...».*

En idéntico sentido se pronuncia Spitta (1882, pág. 338), quien parece suponer que sólo cuando intentamos reproducir el sueño introducimos el orden en los elementos oníricos asociados de manera inconexa: «Convertimos la *yuxtaposición* en *secuencias* y *relaciones*, y por tanto agregamos el proceso de conexión lógica que falta en el sueño».

Puesto que para determinar la fidelidad de nuestro recuerdo no poseemos otro control que el objetivo, y este no es posible en el sueño, que es una vivencia personal nuestra y para el cual no conocemos otra fuente que el recuerdo mismo, ¿qué valor resta a nuestro recuerdo del sueño? [2]

---

* {«...la observación de los sueños ofrece dificultades especiales, y el único medio de evitar errores en tal materia es confiar al papel, sin la menor demora, lo que uno acaba de experimentar y observar; en caso contrario sobrevendrá rápidamente el olvido, ya sea total o parcial; el olvido total no es grave; pero el olvido parcial es pérfido; porque si uno se pone más tarde a dar cuenta de lo que no ha olvidado, corre el riesgo de completar mediante la imaginación los fragmentos incoherentes y desarticulados provistos por la memoria (...); uno se convierte en artista sin saberlo, y el relato periódicamente repetido se impone a la creencia de su autor, quien de buena fe lo presenta como un hecho auténtico, debidamente establecido según los métodos correctos».}

[2] [Los interrogantes planteados en esta sección se retoman en el capítulo VII, sección A (**5**, págs. 507 y sigs.).]

E. Las particularidades psicológicas del sueño

En la consideración científica del sueño partimos del supuesto de que este es un resultado de nuestra propia actividad psíquica; es verdad que los sueños, una vez terminados, nos aparecen como algo ajeno, cuya paternidad nos apuramos tan poco a confesar que [en alemán] tanto decimos *«Mir hat geträumt»* {«Me ha ocurrido un sueño»} cuanto *«Ich habe geträumt»* {«He soñado»}. ¿A qué se debe esta «ajenidad psíquica» del sueño? De acuerdo con nuestras elucidaciones sobre las fuentes del sueño, tenemos que pensar que no la determina el material que ha llegado a su contenido; en efecto, en buena medida es común a la vida onírica y a la vida de vigilia. Podemos preguntarnos si no son modificaciones de los procesos psíquicos, sobrevenidas en el sueño, las que despiertan esa impresión. Quizá podamos buscar allí una caracterización psicológica del sueño.

Nadie ha destacado con mayor vigor la diversidad de esencia entre vida onírica y vida de vigilia ni se ha empeñado en razonamientos más vastos que G. T. Fechner en algunas observaciones de sus *Elemente der Psychophysik.* Opina (1889, **2**, págs. 520-1) que «ni la simple disminución de la vida psíquica conciente por debajo del umbral principal» ni el retraimiento de la atención respecto de las influencias del mundo exterior bastan para esclarecer las peculiaridades de la vida onírica en relación con la vida de vigilia. Conjetura que el *escenario de los sueños es otro que el de la vida de representaciones de la vigilia.* «Si el escenario de la actividad psicofísica fuese el mismo en el dormir y en la vigilia, el sueño a mi juicio no podría ser sino una continuación de la vida de representaciones de vigilia; se mantendría en un grado de intensidad inferior que el de esta, pero por lo demás debería compartir su material y su forma. Ahora bien, nada de eso sucede».

No sabemos con claridad qué entendía Fechner con ese cambio de teatro de la actividad psíquica; pero también es cierto que nadie, por lo que yo sé, emprendió el camino cuyo rumbo él mostraba con esa observación. Debemos excluir una interpretación anatómica en el sentido de la localización fisiológica, cerebral, o aun referida a la estratificación histológica de la corteza del cerebro. Pero quizá la idea de Fechner resulte certera y fecunda si la referimos a un aparato anímico compuesto por varias instancias interpoladas una detrás de otra.[1]

---

[1] [Esta idea se retoma y desarrolla en el capítulo VII, sección B (**5**, págs. 529 y sigs.).]

Otros autores se han contentado con destacar una u otra de las particularidades psicológicas aprehensibles de la vida onírica, convirtiéndolas en el punto de partida de intentos de explicación más vastos.

Con acierto se ha observado que una de las principales peculiaridades de la vida onírica se presenta ya en el estado del adormecimiento, y ha de verse en ella el fenómeno preparatorio del dormir. Lo característico del estado de vigilia es, según Schleiermacher (1862, pág. 351), que la actividad de pensamiento se cumple en *conceptos* y no en *imágenes*. Ahora bien, el sueño piensa principalmente por imágenes, y puede observarse que cuando se aproxima el momento del dormirse, y en el mismo grado en que las actividades voluntarias se muestran dificultadas, surgen *representaciones involuntarias* que pertenecen, todas, a la clase de las imágenes. La incapacidad para ese trabajo de representaciones que experimentamos como voluntario e intencional, y el surgimiento de imágenes regularmente asociado con esa *dispersión*, he ahí dos caracteres que se reiteran en el sueño y que, después del análisis psicológico de este, habremos de reconocer como caracteres esenciales de la vida onírica. Acerca de estas imágenes —las alucinaciones hipnagógicas— averiguamos ya [págs. 57-8] que por su contenido son idénticas a las imágenes oníricas.[2]

El sueño, entonces, piensa de manera predominante, aunque no exclusiva, por imágenes visuales. Trabaja además con imágenes auditivas y, en menor medida, con las impresiones de los otros sentidos. También es mucho en el sueño lo que simplemente se piensa o se representa (subrogado en tal caso, probablemente, por restos de representaciones-palabra) de idéntico modo que en la vigilia. No obstante, lo único característico del sueño son esos elementos de contenido que se comportan como imágenes, vale decir, se asemejan más a percepciones que a representaciones mnémicas. Dejando de lado las discusiones acerca de la naturaleza de la alucinación, bien conocidas de todos los psiquiatras, podemos enunciar, siguiendo a todos los autores expertos en la materia, que el sueño *alucina*, remplaza pensamientos por alucinaciones. En este sentido no hay diferencia alguna entre representaciones visuales y acústicas; se ha observado que si nos adormecemos con el recuerdo de una serie de notas

---

[2] [*Nota agregada* en 1911:] H. Silberer (1909) ha demostrado con bellos ejemplos cómo en estado de somnolencia unos pensamientos abstractos se trasponen en imágenes plástico-intuitivas que pretenden expresar lo mismo. [*Agregado* en 1925:] Volveré sobre este descubrimiento en otro contexto. [Cf. **5**, págs. 350-1 y 498 y sigs.]

musicales, ese recuerdo se trasforma, una vez dormidos profundamente, en la alucinación de esa misma melodía; y si después recobramos el sentido (lo cual puede alternar varias veces con el adormecerse), la alucinación deja lugar de nuevo a la representación mnémica, más débil y cualitativamente diversa.

La mudanza de la representación en alucinación no es la única divergencia del sueño con un pensamiento de vigilia que le correspondiera. Mediante esas imágenes el sueño crea una situación, figura algo como presente, *dramatiza* una idea, según la expresión de Spitta (1882, pág. 145). No obstante, la caracterización de este aspecto de la vida onírica sólo es completa si se añade que en sueños no nos parece estar pensando, sino que nos parece estar vivenciando (ello por regla general; las excepciones requieren explicación particular), y por tanto se da pleno crédito {*Glauben*} a las alucinaciones. La afirmación crítica de que no hemos vivenciado nada de eso, sino que sólo lo hemos pensado —soñado— de una manera peculiar, sobreviene después del despertar. Este carácter separa al sueño genuino de la ensoñación diurna {*Tagträumerie*}, que nunca se confunde con la realidad.

Burdach ha resumido los caracteres de la vida onírica que consideramos hasta aquí en las siguientes frases (1838, págs. 502-3): «Rasgos esenciales del sueño son: *a*) la actividad subjetiva de nuestra alma aparece como objetiva, por cuanto la facultad perceptiva aprehende los productos de la fantasía como si proviniesen de los sentidos; (...) *b*) con el dormir queda suprimido el albedrío. De ahí que al adormecimiento le corresponda una cierta pasividad. (...) Las imágenes del sueño están condicionadas por la relajación del albedrío».

Pasemos ahora al intento de explicar la credulidad del alma hacia las alucinaciones oníricas, que sólo pueden entrar en escena después de suspendida una cierta actividad de albedrío. Strümpell (1877) explica que el alma en ese estado se comporta correctamente y siguiendo su mecanismo. Los elementos del sueño no son meras representaciones, sino *vivencias del alma verídicas* y *reales*, tal como se presentan en la vigilia por mediación de los sentidos (*ibid.*, pág. 34). Mientras que el alma vigilante piensa y representa por imágenes de palabra y por el lenguaje, en el sueño ella piensa y representa por imágenes de sensación reales (*ibid.*, pág. 35). Y en el sueño viene a agregarse a esto una conciencia espacial, en la medida en que, como en la vigilia, sensaciones e imágenes son trasladadas a un espacio exterior (*ibid.*, pág. 36). Por eso debe admitirse que respecto de sus imágenes y percepciones el alma se encuentra en sueños en idéntica situación que en la vigilia (*ibid.*, pág. 43). Y si, no obstante, en sueños se equivoca, ello se debe a que en el estado del dormir falta el único criterio que permite distinguir las percepciones sensoriales según sean dadas desde fuera o desde dentro. No puede someter sus imágenes a la única prueba que mostraría su realidad objetiva. *Además*, desdeña la diferencia entre imágenes intercambiables *caprichosamente* y aquellas otras en que no cabe esa arbitrariedad. Yerra porque no puede aplicar la ley de la causalidad al contenido de su sueño (*ibid.*, págs. 50-1). En suma, su apartamiento del mundo exterior contiene también la razón de su creencia en el mundo subjetivo de los sueños.

A las mismas conclusiones llega Delboeuf, después de desarrollos psicológicos en parte divergentes (1885, pág. 84). Prestamos a las imágenes oníricas la creencia en la realidad {*Realitätsglauben*} porque en el dormir no tenemos otras impresiones con que pudiéramos compararlas, porque estamos desligados del mundo exterior. Pero si creemos en la verdad de estas alucinaciones no es por la imposibilidad de emprender exámenes mientras dormimos. El sueño puede fingir todos esos exámenes; puede mostrarnos, por ejemplo, que tocamos la rosa vista, y por cierto soñamos con ello. Según Delboeuf no existe ningún criterio concluyente para saber si algo es un sueño o una realidad de vigilia, salvo —y esto sólo como universalidad práctica— el hecho del despertar. Declaro que fue espejismo todo lo que viví después que me hube dormido cuando, ya despierto, observo que yazgo desvestido en mi lecho. Mientras dormía tuve por verdaderas las imágenes de mis sueños a causa del *hábito de pensamiento* —que a su vez no puede adormecerse—, el cual me hace suponer un mundo exterior frente al que pongo en oposición mi yo.[3]

---

[3] Haffner (1887, pág. 243) intenta, como Delboeuf, explicar la actividad onírica por la modificación que por fuerza produce en el funcionamiento, en lo demás correcto, del aparato anímico intacto la introducción de una condición anormal; pero describe esa condición en términos algo diferentes. Según él, la primera marca del sueño es la ausencia de lugar y de tiempo, es decir, el hecho de que la representación se emancipa del lugar asignado al individuo dentro del orden espaciotemporal. Con esto se enlaza el segundo rasgo básico del sueño: la confusión de las alucinaciones, imaginaciones y combinaciones de la fantasía con percepciones externas. «La totalidad de las fuerzas superiores del alma, en particular la formación de conceptos, el juicio y el razonamiento, por un lado, y la libre autodeterminación, por el otro, se anudan a las imágenes sensibles de la fantasía y en todo momento las tienen por base. Por eso,

Elevado así el extrañamiento respecto del mundo exterior a la condición de factor determinante en el moldeamiento de los caracteres más salientes de la vida onírica, vale la pena citar algunas finas observaciones del viejo Burdach, que echan luz sobre la relación del alma durmiente con el mundo exterior y nos precaven de sobrestimar las inferencias antes expuestas. Dice Burdach:

«El dormir sobreviene sólo a condición de que el alma no sea incitada por estímulos sensoriales, (. . .) pero la condición del dormir no es tanto la ausencia de estímulos sensoriales cuanto, más bien, la falta de interés en ellos;[4] y aun muchas veces es necesaria una impresión sensorial que apacigüe al alma: el molinero sólo se duerme cuando oye el traqueteo de su molino, y aquellos que por precaución consideran preciso encender una candela de noche no pueden dormirse en la oscuridad» (1838, pág. 482).

«Durante el dormir el alma se aísla del mundo exterior y se retira de la periferia. (. . .) Empero, el nexo no se interrumpe del todo; si mientras dormimos no oyésemos ni sintiésemos, y ello ocurriese sólo luego de despertar, pues no nos despertaríamos. Y una prueba más de la permanencia de la sensación es el hecho de que nunca nos despertamos por la mera intensidad sensorial de una impresión, sino por su resonancia psíquica; una palabra indiferente no despierta al que duerme, pero si se lo llama por su nombre volverá en sí. (. . .) Por tanto, el alma dormida distingue entre las

también estas actividades participan en el desarreglo de las representaciones oníricas. Participan, decimos, pues en sí y por sí nuestra capacidad de juzgar, así como nuestra capacidad de voluntad, en manera alguna se alteran mientras dormimos. Nuestras actividades son tan agudas y tan libres como en el estado de vigilia. Tampoco en sueños puede el hombre infringir las leyes del pensamiento —p. ej., no puede considerar idénticas las cosas que se le presentan como contrapuestas, etc.—. De igual modo, sólo puede anhelar lo que se imagina bueno (*sub ratione boni*). Pero en esta aplicación de las leyes del pensamiento y la voluntad el espíritu humano se extravía en el sueño por la confusión de una representación con otra. Así sucede que en el sueño cometemos las mayores contradicciones, al par que por otro lado podemos formar los juicios más agudos y los razonamientos más consecuentes, así como las decisiones más virtuosas y santas. *Falta de orientación*, he ahí todo el secreto del vuelo que toma nuestra fantasía en el sueño; y la *falta de reflexión crítica*, así como de entendimiento con otras personas, es la fuente principal de las desmedidas extravagancias de nuestros juicios y de nuestras esperanzas y deseos en el sueño». (*Ibid.*, pág. 18.) [El problema del «examen de realidad» es considerado *infra*, **5**, pág. 558 y *n.* 22.]

[4] [*Nota agregada* en 1914:] Cf. el *désintérêt* en que Claparède (1905, págs. 306-7) descubre el mecanismo del dormirse.

sensaciones. (...) Por eso podemos despertarnos también a raíz de la ausencia de un estímulo sensorial cuando esa ausencia atañe a un asunto importante para la representación; así, hay quienes se despiertan cuando se extingue la candela nocturna, y el molinero lo hace cuando cesa el ruido de su molino, vale decir, cuando se suspende la actividad sensorial, lo cual presupone que esta era percibida, aunque como indiferente o, más bien, como algo que, por ser satisfactorio, no traía sobresalto al alma» (*ibid.*, págs. 485-6).

Y aun si quisiéramos prescindir de estas objeciones nada desdeñables, deberíamos confesar que las propiedades de la vida onírica apreciadas hasta aquí, y que han sido derivadas del apartamiento respecto del mundo exterior, no pueden dar entera razón de su ajenidad. Porque si así fuere, debería ser posible reconvertir las alucinaciones del sueño en representaciones, y las situaciones oníricas en pensamientos, resolviendo de ese modo la tarea de la interpretación del sueño. Esto, en realidad, es lo que intentamos cuando, una vez despiertos, reproducimos el sueño por el recuerdo que de él tenemos; pero, ya logremos del todo o sólo en parte esa retraducción, el sueño no pierde nada de su carácter enigmático.

Todos los autores suponen también, sin detenerse en ello, que en el sueño ocurren otras alteraciones, todavía más profundas, del material de representaciones de la vigilia. Una de ellas es la que Strümpell procura discernir con las siguientes elucidaciones (1877, págs. 27-8): «Cuando cesan la actividad de la intuición sensible y la conciencia de la vida normal, el alma pierde también el suelo en que pudieran arraigar sus sentimientos, anhelos, intereses y acciones. También aquellos estados, sentimientos, intereses y valoraciones mentales que en la vigilia van unidos a las imágenes mnémicas están sometidos (...) a una presión oscurecedora, a consecuencia de la cual se afloja su conexión con esas imágenes; las imágenes perceptivas de cosas, personas, lugares, hechos y acciones de la vida despierta muchas veces se reproducen aisladas, pero ninguna de ellas trae consigo su *valor psíquico*. Este se ha desprendido de ellas, que por eso deambulan en el alma por sus propios medios...».

Este despojamiento de las imágenes de su valor psíquico, también atribuido al extrañamiento respecto del mundo exterior, ha de tener parte principal, según Strümpell, en la sensación de ajenidad con que el sueño se contrapone a la vida en nuestro recuerdo.

Vimos [pág. 73] que ya el adormecimiento conlleva la

renuncia a una de las actividades psíquicas, a saber, a la guía voluntaria del decurso de las representaciones. Esto nos impone la conjetura, sugerida ya por otras consideraciones, de que el estado del dormir se extendería también abarcando los desempeños anímicos. Quizás algunos de estos cesen por completo. ¿Los restantes siguen trabajando imperturbados, y en tales circunstancias pueden rendir un trabajo normal? He ahí la pregunta que ahora se nos plantea. Aquí emerge el punto de vista según el cual las peculiaridades del sueño podrían explicarse por la disminución del rendimiento psíquico durante el estado del dormir. La impresión que el sueño provoca a nuestro juicio vigilante viene en auxilio de ese punto de vista. El sueño es inconexo, no le repugna unir las contradicciones más ásperas, admite cosas imposibles, desecha el saber de que nos preciamos durante el día, nos muestra embotados en lo ético y lo moral. A quien en la vigilia quisiera portarse tal como el sueño lo exhibe en sus situaciones, lo tendríamos por insensato; quien despierto hablase como lo hace en sueños o quisiese comunicar cosas tal como ocurren en el contenido de los sueños, nos impresionaría como un confundido o deficiente mental. Por eso no creemos sino expresar un hecho cuando tasamos en muy poco la actividad psíquica durante el sueño y, en particular, cuando afirmamos que las operaciones intelectuales superiores quedan, en el sueño, suspendidas o al menos gravemente deterioradas.

Con insólita unanimidad —de las excepciones daremos cuenta en otro lugar [págs. 83 y sigs.]—, los autores han formulado sobre el sueño este tipo de juicios, que también llevan directamente a una teoría o explicación determinadas de la vida onírica. Es llegado el momento de que yo sustituya el resumen que vengo haciendo por una selección de sentencias de diversos autores —filósofos y médicos— acerca de los caracteres psicológicos del sueño.

Según Lemoine (1855), la *incoherencia* de las imágenes oníricas es el único carácter esencial del sueño.

Maury es del mismo parecer; dice (1878, pág. 163): «*Il n'y a pas de rêves absolument raisonnables et qui ne contiennent quelque incohérence, quelque anachronisme, quelque absurdité*».*

Siguiendo a Hegel, dice Spitta [1882, pág. 193] que falta al sueño toda trabazón comprensible y objetiva.

Dugas afirma [1897a, pág. 417]: «*Le rêve c'est l'anar-*

---

* {«No hay sueños que sean absolutamente racionales y no contengan alguna incoherencia, algún anacronismo, algún absurdo».}

chie psychique affective et mentale, c'est le jeu des fonctions livrées à elles-mêmes et s'exerçant sans contrôle et sans but; dans le rêve l'esprit est un automate spirituel».

«La falta de ilación, el aflojamiento y la mezcolanza de la vida ideativa que en la vigilia se mantiene cohesionada por el poder lógico del yo central» son señalados aun por Volkelt (1875, pág. 14), según cuya doctrina la actividad psíquica en modo alguno aparece sin objetivos durante el dormir.

El carácter *absurdo* de los enlaces de representaciones que ocurren en el sueño difícilmente pueda condenarse con mayor vehemencia que la de Cicerón (*De divinatione*, II [lxxi, 146]): «*Nihil tam praepostere, tam incondite, tam monstruose cogitari potest, quod non possimus somniare».***

Fechner dice (1889, 2, pág. 522): «Es como si la actividad psicológica se trasladara del cerebro de una criatura racional al de un loco».

Radestock (1879, pág. 145): «De hecho, parece imposible discernir leyes fijas en ese loco ajetreo. Sustrayéndose del control estricto de la voluntad y la atención racionales, que guían el decurso de las representaciones en la vigilia, el sueño lo confunde todo en el torbellino de su loco juego, como en un caleidoscopio».

Hildebrandt (1875, pág. 45): «¡Qué maravillosos saltos se permite el soñante, por ejemplo en sus razonamientos! ¡Cuán despreocupadamente ve invertirse las proposiciones empíricas más conocidas! ¡Qué ridículas contradicciones puede admitir en los ordenamientos de la naturaleza y de la sociedad, antes que, como suele decirse, cargue las tintas y exagere el absurdo tanto que despertemos! En ocasiones multiplicamos sin cuidado alguno: tres por tres son veinte; no nos asombra que un perro nos recite un verso, que un muerto vaya sobre sus propios pies a su tumba, que una roca flote en el agua; con toda seriedad nos encaminamos al condado de Bernburg o al principado de Liechtenstein para desempeñar la alta misión de pasar revista a la marina del país, o nos enrolamos como voluntarios en los ejércitos de Carlos XII poco antes de la batalla de Poltava».

Dice Binz (1878, pág. 33), con la mira puesta en la teoría de los sueños que se desprende de estas impresiones: «Entre diez sueños, por lo menos nueve tienen contenido

---

* {«El sueño es la anarquía psíquica afectiva y mental, es el juego de las funciones libradas a sí mismas y ejerciéndose sin control y sin meta; en el sueño el espíritu es un autómata espiritual».}
** {«Es imposible concebir una cosa tan trastornada, irregular o monstruosa que no podamos soñar».}

absurdo. En ellos, acoplamos personas y cosas que no tienen entre sí la menor relación. Y un instante después, como en un caleidoscopio, el agrupamiento ha cambiado; si es posible, ahora será más insensato y loco que antes; y así prosigue el juego cambiante del cerebro, no dormido por completo, hasta que despertamos y, pasándonos la mano por la frente, nos preguntamos si de hecho poseemos todavía la facultad de representación y pensamiento racionales».

Maury (1878, pág. 50) establece, en cuanto al nexo de las imágenes oníricas con los pensamientos de la vigilia, una comparación muy impresionante para el médico: «*La production de ces images que chez l'homme éveillé fait le plus souvent naître la volonté, correspond, pour l'intelligence, à ce que sont pour la motilité certains mouvements que nous offrent la chorée et les affections paralytiques...*».* Por lo demás, el sueño es para él «*toute une série de dégradations de la faculté pensante et raisonnante*»** (*ibid.*, pág. 27).

Apenas hace falta citar las manifestaciones de los autores que retoman ese enunciado de Maury, extendiéndolo a cada una de las operaciones psíquicas superiores.

Según Strümpell, en el sueño retroceden —incluso, desde luego, cuando el absurdo no es palmario— todas las operaciones lógicas del alma, las que descansan en nexos y relaciones (1877, pág. 26). De acuerdo con Spitta (1882, pág. 148), en el sueño las representaciones parecen sustraerse por completo a la ley de causalidad. Radestock (1879 [págs. 153-4]) y otros destacan la debilidad del juicio y del razonamiento, característica del sueño. Según Jodl (1896, pág. 123), en el sueño no hay crítica ni enmienda alguna de una serie perceptiva por el contenido de la conciencia total. El mismo autor expresa: «Todas las variedades de la actividad conciente ocurren en el sueño, pero incompletas, inhibidas, aisladas unas de otras». Las contradicciones en que incurre el sueño con relación a nuestro saber de vigilia son explicadas por Stricker (y por muchos otros) diciendo que en el sueño se olvidan hechos o se pierden las relaciones lógicas entre las representaciones (1879, pág. 98), etc., etc.

Estos autores, que en general pronuncian juicios tan desfavorables acerca de las operaciones psíquicas que se cumplen en los sueños, confiesan no obstante que les queda

* {«La producción de estas imágenes, que en el hombre despierto nacen casi siempre por obra de la voluntad, es para la inteligencia lo que ciertos movimientos de la corea y las afecciones paralíticas son para la motilidad».}
** {«toda una serie de degradaciones de la facultad pensante y razonante».}

cierto resto de actividad anímica. Wundt, cuyas doctrinas fueron ley para tantos otros estudiosos de los problemas oníricos, lo admite expresamente. Cabría preguntarse entonces por la índole y la constitución de ese resto de actividad psíquica normal que se exterioriza en los sueños. Ahora bien, es generalmente admitido que la capacidad de reproducción, la memoria, es la que menos parece sufrir en el sueño, y aun puede mostrar cierta superioridad respecto de esa misma función en la vigilia (cf. *supra*, sección B), aunque una parte de los absurdos del sueño debe explicarse, precisamente, por el carácter olvidadizo de la vida onírica. Según Spitta, el dormir no afecta a la *vida del ánimo*, y es esta la que después dirige al sueño. Por «ánimo» {«*Gemüt*»} entiende «la composición constante de los sentimientos, composición que constituye la esencia subjetiva más íntima del ser humano» (1882, págs. 84-5).

Scholz (1887, pág. 37) considera que una de las actividades psíquicas que se exteriorizan en los sueños es la «*reinterpretación alegorizante*» a que está sometido el material onírico. Siebeck comprueba también en el sueño la «*capacidad de interpretación completante*» del alma (1877, pág. 11), que ella ejercita con relación a todo percibir y a todo intuir. Resulta particularmente difícil discernir la posición que ocupa en el sueño la función psíquica supuestamente más elevada, la conciencia. Puesto que sólo por la conciencia sabemos algo de los sueños, no puede dudarse de que se conserva en ellos; no obstante, Spitta (1882, págs. 84-5) opina que en sueños se conserva sólo la conciencia, pero no la *auto*-conciencia. Delboeuf confiesa (1885, pág. 19) que no alcanza a comprender ese distingo.

Las leyes de la asociación, siguiendo las cuales se enlazan las representaciones, presiden también las imágenes oníricas, y aun su imperio se trasluce con mayor pureza y vigor en los sueños. Strümpell (1877, pág. 70): «Al parecer, el sueño trascurre o bien siguiendo exclusivamente las leyes de las representaciones desnudas, o bien siguiendo las de los estímulos orgánicos que acompañan a esas representaciones; vale decir, trascurre sin que la reflexión y el entendimiento, el gusto estético y el juicio moral, puedan nada con él». [Cf. *supra*, pág. 77, e *infra*, págs. 234-5.]

Los autores cuyas opiniones reproduzco aquí se representan la formación de los sueños más o menos del siguiente modo: La suma de las impresiones sensoriales sobrevenidas durante el dormir, y que proceden de las diversas fuentes ya mencionadas en otro lugar [sección C], despiertan primero en el alma una cantidad de representaciones que aparecen como alucinaciones (Wundt juzga más correcto [cf. pág. 66] hablar de ilusiones, puesto que se originan en estímulos exteriores e interiores). Estas se enlazan entre sí siguiendo las conocidas leyes de la asociación, y a su vez evocan, de acuerdo con esas mismas leyes, una nueva serie de representaciones (imágenes). Y el conjunto del material es elaborado después por lo que aun queda en actividad de la capacidad ordenadora y pensante del alma, todo lo bien que pueda hacerlo (p. ej., cf. Wundt [1874, pág. 658] y Weygandt [1893]). Sólo que todavía no se ha logrado penetrar los motivos por los cuales la suscitación de las imágenes no provenientes de afuera se cumple siguiendo una u otra de las leyes de la asociación.

Pero repetidas veces se ha observado que las asociaciones que ligan a las representaciones oníricas son de tipo muy particular y difieren de las que actúan en el pensamiento de vigilia. Así, Volkelt dice (1875, pág. 15): «En los sueños, las representaciones se dan caza y se apresan unas a otras de acuerdo con semejanzas contingentes y nexos apenas perceptibles. Todos los sueños están penetrados de tales asociaciones desaliñadas y arbitrarias». Maury atribuye el máximo valor a este carácter de la conexión de las representaciones, que le permite trazar una estricta analogía entre la vida onírica y ciertas perturbaciones mentales. Discierne dos caracteres principales del «*délire*»: «*1) une action spontanée et comme automatique de l'esprit; 2) une association vicieuse et irrégulière des idées*»* (1878, pág. 126). Del propio Maury proceden dos notables ejemplos de sueños en que la mera homofonía de las palabras promovió el enlace de las representaciones oníricas. Cierta vez soñó que emprendía una peregrinación (*pélerinage*) a Jerusalén o a La Meca, y después de muchas peripecias se encontraba en casa del químico *Pelletier*; luego de conversar, este le dio una pala (*pelle*) de cinc, que, en el fragmento de sueño que siguió, se convirtió en su gran espada de combate (*ibid.*, pág. 137). Otra vez marchaba en sueños por la carretera y leía en los mojones los *kiló*metros; de pronto se encontró en casa de un boticario que tenía una gran balanza, y un hombre ponía pesas de un *kilo* en el platillo para pesar a Maury; entonces el boticario le dijo: «No está en París, sino en la isla *Gilolo*». Después siguieron muchas imágenes en las que vio las flores de *lo*belia, y luego al general *López*, de cuya muerte había leído

---

* {«1) una acción espontánea y como automática del espíritu; 2) una asociación de ideas viciosa e irregular».}

poco antes; por último se despertó jugando una partida de *lotería* (*ibid.*, pág. 126).[5]

Ya estamos bien preparados para esperar que este menosprecio de las operaciones psíquicas del sueño haya encontrado sus contradictores. Por cierto, tal contradicción parece aquí difícil. Que uno de los desvalorizadores de la vida onírica asegure (Spitta, 1882, pág. 118) que las mismas leyes psicológicas que gobiernan en la vigilia presiden también el sueño, o que otro (Dugas, 1897*a*) afirme que «*le rêve n'est pas déraison ni même irraison pure*»,[*] poco significa en la medida en que ninguno de los dos se tome el trabajo de armonizar esta apreciación con la anarquía psíquica y la disolución de todas las funciones en el sueño, tal como ellos mismos las describieron. Pero otros parecen haber vislumbrado la posibilidad de que la locura del sueño quizá no carezca de método, quizá no sea sino disimulo, como el del príncipe de Dinamarca, a cuya locura alude el inteligente juicio aquí citado.[**] Estos autores tienen que haber evitado el juzgar por las apariencias, o bien la apariencia que el sueño les ofreció fue otra.

Así, Havelock Ellis (1899*a*, pág. 721), que no quiere detenerse en el aparente absurdo del sueño, aprecia a este como «*an archaic world of vast emotions and imperfect thoughts*»,[***] cuyo estudio podría hacernos conocer estadios primitivos del desarrollo de la vida psíquica.

James Sully (1893, pág. 362) defiende esta concepción sobre el sueño [6] de manera todavía más amplia y profunda. Sus veredictos merecen mayor consideración aún si reparamos en que él estaba convencido, como quizá ningún otro psicólogo, de la oculta sensatez del sueño: «*Now our dreams are a means of conserving these successive [earlier] personalities. When asleep we go back to the old ways of looking at things and of feeling about them, to impulses and activities which long ago dominated us*».[****]

---

[5] [*Nota agregada* en 1909:] Más adelante [**5**, pág. 525, *n.* 35] se nos hará asequible el sentido de los sueños de este tipo, llenos de aliteraciones y de sílabas iniciales con sonido similar.

[*] {«el sueño no es sinrazón, ni siquiera irracionalidad pura».}

[**] {«Hay algo de método en su locura», *Hamlet*, acto II, escena 2.}

[***] {«un mundo arcaico de vastas emociones y pensamientos imperfectos».}

[6] [Este párrafo se agregó en 1914.]

[****] {«Ahora bien, nuestros sueños son un medio para conservar estas personalidades sucesivas [anteriores]. Cuando estamos dormidos retrocedemos a las viejas maneras de ver y sentir las cosas, a los impulsos y actividades que nos dominaron hace mucho tiempo».}

Un pensador como Delboeuf afirma —aunque no justificadamente, pues no aporta pruebas que refuten las ofrecidas en contrario—: «*Dans le sommeil, hormis la perception, toutes les facultés de l'esprit, intelligence, imagination, mémoire, volonté, moralité, restent intactes dans leur essence; seulement, elles s'appliquent à des objets imaginaires et mobiles. Le songeur est un acteur qui joue à volonté les fous et les sages, les bourreaux et les victimes, les nains et les géants, les démons et les anges*»* (1885, pág. 222). Quien parece haber cuestionado de la manera más enérgica la desvalorización del rendimiento psíquico en el sueño es el marqués d'Hervey [1867], contra el cual Maury polemizó vivamente y cuya obra yo no pude conseguir a pesar de todo mi empeño.[7] Maury dice sobre él (1878, pág. 19): «*M. le Marquis d'Hervey prête à l'intelligence durant le sommeil, toute sa liberté d'action et d'attention et il ne semble faire consister le sommeil que dans l'occlusion des sens, dans leur fermeture au monde extérieur; en sorte que l'homme qui dort ne se distingue guère, selon sa manière de voir, de l'homme qui laisse vaguer sa pensée en se bouchant les sens; toute la différence qui sépare alors la pensée ordinaire de celle du dormeur c'est que, chez celui-ci, l'idée prend une forme visible, objective et ressemble, à s'y méprendre, à la sensation déterminée par les objets extérieurs; le souvenir revêt l'apparence du fait présent*».**

Pero Maury agrega «*qu'il y a une différence de plus et capitale, à savoir que les facultés intellectuelles de l'homme endormi n'offrent pas l'équilibre qu'elles gardent chez l'homme éveillé*».***

---

* {«En el sueño, y exceptuando la percepción, todas las facultades del espíritu —inteligencia, imaginación, memoria, voluntad, moral— permanecen intactas en su esencia; sólo que se aplican a objetos imaginarios y móviles. El soñante es un actor que juega a voluntad los papeles de locos y sabios, de verdugos y víctimas, de enanos y gigantes, de demonios y ángeles».}

[7] [Esta obra del famoso sinólogo se publicó anónimamente.]

** {«El Marqués d'Hervey otorga a la inteligencia en el dormir toda su libertad de acción y de atención, y para él aparentemente el dormir sólo consiste en la oclusión de los sentidos, en que estos se cierren al mundo exterior; de modo que, según su manera de ver, el hombre que duerme no se distingue mucho del que, taponando sus sentidos, deja vagar su pensamiento; entonces, toda la diferencia que separa al pensamiento ordinario del pensamiento del durmiente sería que, en este último, la idea adopta una forma visible, objetiva, y se parece —hasta confundirse con ella— a la sensación determinada por los objetos exteriores; el recuerdo reviste la apariencia del hecho presente».}

*** {«que hay otra diferencia, de capital importancia, a saber: que las facultades intelectuales del hombre dormido no muestran el equilibrio que conservan en el hombre despierto».}

84

En Vaschide (1911, págs. 146-7),[8] que nos proporciona un mejor conocimiento del libro de d'Hervey, hallamos que este autor se expresa del siguiente modo [1867, pág. 35] acerca de la aparente incoherencia de los sueños: «*L'image du rêve est la copie de l'idée. Le principal est l'idée; la vision n'est qu'accessoire. Ceci établi, il faut savoir suivre la marche des idées, il faut savoir analyser le tissu des rêves; l'incohérence devient alors compréhensible, les conceptions les plus fantasques deviennent des faits simples et parfaitement logiques. (...) Les rêves les plus bizarres trouvent même une explication des plus logiques quand on sait les analyser*».[*] [9]

J. Stärcke (1913, pág. 243) ha señalado que un autor antiguo, desconocido para mí, defendió una solución semejante para la incoherencia del sueño. Escribía Wolf Davidson (1799, pág. 136): «Las extrañas discontinuidades de nuestras representaciones oníricas tienen todas su fundamento en la ley de la asociación, sólo que esta conexión suele producirse en el alma de manera muy oscura, y así creemos observar discontinuidades donde no las hay».

La escala de la apreciación del sueño como producto psíquico muestra, en la bibliografía, un amplio registro; va desde el menosprecio más profundo, cuyas expresiones hemos citado, pasando por la sospecha de un valor todavía no descubierto, hasta la sobrevaloración, que sitúa al sueño por encima de los rendimientos de la vida de vigilia. Hildebrandt, quien, como sabemos [cf. *supra*, pág. 36], esboza en tres antinomias la característica psicológica de la vida onírica, resume en la tercera de esas oposiciones los puntos extremos de dicha serie (1875, págs. 19-20):

«Es la que enfrenta a una *elevación*, una *potenciación* que no pocas veces llega al *virtuosismo*, con una *aminoración* y un *debilitamiento* de la vida anímica que a menudo decae por debajo del nivel de lo humano.

[8] [Este párrafo y el siguiente se agregaron en 1914.]

[*] {«La imagen del sueño es la copia de la idea. Lo principal es la idea; la visión es sólo accesoria. Establecido esto, hay que saber seguir la marcha de las ideas, hay que saber analizar el tejido de los sueños; entonces la incoherencia se hace comprensible, las concepciones más fantásticas se convierten en hechos simples y perfectamente lógicos. (...) Los sueños más extravagantes encuentran incluso una explicación muy lógica cuando se los sabe analizar».}

[9] [En realidad esta no es una cita textual, sino una paráfrasis de Vaschide.]

»En lo que atañe a lo primero, ¿quién no podría corroborar por su propia experiencia que en las creaciones y urdimbres del genio de los sueños suelen manifestarse una profundidad e intimidad del ánimo, una delicadeza de la sensación, una claridad en las intuiciones, una finura de observación, una justeza en el chiste, tales que modestamente admitiríamos no poseerlas como propiedad constante en la vida de vigilia? El sueño tiene una poesía maravillosa, una alegoría certera, un humor incomparable, una ironía refinadísima. Contempla el mundo bajo una luz peculiarmente idealizadora y suele potenciar el efecto de sus manifestaciones gracias a una comprensión más perspicaz de la esencia que ellas tienen por base. Nos presenta la belleza terrena con un fulgor verdaderamente celestial, lo excelso con majestad suprema, lo que por experiencia tememos bajo la figura más horripilante, lo ridículo con una comicidad indescriptiblemente total; y hay veces en que, ya despiertos, una cualquiera de esas impresiones perdura con tanta plenitud en nosotros que damos en pensar que el mundo real nunca nos ha ofrecido nada semejante».

Cabe preguntarse si verdaderamente aquellas observaciones menospreciadoras y esta alabanza entusiasmada se refieren al mismo objeto. ¿Han descuidado unos los sueños tontos, y otros los profundos y perspicaces? Y si ocurren ambas clases de sueños, los que merecen uno u otro de esos juicios, ¿no parece ocioso buscar una caracterización psicológica del sueño? ¿No bastaría con decir que en sueños todo es posible, desde el más profundo desfallecimiento de la vida psíquica hasta una elevación inhabitual en la vigilia? Muy cómoda sería esta solución, pero tiene algo en contra: los esfuerzos de todos los investigadores del sueño parecen presuponer que en efecto existe una caracterización de los sueños, universalmente válida en sus rasgos esenciales, y que debería salvar esas contradicciones.

Es innegable que las operaciones psíquicas del sueño han encontrado reconocimiento más cálido y dispuesto en aquel período intelectual, ya trascurrido, en que la filosofía y no las ciencias naturales exactas dominaba sobre los espíritus. Veredictos como el de Von Schubert (1814, págs. 20-1), para quien el espíritu se liberaba en el sueño de su aherrojamiento por la naturaleza exterior —el alma se sacudía las cadenas de la sensibilidad—, y juicios parejos de Fichte el joven (1864, **1**, págs. 143-4),[10] entre otros, todos los cuales

[10] Cf. Haffner (1887) y Spitta (1882, págs. 11-2).

presentan al sueño como el ascenso de la vida psíquica a un nivel superior, hoy nos parecen casi inconcebibles; en nuestros días no los repiten sino místicos y beatos.[11] Cuando se impuso el modo de pensar de las ciencias naturales sobrevino una reacción en la apreciación del sueño. Precisamente los autores médicos tienen la mayor proclividad a juzgar ínfima y sin valor la actividad psíquica en los sueños, mientras que los filósofos y observadores no profesionales —psicólogos aficionados—, cuyas contribuciones justamente en este campo no son de desdeñar, sostienen casi siempre, en mayor acuerdo con las intuiciones del pueblo, el valor psíquico de los sueños. Quien se incline por menospreciar el rendimiento psíquico en los sueños dará desde luego preferencia en su etiología a las fuentes somáticas de estímulo; en cambio, quienes creen que el alma soñante conserva la mayor parte de sus facultades de vigilia no tienen, por supuesto, motivo alguno para no concederle también la capacidad de la incitación autónoma del soñar.

Entre los rendimientos superiores que, aun mediante una comparación desapasionada, podemos ensayar atribuir a la vida onírica, el de la memoria es el más notable; hemos tratado con detalle las experiencias que lo prueban, no raras por cierto [cf. sección B]. Otro privilegio del sueño, muy apreciado por autores antiguos, a saber, que puede derogar soberanamente las distancias en el tiempo y el espacio, se reconoce con facilidad como una ilusión. Este privilegio es, según observa Hildebrandt (1875 [pág. 25]), precisamente ilusorio; el soñar recorre libremente el tiempo y el espacio no de otro modo que el pensamiento de vigilia, justamente porque no es sino una forma de este. Con relación a la temporalidad, se afirma que el sueño gozaría todavía de otro privilegio; aún en otro sentido sería independiente del tiempo. Sueños como el comunicado por Maury (cf. pág. 52) sobre su ejecución en la guillotina parecen probar que el sueño puede comprimir en un corto lapso un contenido perceptivo mucho mayor del que nuestra actividad psíquica de vigilia puede dominar en el contenido de su pensamiento. No obstante, esta conclusión ha sido impugnada con múltiples argumentos; desde las reflexiones de Le Lorrain (1894) y Egger (1895) «sobre la aparente duración de los sueños», se ha trabado en torno de ello una interesante discusión,

[11] [*Nota agregada* en 1914:] Ese brillante místico que es Du Prel, uno de los pocos autores cuyo olvido en las ediciones anteriores de este libro lamento, declara que en lo que concierne a los hombres el acceso a la metafísica no está en la vida de vigilia sino en el sueño (Du Prel, 1885, pág. 59).

que, por lo que parece, no ha alcanzado todavía el esclarecimiento definitivo en esta enredada y profunda cuestión.[12]

Que el sueño es capaz de retomar los trabajos intelectuales del día y llegar a una solución no alcanzada en este, que puede resolver dudas y problemas y, en poetas y compositores, constituir la fuente de nuevas inspiraciones, parece indiscutible en virtud de numerosos informes y la recopilación preparada por Chabaneix (1897). Pero si no el hecho, al menos el modo de concebirlo está expuesto a muchas dudas que rozan los fundamentos mismos.[13]

Por último, la postulada virtud adivinatoria del sueño es objeto de disputas en que objeciones difícilmente salvables tropiezan con refirmaciones repetidas con tenacidad. Pero, con plena justificación, se evita desconocer todo lo fáctico referido a este tema, porque para una serie de casos parece próxima una explicación psicológica natural.[14]

---

[12] [*Nota agregada* en 1914:] En Tobowolska (1900), el lector hallará bibliografía adicional y un examen crítico de estos problemas. [Cf. también *infra*, **5**, págs. 492-3.]

[13] [*Nota agregada* en 1914:] Cf. la crítica de Havelock Ellis (1911a, pág. 265). [Cf. también *infra*, **5**, pág. 556.]

[14] [Véase el artículo de Freud, publicado póstumamente (1941c), que se incluye como apéndice al final de esta obra (**5**, págs. 609-11).]

F. Los sentimientos éticos en el sueño

Por motivos que sólo podrán comprenderse despúes de conocidas mis propias investigaciones sobre el sueño, he separado del tema de la psicología del sueño este problema parcial: ¿Podemos extender las disposiciones y sentimientos morales de la vigilia a la vida onírica? ¿En qué medida es ello posible? La misma contradicción en las exposiciones de los autores, que ya pudimos notar con extrañeza respecto de todas las otras operaciones psíquicas, nos deja perplejos también aquí. Que el sueño nada sabe de las exigencias morales es lo que aseguran algunos con la misma resolución que otros ponen en afirmar que la naturaleza moral del hombre se conserva también en la vida onírica.

La invocación de la experiencia onírica de todas las noches parece poner a cubierto de dudas la justeza de la primera tesis. Jessen dice (1855, pág. 553): «No nos volvemos mejores ni más virtuosos mientras dormimos; más bien la conciencia moral parece acallarse en los sueños, puesto que no se siente compasión alguna y se perpetran los más graves crímenes, latrocinios, asesinatos y muertes, con total indiferencia y sin arrepentimiento posterior».

Radestock (1879, pág. 146): «Cabe observar que en los sueños las asociaciones se producen y las representaciones se enlazan sin que la reflexión ni el entendimiento, el gusto estético ni el juicio moral, puedan nada en ello; el juicio es lábil en extremo, y predomina una *indiferencia ética*».

Volkelt (1875, pág. 23): «Particular desenfreno muestran los sueños, como todo el mundo sabe, en materia sexual. Puesto que el soñante mismo se encuentra en el impudor más extremo y desprovisto de todo sentimiento y juicio morales, ve también a todos los demás, aun las personas que más venera, en acciones que en la vigilia se horrorizaría de atribuirles incluso con el pensamiento».

Totalmente opuestas a las anteriores son manifestaciones como la de Schopenhauer [1851*b*, 1, pág. 245], para quien todos actuamos y hablamos en sueños en perfecto acuerdo con nuestro carácter. K. P. Fischer (1850, págs. 72-3; citado por Spitta, 1882, pág. 188) afirma que en los caprichos de la vida onírica se manifiestan los sentimientos y afanes subjetivos, o los afectos y las pasiones, y que las propiedades morales de las personas se reflejan en sus sueños.

Haffner (1887, pág. 251): «Si dejamos de lado raras excepciones, (. . .) un hombre virtuoso lo será también en sueños; resistirá las tentaciones y se rehusará al odio, a la ira, a la envidia y a todos los vicios; el hombre depravado, en cambio, reencontrará por regla general en sus sueños las imágenes que tuvo ante sí en la vigilia».

Scholz (1887, pág. 36): «En el sueño campea la verdad; por más que se enmascare en la sublimidad o en la bajeza, reconocemos a nuestro propio yo. (...) El hombre honrado no puede cometer en sueños un delito deshonroso y si, no obstante, ello ocurre, lo llenará de horror como algo ajeno a su naturaleza. El emperador romano que hizo ejecutar a uno de sus súbditos porque este había soñado que cortaba la cabeza del soberano no andaba en verdad tan descaminado cuando justificó su acto diciendo que quien tal sueña, también despierto ha de alimentar parecidas ideas. De algo que no puede tener en nuestra intimidad lugar alguno decimos, significativamente: "No se me ocurriría ni en sueños"».

Por lo contrario, Platón opina que los mejores son aquellos a quienes sólo en sueños se les ocurre lo que otros hacen despiertos.[1]

Pfaff (1868 [pág. 9]; citado por Spitta, 1882, pág. 192) dice derechamente, modificando un refrán conocido: «Cuéntame un poco tus sueños, y te diré cómo eres por dentro».

La breve obra de Hildebrandt que tantas veces he citado, la contribución más perfecta en lo formal y la más conceptuosa que he podido hallar entre todas las dedicadas al estudio de los problemas del sueño, sitúa en el centro de su interés justamente el tema de la eticidad en los sueños. También para Hildebrandt [1875, pág. 54] vale como regla que mientras más pura la vida, tanto más puros los sueños; mientras más impura aquella, tanto más impuros estos. La naturaleza moral del hombre subsiste en los sueños: «Pero mientras que ni el más evidente error de cálculo, ni el más romántico falseamiento de la ciencia, ni el más ridículo anacronismo nos chocan o nos resultan sospechosos siquiera, nunca perdemos la distinción entre lo bueno y lo malo, lo justo y lo injusto, la virtud y el vicio. Mucho de lo que nos acompaña durante el día puede retroceder en las horas del reposo; pero el imperativo categórico de Kant se ha pegado tanto a nuestros talones como acompañante inseparable que ni aun mientras dormimos nos separamos de él. (...) Ahora bien, este hecho puede explicarse porque lo fundamental de la naturaleza humana, el ser ético, está arraigado con demasiada firmeza como para participar en esa danza caleidoscópica a que la fantasía, el entendimiento,

---

[1] [Esta oración se agregó en 1914. Cf. también *infra*, **5**, pág. 607. Sin duda, la referencia alude a las primeras secciones del libro IX de la *República*.]

la memoria y las otras facultades del mismo rango se ven sometidas en los sueños» (*ibid.*, págs. 45-6).

En la ulterior discusión sobre este tema saltan a la vista asombrosos desplazamientos e inconsecuencias en los dos grupos de autores. En rigor, quienes opinan que en el sueño desaparece la personalidad ética del hombre deberían perder todo interés en los sueños inmorales. Podrían desautorizar el intento de responsabilizar al soñante por sus sueños y de inferir de la perversidad de estos una maligna tendencia de su naturaleza; y podrían desautorizarlo con la misma tranquilidad que al otro intento al parecer equivalente, el de demostrar el disvalor de sus rendimientos intelectuales de vigilia por el carácter absurdo de sus sueños. En cuanto a los que extienden el «imperativo categórico» también al sueño, tendrían que asumir sin cortapisas la responsabilidad por los sueños inmorales; sólo habría que desearles que sus propios sueños de esa índole reprochable no les confundiesen en la apreciación, tan decidida en lo demás, de su propia eticidad.

Ahora bien, parece que nadie sabe de sí mismo con tanta seguridad la medida en que es bueno o malo, y que nadie puede desmentir el recuerdo de haber tenido sueños inmorales. En efecto, y por encima de esa oposición en el enjuiciamiento de la moralidad en el sueño, discernimos en los autores de ambos grupos esfuerzos por explicar el origen de los sueños inmorales; así, se desarrolla una nueva oposición, según que ese origen se busque en las funciones de la vida psíquica o en menoscabos de ella condicionados por lo somático. La fuerza incontrastable de los hechos determina, entonces, que tanto los defensores de la responsabilidad como los sostenedores de la irresponsabilidad de la vida onírica estén de acuerdo en admitir una fuente psíquica particular para la inmoralidad de los sueños.

Todos los que hacen subsistir la eticidad en los sueños se abstienen, empero, de asumir plena responsabilidad por los suyos. Haffner dice (1887, pág. 250): «No somos responsables por los sueños, puesto que se ha sustraído a nuestro pensamiento y a nuestra voluntad la única base sobre la cual nuestra vida posee verdad y realidad. (...) Precisamente por eso ninguna voluntad o acción oníricas pueden ser virtudes o pecados». No obstante [continúa], el hombre es responsable por los sueños pecaminosos en la medida en que indirectamente los causa. Por eso tiene el deber de purificar éticamente su alma, tanto en la vigilia cuanto, y muy en especial, antes de dormirse.

Profundidad mucho mayor alcanza en Hildebrandt [1875,

págs. 48-9] el análisis de esta mezcla de desautorización y admisión de la responsabilidad por el contenido ético de los sueños. Después de explicar que la figuración dramática propia de los sueños, el que compriman en el lapso más breve el más complejo proceso mental, y la desvalorización y contaminación —admitidas también por él— de los elementos de representación en los sueños pueden aducirse como atenuantes al juzgar su apariencia inmoral, confiesa que la negativa de toda responsabilidad por los pecados y culpas oníricos está expuesta a las más serias reservas.

«Cuando queremos rechazar con la mayor fuerza cualquier acusación injusta, en especial si ella se refiere a nuestros propósitos e intenciones, solemos emplear este giro: Ni en sueños se me ocurriría. Con ello expresamos, por una parte, que tenemos el ámbito del sueño por el más alejado y el último en que habríamos de responder por nuestros pensamientos, porque allí estos se vinculan con nuestro ser real de manera tan laxa e inconsistente que apenas pueden considerarse nuestros; pero en la medida en que nos sentimos movidos a negar expresamente también en ese ámbito la existencia de tales pensamientos, admitimos por vía indirecta que nuestra justificación no sería perfecta si no alcanzara hasta allí. Y creo que hablamos aquí, aunque inconcientemente, el lenguaje de la verdad». (*Op. cit.*, pág. 49.)

«En efecto, no puede concebirse hazaña onírica alguna cuyo primer motivo no cruzase de algún modo el alma del hombre despierto, como deseo, apetencia o moción». Y de esta primera moción [prosigue Hildebrandt] cabría decir: El sueño no la inventa; se limita a copiarla y a hilar desde ella, no hace sino elaborar en forma dramática una partícula de material histórico que encontró en nosotros; pone en escena la palabra del Apóstol: «Quien odia a su hermano es un asesino» [*1 Juan*, 3:15]. Y si, concientes de nuestra fortaleza ética, podemos sonreír ya despiertos frente al vasto y desplegado cuadro del sueño vicioso, aquel material formativo originario no ofrece costado alguno que admita risa. Nos sentimos responsables por los extravíos del soñante; no por toda la suma, pero sí por un porcentaje. «En resumen, entendemos en este sentido, difícilmente impugnable, las palabras de Cristo: "Del corazón vienen malos pensamientos" [*Mateo*, 15:19]; y entonces no podemos sustraernos de la convicción de que todos los pecados cometidos en sueños conllevan al menos un oscuro mínimo de culpa». (*Ibid.*, págs. 51 y sigs.)

En los gérmenes e indicios de mociones malas que recorren el alma durante el día bajo la forma de tentaciones, discierne entonces Hildebrandt la fuente de la inmoralidad de los sueños, y no vacila en computar estos elementos inmorales para la valoración ética de la personalidad. Esos mismos pensamientos y esa misma apreciación llevaron, como se sabe, a los santos y hombres puros de todos los tiempos a acusarse de ser grandísimos pecadores.[2]

De la ocurrencia general de estas representaciones *contrastantes* —en la mayoría de los hombres y también en ámbitos distintos del ético— no hay duda ninguna. En ocasiones se las ha juzgado con menor severidad. Spitta (1882, pág. 194) cita expresiones de A. Zeller [1818, págs. 120-1] relativas a esto: «Rara vez está el espíritu organizado con tanta felicidad que posea en todo tiempo su pleno poder y que representaciones inesenciales, más aún, grotescas y absurdas, no interrumpan a cada momento la clara marcha de sus pensamientos. Hasta los más preclaros pensadores han debido quejarse de ese tropel importuno y desagradable de representaciones similares a las oníricas que perturbaba sus meditaciones más profundas y su más sagrada y seria labor conceptual».

Una luz más viva sobre el estatuto psicológico de estos pensamientos contrastantes echa otra observación de Hildebrandt: el sueño nos permite atisbar a veces la profundidad y los repliegues de nuestro ser que en el estado de vigilia permanecen clausurados casi todo el tiempo (1875, pág. 55). Esta misma idea deja traslucir Kant en un pasaje de su *Antropología* [1798],[3] cuando dice que el sueño sirve para descubrirnos nuestras disposiciones ocultas y para revelarnos, no lo que somos, sino lo que habríamos podido ser si hubiéramos tenido otra educación; y también Radestock (1879, pág. 84), con su afirmación de que el sueño a menudo sólo nos revela lo que no queríamos confesarnos, y por eso no tenemos derecho a tildarlo de mentiroso y engañador. J. E. Erdmann dice [1852, pág. 115]: «Nunca un sueño me ha revelado el juicio que debe tenerse sobre un hombre, sino sólo lo que yo juzgo sobre él y la disposición que yo tengo hacia él: eso es lo que alguna vez he sabido

---

[2] [*Nota agregada* en 1914:] Tiene su interés conocer la actitud que la Santa Inquisición adoptó frente a nuestro problema. En el *Tractatus de Officio Sanctissimae Inquisitionis*, de Caesar Careña (obra de 1631), hallamos el siguiente pasaje: «Si alguien formula herejías en sueños, los inquisidores deben por ese motivo investigar su conducta en la vida, pues mientras dormimos suele regresar lo que nos ha ocupado durante el día». (Comunicado por el doctor Ehniger, St. Urban, Suiza.)

[3] [No fue posible ubicar este pasaje.]

por un sueño, para mi gran sorpresa». Y en el mismo sentido opina I. H. Fichte (1864, 1 [pág. 539]): «El carácter de nuestros sueños es un espejo de nuestro talante total más fiel que el conocimiento logrado en la vigilia por vía de la observación de sí».[4] La emergencia de estos impulsos ajenos a nuestra conciencia ética no es sino análoga al hecho, que ya conocemos, de que el sueño dispone de un material de representaciones diferente, que falta en la vigilia o desempeña en ella ínfimo papel. Es lo que nos hacen saber observaciones como la de Benini: «*Certe nostre inclinazioni che si credevano soffocate e spente da un pezzo, si ridestano; passioni vecchie e sepolte rivivono; cose e persone a cui non pensiamo mai, ci vengono dinanzi*»* (1898, pág. 149), y la de Volkelt: «También representaciones que en la conciencia vigilante pasaron casi inadvertidas y que ella quizá nunca volvió a rescatar del olvido suelen muy frecuentemente anunciar en sueños su presencia en el alma» (1875, pág. 105). Por último, conviene recordar aquí que según Schleiermacher ya el adormecerse está acompañado de representaciones (imágenes) *involuntarias* [cf. *supra*, pág. 73].

Ahora bien, en el concepto de «*representaciones involuntarias*» podemos incluir todo este material de representaciones cuya ocurrencia en los sueños, así en los inmorales como en los absurdos, despierta nuestra extrañeza. La única diferencia importante es que en el terreno moral las representaciones involuntarias se nos muestran como antitéticas de los sentimientos que de ordinario tenemos, mientras que las otras nos parecen meramente ajenas. Hasta ahora no se ha dado un solo paso que nos permita suprimir esa diferencia mediante un conocimiento más profundizado.

Pues bien, ¿qué significado tiene el surgimiento de representaciones involuntarias en los sueños, qué consecuencias para la psicología del alma en vigilia y del alma soñante pueden derivarse de esta emergencia nocturna de mociones éticas contrastantes? Una nueva línea divide aquí las opiniones, y otra vez podemos demarcar un diverso agrupamiento de los autores. El razonamiento de Hildebrandt y de otros sostenedores de su tesis fundamental no puede continuarse sino diciendo que las mociones inmorales también poseen cierto poder en la vigilia, que ese poder está en ella inhibido de pasar al hecho, y que durante el dormir cesa algo que, operando a modo de inhibición, nos impedía reparar en la

[4] [Las dos últimas oraciones se agregaron en 1914.]
* {«Ciertas inclinaciones nuestras que se creían sofocadas y extinguidas del todo se reaniman; reviven pasiones viejas y sepultadas; cosas y personas en que nunca pensamos se nos ponen delante».}

existencia de aquella moción. Así, el sueño mostraría la naturaleza real del hombre, aunque no toda ella, y se contaría entre los medios que permiten a nuestro conocimiento alcanzar la interioridad oculta del alma. Sólo partiendo de tales premisas puede Hildebrandt [1875, pág. 56] atribuir al sueño el papel de un *centinela* que expone a nuestra atención ocultos daños morales de nuestra alma, de igual modo como, según confiesan los médicos, es también capaz de anunciar a la conciencia males del cuerpo hasta entonces inadvertidos. Y tampoco puede ser otra la concepción que guía a Spitta cuando señala fuentes de excitación [1882, págs. 193-4] que, por ejemplo en la pubertad, afluyen a la psique, y consuela al soñante asegurándole que habrá hecho todo lo que está dentro de sus fuerzas si en la vigilia lleva una vida ajustada a rigurosa virtud y se esfuerza por sofocar los pensamientos pecaminosos tan pronto le acuden, no dejándolos madurar ni que pasen al hecho. Según esta concepción, podríamos definir las representaciones «*involuntarias*» como las «*sofocadas*» en el trascurso del día, y en su emergencia tendríamos que discernir un genuino fenómeno psíquico.

Otros autores opinan que no tendríamos derecho alguno a extraer esta última conclusión. Para Jessen, las representaciones involuntarias de los sueños, así como de la vigilia y de los delirios por fiebre u otros, exhiben el «carácter de una actividad voluntaria suspendida y de un *proceso hasta cierto punto mecánico* de imágenes y representaciones provocado por movimientos interiores» (1855, pág. 360). Según Jessen, un sueño inmoral sólo prueba —respecto de la vida psíquica del soñante— que este ya había tenido algún conocimiento del contenido de representaciones correspondiente; por cierto, no es prueba de ninguna moción anímica suya. En el caso de otro autor, Maury, podría interpretarse que también él atribuye al estado del sueño la capacidad de descomponer la actividad psíquica en sus componentes, en lugar de destruirla sin plan. De los sueños en que saltamos las barreras de la moralidad, dice: «*Ce sont nos penchants qui parlent et qui nous font agir, sans que la conscience nous retienne, bien que parfois elle nous avertisse. J'ai mes défauts et mes penchants vicieux; à l'état de veille, je tâche de lutter contre eux, et il m'arrive assez souvent de n'y pas succomber. Mais dans mes songes j'y succombe toujours ou pour mieux dire j'agis par leur impulsion, sans crainte et sans remords. (...) Evidemment les visions qui se déroulent devant ma pensée et qui constituent le rêve, me sont suggérées par les* *incitations que je ressens et que ma volonté absente ne cherche pas à refouler»* * (1878, pág. 113).

Quien crea en la capacidad del sueño para descubrir una disposición inmoral del soñante, que en realidad existe pero está sofocada o disimulada, no podría exponer esa opinión con expresiones más claras que las de Maury (*ibid.*, pág. 165): «*En rêve l'homme se révèle donc tout entier à soi-même dans sa nudité et sa misère natives. Dès qu'il suspend l'exercice de sa volonté, il devient le jouet de toutes les passions contre lesquelles, à l'état de veille, la conscience, le sentiment de l'honneur, la crainte nous défendent».** En otro pasaje halla la expresión justa (*ibid.*, pág. 462): «*Dans le songe, c'est surtout l'homme instinctif qui se révèle. (...) L'homme revient pour ainsi dire à l'état de nature quand il rêve; mais moins les idées acquises ont pénétré dans son esprit, plus les penchants en désaccord avec elles conservent encore sur lui l'influence dans le rêve».*** Aduce después como ejemplo que sus sueños no raras veces lo muestran víctima de esa misma superstición que él en sus escritos ha combatido con el máximo ardor.

No obstante, el valor de todas estas agudas observaciones para un conocimiento de la vida onírica se empaña por el hecho de que Maury no quiere ver en esos fenómenos que tan bien describe sino la prueba del *automatisme psychologique*, que, a su entender, gobierna la vida onírica. Concibe este automatismo como el opuesto total de la actividad psíquica.

Un pasaje de los *Studien über das Bewusstsein* de Stricker dice así (1879 [pág. 51]): «El sueño no consiste pura y

* {«Son nuestras inclinaciones las que hablan y nos hacen actuar, sin que la conciencia nos retenga, aunque a veces nos advierta. Yo tengo mis defectos y mis inclinaciones viciosas; en el estado de vigilia procuro luchar contra ellos, y la mayoría de las veces no sucumbo. Pero en mis sueños sucumbo siempre a esos defectos e inclinaciones, o mejor dicho actúo bajo su impulsión, sin temor ni remordimiento. (...) Evidentemente, las visiones que se desarrollan ante mi pensamiento y que constituyen el sueño me son sugeridas por las incitaciones que experimento y que mi voluntad ausente no trata de reprimir».}

** {«En el sueño, entonces, el hombre se revela a sí mismo en toda su desnudez y su miseria natas. Desde que suspende el ejercicio de su voluntad, se convierte en juguete de todas las pasiones contra las cuales, en el estado de vigilia, nos defienden la conciencia, el sentimiento del honor y el temor».}

*** {«En el sueño, quien se revela es sobre todo el hombre instintivo. (...) Cuando sueña, el hombre retorna por así decir al estado de naturaleza; pero cuanto menos han penetrado en su espíritu las ideas adquiridas, mayor es la influencia que sobre él conservan, en el sueño, las inclinaciones discordantes con esas ideas».}

exclusivamente en engaños; por ejemplo, si en sueños tenemos miedo de ladrones, estos son por cierto imaginarios, pero el miedo es real». Con ello nos indica que el desarrollo de afectos en el sueño no admite el mismo enjuiciamiento que el contenido onírico restante, lo cual nos plantea este problema: ¿Qué parte de los procesos psíquicos del sueño puede ser real, vale decir, reclamar que se la clasifique entre los procesos psíquicos de la vigilia? [5]

[5] [La cuestión de los afectos en los sueños se trata en la sección H del capítulo VI (**5**, págs. 458 y sigs.). El tema de la responsabilidad moral por los sueños se toca al final de la obra (**5**, págs. 607-8), y se considera con mayor extensión en «Algunas notas adicionales a la interpretación de los sueños en su conjunto» (Freud, 1925*i*), *AE*, **19**, págs. 133-6.]

G. Teorías sobre el sueño y función del sueño

Llamaremos con derecho teoría sobre el sueño a un enunciado acerca de este que procure explicar desde un solo punto de vista el mayor número de los caracteres en él observados y, al mismo tiempo, determine la posición del sueño respecto de un campo de fenómenos más vasto. Las diversas teorías se diferenciarán entre sí por destacar como esencial tal o cual carácter del sueño al que puedan anudarse explicaciones y relaciones. No es forzoso que de la teoría pueda derivarse una función del sueño, vale decir, una utilidad o algún otro rendimiento; pero como estamos habituados a buscar una teleología, de buena gana acogeremos aquellas teorías que vayan asociadas con la perspectiva de una función del sueño.

Hemos tomado ya conocimiento de varias concepciones del sueño que, en mayor o en menor grado, merecerían el nombre de teorías sobre el sueño, en el sentido dicho. La creencia de los antiguos en que el sueño era un envío de los dioses destinado a guiar las acciones de los hombres era una cabal teoría sobre el sueño, que daba razón de todo cuanto en él presenta interés. Desde que el sueño pasó a ser objeto de la indagación biológica, conocemos gran cantidad de teorías sobre él, pero muchas de ellas nada cabales.

Si renunciamos a una cuenta exhaustiva, podemos intentar un agrupamiento laxo de las teorías, según el supuesto de que partan en cuanto al grado e índole de la actividad psíquica en el sueño.

1. Las teorías que hacen proseguir en el sueño la plena actividad psíquica de la vigilia, como la de Delboeuf [1885, págs. 221-2]. Aquí el alma no se duerme, su aparato permanece intacto, pero, puesta en las condiciones del estado del dormir, que divergen de la vigilia, su funcionamiento normal tiene que arrojar otros resultados que en esta última. Es dudoso que estas teorías sean capaces de inferir de las condiciones del estado del dormir todas las diferencias entre el sueño y el pensamiento de vigilia. Y además no ofrecen perspectiva alguna respecto de una posible función del sueño; no se advierte para qué se sueña ni por qué el complicado mecanismo del aparato psíquico prosigue su juego cuando ha sido trasladado a situaciones para las que no parece apto. El dormir sin soñar, o el despertar cuando sobrevienen estímulos perturbadores, serían las únicas reacciones adecuadas; pero no el soñar.

2. Las teorías que, por lo contrario, suponen para el sueño un rebajamiento de la actividad psíquica, un aflojamiento de las conexiones y un empobrecimiento del material que puede convocarse. Según estas teorías, debería darse una caracterización psicológica del estado del dormir completamente diversa de la de Delboeuf, por ejemplo. El dormir se extiende por el alma toda, y no la hace meramente amurallarse contra el mundo exterior; más bien, penetra en su mecanismo y lo vuelve temporariamente inutilizable. Si se me permite establecer una comparación con el material psiquiátrico, diría yo que las primeras teorías construyen el sueño como una paranoia, mientras que las mencionadas en segundo término lo hacen siguiendo el modelo de la imbecilidad o de la amencia.

La teoría que ve expresarse en la vida onírica sólo un fragmento de la actividad anímica, paralizada por el dormir, es con mucho la preferida de los autores médicos y en el mundo científico. Si cabe suponer la existencia de un interés más general por la explicación de los sueños, podemos definir indudablemente a esta teoría como la *dominante*. Cumple destacar la facilidad con que ella sortea el más temible escollo para toda explicación de los sueños, o sea el peligro de encallar en una de las oposiciones que el sueño encarna. Puesto que para esta teoría el sueño es el resultado de una vigilia parcial —«una vigilia que procede poco a poco, parcial y al mismo tiempo muy anómala», dice la *Psychologie* de Herbart acerca del sueño (1892, pág. 307)—, puede ella, por una serie de estados cada vez más cercanos a la vigilia plena —hasta culminar en esta última— hacerse congruente con toda la gradación que va desde el rendimiento inferior del sueño, traslucido en su carácter absurdo, hasta el rendimiento del pensar plenamente concentrado. [Cf. *infra*, pág. 196.]

Si hay quien tiene por insoslayable el modo fisiológico de exposición, o lo pretende más científico, ese hallará expresada una tal teoría del sueño en la descripción de Binz (1878, pág. 43):

«Pero ese estado (de letargo) sólo poco a poco llega, en las primeras horas de la mañana, a su fin. Van disminuyendo las toxinas acumuladas en la albúmina del cerebro; una parte cada vez mayor de ellas es destruida o es arrastrada por el incesante afluir de la sangre. Aquí y allí despiertan ya grupos aislados de células, mientras en derredor todo sigue quieto y entumecido. Ante nuestra conciencia obnubilada emerge ahora el *trabajo aislado* de estos grupos, falto del control de otras partes del cerebro que presiden la asociación. Por eso las imágenes creadas, que casi siempre corresponden a las impresiones materiales del pasado más reciente, se suceden salvajemente y sin regla alguna. Cada vez más grande es la cantidad de las células cerebrales despejadas, y cada vez menor la sinrazón del sueño».

En todos los fisiólogos y filósofos modernos hallaremos sin duda la concepción del soñar como vigilia incompleta, parcial, o al menos huellas de su influencia. Quien la ha expuesto con el máximo detalle ha sido Maury (1878, págs. 6-7). No obstante, aquí tenemos la impresión de que el autor se imagina el estar despierto o el estar dormido como desplazables de una región anatómica a otra, aunque en todo caso una provincia anatómica y una función psíquica determinada le aparecen enlazadas entre sí. Sólo señalaré que, aun si la teoría de la vigilia parcial se confirmase, habría que debatir muchísimo acerca de su construcción más fina.

Desde luego, de esta concepción de la vida onírica no puede deducirse una función del sueño. Más bien, el juicio sobre la posición y el significado del sueño es dado de la manera más consecuente por esta frase de Binz (1878, pág. 35): «Todos los hechos que vemos nos llevan a caracterizar al sueño como un proceso *corporal*, en todos los casos inútil y, en alguno, directamente patológico. . .».

La expresión «corporal» referida al sueño, que el autor mismo nos ofrece subrayada, apunta sin duda en más de un sentido. Primero, se refiere a la etiología onírica, que Binz en particular tuvo a la mano cuando estudió la producción experimental de sueños por suministro de sustancias tóxicas. En efecto, en el espíritu de este tipo de teorías sobre el sueño está el hacer que la estimulación parta, todo lo exclusivamente que se pueda, de lo somático. Expuesto en su forma más extrema, se diría así: Después que, alejados de los estímulos, pasamos a dormirnos, no habría necesidad ni ocasión de sueños hasta la mañana, cuando el gradual despertar por los nuevos estímulos que nos llegan podría reflejarse en el fenómeno del soñar. Pero es el caso que no conseguimos preservar de estímulos nuestro dormir; de todas partes, y tal como se quejaba Mefistófeles de los gérmenes de la vida,[1] llegan al durmiente estímulos, desde

---

[1] [En su primera conversación con Fausto (parte I, escena 3), Mefistófeles se quejaba amargamente de que sus esfuerzos destructivos se veían perpetuamente frustrados por la aparición de miles de nuevos gérmenes de vida. Freud cita el pasaje completo en *El malestar en la cultura* (1930*a*), *AE*, **21**, págs. 116-7*n*.]

afuera, desde adentro, y aun desde todos los ámbitos del cuerpo de los que, despiertos, siempre nos hemos desentendido. Así es perturbado el dormir, y el alma es despertada a sacudones ahora en este, ahora en este otro rinconcito, y funciona después un ratito con esa parte despertada para, una vez que se sosiega, volverse a dormir. El sueño es la reacción frente a la perturbación del dormir causada por un estímulo; por lo demás, es una reacción puramente superflua.

Pues bien, todavía tiene otro sentido el definir el sueño, que de cualquier manera sigue siendo una operación del órgano anímico, como proceso corporal. Es la *dignidad* de proceso psíquico la que se pretende negarle así. El símil, ya muy viejo en su aplicación al sueño, de los «diez dedos de un hombre enteramente ignaro en música que recorriesen las teclas de un piano» [Strümpell, 1877, pág. 84; cf. *infra*, pág. 235] ilustra quizás a la perfección la manera como la operación onírica ha sido apreciada las más de las veces por los sustentadores de la ciencia exacta. En esta concepción, el sueño deviene algo lisa y llanamente indeterminable. ¿Acaso los dedos del ejecutante no músico podrían producir una pieza musical?

Desde muy temprano, no faltaron objeciones a la teoría de la vigilia parcial. Decía Burdach (1838, págs. 508-9): «Cuando se afirma que el sueño es una vigilia parcial, con ello no se explican, en primer lugar, ni el despertar ni el dormirse, y en segundo lugar no se dice sino que algunas fuerzas del alma están activas en el sueño mientras otras descansan. Pero esa desigualdad es característica de la vida en su conjunto...».

En la teoría dominante que ve en el sueño un proceso «corporal» se apoya una concepción del sueño muy interesante, formulada por vez primera en 1886 por Robert, y que sedujo porque supo indicar una función, un resultado útil de los sueños. Robert toma como fundamento de su teoría dos hechos de la observación, en los que ya nos detuvimos cuando consideramos el material onírico (cf. *supra*, págs. 44 y sigs.): con suma frecuencia se sueña con las impresiones secundarias del día, y rara vez se retoman los grandes intereses que nos ocuparon en la vigilia. Robert tiene por justa esta tesis excluyente: las cosas que hemos pensado a fondo nunca devienen excitadoras de sueños; sólo lo hacen aquellas que han quedado inconclusas en nuestra mente o apenas han rozado nuestro espíritu (1886, pág. 10). «Por eso casi nunca podemos explicarnos los sueños, porque sus causas son justamente *las impresiones sensoriales de la víspera sobre las cuales el soñante no alcanzó un conocimiento suficiente*» [*ibid.*, págs. 19-20]. La condición para que una impresión llegue al sueño es, por tanto, que haya sido perturbada en su procesamiento o ni siquiera lo haya requerido, por demasiado insignificante.

Ahora bien, Robert imagina al sueño «como un proceso de eliminación corporal que llegamos a conocer en su fenómeno mental reactivo» [*ibid.*, pág. 9]. *Los sueños son eliminaciones de pensamientos ahogados en su germen.* «Un hombre a quien se le quitase la facultad de soñar sufriría una perturbación mental en breve tiempo, porque en su cerebro se acumularía una multitud de pensamientos inconclusos, no elaborados, y de impresiones fútiles bajo cuyo peso quedaría ahogado aquello que él debería incorporar a su memoria como un todo acabado» [*ibid.*, pág. 10]. El sueño presta al cerebro sobrecargado el servicio de una válvula de seguridad. *Los sueños tienen virtud curativa, de descarga* (*ibid.*, pág. 32).

Andaríamos descaminados si preguntáramos a Robert por el modo en que el representar en el sueño puede producir un aligeramiento del alma. Es manifiesto que de aquellas dos propiedades del material onírico el autor infiere que mientras dormimos se cumple *de algún modo*, como proceso somático, esa expulsión de impresiones sin valor, y que el soñar no sería un proceso psíquico particular, sino sólo el anuncio que nos llega de esa expulsión. Además, una eliminación no es lo único que por la noche sucede en el alma. Robert agrega que se da remate a las incitaciones del día, y «lo que no puede eliminarse de ese material de pensamientos no digeridos *es ligado en un todo compuesto mediante hilos de pensamiento tomados de la fantasía* y así introducido en la memoria como inocua pintura de la fantasía» (*ibid.*, pág. 23).

En diametral oposición a la teoría dominante se encuentra empero la de Robert en el juicio sobre las fuentes del sueño. Mientras que para aquella en absoluto soñamos si los estímulos exteriores e interiores no despiertan al alma cada vez, según la teoría de Robert la impulsión para soñar reside en el alma misma, en su sobrecarga que pide aligerarse, y Robert juzga, con perfecta consecuencia, que las causas condicionantes del sueño que dependen del estado corporal ocupan un lugar subordinado, y que jamás podrían mover a soñar a una mente en que no existiera material alguno para la formación de sueños, tomado de la conciencia de vigilia. Admite solamente que las imágenes de la fantasía que en los sueños se desarrollan desde las profundidades del alma pueden ser influidas por estímulos nerviosos (*ibid.*, pág. 48). Así, según Robert, el sueño no depende tanto de lo somático. Pero tampoco es un proceso psíquico ni tiene lugar alguno entre los procesos psíquicos de la vigilia; es un hecho somático que ocurre todas las noches en el aparato de la actividad anímica y tiene una función que cumplir: preservar a ese aparato de la hipertensión o, si podemos trocar la metáfora, purgar al alma.[2]

En esos mismos caracteres del sueño, que se hacen patentes en la selección del material onírico, apoya otro autor, Yves Delage, su propia teoría, y es instructivo observar el modo en que un giro imperceptible en la concepción de las mismas cosas lleva a un resultado final de alcance muy diferente.

Delage (1891, pág. 41) había experimentado en sí mismo, tras la muerte de una persona querida, que *no* se sueña con lo que nos ha ocupado intensamente durante el día, o sólo se sueña con ello cuando ha empezado a retroceder frente a otros intereses. Sus investigaciones en otras personas le confirmaron la universalidad de esta situación. Una bella observación de este tipo, si es que resulta universalmente válida, hace Delage acerca de los sueños de los matrimonios jóvenes: «*S'ils ont été fortement épris, presque jamais ils n'ont rêvé l'un de l'autre avant le mariage ou pendant la lune de miel; et s'ils ont rêvé d'amour c'est pour être infidèles avec quelque personne indifférente ou odieuse*»* [*loc. cit.*]. Pero entonces, ¿con qué soñamos? Delage reconoce el material que ocurre en nuestros sueños como compuesto por fragmentos y restos de impresiones de la víspera y de períodos anteriores. Todo lo que emerge en nuestros sueños, y que quizá nos inclinamos primero a ver como creación de la vida onírica, ante un examen más preciso se muestra como reproducción no conocida, como «*souvenir inconscient*» {«recuerdo inconciente»}. Pero todo este material de representaciones exhibe un carácter común: proviene de impresiones que han afectado probablemente a nuestros sentidos con mayor fuerza que a nuestro espíritu, o de las que se

---

[2] [La teoría de Robert es objeto de ulterior consideración *infra*, págs. 181*n*., 193-4, y **5**, pág. 570. — En una nota al pie de *Estudios sobre la histeria* (Breuer y Freud, 1895), citada en mi «Introducción» al presente volumen (*supra*, págs. 7-8), Freud acepta que esta teoría de Robert describe uno de los dos factores principales en la producción de los sueños.]

* {«Si han estado intensamente enamorados, casi nunca han soñado el uno con el otro antes del matrimonio o durante la luna de miel; y si han tenido sueños de amor, ha sido para incurrir en infidelidad con alguna persona indiferente u odiosa».}

desvió la atención enseguida que surgieron. Cuanto menos conciente y por tanto más fuerte ha sido una impresión, tantas más posibilidades tiene de cumplir un papel en el próximo sueño.

En lo esencial se trata de las mismas dos categorías de impresiones, las secundarias y las no tramitadas, que Robert destacó. Pero Delage toma otra orientación: juzga que esas impresiones no son soñables por indiferentes, sino por no tramitadas. También las impresiones secundarias han quedado en cierto modo sin tramitarse por completo, y por su naturaleza de impresiones nuevas son *«autant de ressorts tendus»* {«otros tantos resortes tensos»} que se distenderán mientras dormimos. Mucho más que la impresión débil y casi inadvertida tendrá derecho a desempeñar un papel en el sueño una impresión fuerte cuyo procesamiento se interrumpió por azar o que fue refrenada con deliberación. La energía psíquica acumulada durante el día por inhibición y sofocación se convierte por la noche en el resorte impulsor del sueño. En el sueño, lo psíquicamente sofocado pasa al primer plano. [*Ibid.*, pág. 43.][3]

Por desgracia, el razonamiento de Delage se interrumpe en este punto; es que él no puede conceder en el sueño sino el papel más ínfimo a una actividad psíquica autónoma, y así vuelve a plegarse sin transiciones con su teoría del sueño a la doctrina dominante, la del adormecimiento parcial del cerebro: «*En somme le rêve est le produit de la pensée errante, sans but et sans direction, se fixant successivement sur les souvenirs, qui ont gardé assez d'intensité pour se placer sur sa route et l'arrêter au passage, établissant entre eux un lien tantôt faible et indécis, tantôt plus fort et plus serré, selon que l'activité actuelle du cerveau est plus ou moins abolie par le sommeil*»* [*ibid.*, pág. 46].

[3] [*Nota agregada* en 1909:] En *Le lys rouge*, Anatole France expresa exactamente la misma idea: «*Ce que nous voyons la nuit, ce sont les restes malheureux de ce que nous avons négligé dans la veille. Le rêve est souvent la revanche des choses qu'on méprise ou le reproche des êtres abandonnés*». {«Lo que vemos por la noche son los restos desdichados de lo que descuidamos durante la vigilia. El sueño suele ser la revancha de las cosas que uno desprecia o el reproche de los seres abandonados».}

* {«En suma, el sueño es el producto del pensamiento errante, sin meta ni dirección, el cual se fija sucesivamente sobre los recuerdos que han conservado suficiente intensidad para ubicarse en su ruta y detenerlo a su paso, estableciendo entre ellos un vínculo a veces débil e indeciso, a veces más fuerte y más estrecho, según que la actividad del cerebro en ese momento esté más o menos abolida por el sueño».}

3. En un tercer grupo pueden reunirse aquellas teorías sobre el sueño que atribuyen al alma soñante la capacidad e inclinación para rendimientos psíquicos particulares que ella en la vigilia no puede cumplir, o puede hacerlo sólo de manera imperfecta. De la afirmación de estas capacidades se infiere casi siempre una función útil del sueño. Las apreciaciones que hacen sobre el sueño los viejos autores de psicología pertenecen casi siempre a este grupo. Pero aquí me contentaré con citar en su remplazo la frase de Burdach según la cual el sueño «es la actividad natural del alma no restringida por el poder de la individualidad, no perturbada por la autoconciencia, no dirigida por la autodeterminación, sino que es la vitalidad del punto nuclear sensible que se explaya en su libre juego» (1838, pág. 512).

Este regodeo en el uso libre de las propias fuerzas lo imaginan Burdach y otros, según es manifiesto, como un estado en que el alma se restaura y reúne nuevas fuerzas para el trabajo diurno; como si ella gozara de una licencia. Por eso Burdach [*ibid.*, pág. 514] cita y acepta también las amorosas palabras con que el poeta Novalis encomia el reino de los sueños: «El sueño es escudo protector contra la monotonía y habitualidad de la vida, libre consolación de la fantasía encadenada, donde ella despliega sin regla todas las imágenes de la vida e interrumpe la seriedad nunca depuesta del adulto con el gozoso juego del niño; sin los sueños envejeceríamos sin duda más temprano, y así podemos considerar al sueño, si no directamente como un don de lo alto, al menos como un don precioso, como un amistoso compañero en nuestra peregrinación a la tumba».[4]

Con mayor vigor aún pinta Purkinje la actividad renovadora y reparadora del sueño (1846, pág. 456): «Particularmente cumplirían estas funciones los sueños productivos. Son graciosos juegos de la imaginación, sin vínculo alguno con los acontecimientos diurnos. El alma no quiere proseguir las tensiones de la vigilia, sino resolverlas, aliviarse de ellas. Tiene predilección por engendrar estados opuestos a los de la vigilia. Cura la melancolía con el júbilo, la inquietud con las esperanzas y las imágenes expansivas y regocijantes, el odio con el amor y la amistad, el miedo con la osadía y la confianza; calma la duda con la fe y las creencias firmes, la espera estéril con el cumplimiento de lo querido. Muchas heridas del ánimo que el día había dejado abiertas sana el dormir, puesto que las restaña y cubre impidiendo que vuelvan a excitarse. En esto se basa en parte la acción

[4] [*Heinrich von Ofterdingen* (1802), parte I, cap. 1.]

del tiempo que cura los dolores». Todos sentimos que el dormir es un beneficio para la vida psíquica, y a esta oscura vislumbre de la conciencia popular va inseparablemente unido el prejuicio de que el sueño es uno de los caminos por los cuales el dormir dispensa sus beneficios.

El intento más vasto y original por explicar el sueño desde una actividad particular de la psique que sólo puede desplegarse libremente en el estado del dormir es el emprendido por Scherner en 1861. El libro de Scherner, escrito con estilo recargado y pomposo, inspirado por un entusiasmo casi orgiástico por su objeto, que tiene que repugnarnos si no logra arrastrarnos consigo, opone tales dificultades al análisis que de buen grado echaremos mano de la exposición, más clara y más breve, con que el filósofo Volkelt nos presenta las doctrinas de Scherner: «De esos mazacotes místicos, de todos esos fuegos retóricos se desprende y brilla una entrevista apariencia de sentido, sólo que ella en nada ilumina los caminos del filósofo» [Volkelt, 1875, pág. 29]. Es el juicio que la exposición de Scherner merece aun a sus seguidores.

Scherner no es de los autores que permiten al alma llevarse intactas sus facultades a la vida onírica. Explica él mismo [según Volkelt (*ibid.*, pág. 30)] cómo en el sueño se enerva el carácter nuclear, la energía espontánea del yo, cómo a consecuencia de esta descentralización el conocer, el sentir, el querer y el representar se alteran, y cómo el residuo de estas fuerzas psíquicas no posee un verdadero carácter espiritual, sino sólo el de un mecanismo. Pero mientras tanto, remonta vuelo en el sueño la actividad del alma que ha de llamarse *fantasía*, libre del poder del entendimiento y por eso de toda medida rigurosa, hasta alcanzar un predominio ilimitado. Sin duda, toma los últimos ladrillos de la memoria de vigilia, pero con ellos construye edificios que difieren enormemente de las figuras de la vigilia; en los sueños ella resulta ser no sólo reproductiva, sino también *productiva* [*ibid.*, pág. 31]. Sus propiedades prestan a la vida onírica sus caracteres particulares. Muestra predilección por lo *desmesurado, extremado, monstruoso*. Pero al mismo tiempo, liberada de las estorbantes categorías del pensamiento, gana mayor flexibilidad, soltura, versatilidad. Es sensible, hasta la extrema finura, para los movimientos tiernos del ánimo y para los afectos provocativos, y trasforma enseguida la vida interior en algo exterior visible y plástico. A la fantasía onírica le *falta el lenguaje conceptual*; lo que tiene que decir debe pintarlo en forma intuible, y dado que no influye el concepto debilitante, aquella pinta con la plenitud, la fuerza y la grandiosidad de la forma plástica. Con ello su lenguaje se vuelve, por nítido que sea, difuso, embarazado y torpe. Estorba particularmente la claridad de su lenguaje el hecho de que este tiene repugnancia a expresar un objeto con su imagen propia, y de buena gana escoge una *imagen ajena* si esta es apta para expresar aquel único aspecto del objeto en cuya figuración se empeña. Esta es la *actividad simbolizadora* de la fantasía. (...) [*Ibid.*, pág. 32.] Muy importante es además que la fantasía onírica no dibuja exhaustivamente los objetos: sólo delinea sus contornos, y aun esto con la mayor libertad. Por eso sus pinturas parecen inspiradas por el genio. Pero la fantasía onírica no se detiene en el mero dibujo del objeto, sino que se ve interiormente precisada a enredar con él, en mayor o menor grado, al yo-sueño, y así a producir una acción. El sueño por estímulo visual, por ejemplo, pinta monedas de oro esparcidas en la calle; el soñante las recoge, se regocija, las lleva consigo. [*Ibid.*, pág. 33.]

El material con que la fantasía onírica cumple su actividad artística es, según Scherner, el de los estímulos corporales orgánicos, tan oscuro durante el día (cf. *supra*, págs. 58 y sigs.). De tal modo, en cuanto al supuesto sobre las fuentes y los excitadores del sueño, la demasiado fantástica teoría de Scherner y la quizá reseca doctrina de Wundt y de otros fisiólogos, que en lo demás se comportan como si estuvieran en los antípodas, coinciden plenamente. Pero de acuerdo con la teoría fisiológica, la reacción psíquica frente a los estímulos corporales interiores se agota con el despertar de cualesquiera representaciones que les sean adecuadas; estas convocan después a otras representaciones por la vía de la asociación, y en este estadio parece terminar el curso de los procesos psíquicos del sueño. Para Scherner, en cambio, los estímulos corporales dan únicamente al alma un material que ella puede poner al servicio de sus propósitos fantásticos. La formación del sueño sólo empieza, a juicio de Scherner, allí donde se agota a los ojos de los demás.

De todas maneras, no cabe considerar lo que la fantasía onírica emprende con los estímulos corporales como algo que sirva a un fin. Promueve con ellos un juego burlón e insidioso, se representa las fuentes orgánicas de que parten los estímulos siguiendo algún simbolismo plástico. Y aun opina Scherner (en lo cual Volkelt [1875, pág. 37] y otros no lo siguen) que la fantasía onírica tiene una determinada figuración favorita para el organismo entero; sería la *casa*.

Pero, por suerte para sus figuraciones, no parece atarse a este material; puede también, a la inversa, servirse de series enteras de casas para designar un único órgano; por ejemplo, larguísimas calles edificadas para denotar el intestino. Otras veces, partes de la casa figuran realmente partes del cuerpo; así, en el sueño por dolor de cabeza, el techo de una habitación (que el soñante ve cubierto de asquerosas arañas como sapos) puede figurar la cabeza. [*Ibid.*, págs. 33-4.]

Además del simbolismo de la casa, se emplea toda suerte de otros objetos para figurar las partes del cuerpo que envían el estímulo onírico. «Así, los pulmones y su respiración encuentran su símbolo en un horno llameante con su tiro a modo de fuelle; el corazón, en cajas o cestas huecas, y la vejiga, en objetos redondos, con forma de bolsa, o simplemente cóncavos. Si se trata de un hombre, el sueño por estímulo sexual hace que el soñante encuentre en la calle la boquilla de un clarinete, o la de una pipa de fumar, o también un abrigo de piel. Clarinete y pipa de fumar figuran la forma aproximada del miembro masculino, y la piel, el vello pubiano. En el sueño sexual de una mujer, el espacio que corre donde se unen los muslos puede simbolizarse por un estrecho patio cercado de edificios, y la vagina por un senderito muy estrecho, untuosamente suave, que corre por mitad del patio y que la soñante debe atravesar, por ejemplo, para llevar una carta a un señor» (*ibid.*, pág. 34). Particular importancia tiene que en la conclusión de uno de esos sueños por estímulo corporal la fantasía onírica se desenmascare, por así decir, mostrando sin disimulo el órgano excitador o su función. Así, es habitual que el «sueño por estímulo dentario» concluya con que el soñante se extrae un diente de la boca. [*Ibid.*, pág. 35.]

Pero la fantasía onírica puede no dirigir su atención meramente a la forma del órgano excitador, sino tomar como objeto de simbolización la sustancia en él contenida. Así, el sueño por estímulo intestinal lleva por calles enfangadas, y el sueño por estímulo de la vejiga, por aguas espumosas. O bien el estímulo como tal, la índole de su excitación, el objeto que él anhela son figurados simbólicamente, o bien el yo-sueño entra en unión concreta con las simbolizaciones de su propio estado, por ejemplo, cuando frente a estímulos dolorosos peleamos a la desesperada con perros mordedores o toros embravecidos, o cuando en un sueño sexual la soñante se ve perseguida por un hombre desnudo. [*Ibid.*, págs. 35-6.] Si prescindimos de toda la riqueza posible en el detalle de la ejecución, nos resta que la fuerza nuclear de todo sueño es una actividad simbolizadora de la fantasía.

[*Ibid.*, pág. 36.] Penetrar más a fondo en el carácter de esa fantasía, señalar la posición de la actividad psíquica así reconocida dentro de un sistema de ideas filosóficas, es lo que procuró después Volkelt en su libro, cálida y bellamente escrito, pero arduo para los que no se han preparado mediante estudios anteriores en asir los esquemas conceptuales filosóficos a fuerza de vislumbres.

La tesis de Scherner sobre la fantasía simbolizante no se asocia con ninguna función útil de los sueños. En ellos, el alma juega con los estímulos que se le ofrecen. Y podríamos dar en la sospecha de que juega por travesura. Ahora bien, aquí podría preguntársenos si esperamos conseguir algo útil al ocuparnos tanto de la teoría de Scherner sobre el sueño, cuyo carácter arbitrario y cuya despreocupación por las reglas que debe observar toda investigación son demasiado evidentes. Es que habría que oponer un veto, por excesivo apresuramiento, a una desestimación de la teoría de Scherner previa a cualquier examen. Esta doctrina está construida sobre la impresión que recibió, de sus propios sueños, alguien que les prestó gran atención y que parece personalmente muy dotado para pesquisar cosas oscuras del alma. Además, trata de un objeto que durante siglos los hombres consideraron sin duda enigmático, pero también rico en contenido y relaciones, y a cuyo esclarecimiento la ciencia estricta (como ella misma lo sabe bien) no ha contribuido con mucho más que el intento de negar al objeto contenido y significación, en total antítesis con la intuición popular. Por último, y a fuer de honestos, queremos decir que no parece fácil sustraerse de la fantasía cuando se intenta explicar el sueño. También hay una fantasía de las células ganglionares; la cita de un investigador tan sobrio y exacto como Binz (*supra*, págs. 99-100), quien nos pinta el modo en que la aurora del despertar se extiende por las células dormidas de la corteza cerebral, no quedaba a la zaga de los intentos de explicación de Scherner en cuanto a fantasía y a... inverosimilitud. Espero poder demostrar que esos intentos ocultan algo real, aunque haya sido reconocido de manera nebulosa y no posea el carácter de universalidad al que debe aspirar una teoría del sueño. Provisionalmente, la teoría de Scherner, en su antítesis con la teoría médica, puede hacernos entrar por los ojos —si se nos permite la expresión— los extremos entre los que oscila insegura, todavía hoy, la explicación de la vida onírica.[5]

5 [Las teorías de Scherner vuelven a considerarse *infra*, págs. 237 y sigs., y **5**, págs. 351-2.]

H. Relaciones entre el sueño y las enfermedades mentales

Quien habla de la relación del sueño con las perturbaciones mentales puede referirse a tres cosas: 1) relaciones etiológicas y clínicas, por ejemplo si un sueño subroga a un estado psicótico, lo anuncia o queda como secuela de él; 2) alteraciones que sufre la vida onírica en caso de enfermedad mental, y 3) relaciones internas entre sueño y psicosis, analogías que apuntan a un parentesco esencial. Estas múltiples relaciones entre las dos series de fenómenos han sido en épocas anteriores de la medicina —y hoy lo son de nuevo— un tema predilecto de los autores médicos, como nos lo muestra la bibliografía sobre este asunto reunida por Spitta [1882, págs. 196-7 y 319-20], Radestock [1879, pág. 217], Maury [1878, págs. 124-5] y Tissié [1898, págs. 77-8]. Recientemente, Sante de Sanctis estudió estos temas.[1] A los fines de nuestra exposición nos bastará con rozar este importante asunto.

Respecto de las relaciones clínicas y etiológicas entre sueño y psicosis, comunicaré las siguientes observaciones con valor de paradigmas. Hohnbaum informa [1830, pág. 124] (citado por Krauss [1858, pág. 619]) que el primer estallido de la locura es muchas veces la consecuencia de un sueño angustioso y terrorífico, y que la idea obsesiva dominante se liga con ese sueño. Sante de Sanctis aporta observaciones parecidas en paranoicos y sostiene que en algunos de ellos el sueño es «*la vraie cause déterminante de la folie*».* La psicosis puede instalarse de golpe con el sueño eficaz, el que contiene la iluminación delirante, o·desarrollarse poco a poco a través de varios sueños que aún tienen que luchar con alguna duda. En uno de los casos de De Sanctis, al sueño conmocional siguieron ataques histéricos leves, y más tarde un estado melancólico de angustia. Féré [1886] (citado por Tissié, 1898 [pág. 78]) cuenta de un sueño que tuvo por consecuencia una parálisis histérica. Aquí se nos presenta al sueño como etiología de la enfermedad mental, aunque también podríamos dar razón del hecho diciendo que esta tuvo

---

[1] [*Nota agregada* en 1914:] Entre los autores que posteriormente abordaron estas relaciones se incluyen Féré [1887], Ideler [1853], Lasègue [1881], Pichon [1896], Régis [1894], Vespa [1897], Giessler [1888, etc.], Kazowsky [1901], Pachantoni [1909], etc.
* {«la verdadera causa determinante de la locura».}

su primera exteriorización en la vida onírica, irrumpiendo a través del sueño por primera vez. En otros ejemplos, la vida onírica contiene los síntomas patológicos, o la psicosis queda circunscrita a la vida onírica. Así, Thomayer (1897) llama la atención sobre *sueños de angustia* que deben considerarse como equivalentes de ataques epilépticos. Allison [1868] (según Radestock, 1879 [pág. 225]) ha descrito una insania nocturna (*nocturnal insanity*) en que los individuos parecen completamente sanos durante el día, mientras que por las noches sobrevienen de manera regular alucinaciones, ataques de furor, etc. Hay observaciones parecidas en De Sanctis [1899, pág. 226] (equivalente onírico de la paranoia en un alcohólico, voces que acusan a su mujer de infidelidad) y en Tissié. Este último, más recientemente, aporta una rica serie de observaciones (1898 [págs. 147 y sigs.]) en que acciones de carácter patológico (conductas basadas en premisas delirantes, impulsos obsesivos) derivan de sueños. Guislain [1833] describe un caso en que el dormir era sustituido por una insania intermitente.

No cabe duda de que algún día ocupará a los médicos, además de la psicología del sueño, una psicopatología del sueño.

En casos de convalecencia después de una enfermedad mental puede observarse muchas veces, con especial claridad, que siendo sano el funcionamiento diurno la vida onírica puede dar cabida todavía a la psicosis. Gregory parece haber sido el primero en llamar la atención sobre ese hecho (según Krauss, 1859 [pág. 270]). Macario [1847] (citado por Tissié [1898, pág. 89]) cuenta de un maníaco que una semana después de su completo restablecimiento revivió en sueños la fuga de ideas y los impulsos vehementes propios de su enfermedad.

Acerca de las alteraciones que la vida onírica experimenta en las psicosis crónicas, muy pocas son las investigaciones emprendidas hasta ahora.[2] En cambio, desde muy temprano se atendió al parentesco íntimo entre sueño y perturbación mental, que se exterioriza en la gran concordancia entre las manifestaciones de ambos. Según Maury (1878, pág. 124), el primero en señalarlo fue Cabanis, en sus *Rapports du physique et du moral* (1802); después de él, Lélut [1852], J. Moreau (1855) y, muy en particular, el filósofo Maine

<hr>

[2] [El propio Freud trató posteriormente esta cuestión en «Sobre algunos mecanismos neuróticos en los celos, la paranoia y la homosexualidad» (1922*b*), *AE*, **18**, pág. 223.]

de Biran [1834, págs. 111 y sigs.]. Sin duda, la comparación es aún más antigua. Radestock (1879, pág. 217) inicia el capítulo en que trata de ella con una recopilación de veredictos que establecen una analogía entre sueño y locura. Kant dice en cierto pasaje [1764]: «El loco es alguien que sueña despierto». Krauss (1859, pág. 270): «La locura es un sueño dentro de la vigilia». Schopenhauer [1851*b*, 1, pág. 246] llama al sueño una locura breve, y a la locura, un largo sueño. Hagen [1846, pág. 812] define al delirio como vida onírica no producida por el dormir, sino por enfermedades. Wundt expresa en la *Physiologischen Psychologie* [1874, pág. 662]: «De hecho, podemos nosotros mismos vivir en el sueño casi todos los fenómenos con que tropezamos en los manicomios».

Spitta (1882, pág. 199) enumera, en forma muy parecida a como lo hace Maury (1878), los diferentes puntos de concordancia en que se basa la comparación propuesta por estos autores: «1) supresión o al menos retardo de la autoconciencia, y debido a esto ignorancia acerca del estado como tal, y por tanto imposibilidad de asombrarse y falta de conciencia moral; 2) modificaciones perceptivas en los órganos sensoriales, aunque leves en el sueño y en general muy grandes en la locura; 3) conexión de las representaciones entre sí siguiendo exclusivamente las leyes de la asociación y la reproducción; en consecuencia, formación automática de series y, por ende, desproporción de las relaciones entre las representaciones (exageraciones, fantasmas); por último, como resultado de todo ello, 4) alteración o incluso subversión de la personalidad y a veces de los rasgos de carácter (perversiones)».

Radestock agrega todavía algunos rasgos, que constituyen analogías en cuanto al material (1879, pág. 219): «Hallamos casi todas las alucinaciones e ilusiones en el campo de los sentidos de la vista y del oído, y en el de la cenestesia. Al igual que en el sueño, los elementos que provienen de los sentidos del olfato y del gusto son los menos. En el enfermo febril, como en el soñante, afloran en los delirios recuerdos de un pasado lejano; lo que el hombre despierto y sano parecía haber olvidado, el durmiente y el enfermo lo recuerdan». La analogía entre sueño y psicosis alcanza su pleno valor sólo por el hecho de que se extiende, como un parecido de familia, a los detalles de la mímica y las singularidades de la expresión del rostro.

«Al torturado por un sufrimiento corporal y espiritual el sueño le procura lo que la realidad le negó: bienestar y dicha; de igual modo, en los enfermos mentales cobran vuelo las gratas imágenes de la dicha, la grandeza, la encumbrada posición y la riqueza. La posesión presunta de bienes y el cumplimiento imaginario de deseos cuyo rehusamiento o cuya aniquilación dieron precisamente un fundamento psíquico al extravío constituyen, las más de las veces, el contenido principal del delirio. La mujer que perdió a un hijo querido delira con las alegrías de la maternidad, el que perdió su fortuna se tiene por rico sin medida, la muchacha burlada se ve tiernamente amada».

(Este pasaje de Radestock es resumen de una detallada y fina exposición de Griesinger (1861, pág. 106), quien con toda claridad descubrió el *cumplimiento de deseo* en cuanto rasgo común al modo de representación del sueño y de la psicosis. Mis propias investigaciones me han mostrado que aquí ha de verse la clave para una teoría psicológica del sueño y de las psicosis.)

«Barrocas conexiones de pensamientos y debilidades en el juicio son los caracteres principales del sueño y de la locura». Tanto en uno como en otra [prosigue Radestock] hallamos una sobrestimación de los propios rendimientos mentales, que un juicio sobrio consideraría insensatos; al *rápido decurso de las representaciones* en el sueño corresponde la *fuga de ideas* en la psicosis. En ambos falta toda *medida de tiempo*. La *escisión de la personalidad* en el sueño, que por ejemplo reparte entre dos personas lo que el sujeto sabe, y hace que la extraña corrija en el sueño al yo propio, tiene exactamente el mismo valor que la conocida escisión de personalidad en la paranoia alucinatoria; también el soñante oye sus propios pensamientos pronunciados por voces extrañas. Hasta para las ideas fijas delirantes hallamos una analogía en los sueños patológicos que se reiteran a modo de estereotipos (*rêve obsédant*). Después de restablecerse de un delirio, no es raro que los enfermos nos digan que todo el tiempo de su enfermedad les pareció un sueño, muchas veces no desagradable, y aun nos comuniquen que en ocasiones sospecharon, estando todavía enfermos, que sólo eran prisioneros de un sueño, tal como suele sucederle al durmiente.

Después de lo dicho, no es maravilla que Radestock resuma su opinión, como la de muchos otros, con estas palabras: «La locura es un fenómeno patológico anormal que debe considerarse una agravación del estado onírico normal que se reitera periódicamente» (1879, pág. 228). Krauss (1859 [págs. 270-1]) ha querido fundamentar en la etiología (o más bien en las fuentes de excitación) un parentesco entre sueño y locura, más íntimo quizá que lo autorizado por la analogía entre sus exteriorizaciones. El elemento básico común a ambos es, a su juicio, como ya vimos [cf. pág. 62], la *sensación orgánicamente condicionada*, el estímulo corporal, la cenestesia que resulta de la colaboración de todos los órganos (cf. Peisse, 1857, **2**, pág. 21, citado por Maury, 1878, pág. 52).

Esta concordancia entre sueño y perturbación mental, que es indiscutible y llega hasta los detalles característicos, es uno de los más fuertes sustentos de la teoría médica de la vida onírica, que ve en el sueño un proceso inútil y perturbador y la expresión de una actividad psíquica disminuida. Ahora bien, no cabe esperar que las perturbaciones mentales nos procuren el esclarecimiento definitivo del sueño, pues es bien conocido de todos el estado insatisfactorio en que se encuentra nuestro saber sobre el origen de aquellas. Pero es muy probable que una diferente concepción sobre el sueño haya de influir en nuestras opiniones acerca del mecanismo interno de las enfermedades mentales, y así tenemos derecho a decir que trabajamos en el esclarecimiento de la psicosis cuando nos empeñamos en sacar a luz el secreto del sueño.[3]

---

[3] [La relación entre sueños y psicosis se aborda en la 29ª de las *Nuevas conferencias de introducción al psicoanálisis* (Freud, 1933a).]

Apéndice de 1909

El hecho de que yo no haya considerado la bibliografía sobre los problemas oníricos aparecida entre la primera publicación de este libro y la segunda edición requiere una justificación. Esta puede parecer poco satisfactoria al lector; comoquiera que sea, ha regido mi conducta. Los motivos que me llevaron a exponer el tratamiento del sueño en la bibliografía quedaron agotados con la presente introducción; proseguir ese trabajo me habría costado enorme esfuerzo, y con muy poco provecho o enseñanza. En efecto, ese lapso de nueve años nada nuevo o valioso ha traído para la concepción del sueño, ni en material fáctico ni en puntos de vista. Mi trabajo no se cita ni se considera en la mayoría de las publicaciones aparecidas después; y desde luego, menos todavía le concedieron su atención los llamados «investigadores del sueño», que así han dado un notable ejemplo de la repugnancia, característica de los hombres de ciencia, a aprender algo nuevo. «Les savants ne sont pas curieux»,* dice el satírico Anatole France. Si en la ciencia existiera un derecho a la revancha, tendría yo plena justificación para desdeñar a mi vez la bibliografía posterior a la aparición de mi libro. Las pocas reseñas que han visto la luz en revistas científicas abundan tanto en incomprensiones y malentendidos que no puedo responder a los críticos sino exhortándolos a que lean de nuevo el libro. Quizá podría exhortarlos sencillamente a que lo lean.

En los trabajos de aquellos médicos que se han resuelto a aplicar la terapia psicoanalítica, y en otros,[1] se han publicado abundantes sueños, interpretados de acuerdo con mis indicaciones. En la medida en que no se limitan a corroborar lo expuesto por mí, incluyo sus resultados en mi texto. Una segunda bibliografía al final del volumen reúne las principales publicaciones posteriores a la primera edición de este libro.[2] El nutrido libro de Sante de Sanctis sobre los sueños (1899), traducido al alemán poco después de su aparición, coincidió en el tiempo con *La interpretación de los sueños*, de tal modo que ni yo pude tomar noticia de ese libro ni el autor italiano del mío. Por desgracia, hube

* {«Los sabios no son curiosos».}
[1] [En las ediciones de 1909 y 1911 aparecían en este punto, encerrados entre paréntesis, los nombres de Jung, Abraham, Riklin, Muthmann y Stekel. En la de 1909 la oración siguiente decía: «Pero estas publicaciones no han hecho sino confirmar mis puntos de vista, sin agregarles nada».]
[2] [Cf. mi «Introducción», *supra*, págs. 6-7 y 14.]

de juzgar después que su laborioso trabajo es tan pobre en ideas que leyéndolo ni se sospecharía la existencia de los problemas que yo trato.

Debo mencionar sólo dos publicaciones que rozan de cerca mi tratamiento de los problemas oníricos. Un joven filósofo, H. Swoboda, que quiso extender el descubrimiento de la periodicidad biológica (en series de 23 y 28 días), debido a W. Fliess [1906],[3] al acontecer psíquico se propuso resolver con esta clave el enigma de los sueños (entre otros), en un escrito donde campea la fantasía (1904). Así la significatividad de los sueños se encogería demasiado; el material que les sirve de contenido se explicaría por la concurrencia de todos aquellos recuerdos que en esa noche precisa completan uno de los períodos biológicos por primera o por enésima vez. Una comunicación personal del autor me hizo suponer al principio que no estaba ya dispuesto a sostener seriamente su teoría, pero parece que anduve errado en esa conclusión.[4] En otro lugar [cf. págs. 183 y sigs.] comunicaré algunas observaciones que llevé a cabo en relación con la exposición de Swoboda, pero que no me han aportado resultados convincentes. Mucho más alentador para mí fue hallar por casualidad, en un lugar inesperado, una concepción sobre el sueño que coincide por completo con el núcleo de la mía. Las fechas excluyen la posibilidad de que esa publicación haya podido ser influida por la lectura de mi libro; por eso debo saludar en ella el único caso que puede señalarse, en la bibliografía, de un pensador independiente que coincide con la esencia de mi doctrina sobre los sueños. El libro en que se encuentra el pasaje sobre los sueños que descubrí fue publicado en segunda edición en 1900 con el título *Phantasien eines Realisten*, por «Lynkeus».[5]

[3] [En la «Introducción» de Kris a la correspondencia de Freud con Fliess (Freud, 1950*a*) se exponen las teorías de Fliess y sus relaciones con Swoboda.]

[4] [En su forma actual esta frase data de 1911. En 1909 decía: «Una comunicación personal del autor, en el sentido de que ya no sostenía ese punto de vista, me exime de considerarla seriamente». La oración que sigue fue agregada en 1911.]

[5] [*Nota agregada* en 1930:] Cf. mi artículo sobre Josef Popper-Lynkeus y la teoría del sueño (1923*f*). [Freud escribió otro artículo sobre el tema (1932*c*). — La primera edición del libro de «Lynkeus» data de 1899. El pasaje al que se refiere en el texto se cita completo *infra*, pág. 314, *n.* 3.]

Apéndice de 1914

Escribí la anterior justificación en 1909. Desde entonces la situación ha variado por completo; mi contribución a la interpretación de los sueños ya no es descuidada en la literatura. Sólo que esta nueva situación me imposibilita todavía más proseguir con la reseña de la bibliografía. *La interpretación de los sueños* ha traído consigo toda una serie de nuevas afirmaciones y nuevos problemas que han sido dilucidados de los más diversos modos por los autores. Y no puedo exponer esos trabajos hasta haber desarrollado los puntos de vista míos a que los autores se refieren. Lo que juzgo valioso en esta literatura más reciente lo aprecio a raíz de las elucidaciones que a continuación siguen.

II. El método de la interpretación de los sueños. Análisis de un sueño paradigmático

El título que he puesto a mi tratado deja ver la tradición en que quisiera situarme en la concepción de los sueños. Me he propuesto demostrar que ellos son susceptibles de una interpretación; así, las eventuales contribuciones que yo pueda hacer al esclarecimiento de los problemas oníricos considerados en el capítulo anterior no serán para mí sino ganancias suplementarias obtenidas en el desempeño de mi verdadera tarea. Mi premisa de que los sueños son interpretables entra enseguida en contradicción con la doctrina prevaleciente sobre el sueño, y aun con todas las teorías sobre el sueño, exceptuada la de Scherner [cf. *supra*, págs. 106 y sigs.], pues «interpretar un sueño» significa indicar su «sentido», sustituirlo por algo que se inserte como eslabón de pleno derecho, con igual título que los demás, en el encadenamiento de nuestras acciones anímicas. Ahora bien, como ya vimos, las teorías científicas sobre los sueños no dejan espacio alguno al eventual problema de su interpretación, puesto que según ellas el sueño no es en absoluto un acto anímico, sino un proceso somático que se anuncia mediante ciertos signos en el aparato psíquico. Muy diferente fue la opinión de los profanos en todos los tiempos. Esa opinión se sirvió de su buen derecho a proceder de manera inconsecuente, y si bien admitía que los sueños eran incomprensibles y absurdos, no podía decidirse a negarles todo significado. Guiada por un oscuro presentimiento, parece ella suponer que el sueño tiene un sentido, aunque oculto; estaría destinado a ser el sustituto de otro proceso de pensamiento, y no habría más que develar de manera acertada ese sustituto para alcanzar el significado oculto del sueño.

El mundo de los profanos se empeñó entonces, desde siempre, en «interpretar» al sueño, y para ello recurrió a dos métodos diferentes por su esencia. El primero de esos procedimientos toma en consideración todo el contenido onírico y busca sustituirlo por otro contenido, comprensible y en algunos respectos análogo. Es la interpretación *simbólica* de los sueños; desde luego, de antemano fracasa en aquellos sueños que aparecen no meramente incomprensibles, sino, además, confusos. Un ejemplo de ese procedimiento es la explicitación que según la Biblia hizo José del sueño del Faraón. Siete vacas gordas, después de las cuales vendrían siete vacas flacas que se las comerían: he ahí el sustituto de la profecía de siete años de hambruna en Egipto, que consumirían todos los excedentes dejados por siete años de buenas cosechas. La mayoría de los sueños artificiales creados por los literatos se guían por una tal interpretación simbólica, pues reflejan el pensamiento concebido por ellos bajo un disfraz en un todo acorde con los caracteres de nuestros sueños, tal como la experiencia nos los da a conocer.[1] La opinión según la cual el sueño se ocuparía preferentemente del futuro, cuya vislumbrada configuración anticiparía —un resto del significado profético que antaño se atribuía a los sueños—, es después motivo para que el sentido del sueño, descubierto por vía de interpretación simbólica, se traslade al futuro mediante un «será».

Desde luego, no puede darse indicación alguna del camino que ha de llevar a semejante interpretación simbólica. El arribo queda librado a la ocurrencia aguda, a la intuición directa, y por eso la interpretación de los sueños mediante el simbolismo pudo elevarse a la condición de práctica de un arte que parecía unido a dotes particulares.[2] Nada más lejos de tal pretensión que el otro método popular de interpretar sueños. Podría definírselo como el «método del descifrado», pues trata al sueño como una suerte de escritura cifrada en que cada signo ha de traducirse, merced a una clave fija, en otro de significado conocido. Por ejemplo, he soñado con una carta, pero también con unas exequias, etc.; ahora busco en un «libro de sueños» y encuentro que «carta» ha de traducirse por «disgusto», y «exequias» por «esponsales». Después es asunto mío reintegrar a una trama los tópicos que he descifrado, trama que también aquí remitiré al futuro. Una variación interesante de este procedimiento

---

[1] [*Nota agregada* en 1909:] En una novela de Wilhelm Jensen, *Gradiva*, descubrí por azar varios sueños artificiales construidos de manera totalmente correcta y que admitían interpretación como si no hubieran sido inventados sino soñados por personas reales. Ante mi pregunta, el autor confirmó que le era por completo desconocida mi doctrina sobre los sueños. He usado la concordancia entre mis investigaciones y las creaciones de este autor como prueba de la corrección de mi análisis de los sueños. (Véase Freud, 1907*a*.)

[2] [*Nota agregada* en 1914:] Aristóteles [*De divinatione per somnum*, II] observa sobre esto que el mejor intérprete de sueños es el que mejor puede aprehender semejanzas; pues las imágenes del sueño, como las que se forman en el agua, están desfiguradas por el movimiento, y las apresa mejor el que es capaz de reconocer lo verdadero en la imagen desfigurada. (Büchsenschütz, 1868, pág. 65.)

del descifrado, que de alguna manera corrige su carácter de traducción puramente mecánica, se expone en el escrito sobre interpretación de los sueños [*Oneirocritica*] de Artemidoro Daldiano.[3] Aquí se atiende no sólo al contenido del sueño, sino a la persona y a las circunstancias de vida del soñante, de tal modo que el mismo elemento onírico tiene significado diferente para el rico, el hombre casado o el orador que para el pobre, el soltero o, por ejemplo, un comerciante. Pero he aquí lo esencial de ese procedimiento: el trabajo de interpretación no se dirige a la totalidad del sueño, sino a cada uno de sus fragmentos por sí, como si el sueño

---

[3] [*Nota agregada* en 1914:] Artemidoro Daldiano, probablemente nacido a comienzos del segundo siglo de nuestra era, nos ha legado el estudio más completo y cuidadoso de la interpretación de sueños tal como se la practicaba en el mundo grecorromano. Según destaca Theodor Gomperz (1866, págs. 7-8), insistió en la importancia de fundar la interpretación de los sueños en la observación y en la experiencia, y separó su arte tajantemente de otros, engañosos. Como lo expone Gomperz, el principio de su arte interpretativo es idéntico a la magia: el principio de la asociación. Una cosa onírica significa aquello que evoca; entendámonos, que le evoca al intérprete. Una fuente ingobernable de arbitrariedad e incerteza brota entonces de la circunstancia de que el elemento onírico puede evocar al intérprete diversas cosas, y a cada intérprete, cosas diferentes. La técnica que expongo en lo que sigue se aparta de la de los antiguos en un punto esencial, a saber, que defiere al propio soñante el trabajo de interpretación. No quiere tomar en cuenta lo que se le ocurre al intérprete, sino lo que se le ocurre al soñante sobre el elemento correspondiente del sueño. — Sin embargo, informes recientes de un misionero, el padre Tfinkdji (1913 págs. 516-7 y 523]), muestran que los modernos intérpretes orientales de sueños requieren en gran medida la cooperación del soñante. Acerca de los intérpretes de sueños entre los árabes de la Mesopotamia, cuenta: «*Pour interpréter exactement un songe, les oniromanciens les plus habiles s'informent de ceux qui les consultent de toutes les circonstances qu'ils regardent nécessaires pour la bonne explication.* (...) *En un mot, nos oniromanciens ne laissent aucune circonstance leur échapper et ne donnent l'interprétation désirée avant d'avoir parfaitement saisi et reçu toutes les interrogations désirables*». {«Para interpretar con exactitud un sueño, los oniromٔanticos más hábiles piden a quienes los consultan información sobre todas las circunstancias que juzgan necesarias para la buena explicación. (...) En una palabra, nuestros oniromٔanticos no dejan que se les escape circunstancia alguna, y no dan la interpretación deseada antes de haber entendido perfectamente y asimilado todas las interrogaciones deseables».} Entre estas preguntas se incluyen, por lo general, las que piden indicaciones precisas sobre los parientes más próximos (padres, mujer, hijos), así como la fórmula típica: «*Habuistine in hac nocte copulam conjugalem ante vel post somnium?*» {«¿Has copulado con tu mujer antes o después del sueño?»}. — «*L'idée dominante dans l'interprétation des songes consiste à expliquer le rêve par son opposée*». {«La idea dominante en la interpretación de los sueños consiste en explicar al sueño por su opuesto».}

fuera un conglomerado cada uno de cuyos bloques constitutivos reclamase una destinación particular. Sin duda fueron los sueños sin concierto y confusos los que movieron a crear el método del descifrado.[4]

No puede dudarse un momento de que para el tratamiento científico del tema estos dos procedimientos populares de interpretación son totalmente inservibles. El método simbólico es de aplicación restringida y no susceptible de exposición general. Y en cuanto al método del descifrado, todo estribaría en que la «clave», el libro de sueños, fuese confiable, y sobre eso no hay garantía ninguna. Estaríamos tentados de dar la razón a filósofos y psiquiatras y descartar el problema de la interpretación de los sueños como tarea imaginaria.[5]

Pero sucede que yo pude aleccionarme mejor. Me vi llevado a admitir que estamos otra vez frente a uno de esos casos, no raros, en que una creencia popular antiquísima, mantenida con tenacidad, parece aproximarse más a la verdad de las cosas que el juicio de la ciencia que hoy tiene

[4] [*Nota agregada* en 1909:] El doctor Alfred Robitsek me ha observado que los libros orientales de sueños, de los cuales los nuestros son lamentables calcos, casi siempre emprenden la interpretación de los elementos oníricos por la homofonía y la semejanza de las palabras. Estos parentescos necesariamente se pierden al traducirlos a nuestra lengua; de ahí la incomprensibilidad de las sustituciones en nuestros «libros de sueños» populares. Acerca de la extraordinaria importancia que los retruécanos y los juegos de palabras tuvieron en las viejas culturas orientales es posible informarse en los escritos de Hugo Winckler [el famoso arqueólogo]. — [*Agregado* en 1911:] El más bello ejemplo de interpretación de sueños que nos ha legado la Antigüedad se basa en un juego de palabras. Artemidoro cuenta [libro IV, cap. 24]: «Paréceme, empero, que también Aristandro dio a Alejandro de Macedonia una feliz interpretación cuando este, habiendo rodeado y puesto sitio a Tiro [Τύρος], y sintiéndose disgustado y decepcionado por el tiempo que duraba, soñó que veía a un sátiro [σάτυρος] danzar sobre su escudo; Aristandro se encontraba, casualmente, próximo a Tiro, en el séquito del monarca que guerreaba en Siria. Descomponiendo la palabra "sátiro" en σά y τύρος, hizo que el rey redoblara su empeño de sitiar la ciudad y adueñarse de ella» (σά Τύρος = Tuya es Tiro). — Por lo demás, tan estrechamente dependen los sueños de la expresión lingüística que Ferenczi [1910*a*] puede señalar con acierto que toda lengua tiene su propio lenguaje onírico. Un sueño es por lo general intraducible a otras lenguas, y lo mismo vale, creo, para el presente libro. [*Agregado* en 1930:] A pesar de ello, primero el doctor A. A. Brill en Nueva York, y tras él otros, han logrado traducir *La interpretación de los sueños*.

[5] Después de concluido mi manuscrito, me ha llegado una obra de Stumpf (1899) que coincide con mi trabajo en el propósito de demostrar que el sueño posee sentido y es interpretable. Pero propone interpretaciones basadas en un simbolismo de carácter alegórico que no ofrece garantía alguna de validez universal en su procedimiento.

121

valimiento. Debo sostener que el sueño posee realmente un significado y que es posible un procedimiento científico para interpretarlo. He aquí el modo en que llegué a conocer ese procedimiento.

Desde hacía años me ocupaba de la resolución de ciertas formaciones psicopatológicas, fobias histéricas, representaciones obsesivas, entre otras, con fines terapéuticos; es que yo sé desde entonces, por una importante comunicación de Josef Breuer, que para estas formaciones que encontramos como síntomas patológicos su resolución {*Auflösung*} y su solución {*Lösung*} son una y la misma cosa.[6] Si uno ha podido reconducir una de tales representaciones patológicas a los elementos a partir de los cuales surgió en la vida psíquica del enfermo, enseguida se desintegra y este se libera de ella. En vista de la impotencia de nuestros otros empeños terapéuticos, y del carácter enigmático de esos estados, me pareció seductor avanzar hasta el esclarecimiento total, y arrostrando todas las dificultades, por el camino que Breuer abriera. Acerca del modo en que cobró forma definitiva la técnica del procedimiento, y acerca de los resultados de mis esfuerzos, he de informar con detalle en otra ocasión. En el curso de esos estudios psicoanalíticos di con la interpretación de los sueños. Mis pacientes, a quienes yo había comprometido a comunicarme todas las ocurrencias y pensamientos que acudiesen a ellos sobre un tema determinado, me contaron sus sueños y así me enseñaron que un sueño puede insertarse en el encadenamiento psíquico que ha de perseguirse retrocediendo en el recuerdo a partir de una idea patológica. Ello me sugirió tratar al sueño mismo como un síntoma y aplicarle el método de interpretación elaborado para los síntomas.

Ahora bien, para esto se requiere cierta preparación psíquica del enfermo. Hemos de conseguir de él dos cosas: que intensifique su atención para sus percepciones psíquicas y que suspenda la crítica con que acostumbra expurgar los pensamientos que le afloran. Para que pueda observarse mejor a sí mismo con atención reconcentrada es ventajoso que adopte una posición de reposo y cierre los ojos;[7] debe ordenársele expresamente que renuncie a la crítica de las formaciones de pensamiento percibidas. Entonces se le dice que el éxito del psicoanálisis depende de que tome nota de todo

[6] Cf. Breuer y Freud, 1895.

[7] [El énfasis en la conveniencia de cerrar los ojos (un remanente del viejo método hipnótico) fue pronto dejado de lado. Véase, por ejemplo, la exposición de la técnica psicoanalítica en «El método psicoanalítico de Freud» (Freud, 1904a), donde se destaca específicamente que el analista *no* pide al paciente que cierre sus ojos.]

cuanto le pase por la cabeza y lo comunique, y que no se deje llevar, por ejemplo, a sofocar una ocurrencia por considerarla sin importancia o que no viene al caso, u otra por parecerle disparatada. Debe conducirse con sus ocurrencias de manera totalmente neutral; es que esa crítica es la culpable de que él no haya podido descubrir ya la resolución buscada del sueño, de la idea obsesiva, etc.

En mi trabajo psicoanalítico he observado que la complexión psíquica del hombre que reflexiona difiere por completo de la del que hace observación de sí mismo. En la reflexión entra más en juego una acción psíquica, lo cual no sucede ni aun en la más atenta de las observaciones de sí, según se ve también por la expresión tensa y el entrecejo arrugado del que reflexiona, a diferencia de la falta de mímica del que hace introspección. En ambos casos tiene que haber atención reconcentrada,[8] pero el que reflexiona ejercita además una crítica a consecuencia de la cual desestima una parte de las ocurrencias que le vienen, después que las percibió; a otras las interrumpe enseguida, de modo que no sigue las vías de pensamiento que ellas abrirían, y aun con relación a otros pensamientos sabe arreglárselas para que ni siquiera devengan concientes, y entonces los sofoca antes de percibirlos. En cambio, el que se observa a sí mismo no tiene más trabajo que el de sofocar la crítica; conseguido esto, se agolpan en su conciencia una multitud de ocurrencias que de otro modo habrían permanecido inaprehensibles. Con ayuda de este material así conquistado para la autopercepción, puede realizarse la interpretación tanto de las ideas patológicas como de las formaciones oníricas. Según se ve, trátase de producir un estado psíquico que muestra cierta analogía con el adormecimiento (y sin duda con el estado hipnótico) en cuanto a la distribución de la energía psíquica (la atención móvil). En el adormecimiento emergen las «representaciones involuntarias» por la relajación de una cierta acción deliberada (y por cierto también crítica) que hacemos influir sobre el curso de nuestras representaciones; como razón de esa relajación solemos indicar la «fatiga»; las representaciones involuntarias que así emergen se mudan en imágenes visuales y acústicas. (Compárense las observaciones de Schleiermacher y otros, *supra*, págs. 73-4 [cf. también págs. 94-5].)[9] En el estado que se utiliza para el análisis

---

[8] [La función de la atención se considera *infra* (**5**, págs. 582-3).]

[9] [*Nota agregada* en 1919:] Silberer (1909, 1910 y 1912) ha hecho importantes contribuciones a la interpretación de los sueños, al observar directamente esta trasposición de las representaciones en imágenes visuales. [Cf. *infra*, **5**, págs. 350-1 y 498 y sigs.]

de los sueños y de las ideas patológicas, el sujeto renuncia intencionada y deliberadamente a aquella actividad, y la energía psíquica ahorrada (o una parte de ella) se aplica a la persecución atenta de los pensamientos involuntarios que ahora afloran y que conservan su carácter de representaciones (esto, a diferencia de lo que ocurre en el adormecimiento). *Con ello se hace de las representaciones «involuntarias» representaciones «voluntarias».*

Muchas personas [10] encuentran difícil adoptar la actitud aquí exigida hacia esas ocurrencias que al parecer «ascienden libremente», con renuncia a la crítica que en otros casos se ejerce sobre ellas. Los «pensamientos involuntarios» suelen desatar la resistencia más violenta, que pretende impedir su emergencia. Ahora bien, si hemos de creer a nuestro gran poeta-filósofo, Friedrich Schiller, una actitud en todo semejante es también condición de la creación poética. En un pasaje de su epistolario con Körner, que me fue indicado por Otto Rank, Schiller responde a un amigo que se quejaba de su falta de productividad: «La explicación de tu queja está, me parece, en la coacción que tu entendimiento impone a tu imaginación. Debo aquí esbozar un pensamiento e ilustrarlo con una metáfora. No parece bueno, y aun es perjudicial para la obra creadora del alma, que el entendimiento examine con demasiado rigor las ideas que le afluyen, y lo haga a las puertas mismas, por así decir. Si se la considera aislada, una idea puede ser muy insignificante y osada, pero quizás, en una cierta unión con otras, que acaso parezcan también desdeñables, puede entregarnos un eslabón muy bien concertado: de nada de eso puede juzgar el entendimiento si no la retiene el tiempo bastante para contemplarla en su unión con esas otras. Y en una mente creadora, me parece, el entendimiento ha retirado su guardia de las puertas; así las ideas se precipitan por ellas *pêle-mêle*, y entonces —sólo entonces— puede aquel dominar con la vista el gran cúmulo y modelarlo. Vosotros, señores críticos, o como quiera que os llaméis, sentís vergüenza o temor frente a ese delirio momentáneo, pasajero, que sobreviene a todos los creadores genuinos y cuya duración mayor o menor distingue al artista pensante del soñador. De ahí vuestras quejas de infecundidad, porque desestimáis demasiado pronto y espigáis con excesivo rigor» (carta del 1º de diciembre de 1788).

Y sin embargo, eso que Schiller llama «retiro de la guar-

[10] [Este párrafo fue agregado en 1909, y consiguientemente se modificó la primera oración del párrafo siguiente.]

dia de las puertas del entendimiento», el estado de autoob-
servación en que se ha abolido la crítica, en modo alguno
es difícil. La mayoría de mis pacientes lo consuman después
de las primeras indicaciones; yo mismo puedo hacerlo a la
perfección, si me ayudo escribiendo mis ocurrencias. El monto de energía psíquica que así se quita a la actividad crítica,
y con el cual puede elevarse la intensidad de la observación
de sí, oscila considerablemente según el tema en que se ha
de fijar la atención.

Ahora bien, el primer paso en la aplicación de este procedimiento enseña que no debe tomarse como objeto de la
atención todo el sueño, sino los fragmentos singulares de su
contenido. Si yo pregunto al paciente todavía no ejercitado:
«¿Qué se le ocurre acerca de este sueño?», por regla general
no atinará a capturar nada en su campo de visión mental.
Debo presentarle el sueño en fragmentos, y entonces él me
ofrecerá para cada trozo una serie de ocurrencias que pueden definirse como los «segundos pensamientos» de esa
parte del sueño. Ya por esta primera e importante condición, entonces, el método de interpretación de sueños que
yo practico se aparta del método popular, famoso en la
historia y la leyenda, de la interpretación por el simbolismo,
y se aproxima al segundo, el «método del descifrado». Como
este, es una interpretación *en détail*, no *en masse*; como este,
aprehende de antemano al sueño como algo compuesto, como
un conglomerado de formaciones psíquicas. [Cf. 5, págs.
419-20 y 447-8.][11]

En el curso de mis psicoanálisis de neuróticos he sometido
ya a interpretación más de un millar de sueños, pero no
quisiera emplear aquí ese material para una introducción a
la técnica y la doctrina de la interpretación de los sueños.
Prescindiendo por completo de que me expondría a la objeción de que se trata de sueños de neurópatas, que no auto-
rizan inferencia alguna sobre los sueños de los hombres sanos,
hay otro motivo que me obliga a desestimarlos. El tema a que
apuntan esos sueños es siempre, desde luego, el historial que
está en la base de la neurosis. Por eso para cada sueño se re-

[11] [La técnica de interpretación de sueños vuelve a tratarse *infra*
(5, págs. 517 y sigs.). Véase también «Observaciones sobre la teoría
y la práctica de la interpretación de los sueños» (Freud, 1923c), *AE*,
19, págs. 111-2. La cuestión —distinta— de cuál es el papel desempeñado por la interpretación de los sueños en la técnica del psicoanálisis terapéutico es abordada en «El uso de la interpretación de los
sueños en el psicoanálisis» (Freud, 1911e).]

queriría un extenso informe previo y una incursión en la naturaleza y las condiciones etiológicas de las psiconeurosis, cosas estas que en sí y por sí son nuevas y en extremo sorprendentes, y desviarían la atención del problema de los sueños. Mi intención es más bien procurarme, con la resolución de los sueños, un trabajo preparatorio para la exploración de los problemas más difíciles de la psicología de las neurosis.[12] Pero si renuncio a los sueños de los neuróticos, mi material principal, no puedo mostrarme demasiado selectivo con el resto. Sólo me quedan aquellos sueños que me han sido contados ocasionalmente por personas sanas de mi conocimiento, o que encuentro registrados como ejemplos en la bibliografía sobre la vida onírica. Por desgracia, en todos esos sueños me resulta imposible el análisis, sin el cual no puedo descubrir el sentido del sueño. Es que mi procedimiento no es tan cómodo como el del método popular del descifrado, que traduce el contenido dado del sueño de acuerdo con una clave establecida; más bien tiendo a pensar que en diversas personas y en contextos diferentes el mismo contenido onírico puede encubrir también un sentido disímil. Por eso mis propios sueños se me recomiendan como un material rico y cómodo, procedente de una persona más o menos normal y referido a múltiples ocasiones de la vida cotidiana. Es seguro que se me opondrá la duda en la confiabilidad de tales «autoanálisis». En modo alguno está excluida, se diría, la arbitrariedad. A mi juicio, la situación es más favorable en la observación de sí que en la observación de otros; comoquiera que sea, es lícito tentar hasta dónde se llega en la interpretación de los sueños con el autoanálisis. Otras dificultades hube de vencer en mi fuero interno. Tenemos un comprensible horror a revelar tantas cosas íntimas de nuestra vida psíquica, pues sabemos que no estamos a cubierto de las interpretaciones torcidas de los extraños. Pero debemos poder sobreponernos a ello. «*Tout psychologiste* —escribe Delboeuf [1885]— *est obligé de faire l'aveu même de ses faiblesses s'il croît par là jeter du jour sur quelque problème obscur»*.* Y yo también me creo con derecho

----

[12] [En el capítulo VII (**5**, pág. 578), Freud reflexiona sobre las dificultades que opone este programa a su exposición del tema, lo cual ya había sido planteado por él en su «Advertencia (a la primera edición)» (*supra*, págs. 17-8). Tal como lo señala *infra*, págs. 164 y 168n., Freud tiende a menudo a dejar de lado ese programa. A pesar de su intención expresa, utiliza muchos sueños de pacientes suyos, y más de una vez (p. ej., en págs. 167-8) aborda la elucidación del mecanismo de los síntomas neuróticos.]

* {«Todo psicólogo está obligado a confesar incluso sus debilidades si cree que de ese modo echará luz sobre algún problema oscuro».}

a pedir al lector que sustituya enseguida su interés inicial hacia las indiscreciones que debo cometer por el exclusivo ahondamiento en los problemas psicológicos que gracias a ese medio se iluminan.[13]

Escogeré, entonces, uno de mis propios sueños y elucidaré en él mi modo de interpretación. Tales sueños exigen siempre un informe preliminar. Ahora debo rogar al lector que durante un buen trecho haga suyos mis intereses y se sumerja conmigo hasta los menores detalles de mi vida, pues el interés por el significado escondido de los sueños exige imperiosamente una tal trasferencia.

INFORME PRELIMINAR

En el verano de 1895 había yo tratado psicoanalíticamente a una joven señora, muy amiga mía y de mi familia. Bien se comprende que tal mezcla de relaciones puede convertirse para el médico, y tanto más para el psicoterapeuta, en fuente de múltiples confusiones. El interés personal del médico es mayor, y menor su autoridad. Un fracaso amenaza enfriar la vieja amistad con los allegados del enfermo. La cura culminó con un éxito parcial, pues la paciente perdió su angustia histérica, pero no todos sus síntomas somáticos. Por entonces, todavía no tenía yo plena certeza sobre los criterios que marcan el cierre definitivo de un historial histérico, y propuse a la paciente una solución que a ella no le pareció aceptable. En esa desavenencia interrumpimos el tratamiento con motivo de las vacaciones de verano. Un día me visitó un colega más joven, uno de mis amigos más íntimos, que había estado con la paciente (Irma) y su familia en su lugar de veraneo en el campo. Le pregunté cómo estaba ella y recibí esta respuesta: «Está mejor, pero no del todo bien». Sé que las palabras de mi amigo Otto, o el tono en que las dijo, me irritaron. Creí entender un reproche, como si yo hubiera prometido demasiado a la paciente, y atribuí —con razón o sin ella— el que Otto tomara partido en contra de mí a la influencia de los parientes de la enferma, que, según yo suponía, no habían visto con buenos ojos el tratamiento. Por lo demás, esa sensación penosa no fue clara para mí, ni la expresé en modo alguno. Esa misma tarde

[13] De todos modos, no quiero dejar de apuntar, como restricción a lo dicho en el texto, que casi nunca he comunicado la interpretación completa de uno de mis propios sueños, tal como yo la conocía. Probablemente anduve acertado en no confiar demasiado en la discreción de los lectores.

redacté la historia clínica de Irma con el propósito de enviársela, a modo de justificación, al doctor M., un amigo común que era entonces la personalidad descollante en nuestro círculo. La noche que siguió a esa tarde (más bien hacia la mañana) tuve el siguiente sueño, que fijé por escrito inmediatamente después de despertar.[14]

Sueño del 23/24 de julio de 1895

Un gran vestíbulo —muchos invitados, a quienes nosotros recibimos. — Entre ellos Irma, a quien enseguida llevo aparte como para responder a su carta, y para reprocharle que todavía no acepte la «solución». Le digo: «Si todavía tienes dolores, es realmente por tu exclusiva culpa». — Ella responde: «Si supieses los dolores que tengo ahora en el cuello, el estómago y el vientre; me siento oprimida». — Yo me aterro y la miro. Ella se ve pálida y abotagada; pienso que después de todo he descuidado sin duda algo orgánico. La llevo hasta la ventana y reviso el interior de su garganta. Se muestra un poco renuente, como las mujeres que llevan dentadura postiza. Pienso entre mí que en modo alguno tiene necesidad de ello. — Después la boca se abre bien, y hallo a la derecha una gran mancha blanca,[15] y en otras partes veo extrañas formaciones rugosas, que manifiestamente están modeladas como los cornetes nasales, extensas escaras blanco-grisáceas. — Aprisa llamo al doctor M., quien repite el examen y lo confirma . . . El doctor M. se ve enteramente distinto que de ordinario; está muy pálido, cojea, está sin barba en el mentón . . . Ahora también está de pie junto a ella mi amigo Otto, y mi amigo Leopold la percute a través del corsé y dice: «Tiene una matidez abajo a la izquierda», y también señala una parte de la piel infiltrada en el hombro izquierdo (lo que yo siento como él, a pesar del vestido) . . . M. dice: «No hay duda, es una infección, pero no es nada; sobrevendrá todavía una disentería y se eliminará el veneno» . . . Inmediatamente nosotros sabemos de dónde viene la infección. No hace mucho mi amigo Otto, en una ocasión

[14] [*Nota agregada* en 1914:] Este es el primer sueño que sometí a una interpretación detallada. [En los *Estudios sobre la histeria* (Breuer y Freud, 1895), *AE*, **2**, págs. 89-90, dentro de una larga nota al pie correspondiente al historial de Emmy von N., Freud describe algunas de sus primeras tentativas de analizar sus propios sueños. El pasaje pertinente se cita en forma textual en mi «Introducción», *supra*, págs. 7-8.]

[15] [En la edición de 1942 se omite la palabra «blanca», sin duda por error.]

en que ella se sentía mal, le dio una inyección con un pre-
parado de propilo, propileno ... ácido propiónico ... trime-
tilamina (cuya fórmula veo ante mí escrita con caracteres
gruesos) ... No se dan esas inyecciones tan a la ligera ... Es
probable también que la jeringa no estuviera limpia.

Este sueño lleva una ventaja a muchos otros. Son claros
de inmediato los acontecimientos de la víspera a los que se
anuda y el tema que trata. El informe preliminar los pone
de manifiesto. La noticia que recibí de Otto sobre el estado
de Irma, el historial clínico que estuve redactando hasta
bien entrada la noche, ocuparon mi actividad anímica también mientras dormía. No obstante, nadie que conozca solamente el informe preliminar y el contenido del sueño podrá sospechar el significado de este. Ni yo mismo lo sé.
Me asombran los síntomas patológicos de que Irma se me
queja en el sueño, pues no son los mismos por los cuales la
he tratado. Me mueve a risa la disparatada idea de aplicar
una inyección de ácido propiónico, y las palabras de consuelo que el doctor M. dice. Hacia el final, el sueño me parece
más oscuro y comprimido que al comienzo. Para averiguar
el significado de todo eso tengo que resolverme a un análisis en profundidad.

Análisis

*El vestíbulo** —muchos invitados, a quienes nosotros re-*
cibimos. Ese verano habitamos en Bellevue, en una casa solitaria que se alzaba sobre una de las colinas próximas al
Kahlenberg.[16] Antiguamente se la había destinado a local de
fiestas, de ahí que sus habitaciones fuesen inusualmente vastas, como vestíbulos. El sueño ocurrió hallándome en Bellevue, y pocos días antes del cumpleaños de mi mujer. La
víspera ella me había expresado su esperanza de que para su
cumpleaños viniesen a vernos muchos amigos, y entre ellos
también Irma, como huéspedes nuestros. Mi sueño antici-
pa entonces esa situación: Es el cumpleaños de mi mujer, y
muchas personas, Irma entre ellas, serán recibidas por nosotros como invitados {huéspedes} en el gran vestíbulo de
Bellevue.
Reprocho a Irma que no haya aceptado la solución; le

---

* {«*Die Halle*»; antes, en el relato del sueño, «*Eine grosse Halle*».
En otras varias oportunidades posteriores se notará este tipo de pequeñas diferencias.}
[16] [Cerro cercano a Viena, muy conocido como lugar de veraneo.]

digo: «*Si todavía tienes dolores, es realmente por tu exclusiva culpa*». Esto habría podido decírselo yo también despierto, o se lo dije. Por entonces tenía la opinión (que después reconocí incorrecta) de que mi tarea quedaba concluida al comunicar al enfermo el sentido oculto de sus síntomas; si él aceptaba después o no esa solución de la que dependía el éxito, ya no era responsabilidad mía. A este error, ahora felizmente superado, debo agradecerle que me haya hecho la vida más fácil en una época en que debía producir éxitos terapéuticos a pesar de mi inevitable ignorancia. — Ahora bien, en la frase que dirijo a Irma en el sueño, observo que sobre todo no quiero ser culpado de los dolores que ella todavía tiene. Si son culpa exclusiva de Irma, no pueden serlo entonces mía. ¿Deberá buscarse por este sendero la intención del sueño?

Irma se queja de dolores en el cuello, en el vientre y el estómago, se siente oprimida. Dolores en el vientre eran parte del complejo sintomático de mi paciente, pero no eran muy agudos; más bien se quejaba de sensaciones de náusea y asco. Dolores en el cuello, en el vientre, opresión de la garganta, apenas tenían en ella algún papel. No atino a entender la razón por la cual me decidí en el sueño a esta selección de síntomas, ni puedo por el momento descubrirla.

Ella se ve pálida y abotagada. Mi paciente tenía siempre la tez rosada. Sospecho que aquí la he remplazado por otra persona.

Me aterra la idea de que en efecto he descuidado algo orgánico. No costará trabajo creerme si digo que es esa una angustia que nunca se extingue en especialistas que atienden casi exclusivamente a neuróticos y están habituados a atribuir a la histeria tantas manifestaciones que otros médicos tratan como orgánicas. Por lo demás me entra, y no sé de dónde, la insidiosa duda de que mi terror no es del todo sincero. Si los dolores de Irma tienen base orgánica, tampoco yo estoy obligado a curarlos. Es que mi cura sólo elimina dolores histéricos. Verdaderamente me ocurre como si deseara un error en el diagnóstico; entonces también perdería asidero el reproche de fracaso.

La llevo hasta la ventana para mirar dentro de su garganta. Se muestra un poco renuente, como las mujeres que llevan dentadura postiza. Pienso entre mí que en modo alguno tiene necesidad de ello. Con Irma nunca tuve ocasión de inspeccionar su cavidad bucal. Lo ocurrido en el sueño me trae a la memoria el examen que algún tiempo atrás hube de practicar en una gobernanta que primero me había dado la impresión de una juvenil hermosura, pero que después, al

abrir la boca, hizo ciertas maniobras para ocultar su dentadura postiza. Y con ese caso se anudan otros recuerdos de
exámenes médicos y de pequeños secretos que ellos revela-
ron, para embarazo de médico y paciente. Que *en modo
alguno tiene necesidad de ello* es en primer lugar, sin duda
alguna, una galantería para Irma; pero tengo la sospecha de
otro significado. En un análisis atento sentimos si hemos
agotado o no los segundos pensamientos que son de esperar.
El modo en que Irma estaba de pie junto a la ventana me
hizo recordar de pronto otra vivencia. Irma tenía una amiga
íntima a quien yo apreciaba mucho. Una tarde en que fui
a su casa de visita la encontré junto a la ventana, en la situación que el sueño reproduce, y su médico, ese mismo
doctor M., declaró que tenía una placa difteroide. Y la persona del doctor M. y la placa retornan en el discurrir del
sueño. Ahora se me ocurre que en los últimos meses todo
me llevó a suponer que también esta otra señora era histérica. La propia Irma me lo ha revelado. Ahora bien, ¿qué sé
yo de su estado? Una sola cosa: que sufre ahogos histéricos
como la Irma de mi sueño. Por eso en el sueño he sustituido
a mi paciente por su amiga. Ahora recuerdo que muchas veces jugué con la conjetura de que esta señora también pudiera requerirme para que la liberase de sus síntomas. Pero
después yo mismo lo juzgué improbable, pues ella es de naturaleza muy refractaria. Ella *se muestra renuente*, como se
ve en el sueño. Otra explicación sería que *en modo alguno
lo necesita*; y en realidad hasta ahora ha demostrado suficiente fortaleza para dominar su estado sin ayuda ajena. No
obstante, restan unos pocos rasgos que no puedo atribuir ni
a Irma ni a su amiga: *pálida, abotagada, dentadura postiza.*
Los dientes postizos me llevaron a aquella gobernanta; ahora
me siento inclinado a contentarme con *dientes estropeados.*
Después se me ocurre otra persona a la que pueden conve-
nir esos rasgos. Tampoco es mi paciente, ni quisiera yo que
lo fuese, pues he notado que se siente embarazada ante mí y
no la considero una enferma dócil. Por lo común ella está
pálida, y una vez que tuvo una temporada particularmente
buena se la vio abotagada.[17] Entonces, he comparado a mi
paciente Irma con otras dos personas que también se mostra-

---

[17] A esta tercera persona puede reconducirse también la queja,
todavía no explicada, sobre *dolores en el vientre*. Se trata, desde
luego, de mi propia mujer; los dolores de vientre me recuerdan una
de las ocasiones en que se me hizo evidente su renuencia. Tengo que
confesar que no trato muy amablemente a Irma ni a mi mujer en
este sueño, pero nótese, en mi descargo, que las mido con el ideal
de la paciente dócil y valiente.

rían renuentes al tratamiento. ¿Qué sentido puede tener que yo, en el sueño, la haya permutado por su amiga? Tal vez que me gustaría permutarla; o bien la otra despierta en mí simpatías más fuertes, o tengo más alta opinión de su inteligencia. Es que considero a Irma poco inteligente, porque no acepta mi solución. La otra sería más sabia, y por eso cedería antes. *Después la boca se abre bien;* ella me contaría más cosas que Irma.[18]

Lo que yo vi en la garganta: una mancha blanca y cornetes con escaras. La mancha blanca me recuerda la difteritis, y por ella a la amiga de Irma, pero también a la grave enfermedad que hace un par de años sufrió mi hija mayor y a todo el susto de aquella mala época. Las escaras en los cornetes evocan una preocupación por mi propia salud. Por entonces me administraba con frecuencia cocaína para reducir unas penosas inflamaciones nasales, y pocos días antes me había enterado de que una paciente que me imitó había contraído una extensa necrosis de la mucosa nasal. La recomendación de la cocaína que yo había hecho en 1885 [19] me atrajo también muy serios reproches. Un caro amigo, ya muerto en 1895 [la fecha del sueño], apresuró su fin por el abuso de este recurso.

Aprisa llamo al doctor M., quien repite el examen. Esto respondería simplemente a la posición que M. ocupaba entre nosotros. Pero el «aprisa» es bastante llamativo y requiere una explicación particular. [Cf. *infra*, **5**, pág. 508.] Me recuerda una triste vivencia médica. Cierta vez, debido a la continuada prescripción de un remedio que por entonces aún se consideraba inocuo (el sulfonal), había provocado una grave intoxicación a una enferma, y entonces acudí precipitadamente a mi colega, mayor que yo y más experimentado, para que me auxiliase. Que es ese realmente el caso que tengo en vista se refirma por una circunstancia accesoria. La enferma que sufrió la intoxicación llevaba el mismo nombre

---

[18] Sospecho que la interpretación de este fragmento no avanzó lo suficiente para desentrañar todo su sentido oculto. Si quisiera proseguir la comparación de las tres mujeres, me llevaría muy lejos. — Todo sueño tiene por lo menos un lugar en el cual es insondable, un ombligo por el que se conecta con lo no conocido. [Cf. *infra*, **5**, pág. 519.]

[19] [Este es un error de imprenta, que se repite en todas las ediciones alemanas; la fecha correcta es «1884», año en que Freud publicó su primer artículo sobre la cocaína. En la biografía de Freud escrita por Ernest Jones (1953, cap. VI) se encontrará una exposición completa de los trabajos de Freud sobre la cocaína. De allí surge que el «caro amigo» era Fleischl von Marxow (cf. *infra*, **5**, pág. 478, *n.* 24). Otras alusiones a este episodio se hallarán *infra*, págs. 187, 220, 230, y **5**, págs. 480-1.]

que mi hija mayor. Hasta ahora nunca había reparado en ello; ahora todo ocurre casi como una venganza del destino. Como si la sustitución de las personas debiera proseguirse en otro sentido; esta Mathilde por aquella Mathilde, ojo por ojo y diente por diente. Es como si yo buscara todas las ocasiones que pudieran atraerme el reproche de falta de probidad médica.

El doctor M. está pálido, sin barba en el mentón, y cojea. Lo que en esto hay de cierto es que por su mala apariencia a menudo ponía en cuidados a sus amigos. Los otros dos caracteres tienen que pertenecer a otra persona. Se me ocurre mi hermano mayor, que vive en el extranjero; él lleva el mentón rasurado y, si mi recuerdo es fiel, el M. del sueño se le parecía en un todo. De él me llegó la noticia, días pasados, de que renqueaba a causa de un cuadro artrítico. Tiene que haber una razón que me llevara a confundir en el sueño a estas dos personas en una sola. Y en efecto, recuerdo que estaba yo disgustado con ambos por parecidos motivos. Ambos habían rechazado cierta propuesta que yo les había hecho últimamente.

Mi amigo Otto está ahora de pie junto a la enferma, y mi amigo Leopold la examina y comprueba una matidez abajo a la izquierda. Mi amigo Leopold es también médico, y pariente de Otto. El destino ha querido que ellos, que ejercen la misma especialidad, se convirtiesen en competidores, y permanentemente se los compara. Los dos trabajaron durante años como asistentes míos, cuando yo dirigía un consultorio público para niños con enfermedades nerviosas.[20] Escenas como la que el sueño reproduce eran allí cosa corriente. Mientras yo discutía con Otto sobre el diagnóstico de un caso, Leopold había examinado de nuevo al niño y nos aportaba un dato inesperado y decisivo. Por su carácter se diferenciaban exactamente como el inspector Bräsig de su amigo Karl.[21] El uno sobresalía por «ligero», y el otro era lento, ponderoso, pero sólido. Cuando en el sueño contrapongo a Otto con el circunspecto Leopold, manifiestamente es para exaltar a Leopold. Es una comparación semejante a la anterior entre Irma, la paciente indócil, y su amiga juzgada más inteligente. Ahora reparo también en uno de los deslizamientos que el enlace de pensamientos promueve en el sueño: de

[20] [En la introducción de Kris a la correspondencia con Fliess (Freud, 1950*a*) se encontrará información detallada sobre este hospital.]
[21] [Las dos figuras principales de una novela de Fritz Reuter popular en su momento, *Ut mine Stromtid* (1862-64), escrita en dialecto mecklenburgués.]

un niño enfermo a un instituto para niños enfermos. — La *matidez abajo a la izquierda* me deja la impresión de que correspondería a cierto caso en que me asombró la solidez de Leopold. Además vislumbro algo como una afección metastásica, pero podría estar referida también a la paciente que quisiera tener en lugar de Irma. En efecto, por lo que yo puedo discernir, esta señora ha producido una imitación de tuberculosis.

Una parte de la piel infiltrada en el hombro izquierdo. Como enseguida advierto, es mi propio reumatismo en el hombro, que por lo general experimento cuando permanezco levantado hasta altas horas de la noche. Las palabras mismas del sueño suenan ambiguas: *lo que yo siento como él.* En mi propio cuerpo, se entiende. Además, me sorprende la insólita expresión «una parte de la piel infiltrada». Estamos habituados a la frase «infiltración posterosuperior izquierda»; ella aludiría a los pulmones, y así, otra vez, a la tuberculosis.

A pesar del vestido. Sin duda esta no es sino una intercalación. Desde luego, en el mencionado instituto examinábamos a los niños desvestidos; en algún aspecto ello está en oposición al modo en que hemos de examinar a nuestras pacientes adultas. De un destacado clínico solía contarse que nunca examinó a sus pacientes mujeres sino a través de los vestidos. Lo que sigue a esto me resulta oscuro; para ser franco, no me siento inclinado a penetrar más profundamente en este punto.

El doctor M. dice: «Es una infección, pero no es nada. Sobrevendrá después una disentería y se eliminará el veneno». Al principio esto me mueve a risa, pero, como a todo lo demás, es preciso desmenuzarlo cuidadosamente. Considerado más de cerca, muestra un asomo de sentido. Lo que yo hallé en la paciente fue una difteritis local. De la época de la enfermedad de mi hija recuerdo la discusión acerca de la difteritis y la difteria. Esta última es la infección generalizada, que comienza con la difteritis local. Una tal infección generalizada comprueba Leopold con la matidez, que entonces hace pensar en un foco metastásico. Creo por cierto que justamente en la difteria no ocurren semejantes metástasis. Más bien me recuerdan una piemia.

No es nada es un consuelo. Opino que se inserta del siguiente modo: El último fragmento del sueño aportó el contenido de que los dolores de la paciente se deben a una grave afección orgánica. Sospecho que también con esto no he querido sino desembarazarme de culpa. A la cura psíquica

134

no puede imputársele responsabilidad por la persistencia de una afección difterítica. Ahora, me siento molesto por haber atribuido a Irma una enfermedad tan grave única y exclusivamente para descargarme yo. Parece harto cruel. Por eso echo mano del reaseguro del buen desenlace, y no me parece mal escogido que haya puesto el consuelo justamente en boca del doctor M. Pero aquí me sitúo por encima del sueño, cosa que requiere esclarecimiento.

Ahora bien: ¿por qué es tan absurdo ese consuelo?

Disentería. Es como una lejana representación teórica de que los materiales patógenos pudieran eliminarse por el intestino. ¿Quiero burlarme con esto de la asiduidad con que el doctor M. recurre a explicaciones desatinadas y a extraños enlaces patológicos? Sobre la disentería se me ocurre algo más. Meses atrás había recibido en consulta a un joven que padecía de extraños trastornos intestinales y que otros colegas habían tratado como un caso de «anemia con desnutrición». Me di cuenta de que se trataba de una histeria, pero no quise ensayar en él mi psicoterapia y lo envié a dar un paseo por mar. Es el caso que hace pocos días me llegó una carta desesperada de él desde Egipto; allí sufrió un nuevo ataque que el médico diagnosticó como disentería. Tengo la sospecha de que el diagnóstico no es sino un error de un colega ignorante que se dejó engañar por la histeria; pero no pude evitarme el reproche de haber expuesto al enfermo a contraer, sobre su afección intestinal histérica, una afección orgánica. Por lo demás, «disentería» suena a «difteria», cuyo nombre no se menciona en el sueño.*

Sí, ha de ser que con la consoladora prognosis de la disentería que sobrevendrá, etc., pongo en ridículo al doctor M. Es que ahora me acuerdo de que él, años atrás, contó riendo algo enteramente parecido de un colega. Había sido llamado a consulta con este colega sobre un enfermo grave, y se vio obligado a prevenir al otro, que parecía muy confiado y alegre, de que él hallaba albúmina en la orina del paciente. Pero el colega no se dejó confundir, sino que respondió tan campante: «¡*No es nada*, colega, el ** albúmina se eliminará ahora mismo!». Por eso no tengo ninguna duda de que este fragmento del sueño contiene un dardo contra los colegas ignorantes de la histeria. Como para confirmarlo, se me pasa ahora una idea por la cabeza: ¿Sabe acaso el doctor M. que las manifestaciones de su paciente, la amiga

---

* {Por su pronunciación, las palabras alemanas «*Dysenterie*» y «*Diphtherie*» —ambas agudas— se asemejan más que sus equivalentes en castellano.}

** {En masculino en el original.}

de Irma, que hacen temer una tuberculosis, también derivan de la histeria? ¿Ha reconocido esa histeria o «se embaló» en ella?

Pero, ¿qué motivo puedo tener para tratar tan mal a este amigo? Es muy simple: el doctor M. está tan poco de acuerdo como Irma con la «solución» que propuse a esta. De modo que en este sueño ya me he vengado de dos personas, de Irma con las palabras «Si todavía tienes dolores, es realmente por tu exclusiva culpa», y del doctor M. con las palabras de absurda consolación que puse en su boca.

Inmediatamente sabemos de dónde viene la infección. Este saber inmediato en el sueño es asombroso. Un instante antes nada sabíamos, puesto que la infección sólo fue comprobada por Leopold.

Mi amigo Otto, en una ocasión en que ella se sentía mal, le dio una inyección. En la realidad, Otto había referido que en el breve lapso que estuvo en casa de la familia de Irma hubo de acudir a un hotel de la vecindad para dar allí una inyección a alguien que se había sentido mal repentinamente. Las inyecciones me recuerdan de nuevo a mi desdichado amigo que se envenenó con cocaína. Yo le había recomendado ese recurso sólo para aplicación interna [vale decir, oral] durante la cura de desmorfinización; pero él, acto seguido, se aplicó inyecciones de cocaína.

Con un preparado de propilo, propileno... ácido propiónico. ¿Cómo di en esto? Esa misma velada, tras la cual yo redacté la historia clínica y después soñé, mi mujer abrió una botella de licor en la que se leía «ananás» [22] y era obsequio de nuestro amigo Otto. Es que él tenía la costumbre de hacer regalos con cualquier motivo imaginable; ojalá que alguna vez una mujer lo cure de ello.[23] Este licor despedía tal olor a aguardiente barato, amílico, que me negué a probarlo. Mi mujer opinó que se lo obsequiásemos al personal de servicio, pero yo, más precavido, se lo prohibí con la observación humanitaria de que tampoco ellos tenían por qué envenenarse. Ahora bien, ese olor a aguardiente (amilo...) manifiestamente evocó en mí el recuerdo de toda la serie: propilo, metilo, etc., que brindó al sueño el preparado de propilo. Es verdad que con ello operé una sustitución, soñé

---

[22] Debo agregar que el sonido de la palabra «ananá» se asemeja notablemente al apellido de mi paciente Irma.

[23] [*Nota agregada* en 1909, pero omitida nuevamente a partir de 1925:] En este punto el sueño no resultó profético. En otro sentido acertó, pues los «irresueltos» dolores gástricos de mi paciente, de los cuales yo no quería ser culpado, fueron los precursores de una seria afección biliar.

con propilo después que olí amilo, pero tales sustituciones son quizá legítimas precisamente en la química orgánica.

Trimetilamina. En el sueño veo la fórmula química de esta sustancia, lo que en todo caso atestigua un gran esfuerzo de mi memoria, y además la fórmula está impresa en caracteres gruesos, como si se quisiera destacar del contexto algo particularmente importante. ¿Adónde me lleva ahora la trimetilamina a que yo presté tanta atención? A una conversación con otro de mis amigos, que desde hace años sabe de todos mis trabajos en germen, como yo sé de los suyos.[24] En ella me había comunicado ciertas ideas sobre una química sexual, y entre otras cosas me dijo que creía reconocer en la trimetilamina uno de los productos del metabolismo sexual. Esta sustancia me lleva entonces a la sexualidad, a ese factor a que atribuyo la máxima importancia para la génesis de las afecciones nerviosas que pretendo curar. Mi paciente Irma es una joven viuda; si me empeño en descargarme de culpas por mi fracaso terapéutico con ella, lo mejor que ha de ofrecérseme será invocar ese hecho, que sus amigos remediarían gustosos. Además, ¡cuán maravillosamente tramado un sueño así! La otra que en el sueño yo tengo por paciente en lugar de Irma es también una joven viuda.

Sospecho la razón por la cual la fórmula de la trimetilamina ocupó en el sueño un lugar tan ostentoso. Es que muchas cosas harto importantes se reúnen en esta palabra: no sólo alude al todopoderoso factor de la sexualidad, sino a una persona cuya aprobación recuerdo contento cada vez que me siento aislado en mis opiniones. ¿Acaso este amigo que desempeña un papel tan importante en mi vida no ha de aparecer en otras partes de la trabazón de pensamientos del sueño? Por cierto que sí; es un notable conocedor de los efectos provocados por las afecciones de la nariz y de sus cavidades, y ha descubierto para la ciencia algunas portentosas relaciones entre los cornetes y los órganos sexuales femeninos (las tres formaciones rugosas en la garganta de Irma). He hecho que examinara a Irma para averiguar si sus dolores de estómago podían tener origen nasal. Pero él mismo sufre de supuraciones nasales que me dan cuidado, y a eso alude sin duda la piemia que vislumbré con ocasión de las metástasis del sueño.[25]

---

[24] [Se trata de Wilhelm Fliess, biólogo y otorrinolaringólogo berlinés, quien ejerció gran influencia sobre Freud durante los años inmediatamente anteriores a la publicación de este libro, y que aparece en él con frecuencia, aunque por lo general en forma anónima. (Cf. Freud, 1950a).]

[25] [El análisis de esta parte del sueño se amplía más adelante (págs. 301-2). Freud ya lo había utilizado como ejemplo del meca-

No se dan esas inyecciones tan a la ligera. Aquí fulmino directamente a mi amigo Otto con el reproche de ligereza. Creo haber pensado entre mí algo similar la tarde anterior, cuando él pareció mostrarme con la palabra y la mirada haber tomado partido contra mí. Era algo así: ¡Cuán a la ligera se deja influir! ¡Cuán livianamente da sus veredictos! — Además, la frase que ahora comento me señala hacia mi amigo muerto, que tan prematuramente puso fin a sus días con las inyecciones de cocaína. Como dije, nunca fue mi intención prescribir inyecciones con ese remedio. Con el reproche que hago a Otto de tratar a la ligera esas sustancias químicas reparo en que toco de nuevo la historia de aquella desdichada Mathilde, por la cual ese mismo reproche se vuelve contra mí. Es manifiesto que reúno aquí ejemplos de mi proceder concienzudo, pero también de lo contrario.

Es probable también que la jeringa no estuviera limpia. Otro reproche contra Otto, pero que viene de otra parte. Ayer me encontré por casualidad con el hijo de una dama de ochenta y dos años a quien debo administrar diariamente dos inyecciones de morfina.[26] En este momento ella está en el campo, y me enteré de que sufre de una flebitis. Al punto di en pensar que se trata de una infiltración por jeringa sucia. Me precio de no haber ocasionado ni una sola infiltración en dos años; es que mi preocupación permanente es la limpieza de la jeringa. Soy muy concienzudo. De la flebitis vuelvo a mi mujer, que durante un embarazo sufrió de várices, y ahora surgen en mi recuerdo otras tres situaciones parecidas, con mi mujer, con Irma y con la Mathilde muerta, cuya identidad me da manifiestamente el derecho de sustituir una con otra estas tres personas en el sueño.

He completado la interpretación del sueño.[27] Mientras duró ese trabajo, pugné fatigosamente por defenderme de todas las ocurrencias a que no podía menos que dar lugar la comparación entre el contenido del sueño y los pensamientos oníricos ocultos tras él. Entretanto emergió el «sen-

nismo de desplazamiento, en su temprano «Proyecto de psicología» de 1895 (1950*a*), *AE*, **1**, págs. 387-9.]

[26] [Esta anciana aparece frecuentemente en los escritos de Freud de esta época. Cf. *infra*, pág. 250, y *Psicopatología de la vida cotidiana* (1901*b*), *AE*, **6**, págs. 163, 174-5 y 249-50. Freud informa a Fliess de su muerte en una carta del 8 de julio de 1901 (Freud, 1950*a*, Carta 145).]

[27] [*Nota agregada* en 1909:] Aunque debe comprenderse que no he informado acerca de todo lo que se me ocurrió durante el trabajo de interpretación.

tido» del sueño. Reparé en un propósito realizado por el sueño y que tiene que haber sido el motivo de que yo soñara. El sueño cumple algunos deseos que me fueron instilados por los acontecimientos de la tarde anterior (el informe de Otto, la redacción de la historia clínica). El resultado del sueño, en efecto, es que no soy yo el culpable de que persistan los padecimientos de Irma, sino Otto; este, con su observación acerca de la incompleta curación de Irma, me ha irritado, y el sueño me venga de él devolviéndole ese reproche. El sueño me libera de responsabilidad por el estado de Irma atribuyéndolo a otros factores; produce toda una serie de razones. El sueño figura un cierto estado de cosas tal como yo desearía que fuese; *su contenido es, entonces, un cumplimiento de deseo, y su motivo, un deseo.*

Todo eso es bien evidente. Pero también muchos detalles del sueño se vuelven comprensibles desde el punto de vista del cumplimiento de deseo. No sólo me vengo de Otto por haber tomado partido contra mí a la ligera atribuyéndole un acto médico hecho a la ligera (la inyección), sino también por el pésimo licor que hedía a aguardiente amílico, y en el sueño hallo una expresión que reúne esos dos reproches: la inyección de un preparado de propilo. Todavía no satisfecho con eso, prosigo mi venganza contraponiéndolo a su competidor, más confiable. Parece que quisiera decirle con ello: A él lo quiero más que a ti. Pero Otto no es el único a quien ha de fulminar el rayo de mi ira. También me vengo de la paciente indócil, permutándola por otra más inteligente y obediente. Tampoco al doctor M. lo dejo irse en paz después que me contradijo, sino que con clara alusión le expreso que, a mi juicio, aborda las cosas como un ignorante («*Sobrevendrá una disentería,* etc.»). Y aun me parece que apelo contra él a otro, más sabio (mi amigo, el que me habló de la trimetilamina), así como he cambiado a Irma por su amiga y a Otto por Leopold. Aparto de mí a esas personas y las sustituyo por otras tres de mi elección, ¡y así quedo libre de los reproches que no quiero haber merecido! Lo infundado de tales reproches se me demuestra en el sueño con la más extrema prolijidad. Los dolores de Irma no pueden cargarse en mi cuenta, pues ella misma es la culpable por haberse negado a aceptar mi solución. Los padecimientos de Irma no me incumben porque son de naturaleza orgánica, y una cura psíquica no podría sanarlos. El padecimiento de Irma se explica a satisfacción por su viudez (¡trimetilamina!), que yo para nada puedo remediar. El padecimiento de Irma fue provocado por una inyección que Otto le puso imprudentemente con una sustancia inapropiada para ello, y que yo jamás le habría administrado. Ese padecimiento se debe a una inyección dada con una jeringa sucia, como la flebitis de mi anciana dama, mientras que yo con mis inyecciones nunca cometo semejante descuido. Advierto, desde luego, que estas explicaciones de la enfermedad de Irma, todas las cuales concurren a disculparme, no coinciden entre sí y aun se excluyen. Todo el alegato —no es otra cosa este sueño— recuerda vívidamente la defensa de aquel hombre a quien su vecino se le quejó porque le había devuelto averiado un caldero. Dijo que en primer lugar se lo había devuelto intacto, que en segundo lugar el caldero ya estaba agujereado cuando se lo pidió, y que en tercer lugar nunca le había pedido prestado un caldero. ¡Pero si no hace falta abundar tanto! Con que uno solo de esos alegatos se admita por valedero quedará disculpado nuestro hombre.[28]

En el sueño operan todavía otros temas cuya relación con mi descargo por la enfermedad de Irma no es tan trasparente: La enfermedad de mi hija y la de una paciente de igual nombre, el perjuicio de la cocaína, la afección de mi paciente que viajó a Egipto, mi cuidado por la salud de mi mujer, de mi hermano, del doctor M., mis propios trastornos corporales, la preocupación por el amigo ausente que sufre de supuraciones nasales. Pero si abarco con la mirada todo eso, se reúne y articula como un único círculo de pensamientos; por ejemplo, con esta etiqueta: Preocupación por la salud —la propia y la ajena—, probidad médica. Tengo el recuerdo de la vaga sensación penosa que Otto me provocó con su informe acerca del estado de Irma. Tal vez desde aquel círculo de pensamientos que interviene en el sueño quise yo con posterioridad dar expresión a esa sensación fugitiva. Es como si me hubiera dicho: «No tomas con la seriedad suficiente tus deberes médicos, no eres concienzudo, no cumples lo que prometes». Y acto seguido quizá se puso a mi disposición aquel círculo de pensamientos para que yo pudiera aportar la prueba de cuán concienzudo soy y cuán a pecho me tomo la salud de mis allegados, amigos y pacientes. Dignos de notarse entre ese material de pensamientos son también algunos recuerdos penosos que más bien apoyan la inculpación atribuida a mi amigo Otto y no mi descargo. Ese material es, por así decir, neutral, pero de todos modos es bien reconocible el nexo entre esa tela más amplia en que descansa el sueño y el tema más restringido de este, del cual nació el deseo de no tener culpa por la enfermedad de Irma.

[28] [Freud vuelve a referirse a esta anécdota en dos pasajes de su libro sobre el chiste (1905c), *AE*, **8**, págs. 60 y 194; en el segundo caso, hace mención de este párrafo.]

No pretendo afirmar que he descubierto el sentido íntegro de este sueño, ni que su interpretación esté libre de lagunas.

Todavía podría demorarme un buen tramo en este sueño, extraer de él nuevos esclarecimientos y elucidar nuevos enigmas que él nos lleva a proponernos. Y hasta conozco los lugares desde los cuales habrían de perseguirse las tramas de pensamientos; pero los miramientos que hemos de tener con cada uno de nuestros sueños hacen que detenga aquí el trabajo de interpretación. Quien esté pronto a reprocharme esa reserva no tiene más que probar él mismo que es más sincero que yo. Por el momento me conformo con el conocimiento que acabo de adquirir: Si se sigue el método de interpretación de los sueños aquí indicado, se hallará que el sueño tiene en realidad un sentido y en modo alguno es la expresión de una actividad cerebral fragmentada, como pretenden los autores. *Después de un trabajo de interpretación completo el sueño se da a conocer como un cumplimiento de deseo.*[29]

---

[29] [En su carta a Fliess del 12 de junio de 1900 (Freud, 1950*a*, Carta 137), Freud describe una visita posterior que hizo a Bellevue, la casa donde tuvo este sueño. «¿Crees», le pregunta, «que algún día se colocará en esa casa una placa de mármol, con la siguiente inscripción?:

> En esta casa, el 24 de julio de 1895,
> le fue revelado al doctor Sigmund Freud
> el secreto de los sueños

Por el momento parece poco probable que ello ocurra».]

III. El sueño es un cumplimiento de deseo

Si hemos atravesado un desfiladero y de pronto alcanzamos una eminencia desde la cual los caminos se separan y se ofrecen las más ricas perspectivas en diversas direcciones, podemos demorarnos un momento y pararnos a considerar adónde nos dirigiremos primero.[1] Algo semejante nos ha ocurrido después de tramontar esta primera interpretación de sueños. Ahora nos rodea la claridad de un conocimiento súbito. El sueño no es comparable al sonido desordenado de un instrumento que no pulsa el ejecutante sino que es golpeado por un poder externo [cf. pág. 101]; no carece de sentido, no es absurdo, no presupone que una parte de nuestro tesoro de representaciones duerme al tiempo que otra empieza a despertar. Es un fenómeno psíquico de pleno derecho, más precisamente un cumplimiento de deseo; debe clasificárselo dentro de la concatenación de las acciones anímicas de vigilia que nos resultan comprensibles; lo ha construido una actividad mental en extremo compleja. Pero un tropel de preguntas nos conturban en el mismo momento en que queremos regocijarnos con este conocimiento. Si el sueño, según lo declara su interpretación, figura un deseo cumplido, ¿de dónde viene la forma sorprendente y extraña en que se expresa ese cumplimiento de deseo? ¿Qué alteración han sufrido los pensamientos oníricos hasta que se configuró desde ellos el sueño manifiesto, tal como lo recordamos al despertar? ¿Por qué vías se cumplió esa alteración? ¿De dónde surge el material que ha sido procesado como un sueño? ¿De dónde provienen muchas de las características que podemos observar en los pensamientos oníricos, por ejem-

[1] [En su carta a Fliess del 6 de agosto de 1899 (Freud, 1950a, Carta 114), Freud describe de la siguiente manera los capítulos iniciales de este libro: «El conjunto ha venido a remedar un paseo imaginario. Primero está el umbrío bosque de los autores (que no alcanzan a ver los árboles), donde no hay una perspectiva clara y es fácil extraviarse. Sigue luego un desfiladero a través del cual guío a mis lectores —mi sueño paradigmático, con sus peculiaridades, detalles, indiscreciones y chistes malos—. Por fin, de pronto, el altiplano, el vasto panorama, y la pregunta al viandante: "¿Adónde desea dirigirse ahora?"».]

142

plo, el que estén autorizados a contradecirse entre sí? (Cf. la analogía con el caldero, pág. 140.) ¿Puede el sueño enseñarnos algo nuevo acerca de nuestros procesos psíquicos internos, puede su contenido corregir opiniones que sostuvimos durante el día?

Propongo que por el momento dejemos de lado todas esas preguntas y sigamos adelante por un único sendero. Hemos averiguado que el sueño figura un deseo como cumplido. Nuestro interés inmediato debe ser saber si es este un rasgo general del sueño o sólo el contenido contingente de aquel sueño (el de «la inyección de Irma») del cual partió nuestro análisis. En efecto, por más que contemos con que todo sueño tiene un sentido y un valor psíquico, aún tenemos que dejar abierta la posibilidad de que ese sentido no sea el mismo en todos los sueños. Nuestro primer sueño fue un cumplimiento de deseo; quizás otro resulte ser un temor cumplido, acaso un tercero tendrá por contenido una reflexión y un cuarto reproducirá simplemente un recuerdo. ¿Existen otros sueños que los de deseo o acaso sólo existen sueños de deseo?

Es fácil demostrar que a menudo los sueños dejan ver bien a las claras el carácter del cumplimiento de deseo, a punto tal que puede maravillarnos que el lenguaje de los sueños no haya sido comprendido desde mucho tiempo atrás. Por ejemplo, hay un sueño que yo puedo producir cuantas veces quiera, por así decir experimentalmente. Cuando al atardecer como sardinas, aceitunas u otros alimentos muy salados, por la noche me sobreviene una sed que me despierta. Pero el despertar es precedido por un sueño que todas las veces tiene idéntico contenido: yo bebo. Tomo agua a grandes sorbos, y me sabe tan gustosa como sólo puede serlo una bebida fría para el que muere de sed; después me despierto y tengo que beber en la realidad. La ocasión de este sueño simple es sin duda la sed, pues yo la experimento al despertar. De esta sensación nace el deseo de beber, y ese es el deseo que el sueño me muestra cumplido. Así sirve a una función que ahora dilucidaré. Yo acostumbro dormir muy bien, y no estoy habituado a que me despierte una necesidad cualquiera. Si con el sueño de que bebo logro aplacar mi sed, no necesito levantarme para satisfacerla. Es, por tanto, un sueño de comodidad. El soñar sustituye a la acción, como por lo demás ocurre a menudo en la vida. Por desdicha, mi necesidad de agua para extinguir la sed no se satisface con un sueño como se satisfizo mi sed de venganza contra mi amigo Otto y el doctor M., pero la buena voluntad es la misma. No hace mucho este sueño se modificó en algo. En esta ocasión experimenté sed antes de dormirme, y apuré entero el vaso de agua que estaba sobre mi mesita. Horas después, en la noche, me sobrevino de nuevo una gran sed que trajo consigo sus incomodidades. Para procurarme agua debía levantarme y buscar el vaso que estaba sobre la mesita de luz de mi mujer. Soñé entonces, en armonía con este fin, que mi mujer me daba de beber en un cacharro; este era una urna cineraria etrusca que yo había traído para mi casa de un viaje a Italia, y que después regalé. Pero el agua que contenía sabía tan salada (por las cenizas, evidentemente) que hube de despertarme. Bien se ve cuán cómodamente dispone las cosas el sueño; puesto que su exclusivo propósito es un cumplimiento de deseo, está autorizado a ser un egoísta completo. Y, realmente, el amor a la comodidad es incompatible con la consideración por los demás. Es probable que la intromisión de la urna cineraria sea otro cumplimiento de deseo; me pesaba no poseer más ese cacharro, como por otra parte no me era asequible el vaso de agua que estaba del lado de mi mujer. La urna cineraria se adecua también a la sensación del sabor salado, que ahora se ha intensificado y sé que me obligará a despertar.[2]

Con mucha frecuencia tuve en mis años juveniles esos sueños de comodidad. Habituado desde siempre a trabajar hasta muy avanzada la noche, el despertar a hora me resultaba siempre difícil. Solía entonces soñar que había saltado de la cama y estaba junto al lavabo. Después de un tiempo ya no podía ocultarme más la evidencia de que aún no me había levantado, pero mientras tanto había dormido otro poco. Un sueño similar de pereza, cuya forma es particularmente chistosa, me fue comunicado por uno de mis jóvenes colegas que parece compartir mi gusto por dormir. Vivía él cerca del hospital; su hospedera tenía el estricto encargo de desper-

---

[2] Weygandt (1893, pág. 41) conocía también la existencia de los sueños de sed, pues dice: «Justamente la sensación de sed es percibida con mayor precisión que todas: produce siempre la representación de saciarla. El modo en que el sueño la representa es múltiple y su forma específica deriva de algún recuerdo próximo. En estos casos es también un fenómeno general la desilusión, inmediata a la representación de extinguir la sed, por el escaso efecto del supuesto refrescamiento». No obstante, Weygandt descuida el carácter universal de la reacción del sueño frente al estímulo. — El hecho de que otras personas, atacadas de noche por la sed, despierten sin soñar antes no implica objeción alguna a mi experimento, sino que las caracteriza como malos durmientes. — [*Agregado* en 1914:] Véase, a este respecto, *Isaías*, 29:8: «Pues así como un hambriento sueña que come, pero cuando despierta su alma sigue vacía; y así como un sediento sueña que bebe, pero cuando despierta está extenuado y sediento...».

tarlo a hora cada mañana, pero buen trabajo le daba cumplirlo. Cierta mañana el dormir era particularmente dulce. La
mujer dio voces a través de la puerta: «¡A levantarse, señor
Pepi, que hay que ir al hospital!». Sobre eso soñó el durmiente con una habitación del hospital, una cama en la que
él yacía, y una pizarra de cabecera donde podía leerse: «Pepi
H. ... *cand. med.* {candidato a médico}, veintidós años».
Díjose en sueños: «Puesto que ya estoy en el hospital, no
necesito encaminarme a él»; y se dio vuelta y siguió durmiendo. Así se había confesado sin tapujos el motivo de su
sueño.[3]

Otro sueño cuyo estímulo sobrevino igualmente durante el
dormir: una de mis pacientes, que había debido someterse
a una operación del maxilar, de mal pronóstico, por deseo
del médico debía llevar día y noche un aparato refrigerante
sobre el lado enfermo de la cara. Pero ella solía arrojarlo de
sí tan pronto se dormía. Cierta vez me pidieron que se lo
reprochase; de nuevo había tirado al suelo el aparato. La
enferma se disculpó: «En esta ocasión realmente no pude
hacer nada; fue a causa de un sueño que tuve por la noche.
En sueños estaba en un palco de la Ópera y me interesaba
vivamente por la representación. En cambio, en el sanatorio
estaba Karl Meyer, que se lamentaba terriblemente porque le
dolía la quijada. Me dije que yo no tenía los dolores y entonces no necesitaba el aparato; por eso lo arrojé». Este sueño de nuestra pobre adolecida parece la figuración de un
giro que aflora a nuestros labios en situaciones desagradables: ¡Cómo quisiera algo más divertido! El sueño muestra
eso más divertido. Karl Meyer, a quien la soñante atribu-
yó sus dolores, era, entre los jóvenes que podía recordar,
el que le resultaba más indiferente.

No es difícil descubrir el cumplimiento de deseo en algunos otros sueños que he recogido de personas sanas. Un
amigo que conoce mi teoría sobre el sueño y la ha comunicado a su mujer me dijo cierto día: «Debo contarte algo de
mi mujer; ayer ha soñado que tenía el período. ¿Sabrás de-
cirme el significado de eso?». Por cierto que sé: si la joven
señora ha soñado que tiene el período, es que este no apareció. Puedo suponer que le gustaría gozar todavía por algún tiempo de su libertad antes de afrontar los trabajos de
la maternidad. Fue un hábil modo de dar noticia de su
primer embarazo. Otro amigo escribe que su mujer soñó, no
ha mucho, que descubría manchas de leche en su blusa. Es

---

[3] [Freud narró a Fliess este sueño en su carta del 4 de marzo de
1895 (Freud, 1950*a*, Carta 22), *AE*, **1**, pág. 253; es esa la primera
alusión de que se tenga noticia a la teoría del cumplimiento de deseo.]

145

también señal de un embarazo, pero no del primero; la joven madre desea entre sí tener para su segundo hijo más alimento que tuvo para el primero.

Una joven señora que durante semanas estuvo aislada del trato social por cuidar a su hijo, que padecía una enfermedad infecciosa, soñó, después del desenlace feliz de esta, con una velada en que se encontraban Alphonse Daudet, Paul Bourget, Marcel Prévost y otros, todos los cuales se dirigían a ella con extrema amabilidad y la divertían exquisitamente. Los aludidos autores presentaban en el sueño los mismos rasgos que se reproducen en sus retratos; Prévost, de quien ella no conocía retrato, se veía idéntico al hombre encargado de la desinfección que había esterilizado la habitación el día anterior y que había sido su primera visita después de largo tiempo. Aquí creemos poder traducir el sueño sin lejar lagunas: Ya sería hora de estar en algo más divertido que este eterno cuidar enfermos.

Quizá baste con esta selección para demostrar que con mucha frecuencia y bajo las condiciones más diversas hallamos sueños que pueden comprenderse sólo como cumplimiento de deseos y que exponen su contenido sin ningún disfraz. Casi siempre son sueños breves y simples, que contrastan gratamente con las confusas y exuberantes composiciones oníricas que han atraído más la atención de los autores. Merece la pena, no obstante, demorarse un poco más en estos sueños simples. Las formas de sueño más simples de todas hemos de esperarlas de los niños, cuyas operaciones psíquicas son con seguridad menos complejas que las de los adultos. La psicología infantil está llamada, en mi opinión, a prestar a la psicología del adulto servicios parecidos a los que el estudio de la conformación y el desarrollo de los animales inferiores presta a la investigación de la estructura de los animales superiores. Hasta ahora pocos escritos hubo que deliberadamente sacaran partido de la psicología del niño con este propósito.

Los sueños de los niños pequeños son con frecuencia [4] simples cumplimientos de deseos y en ese caso,[5] a diferencia

[4] [La expresión «con frecuencia» fue agregada en 1911. En *GS*, **3** (1925), pág. 21, aparece, con respecto a este punto, el siguiente comentario: «La experiencia ha demostrado que en niños de cuatro o cinco años se encuentran ya sueños desfigurados, que requieren interpretación; y ello está en un todo de acuerdo con nuestro punto de vista teórico sobre las condiciones que determinan la desfiguración en los sueños».]

[5] [Antes de 1911: «por esa razón».]

de los sueños de adultos, no son interesantes. No presentan enigma alguno que resolver, pero naturalmente son inapreciables para demostrar que el sueño, por su esencia más íntima, significa {tiene el valor psíquico de} un cumplimiento de deseo. Del material que me proporcionaron mis propios hijos pude recoger algunos ejemplos de tales sueños.

A una excursión que hicimos en el verano de 1896 desde Aussee hasta la bella región de Hallstatt [6] debo dos sueños, uno de mi hija, que por entonces tenía ocho años y medio, y el otro de mi hijo, de cinco años y tres meses. Como informe preliminar debo indicar que ese verano residíamos en una casa situada sobre una colina, en el Aussee, desde donde gozábamos, con buen tiempo, de una soberbia vista del Dachstein. Con el anteojo se discernía bien el refugio de Simony. Los pequeños se esforzaron muchas veces por ver a través del anteojo, no sé con qué resultado. Antes de la partida yo les había contado que Hallstatt estaba al pie del Dachstein. Estuvieron muy alegres esa jornada. Desde Hallstatt llegamos hasta Echerntal,[7] cuyos cambiantes paisajes embelesaron a los niños. Pero uno, el de cinco años, fue poniéndose mustio. Cada vez que aparecía a nuestra vista una nueva montaña, preguntaba: «¿Es el Dachstein?». A lo cual debía yo responderle: «No, no son sino los contrafuertes». Después que hubo repetido algunas veces esta pregunta, se encerró en un mutismo total; por nada del mundo quiso trepar con los demás hasta una caída de agua. Lo creí fatigado. Pero a la mañana siguiente se llegó radiante hasta mí y me contó: «Esta noche he soñado que estuvimos en el refugio de Simony». Entonces comprendí: había esperado, puesto que yo hablé del Dachstein, que en la excursión a Hallstatt escalaría la montaña y llegaría a tener al alcance de la vista el refugio de que tanto se había hablado con motivo del anteojo. Como vio entonces que se lo exhortaba a contentarse con meros contrafuertes y una caída de agua, se sintió defraudado y se enojó. El sueño lo resarció de ello. Quise saber detalles del sueño: eran muy pobres. «Se sube por escalones durante seis horas», tal como había oído decir.

También en la niña de ocho años y medio despertaron durante esa excursión deseos que el sueño debió satisfacer. Habíamos llevado a Hallstatt con nosotros al hijo de nuestro vecino, un muchacho de doce años, todo un caballero que, según me pareció, ya había conquistado las simpatías de la pequeña. Y bien, al levantarse por la mañana ella me

---

[6] [En el distrito de Salzkammergut, en la Alta Austria.]
[7] [En todas las ediciones en alemán, «Echerntal» aparece mal escrito: «Escherntal».]

contó el siguiente sueño: «Figúrate que he soñado que Emilio era uno de los nuestros, les decía a ustedes "papá" y "mamá" y dormía con nosotros en la habitación grande como nuestros chicos. Entonces vino mamá a la habitación y echó un puñado de grandes tabletas de chocolate, envueltas en papel azul y verde, debajo de nuestras camas». Sus hermanos, que por cierto no han heredado la capacidad de interpretar sueños, declararon, tal como lo hacen nuestros autores, que ese sueño era un disparate. Pero la niña se aferró por lo menos a una parte del sueño, y para la teoría de las neurosis interesa mucho saber a cuál: «Que Emilio se haya quedado para siempre con nosotros es un absurdo, pero lo de las tabletas de chocolate no». Para mí, precisamente esto último era lo oscuro. La madre me dio la explicación. En el camino desde la estación de ferrocarril hasta la casa los niños se habían detenido frente a una máquina automática y codiciado precisamente esas tabletas de chocolate envueltas en papel metálico de brillantes colores que, como sabían por experiencia, la máquina entregaba a cambio de unas monedas. La madre, con razón, opinó que la jornada había traído consigo suficientes cumplimientos de deseos, y este deseo quedó pendiente para el sueño. La pequeña escena me había pasado inadvertida. En cuanto a la parte del sueño proscrita por mi hija, la comprendí sin más. Yo mismo había oído cómo el juicioso huésped exhortaba por el camino a los niños para que aguardasen la llegada de papá o de mamá. De esa presencia temporaria hizo el sueño de la pequeña una adopción permanente. Su ternura no conocía aún otras formas de estar juntos que las mencionadas en el sueño y que derivan del amor fraterno. La razón por la cual las tabletas de chocolate fueron arrojadas bajo las camas no podía esclarecerse, desde luego, sin indagar a la niña.

Por un amigo conozco un sueño en un todo semejante al de mi hijo varón. Lo tuvo una niña de ocho años. Su padre había emprendido un paseo hacia Dornbach,[8] llevándola junto a otros niños, con el propósito de visitar el refugio de Rohrer; pero, habiéndose hecho muy tarde, emprendió el regreso, prometiendo a los niños resarcirlos por ello en otra ocasión. Cuando volvían, pasaron junto a un poste que señalaba el camino a Hameau. Los niños le pidieron que los llevase allí, pero otra vez, y por la misma razón, debieron contentarse con una promesa para otro día. A la mañana siguiente, la niña de ocho años acudió satisfecha a su papá: «Papá, hoy soñé que estabas con nosotros en el refugio de

[8] [En las colinas próximas a Viena.]

Rohrer y en Hameau». Su impaciencia había anticipado entonces el cumplimiento de la promesa hecha por papá.

Tan franco como este es otro sueño que la belleza del paisaje de Aussee suscitó en mi hijita, entonces de tres años y tres meses. Era la primera vez que la pequeña navegaba por el lago, y el paseo resultó muy corto para ella. Ya en el muelle, no quería abandonar la barca y lloró amargamente. A la mañana siguiente contó: «Esta noche viajé por el lago». Esperemos que la duración de ese paseo onírico la haya dejado más satisfecha.

El mayor de mis hijos varones, de ocho años a la sazón, soñaba ya con la realización de sus fantasías. Viajó con Aquiles en un carro y Diomedes era el auriga. Desde luego, días atrás se había entusiasmado con las sagas griegas que le fueran obsequiadas a su hermana mayor.

Si se me concede que lo que hablan los niños mientras duermen pertenece igualmente al ámbito de los sueños, puedo comunicar uno de los más precoces de toda mi colección. Mi hija menor, que tenía diecinueve meses, había vomitado cierta mañana y por eso se la tuvo a dieta el resto del día. La noche que siguió a ese día de hambre se la oyó proferir, excitada, en sueños: «*Anna F.eud, Er(d)beer, Hochbeer, Eier(s)peis, Papp*».* Utilizaba su nombre para expresar la toma de posesión; el menú abarcaba todos los platos que debían parecerle codiciables; el que las fresas apareciesen en dos variedades era una protesta contra la política sanitaria del hogar, y tenía su explicación en la circunstancia colateral, bien observada por ella, de que la niñera había atribuido la indisposición de Anna a un atracón de fresas; contra ese dictamen incómodo para ella tomó entonces en sueños su revancha.[9]

Si juzgamos dichosos a los niños porque todavía no conocen el apetito sexual, no desconozcamos que las otras grandes pulsiones vitales pueden convertirse para ellos en riquí-

---

* {Anna habla en media lengua; si se expresara correctamente, deberíamos traducir: «Anna Freud, fresas, fresas silvestres, huevos, papilla», pero un niño de esa edad diría algo así: «Ana Feud, fesas, fesas silvestes, evos, papía».}

[9] La misma hazaña de la nietecita fue consumada poco después en sueños por la abuela, cuya edad sumada a la de aquella rondaba los setenta años. Después que se vio obligada a pasar todo un día de hambre a causa del malestar que le provocaba su riñón flotante, soñó, evidentemente trasladándose a la época dichosa de su floreciente juventud, que la «invitaban» a las dos comidas principales y en cada caso le ofrecían los más exquisitos bocados. — [El sueño de la pequeña fue relatado por Freud a Fliess poco después de ocurrido, en la carta del 31 de octubre de 1897 (Freud, 1950a, Carta 73), *AE*, **1**, pág. 309.]

sıma fuente de desengaño y de renunciamiento, y por lo tanto de estimulación onírica.[10] Aquí va un segundo ejemplo de ello. Mi sobrino de veintidós meses recibió el encargo de felicitarme para mi cumpleaños y obsequiarme una canastilla de cerezas, que en esa época del año eran todavía las primicias. Pareció resultarle duro, pues repitió varias veces con voz inaudible: «*Kirschen sind d(r)in*»,* y no daba señales de soltar la canastilla. Pero supo resarcirse. Hasta entonces solía contar a su madre por las mañanas que había soñado con el «soldado blanco», un oficial de la guardia con su capote que lo había deslumbrado una vez por la calle. El día que siguió al sacrificio del cumpleaños se despertó alegre con esta noticia, que sólo pudo provenir de un sueño: «*He(r)mann alle Kirschen aufgessen!*».** [11]

[10] [*Nota agregada* en 1911:] Un estudio más a fondo de la vida anímica de los niños nos ha enseñado que las fuerzas pulsionales sexuales, en su conformación infantil, desempeñan un papel considerable, sólo que descuidado durante mucho tiempo, dentro de su actividad psíquica; además, nos permite dudar un poco de la felicidad de la infancia tal como los adultos la construyen más tarde. Cf. mis *Tres ensayos de teoría sexual* (1905*d*). — [La notable incoherencia entre esta frase y otros pasajes del texto (véase, por ejemplo, *infra*, págs. 265 y sigs.) es objeto de un comentario en mi «Nota introductoria» a *Tres ensayos* (*AE*, **7**, pág. 115). — Según una comunicación de Ernest Jones, la presente nota fue agregada a sugerencia de Carl G. Jung.]

* {También en media lengua; el equivalente castellano sería «adento cedezas» («adentro hay cerezas»).}

** {«¡Gemán comió todas cedezas!» («¡Germán se comió todas las cerezas!»).}

[11] [*Nota agregada* en 1911:] No debemos dejar de mencionar el hecho de que en niños pequeños pronto suelen sobrevenir sueños más complicados y menos trasparentes, y, por otra parte, también en adultos se presentan a menudo, en ciertas circunstancias, sueños de ese carácter infantil simple. Insospechada riqueza puede tener ya el contenido de sueños de niños de cuatro a cinco años, como lo muestran los ejemplos de mi «Análisis de la fobia de un niño de cinco años» (1909*b*) y de Jung (1910*c*). — [*Agregado* en 1914:] Para interpretaciones analíticas de sueños de niños, véanse también Von Hug-Hellmuth (1911 y 1913*a*), Putnam (1912*a*), Van Raalte (1912), Spielrein (1913) y Tausk (1913*b*). Cf. otros en Bianchieri (1912), Busemann (1909 y 1910), Doglia y Bianchieri (1910-11) y, en particular, en Wiggam (1909), quien destaca su tendencia al cumplimiento de deseo. — [*Agregado* en 1911:] Por otra parte, en los adultos parecen sobrevenir con particular frecuencia sueños de tipo infantil cuando se encuentran en condiciones inhabituales de vida. Así informa Otto Nordenskjöld en su libro *Antarctic* (1904, **1**, págs. 336-7) acerca del destacamento que invernó con él: «Muy característicos de la orientación de nuestros pensamientos más íntimos eran nuestros sueños, nunca tan vivos ni tan numerosos como entonces. Aun aquellos de nuestros camaradas que sólo por excepción soñaban, ahora tenían por la mañana, cuando intercambiábamos nuestras últimas experiencias de este mundo de la fantasía, largas historias

Con qué sueñan los animales, eso no lo sé. Un dicho cuya mención debo a uno de mis estudiantes afirma saberlo, pues pregunta: «¿*Con qué sueña el ganso?*» y responde «*Con maíz*».[12] Toda la teoría que ve en el sueño un cumplimiento de deseo está contenida en estas dos frases.[13]

Ahora reparamos en que habríamos alcanzado también por un camino más corto nuestra doctrina sobre el sentido oculto del sueño, con sólo indagar en los modismos idiomáticos. La sabiduría del lenguaje juzga muchas veces bastante mal al sueño —parece que quisiera dar razón a la ciencia

que contar. Todas versaban sobre aquel mundo exterior, tan lejano ahora de nosotros, pero a menudo se adecuaban a nuestra situación actual. Uno de mis compañeros tuvo un sueño particularmente característico: se creía de nuevo en el banco de la escuela donde le habían asignado la tarea de desollar unas focas en miniatura destinadas a propósitos pedagógicos. Comer y beber eran, por lo demás, los ejes en torno a los cuales giraban casi siempre nuestros sueños. Uno de nosotros, que descollaba por su participación en grandes almuerzos nocturnos, era dichoso cuando por la mañana podía informar "que había asistido a una comida de tres platos"; otro soñaba con tabaco, con montañas enteras de tabaco; otro, con el barco que a toda vela se acercaba por el mar abierto. Aun otro sueño merece ser mencionado: El cartero llega con la correspondencia y da una larga explicación sobre los motivos por los cuales se hizo esperar tanto; la había entregado donde no correspondía y sólo tras mucho trabajo logró recuperarla. Desde luego, mientras dormíamos nos ocupábamos de cosas más imposibles aún, pero era en extremo llamativa la falta de fantasía en casi todos los sueños que yo mismo soñé o escuché contar. Sería de gran interés psicológico, ciertamente, el que todos esos sueños pudieran registrarse. Y fácil es comprender cuánto anhelábamos dormir, pues así se nos ofrecía todo lo que cada cual apetecía fervientemente». — [*Agregado* en 1914:] Citaré todavía, siguiendo a Du Prel (1885, pág. 231): «Mungo Park, próximo a morir de consunción durante un viaje por el Africa, soñaba sin cesar con los valles y las vegas de su patria, de abundantes aguas. De igual modo, el barón Trenck, atormentado por hambre en la fortaleza de Magdeburgo, se veía rodeado por opíparos manjares, y George Back, que participó en la primera expedición de Franklin, cuando a consecuencia de terribles privaciones estuvo próximo a morir de hambre, soñaba de continuo y monótonamente con abundantes comidas».

[12] [*Nota agregada* en 1911:] Un proverbio húngaro citado por Ferenczi [1910*a*] dice algo más: «Los cerdos sueñan con bellotas y los gansos con maíz». — [*Agregado* en 1914:] Un proverbio judío dice: «¿Con qué sueñan las gallinas? Con mijo» (Bernstein y Segel, 1908, pág. 116).

[13] [*Nota agregada* en 1914:] Lejos de mí está el aseverar que ningún autor antes que yo haya pensado en derivar un sueño de un deseo. (Véanse las primeras frases del capítulo que sigue.) Los que asignan importancia a tales anticipaciones podrían mencionar, de la Antigüedad, al médico Herófilo, que vivió bajo el primer Ptolomeo. Según Büchsenschütz (1868, pág. 33), distinguía tres clases de sueños: los enviados por los dioses, los naturales (que nacen cuando el alma se forma una imagen de algo provechoso para ella y que sobrevendrá) y los mixtos, que nacen por sí solos mediante aproxi-

cuando dictamina «*Los sueños, sueños son*»—,* pero en los giros idiomáticos el sueño es preferentemente el bienaventurado cumplidor de deseos. «Ni en el sueño más atrevido lo hubiera imaginado», exclama, en su trasporte, el que ve sus esperanzas colmadas con creces en la realidad.[14]

mación de imágenes cuando vemos lo que deseamos. De la colección de ejemplos de Scherner, J. Stärcke (1913 [pág. 248]) atina a destacar un sueño caracterizado por el propio autor como de cumplimiento de deseo. Dice Scherner (1861, pág. 239): «Si la fantasía cumplió tan prontamente el deseo de vigilia de la soñante, fue por el simple hecho de que había permanecido vivo en su ánimo». Este se sitúa entre los «sueños de talante»; próximos a él se hallan los sueños de «anhelo amoroso masculino y femenino» y los de «talante malhumorado». Ni hablar, como se ve, de que Scherner adscriba a los deseos mayor significación, con respecto al sueño, que a cualquier otro estado del alma durante la vigilia, y menos todavía de que conectara al deseo con la esencia del sueño.

* {En alemán: «*Träume sind Schäume*»; literalmente, «Los sueños son quimeras».}

[14] [Los sueños de niños (incluyendo la mayoría de los registrados en este capítulo) y los sueños de tipo infantil son objeto de estudio en la 8ª de las *Conferencias de introducción al psicoanálisis* (Freud, 1916-17) y, más sucintamente, en *Sobre el sueño* (1901a), *infra*, **5**, págs. 627 y sigs.]

IV. La desfiguración onírica

Pues bien, si yo ahora afirmo la tesis de que el cumplimiento de deseos es el sentido de *todo* sueño, y por tanto no puede haber sueños que no sean de deseo, de antemano estoy seguro de provocar el más decidido desacuerdo. Se me objetará: «Que hay sueños que han de comprenderse como cumplimiento de deseos no es nuevo, sino algo en que los autores repararon desde hace mucho. (Cf. Radestock, 1879, págs. 137-8; Volkelt, 1875, págs. 110-1; Purkinje, 1846, pág. 456; Tissié, 1898, pág. 70; Simon, 1888, pág. 42, acerca de los sueños de hambre del barón Trenck en el presidio; y pasajes en Griesinger, 1845, pág. 89.)[1] Pero que no existan otros sueños que los de deseo, he ahí otra generalización injustificada, que por suerte es fácil refutar. Es que con harta frecuencia se presentan sueños en los que puede reconocerse el contenido más penoso, pero ninguna huella del cumplimiento de un deseo cualquiera». El filósofo pesimista Eduard von Hartmann está sin duda a sideral distancia de la teoría del cumplimiento de deseo. En su *Philosophie des Unbewussten* (1890, **2**, pág. 344), escribe: «Por lo que toca al sueño, con él todas las plagas de la vida de vigilia hacen su entrada también en el estado del dormir; sólo una cosa queda fuera, la única que de algún modo puede reconciliar a las personas cultas con la vida: el goce científico y artístico...». Pero incluso observadores menos insatisfechos han destacado que en el sueño el dolor y el displacer son más frecuentes que el placer; así Scholz (1887, pág. 33), Volkelt (1875, pág. 80) y otros. Y aun las señoras Sarah Weed y Florence Hallam, después de estudiar un grupo de sueños, hallaron expresión numérica al predominio del displacer en los sueños [1896, pág. 499]: computan el 57,2 % de los sueños como penosos, y sólo el 28,6 % como positivamente agradables. Y aparte de estos sueños, que prosiguen en el dormir los más diversos sentimientos

---

[1] [*Nota agregada* en 1914:] Un autor tan antiguo como el neoplatónico Plotino ha dicho: «Cuando nuestros apetitos despiertan, acude nuestra fantasía y es como si nos presentara el objeto de aquellos» [*La Enéada*, iv, 4, 17] (citado por Du Prel, 1885, pág. 276).

penosos de la vida, existen los sueños de angustia, en los cuales nos sobrecoge el más horripilante de los sentimientos de displacer hasta que despertamos; y a esos sueños de angustia son muy propensos justamente los niños,[2] en quienes hemos hallado los sueños de deseo sin tapujos.

En realidad, los sueños de angustia parecen imposibilitar la generalización del enunciado basado en los ejemplos del capítulo anterior, según el cual el sueño es un cumplimiento de deseo, y aun le pondrían el marbete de absurdo.

No obstante, no es difícil rebatir esas objeciones en apariencia tan concluyentes. Repárese tan sólo en que nuestra doctrina no se apoya en la consideración del contenido manifiesto del sueño, sino que se refiere al contenido de pensamiento que se discierne tras el sueño mediante el trabajo de interpretación. Al *contenido manifiesto* del sueño le contraponemos el *contenido latente*. Es verdad que existen sueños cuyo contenido manifiesto es de índole más penosa. Pero, ¿alguna vez intentó alguien interpretar esos sueños para descubrir su contenido de pensamiento latente? Si no es así, ninguna de esas dos objeciones nos alcanzan; sigue siendo posible que también los sueños penosos y los de angustia se revelen, después de la interpretación, como cumplimientos de deseo.[3]

En el trabajo científico es a menudo ventajoso, cuando la solución de un problema depara dificultades, sumarle un segundo problema, tal como es más fácil cascar dos nueces una contra otra que por separado. Así, no nos plantearemos sólo la pregunta «¿Cómo pueden los sueños penosos y de angustia ser cumplimiento de deseos?», sino, autorizados por las elucidaciones sobre el sueño que ya llevamos hechas,

[2] Sobre el *pavor nocturnus*, cf. Debacker (1881).

[3] [*Nota agregada* en 1909:] Es apenas creíble la obstinación con que lectores y críticos cierran los ojos a esta consideración y omiten el distingo fundamental entre contenido manifiesto y contenido latente del sueño. — [*Agregado* en 1914:] Por otra parte, ninguna de las aseveraciones consignadas en la bibliografía se acerca tanto a mi hipótesis como un pasaje del ensayo de James Sully «The Dream as a Revelation» (1893, pág. 364), cuyo mérito no debe quedar empalidecido por el hecho de que lo cite aquí por primera vez: «*It would seem, then, after all, that dreams are not the utter nonsense they have been said to be by such authorities as Chaucer, Shakespeare and Milton. The chaotic aggregations of our night-fancy have a significance and communicate new knowledge. Like some letter in cypher, the dream-inscription when scrutinized closely loses its first look of balderdash and takes on the aspect of a serious, intelligible message. Or, to vary the figure slightly, we may say that, like some palimpsest,*

también esta otra: «¿Por qué los sueños de contenido indiferente, que resultan ser de cumplimiento de deseos, no muestran sin disfraz este sentido suyo?». Considérese el sueño de la inyección de Irma, ya tratado por extenso; en modo alguno es de naturaleza penosa, y por la interpretación lo reconocimos como flagrante cumplimiento de deseo. Pero, ¿por qué requirió de interpretación? ¿Por qué el sueño no dice directamente su significado? De hecho, tampoco el sueño de la inyección de Irma daba a primera vista la impresión de que figurase un deseo del soñante como cumplido. Sin duda, el lector no habrá recibido esa impresión, pero ni aun yo lo sabía antes de emprender el análisis. Si a esta conducta del sueño necesitada de explicación la llamamos el «*hecho de la desfiguración onírica*», la segunda pregunta se nos plantea así: ¿A qué se debe esa desfiguración onírica?

Si se trata de decir lo primero que se nos ocurre, diversas soluciones posibles se nos ofrecen. Por ejemplo, que durante el dormir existe una incapacidad para procurar expresión adecuada a los pensamientos oníricos. Pero es el caso que el análisis de ciertos sueños nos fuerza a admitir una diversa explicación de la desfiguración onírica. Quiero mostrarlo con otro de mis propios sueños, que nuevamente requerirá muchas indiscreciones, pero este sacrificio personal se verá compensado por una radical iluminación del problema.

Informe preliminar

A comienzos de 1897 supe que dos profesores de nuestra universidad me habían propuesto para el cargo de *professor extraordinarius*.[4] Esta noticia me sorprendió y me causó viva

the dream discloses beneath its worthless surface-characters traces of an old and precious communication». {«Parecería, pues, que los sueños no son después de todo el completo disparate que autoridades como Chaucer, Shakespeare y Milton han afirmado que son. Las caóticas acumulaciones de nuestra fantasía nocturna tienen una significación y comunican un nuevo conocimiento. Como ocurre con ciertas cartas cifradas, cuando la inscripción onírica es examinada de cerca pierde su primera apariencia de monserga incoherente y cobra el aspecto de un mensaje serio e inteligible. O bien, para emplear una metáfora algo distinta, podríamos decir que, al igual que ciertos palimpsestos, el sueño revela, por debajo de sus fútiles caracteres superficiales, huellas de una antigua y preciosa comunicación». En el original alemán las dos últimas oraciones están destacadas mediante el espaciado de las letras.}

4 [Cargo que equivale aproximadamente al de *assistant professor* {profesor adjunto}. En Austria, todas estas designaciones corrían por cuenta del ministro de Educación. Freud informa sobre esta reco-

alegría, como una expresión de reconocimiento de dos hombres destacados, y no explicable por lazos personales. Pero enseguida me dije que no debía poner esperanzas en ese suceso. En los últimos años el ministerio había dejado sin considerar propuestas de ese tipo, y muchos colegas que me precedían en años, y que en méritos por lo menos me igualaban, esperaban en vano desde entonces su nombramiento. No tenía razón alguna para suponer que habría de irme mejor. Entre mí resolví entonces consolarme. Me dije que no soy, al menos que yo sepa, ambicioso, y que aun sin recibir título honorífico alguno ejerzo mi actividad médica con satisfactorio éxito. Por lo demás, no era cuestión de que diese las uvas por maduras o por verdes, puesto que estaban, sin esperanza, demasiado altas para mí.

Una tarde me visitó un colega amigo [R.], uno de aquellos cuyo destino me había servido de advertencia: El era candidato desde hacía más tiempo a ser promovido al cargo de profesor, que en nuestra sociedad exalta al médico como semidiós para sus enfermos, y, menos resignado que yo, de tanto en tanto solía presentarse en la oficina del alto ministerio para hacer adelantar su expediente. Venía a verme después de una de esas visitas. Me contó que esta vez había puesto al encumbrado señor en un aprieto preguntándole lisa y llanamente si la demora de su nombramiento no se debía en realidad a reparos confesionales.[5] La respuesta fue que en todo caso, y dada la corriente de opinión que prevalecía, Su Excelencia provisionalmente no estaba en condiciones, etc. «Ahora por lo menos sé dónde estoy»; así concluyó mi amigo su relato, que no me aportó nada nuevo, pero hubo de refirmarme en mi resignación. Es que esos mismos reparos confesionales son aplicables a mi caso.

La mañana que siguió a esa visita tuve el siguiente sueño, también notable por su forma. Constaba de dos pensamientos y de dos imágenes, de tal suerte que se alternaban un pensamiento y una imagen. Sólo reproduciré la primera mitad del sueño, pues la otra nada tiene que ver con el propósito a que debe servir su comunicación.

I. ... *Mi amigo R. es mi tío. — Me inspira gran ternura.*
II. *Veo ante mí su rostro algo cambiado. Está como alar-*

mendación en una carta a Fliess del 8 de febrero de 1897 (Freud, 1950a, Carta 58), y el sueño mismo es mencionado en la carta del 15 de marzo de 1898 (*ibid.*, Carta 85).]
[5] [Esto se relaciona, por supuesto, con el sentimiento antisemita, que ya proliferaba en Viena durante los últimos años del siglo xix.]

*gado, y una dorada barba que lo enmarca se destaca con
particular nitidez.*

Después siguen los otros dos fragmentos, de nuevo un pensamiento y una imagen, que omito.

La interpretación de este sueño se llevó a cabo de la siguiente manera.

Cuando me acordé de ese sueño en el curso de la mañana, me movió a risa y me dije: «Este sueño es un disparate». Pero él no dejó que lo apartara y me persiguió todo el día hasta que, por fin, al anochecer, hube de reprocharme: «Si uno de tus pacientes no supiera decir, para la interpretación de un sueño, otra cosa que "Eso es un disparate", lo reprenderías por ello y conjeturarías que tras el sueño se esconde una historia desagradable cuyo conocimiento él quiere evitarse. Procede contigo del mismo modo; tu opinión de que el sueño es un disparate no significa más que una resistencia interior contra la interpretación del sueño. No te dejes disuadir». Me dispuse entonces a la interpretación.

{ANÁLISIS}

R. es mi tío. ¿Qué puede significar esto? No he tenido más que un tío, el tío Josef.[6] Hubo con él, por lo demás, una triste historia. En cierta ocasión, hace más de treinta años, por afán de lucro dio en cometer una acción que la ley castiga con severidad, y después sufrió condena por eso. Mi padre, que a causa del disgusto encaneció en pocos días, solía decir siempre que el tío Josef no era un mal hombre, pero sí un idiota; así se expresaba él. Entonces, si mi amigo R. es mi tío Josef, con ello quiero decir: R. es un idiota. ¡Cosa increíble y harto desagradable! Pero ahí está ese rostro que yo vi en el sueño, de óvalo alargado y doradas barbas. Y el rostro de mi tío era realmente así, alargado, enmarcado por una hermosa barba blonda. Mi amigo R. era de cabellos renegridos, pero cuando empezó a encanecer hubo de pagar por el esplendor de sus años mozos. Su negra barba recorrió, pelo por pelo, una triste mutación cromática; primero se puso de color arratonado, después más amarillenta, hasta quedar definitivamente gris. En esta etapa se encuen-

---

[6] Es asombroso cómo en este caso mi recuerdo —en la vigilia— se restringe para los fines del análisis. He conocido a cinco de mis tíos, y a uno de ellos lo he amado y venerado. Pero en el momento en que superé la resistencia a la interpretación del sueño, me dije: «Sólo he tenido un tío, justamente el que se menciona en el sueño».

tra ahora la barba de mi amigo R.; por lo demás, también
la mía, como ahora observo con desagrado. El rostro que
veo en el sueño es el de mi amigo R. y el de mi tío a un
tiempo. Es como una de esas fotografías mixtas de Galton,
quien, para determinar los parecidos de familia, fotografiaba
varios rostros en la misma placa [1907, págs. 6 y sigs. y
221 y sigs.]. No queda entonces ninguna duda de que en
realidad pienso que mi amigo R. es idiota como mi tío Josef.

Todavía no vislumbro el fin para el cual he establecido esa
relación con la que no puedo dejar de debatirme. Es que
no puede ser muy profunda: mi tío era un delincuente y
mi amigo R. es un hombre probo. Aunque es verdad que
una vez recibió pena de multa por derribar, con su bici-
cleta, a un escolar. ¿Aludiré a ese desaguisado? Sería llevar
la comparación hasta lo ridículo. Pero ahora caigo en otra
conversación que días pasados tuve con N., otro de mis colegas, y por cierto sobre el mismo tema. Encontré a N. en
la calle; también ha sido propuesto para profesor, sabía de
mi distinción y me felicitó por ello. Lo desautoricé en forma
decidida: «Precisamente usted no debía gastar esa broma,
pues por experiencia propia conoce bien el valor de esa propuesta». A lo cual replicó, aunque probablemente no en serio: «Eso no puede saberse. En efecto, contra mí hay algo
en especial. ¿No sabe usted que una persona me denunció
ante los tribunales? No necesito asegurarle que el sumario
debió archivarse; era un vulgar intento de extorsión, y aun
tuve gran trabajo en librar a la propia denunciante de recibir una sanción penal. Pero quizás en el ministerio se valgan de este asunto contra mí, para no designarme. En cambio usted es un hombre intachable». Ahí tengo pues al
delincuente, pero al mismo tiempo a la interpretación y tendencia de mi sueño. Mi tío Josef figura a mis dos colegas
todavía no designados profesores, al uno como idiota y al
otro como delincuente. Ahora conozco también el fin con
que recurrí a esa figuración. Si para la demora en el nombramiento de mis amigos R. y N. son decisivos los «reparos
confesionales», también el mío corre peligro; en cambio, si
puedo atribuir la posposición de ambos a otras razones que
a mí no me alcanzan, mi esperanza queda intacta. Así procede mi sueño: convierte a uno, R., en idiota, y al otro, N.,
en delincuente; pero yo no soy ni lo uno ni lo otro: así
queda suprimido lo que tenemos en común, tengo derecho
a regocijarme por mi designación como profesor y evito la
penosa conclusión que hube de extraer ante el relato de R.
sobre lo que supo por boca del alto funcionario: que era apli-
cable a mi caso.

Debo avanzar todavía en la interpretación de este sueño. No lo siento aún satisfactoriamente despejado, y sigue desazonándome la ligereza con que degradé a dos respetados colegas sólo para allanarme el camino al profesorado. La insatisfacción que siento por mi proceder se aplaca un tanto puesto que conozco el valor que debe asignarse a las aseveraciones del sueño. A cualquiera daría yo el mentís de que en la realidad tengo a R. por un idiota o no creo en lo que me contara N. sobre aquel asunto de la extorsión. Tampoco creo que Irma haya enfermado de gravedad por una infección que le produjo Otto con un preparado de propilo; aquí como allí, es sólo *mi deseo de que las cosas hayan sido así* lo que mi sueño expresa. La afirmación en que se realiza mi deseo suena en el segundo sueño menos absurda que en el primero; hay en su construcción un empleo más habilidoso de puntos reales de apoyo, como en una calumnia bien compuesta en la que «algo hay de verdad»: en efecto, en su momento mi amigo R. fue propuesto con el voto contrario de un profesor, y mi amigo N. me procuró él mismo, inocentemente, el material de que me valí para denigrarlo. No obstante, lo repito, me parece que el sueño necesita de ulterior esclarecimiento.

Ahora me acuerdo de que el sueño contenía otro fragmento en que la interpretación no reparó hasta aquí. Después que se me ocurrió que R. es mi tío, sentí en el sueño cálida ternura por él. ¿A qué se debe ese sentimiento? Por mi tío Josef, desde luego, nunca experimenté sentimientos tiernos. R. es mi caro amigo de muchos años, pero si me llegase a él y le expresase mi inclinación con palabras que correspondiesen siquiera aproximadamente al grado de mi ternura en el sueño, se asombraría sin duda. Mi ternura hacia él me parece mentida y exagerada, lo mismo que mi juicio sobre sus cualidades mentales, que expreso confundiendo su personalidad con la de mi tío; pero exagerada en el sentido opuesto. Ahora barrunto una nueva explicación de las cosas. La ternura del sueño no pertenece al contenido latente, a los pensamientos que hay tras el sueño; está en oposición a ese contenido, y es apta para ocultarme la verdadera interpretación del sueño. Probablemente esa es su destinación. Recuerdo la resistencia que opuse a la interpretación, por cuánto tiempo pretendí aplazarla declarando que el sueño era un puro disparate. Por mis tratamientos psicoanalíticos sé cómo debe interpretarse un juicio de desestimación {*Verwerfungsurteil*} semejante. No tiene ningún valor de conocimiento sino el de una mera exteriorización de afectos. Cuando mi hijita no quiere una manzana que se le ofrece, afirma que es amarga aun sin haberla probado. Y cuando mis pacientes se portan como la pequeña, yo sé que hay ahí una representación que quisieran *reprimir* {*desalojar*}. Lo mismo vale para mi sueño. No quiero interpretarlo porque la interpretación contiene algo contra lo cual forcejeo. Después de una interpretación acabada del sueño me entero de aquello contra lo cual yo forcejeaba: era la afirmación de que R. es un idiota. La ternura que siento hacia R. no puedo atribuirla a los pensamientos latentes del sueño, pero sí a este forcejeo mío. Si mi sueño, comparado con su contenido latente, desfigura las cosas en este punto —y por cierto las ha desfigurado hasta convertirlas en su contrario—, la ternura manifiesta sirve a esa desfiguración. Dicho de otro modo, la *desfiguración* se cumple aquí adrede, como un medio de *disimulación*. Mis pensamientos oníricos contenían un denuesto contra R.; para que no se notara, el sueño procuró lo contrario, un sentimiento tierno hacia él.

Quizá sea este un conocimiento de valor general. Como lo mostraron los ejemplos del capítulo III, hay sueños que son sin tapujos cumplimientos de deseos. Donde el cumplimiento de deseo es irreconocible y está disfrazado, debió de existir una tendencia a la defensa contra ese deseo, y a consecuencia de ella el deseo no pudo expresarse de otro modo que desfigurado. Quiero buscar en la vida social el equivalente a esto que ocurre en la vida psíquica interior. ¿Dónde encontramos en la vida social una desfiguración semejante de un acto psíquico? Sólo allí donde se trata de dos personas, de las que una posee cierto poder y la otra tiene que andarse con tiento por causa de ese poder. Esta segunda persona desfigura entonces sus actos psíquicos o, como también podemos decir, los *disimula*. La cortesía que practico cotidianamente es en buena parte una disimulación de esta índole; cuando interpreto mis sueños para el lector me veo precisado a producir desfiguraciones semejantes. También el poeta se queja de la compulsión a desfigurar las cosas:

«Lo mejor que alcanzas a saber
no puedes decirlo a los muchachos».[7]

---

[7] [Mefistófeles, en el *Fausto* de Goethe, parte I, escena 4. — Esta era una de las citas favoritas de Freud. Vuelve a mencionarla *infra*, **5**, pág. 452, y ya lo había hecho en sus cartas a Fliess del 3 de diciembre de 1897 y el 9 de febrero de 1898 (Freud, 1950*a*, Cartas 77 y 83); y, hacia el fin de su vida, cuando recibió el premio Goethe en 1930, la aplicó al propio Goethe (Freud, 1930*e*).]

En situación parecida se encuentra el publicista político que ha de decir verdades desagradables para los poderosos. Si las dice sin disimulo, el déspota suprimirá sus manifestaciones con posterioridad si se trata de declaraciones verbales, y preventivamente si han de darse a conocer por la estampa. El publicista tiene que temer a la censura,[8] y por eso modera y desfigura la expresión de sus opiniones. Según cuáles sean la fuerza y la sensibilidad de esta censura, se verá precisado a abstenerse meramente de ciertas formas de ataque o a reducirse a alusiones en lugar de referencias directas, o tendrá que ocultar su comunicación ofensiva tras un disfraz en apariencia inofensivo. Por ejemplo, puede contar lo que sucedió entre dos mandarines del Celeste Imperio, cuando en verdad tiene en vista a los funcionarios de su patria. Cuanto más estricta reine la censura, tanto más extremado será el disfraz y más ingeniosos, con frecuencia, los medios que han de poner al lector sobre el rastro del significado genuino.[9]

8 [Esta analogía, que aparece aquí por primera vez en relación con los sueños, había sido aplicada ya a la paranoia en «Nuevas puntualizaciones sobre las neuropsicosis de defensa» (Freud, 1896b), AE, 3, pág. 181, y, en forma más general, en Estudios sobre la histeria (Breuer y Freud, 1895), AE, 2, pág. 276.]

9 [Nota agregada en 1919:] La doctora H. von Hug-Hellmuth comunicó en 1915 un sueño que es quizás apto como ningún otro para justificar mi terminología. La desfiguración onírica trabaja en él con el mismo recurso que la censura postal para eliminar los pasajes que le parecen impugnables. La censura postal los vuelve ilegibles superponiéndoles tinta negra; la censura onírica los sustituye mediante un murmullo incomprensible.

Con miras a la inteligibilidad del sueño consignaré que la soñante es una dama culta, muy estimada, de cincuenta años, viuda de un oficial superior fallecido hace unos doce años y madre de hijos adultos, uno de los cuales se encontraba en el frente en la época del sueño.

Y ahora el sueño de los «servicios de amor» [«Liebesdienste» significa en primera acepción «servicios realizados por amor», es decir, «no remunerados», pero el término sugiere, desde luego, otra interpretación]: Ella va al hospital militar nº 1 y dice en la guardia de la entrada que le es preciso hablar con el médico jefe... (menciona un nombre desconocido para ella) porque quiere prestar servicio en el hospital. Al decirlo acentúa la palabra «servicio» de tal modo que el suboficial cae enseguida en la cuenta de que se trata de un «servicio de amor». Como es una mujer de edad, tras alguna vacilación la deja pasar. Pero en vez de llegar hasta el médico jefe, se ve dentro de una sala espaciosa y sombría en que muchos oficiales y médicos militares están de pie o sentados a una larga mesa. Se dirige con su propuesta a un capitán médico, quien, tras pocas palabras, ya comprende. El texto de su dicho en el sueño es: «Yo y muchas otras mujeres y muchachas jóvenes de Viena estamos dispuestas a...», aquí sigue en el sueño un murmullo, «...los soldados, tropa y oficiales sin distinción». Que eso mismo fue comprendido rectamente

Esta concordancia, que llega hasta los detalles, entre los fenómenos de la censura y los de la desfiguración onírica nos autoriza a presumir condiciones parecidas para ambos. Tenemos derecho entonces a suponer que los causantes de la plasmación onírica son dos poderes (o corrientes, o sistemas) psíquicos que hay en cada individuo, de los que uno forma el deseo expresado mediante el sueño, mientras que el otro ejerce una censura sobre este deseo onírico y por ende lo obliga a desfigurar su exteriorización. Cabe preguntarse: ¿En qué consiste la autoridad de esta segunda instancia, en virtud de la cual ella ejerce su censura? Si recordamos que los pensamientos latentes del sueño no son concientes antes del análisis, pero el contenido manifiesto que deriva de ellos se recuerda como conciente, no es mucho suponer que el privilegio de esa segunda instancia haya de ser precisamente la admisión en la conciencia. Desde el primer sistema no podría llegar a la conciencia nada que antes no hubiera pasado por la segunda instancia, y esta, por su parte, nada dejaría pasar sin ejercer sobre ello sus derechos imponiéndole las modificaciones que juzgara convenientes para su reclutamiento en la conciencia. Entrevemos con ello una muy precisa concepción de la «esencia» de la conciencia; el devenir-conciente es para nosotros un acto psíquico particular, di-

por todos los presentes, se lo muestran los gestos en parte turbados y en parte maliciosos de los oficiales. La dama prosigue: «Yo sé que nuestra decisión suena sorprendente, pero es de lo más seria. Nadie pregunta al soldado en el campo de batalla si quiere o no morir». Sigue un penoso silencio de varios minutos. El capitán médico le rodea la cintura con su brazo y dice: «Noble señora, suponga usted el caso, de hecho se llegaría a...» (murmullo). Ella se desprende de su brazo pensando: Es igual que los otros, y replica: «Mi Dios, yo soy una mujer anciana y quizá nunca he de llegar a esa situación. Además, tendría que respetarse una condición: considerar la edad; no sea que una mujer mayor... (murmullo) con un mozo jovencito; sería terrible». El capitán médico: «Comprendo perfectamente». Algunos oficiales, entre ellos uno que en años mozos la había cortejado, estallan en carcajadas, y la dama desea ser llevada ante el médico jefe, conocido de ella, para que todo se ponga en claro. En eso se da cuenta, para su máxima consternación, de que no conoce el nombre de él. No obstante, el capitán médico, muy cortés y respetuosamente, le indica que se dirija al segundo piso por una escalera de caracol, de hierro, estrechísima, que la lleva directamente desde la sala hasta el piso superior. Mientras asciende oye decir a un oficial: «Es una decisión colosal, no importa que sea una joven o una vieja; ¡mis respetos!». Con el sentimiento de cumplir simplemente su deber, ella trepa por una escalera interminable.

Este sueño se repitió dos veces en el lapso de unas pocas semanas, con variantes —según observa la dama— «mínimas que no alteraban su sentido».

[Se hallarán más comentarios sobre este sueño en la 9ª de las Conferencias de introducción al psicoanálisis (Freud, 1916-17).]

verso e independiente del devenir-puesto o devenir-representado, y la conciencia nos aparece como un órgano sensorial que percibe un contenido dado en otra parte. Es fácil demostrar que la psicopatología no puede abstenerse de estos supuestos básicos. Podemos reservar para un pasaje posterior una apreciación más profunda de esto.[10]

Si me atengo a la representación de las dos instancias psíquicas y sus relaciones con la conciencia, obtengo para la llamativa ternura que siento en el sueño por mi amigo R., tan denostado después en la interpretación, una analogía por entero congruente con la vida política de los hombres. Me traslado a una república en que un señor celoso de su poder está en pugna con una opinión pública alerta. El pueblo se insubordina contra un funcionario que le disgusta, y exige su despido; para demostrar que no necesita tomar en cuenta la voluntad del pueblo, el autócrata otorgará a ese funcionario una alta distinción que de otro modo no habría tenido motivo para concederle. Así mi segunda instancia, la que domina el acceso a la conciencia, distinguirá a mi amigo R. con una efusión de ternura desmesurada debido a que las aspiraciones de deseo del primer sistema querrían motejarlo de idiota, llevadas por un interés particular, precisamente el que ellas acarician.[11]

Quizás aquí columbramos que la interpretación de los sueños es capaz de darnos, sobre el edificio de nuestro aparato psíquico, aclaraciones que hasta ahora hemos esperado

[10] [Cf. *infra*, **5**, cap. VII, esp. la sección F, págs. 598 y sigs.]

[11] [El análisis de este sueño prosigue en págs. 206 y sigs. — *Nota agregada* en 1911:] Tales sueños hipócritas no son raros ni en mí ni en otras personas. [Se los vuelve a examinar *infra*, **5**, págs. 468 y sigs.] Mientras estaba ocupado con la elaboración de un determinado problema científico, durante varias noches bastante seguidas me acudió un sueño propicio para confundir, cuyo contenido era la reconciliación con un amigo de quien me había apartado mucho tiempo atrás. A la cuarta o quinta vez logré por fin aprehender el sentido del sueño. Consistía en el estímulo para que resignara el último resto de miramiento por la persona en cuestión, me emancipara totalmente de ella, y se había disfrazado en lo contrario de una manera hipócrita. [Cf. **5**, pág. 474.] En otra parte [Freud (1910*l*), reimpreso *infra*, **5**, págs. 400-1, *n.* 60] he comunicado un «sueño edípico hipócrita», en que las mociones hostiles y los deseos de muerte de los pensamientos oníricos son sustituidos por un sentimiento de ternura en el sueño manifiesto. Más adelante se mencionarán otra clase de sueños hipócritas (véase el capítulo VI [**5**, págs. 470 y sigs.]). [El amigo aludido en esta nota era evidentemente Fliess. Véase la sección IV de la «Introducción» de Kris a la correspondencia de Freud con Fliess (Freud, 1950*a*).]

en vano de la filosofía. Pero no seguiremos este rastro,[12] sino que, después de esclarecer la desfiguración onírica, regresamos a nuestro problema inicial. Nos preguntábamos por el modo en que los sueños de contenido penoso pueden resolverse como cumplimientos de deseo. Ahora vemos que esto es posible cuando ha intervenido una desfiguración onírica, cuando el contenido penoso no apunta sino a disfrazar otro deseado. Y por referencia a nuestros supuestos acerca de las dos instancias psíquicas podemos decir ahora, además, que los sueños penosos contienen de hecho algo que es penoso para la segunda instancia, pero que al mismo tiempo cumple un deseo de la primera. En esa medida son sueños de deseo; en efecto, todo sueño es iniciado por la primera instancia, pues la segunda tiene hacia él un comportamiento sólo defensivo, no creador.[13] Si nos ciñésemos a apreciar aquello que la segunda instancia aporta al sueño, jamás podríamos comprender este. Así subsistirían todos los enigmas que los autores observaron en el sueño.

Que el sueño tiene realmente un sentido secreto que resulta ser un cumplimiento de deseo es algo que el análisis ha de probar de nuevo en cada caso. Por eso escojo algunos sueños de contenido penoso y ensayo su análisis. En parte son sueños de histéricos que exigen un extenso informe preliminar y, a trechos, una incursión en los procesos psíquicos de la histeria. Pero no puedo librar a la exposición de este embarazo. [Cf. págs. 125-6.]

Cuando tomo a un psiconeurótico bajo tratamiento analítico, por regla general sus sueños pasan a ser, según ya he dicho [pág. 122], tema de nuestro coloquio. Para ello debo proporcionarle todos los esclarecimientos psicológicos con cuya ayuda yo mismo llegué a comprender sus síntomas, y entonces tropiezo con una crítica inflexible, como no he de esperarla más rígida de mis colegas. Y casi siempre mis pacientes objetan la tesis según la cual todos los sueños son cumplimientos de deseo. Aquí van algunos ejemplos del material de sueños que se me adujeron como contraprueba.

«Dice usted que siempre el sueño es un deseo cumplido —comienza una ingeniosa paciente—. Ahora le contaré un

---

[12] [Se hace esto en el capítulo VII.]
[13] [*Nota agregada* en 1930:] Más adelante [**5**, págs. 473, *n.* 19, y 550 y sigs.] nos encontraremos con ejemplos en los que, por el contrario, el sueño expresa un deseo de esta *segunda* instancia.

sueño cuyo contenido es todo lo contrario, puesto que *no* me cumple un deseo. ¿Cómo lo hace condecir usted con su teoría? El sueño es este:

»*Quiero dar una comida, pero no tengo en mi despensa sino un poco de salmón ahumado. Me dispongo a ir de compras, pero recuerdo que es domingo por la tarde, y todos los almacenes están cerrados. Pretendo llamar por teléfono a algunos proveedores, pero el teléfono está descompuesto. Así debo renunciar al deseo de dar una comida*».

Respondí, desde luego, que sobre el sentido de ese sueño sólo el análisis podría decidir, aunque admitía que a primera vista parecía racional y coherente y semejaba lo contrario de un cumplimiento de deseo. «¿Pero de qué material nació ese sueño? Usted sabe que el incitador de un sueño se encuentra en todos los casos en las vivencias de la víspera».

ANÁLISIS 171, n17 y 191.

El marido de la paciente, un honrado y cabal comerciante en carnes, le había declarado días antes que estaba poniéndose obeso y quería iniciar una cura de adelgazamiento. Se levantaría temprano, haría ejercicios, observaría una dieta estricta y sobre todo no aceptaría invitaciones a comer. Acerca de su marido siguió contando, entre risas, que en la tertulia había conocido a un pintor que a toda costa quería retratarlo porque nunca había visto una cabeza tan impresionante. Pero su marido, con sus rudos modales, replicó que no faltaba más y que tenía el total convencimiento de que un trozo del trasero de una hermosa muchacha sería más del agrado del pintor que su cara íntegra.[14] Ella, me dice, está ahora muy enamorada de su marido y se chancea con él. También le ha rogado que no le obsequie caviar. ¿Qué quiere decir esto?

Es que desde hace ya mucho desea poder comer un bocadillo de caviar todos los días antes del almuerzo, pero no quiere permitirse el gasto. Desde luego, recibiría el caviar de su marido tan pronto como se lo pidiese. Pero le rogó

---

[14] Véase la frase «Posar {*sitzen*} para el pintor» y los versos de Goethe:

«*Und wenn er keinen Hintern hat,*
Wie kann der Edle sitzen?».
{«Y si no tiene ningún trasero,
¿cómo puede sentar (*sitzen*) señorío?».}
[De «Totalität», 1814-15.]

lo contrario, que no le obsequiase caviar alguno, a fin de poder seguir haciéndole bromas con eso.

(Esta fundamentación me parece deshilachada. Tras tales informes insatisfactorios suelen ocultarse motivos inconfesados. Pensemos en los hipnotizados de Bernheim, que ejecutan un encargo poshipnótico y, preguntados por sus motivos, no responden, por ejemplo: «No sé por qué lo hice», sino que tienen que inventar una fundamentación a todas luces insuficiente. Quizás algo semejante ocurra con el caviar de mi paciente. Noto que se ve precisada a crearse en la vida un deseo incumplido. Su sueño le muestra cumplido ese rehusamiento del deseo. Ahora bien, ¿para qué precisa de un deseo incumplido?)

Hasta ahora, las ocurrencias no alcanzan para interpretar el sueño. La insto a que me diga más. Después de una breve pausa, justamente como cuadra al vencimiento de una resistencia, me informa también que ayer fue de visita a casa de una amiga de quien está en verdad celosa porque su marido la alaba en demasía. Por suerte, esta amiga es muy descarnada y flaca, y su marido es amante de las redondeces. Ahora bien, ¿de qué habló esta amiga flaca? Desde luego, de su deseo de engordar un poco. También le preguntó: «¿Cuándo vuelve usted a invitarnos? ¡Se come tan bien en su casa!».

Ahora el sentido del sueño está claro. Puedo decir a la paciente: «Es justamente como si ante ese reclamo usted hubiera pensado: "¡Tan luego a ti he de invitarte, para que comas en mi casa, te pongas más gorda y puedas gustarle todavía más a mi marido! Más vale que no dé más comidas". Después el sueño le dice a usted que ya no puede dar comidas, y entonces cumple su deseo de no contribuir en nada a redondear las formas del cuerpo de su amiga. Que las cosas que se ofrecen en los banquetes lo ponen a uno gordo, lo aprendió usted del declarado propósito de su marido de no aceptar más invitaciones a comer en interés de su adelgazamiento». Ahora no falta sino cualquier dato coincidente que corrobore la solución. Nada se aclaró todavía sobre el salmón ahumado que aparece en el contenido del sueño. «¿Cómo llega usted al salmón que se menciona en el sueño?». «Salmón ahumado es el plato predilecto de esta amiga», responde. Por casualidad también yo conozco a esa señora, y puedo corroborar que se priva del salmón no menos que mi paciente del caviar.

El mismo sueño admite todavía otra interpretación, más fina, y que una circunstancia colateral aun vuelve necesaria. Ambas interpretaciones no se contradicen sino que se superponen, y así proporcionan un bello ejemplo del doble sentido que es cosa habitual en los sueños así como en todas las otras formaciones psicopatológicas. Ya averiguamos que simultáneamente a su sueño de rehusamiento del deseo la paciente se empeñaba en procurarse un deseo denegado en la realidad (el bocadillo de caviar). También la amiga había exteriorizado un deseo, el de engordar, y no nos asombraría que nuestra dama hubiera soñado que a su amiga no se le cumplía su deseo. En efecto, es su propio deseo que a su amiga se le niegue un deseo —el de que su cuerpo prospere—. Pero en lugar de ello sueña que a ella misma no se le cumple un deseo. El sueño cobra una nueva interpretación si no alude ella a sí misma sino a su amiga, si se ha puesto en el lugar de esta o, como podemos decir, se ha *identificado* con ella.

Opino que eso es realmente lo que ha hecho, y como señal de esta identificación se ha creado el deseo denegado en la realidad. Ahora bien, ¿qué sentido tiene la identificación histérica? Esclarecerlo requeriría una exposición detallada. La identificación es un aspecto importante en extremo para el mecanismo de los síntomas histéricos; por ese camino los enfermos llegan a expresar en sus síntomas las vivencias de toda una serie de personas, y no sólo las propias; es como si padecieran por todo un grupo de hombres y figuraran todos los papeles de un drama con sus solos recursos personales. Se me objetará que esta es la conocida imitación histérica, la capacidad de los histéricos para imitar todos los síntomas que les han impresionado en otros, por así decir una compasión que se extrema hasta la reproducción. Pero con ello no se ha designado sino el camino por el cual discurre el proceso psíquico en el caso de la imitación histérica; una cosa es el camino y otra el acto psíquico que marcha por él. Este último es algo más complicado que la imitación de los histéricos, tal como suele concebírsela; responde a un proceso inconciente de razonamiento, como lo aclarará un ejemplo. El médico que en la misma sala de hospital, junto a otras enfermas, tiene una que padece de convulsiones de un tipo determinado, no se asombrará si una buena mañana ve que ese mismo ataque histérico ha encontrado imitadoras. Se dirá, simplemente: «Las otras la han visto y la han imitado; es una infección psíquica». Sin duda, pero esa infección psíquica procede, por ejemplo, así: Por lo general, las enfermas saben más unas de otras que el médico de cada una de ellas, y se afligen unas por otras cuando está por llegar la visita médica. A una le ha sobrevenido su ataque; las otras enseguida toman conocimiento de que la causa ha sido una carta de su familia, el reavivamiento de una cuita de amor, etc. Esto despierta su compasión, y se cumple en ellas un razonamiento que no llega a la conciencia: «Si por una causa así puede una tener tal ataque, puede sobrevenirme a mí también, pues tengo iguales motivos». Si ese razonamiento fuera susceptible de conciencia, quizá desembocaría en la *angustia* de que le sobrevenga a una idéntico ataque; pero se cumple en otro terreno psíquico, y por eso acaba en la realización del síntoma temido. Por tanto, la identificación no es simple imitación, sino *apropiación* sobre la base de la misma reivindicación etiológica; expresa un «igual que» y se refiere a algo común que permanece en lo inconciente.

En la histeria, la identificación es usada con la máxima frecuencia para expresar una comunidad {*Gemeinsamkeit*} sexual. La histérica se identifica en sus síntomas preferentemente —si bien no de manera exclusiva— con las personas con quienes ha tenido comercio sexual o que lo tienen con las mismas personas que ella. El lenguaje revela también una concepción así. Dos amantes son «uno». Tanto en la fantasía histérica como en el sueño, basta para la identificación que se piense en relaciones sexuales, sin necesidad de que estas sean reales. Nuestra paciente, entonces, no hace sino seguir la regla de los procesos histéricos de pensamiento cuando expresa sus celos contra su amiga (que ella misma hubo de reconocer injustificados, por lo demás) poniéndose en el lugar de ella en el sueño e identificándosele mediante la creación de un síntoma (el deseo denegado). Cabría aún elucidar el proceso en palabras del modo que sigue: Ella se pone en el lugar de su amiga en el sueño porque esta última le ocupa su lugar frente a su marido, y porque querría apropiarse del sitio que la amiga está ocupando en la estima de su marido.[15]

[15] Lamento la intercalación de estos fragmentos tomados de la psicopatología de la histeria [cf. págs. 125-6], que, arrancados de su contexto y a consecuencia de su exposición fragmentaria, no pueden resultar muy esclarecedores. Si alcanzan para indicar las relaciones íntimas del tema del sueño con el de las psiconeurosis, habrán cumplido el propósito con el cual los he recogido. — [Este es el primer examen de la identificación hecho por Freud que apareció en una obra impresa, aunque ya había aludido a ese concepto en su correspondencia con Fliess (1950*a*; p. ej., en la Carta 58, del 8 de febrero de 1897, y en el Manuscrito L, del 2 de mayo de 1897, *AE*, **1**, págs. 289-90). Si bien en publicaciones posteriores tocó ocasionalmente el tema, no volvió a considerarlo en forma extensa hasta más de veinte años después, en el capítulo VII de *Psicología de las masas y análisis del yo* (1921*c*). El tema —diferente— de la identificación como parte del trabajo del sueño se aborda *infra*, págs. 325 y sigs.]

De manera más simple, pero también siguiendo el esquema según el cual el no cumplimiento de un deseo significa el cumplimiento de otro, se resolvió la objeción en contra de mi doctrina sobre los sueños en el caso de otra paciente, la más ingeniosa de mis soñantes. Cierto día le expliqué que el sueño era cumplimiento de deseo; al día siguiente me trajo un sueño: *viajaba con su suegra para compartir un veraneo en el campo*. Díjome que, como yo bien sabía, ella se había opuesto vivamente a pasar el verano cerca de su suegra, y también que en los últimos días había esquivado con felicidad esa temida convivencia alquilando una casa de campo en un sitio muy alejado al de su suegra. Y ahora el sueño revertía esta solución deseada. ¿No daba esto el más rotundo mentís a mi doctrina del cumplimiento de deseo por el sueño? En verdad, no hacía falta sino extraer la moraleja de ese sueño para obtener su interpretación. Según él, yo me había equivocado; *por tanto, su deseo era que yo me equivocase, y el sueño se lo mostró cumplido*. Pero el deseo de que yo me equivocase, y que se cumplió con el tema del veraneo en el campo, se refería en la realidad a otro asunto, más serio. Por esa misma época yo había inferido, del material que me proporcionó su análisis, que en cierto período de su vida debía de haber ocurrido algo importante para que ella enfermase. Ella lo había puesto en entredicho, porque nada así recordaba. Pronto pudimos ver que yo no me equivocaba. Su deseo de que ojalá yo me equivocase, mudado en el sueño de que viajaba al campo con su suegra, respondía entonces al deseo justificado de que aquella cosa, que todavía no era sino conjetura, jamás hubiera sucedido.

Sin análisis, y sólo por medio de una conjetura, me permití interpretar una pequeña historia que me sucedió con un amigo, mi condiscípulo durante los ocho años de la escuela media. Cierta vez, en una conferencia que yo pronunciaba ante un pequeño círculo, oyó de mí la novedad de que el sueño es cumplimiento de deseo; se fue a su casa, tuvo un sueño en que *perdía todos sus pleitos* (era abogado) y vino a pedirme cuentas de ello. Salí del paso con este subterfugio: «No es posible ganar todos los pleitos». Pero entre mí pensé: Si yo durante ocho años he ocupado, como primero de la clase, el primer banco, mientras él anduvo siempre por la mitad de ella, ¿no puede haberle quedado de aquellos lejanos tiempos el deseo de que también yo, alguna vez, sufriese el escarnio de ocupar el último banco?

Otro sueño de carácter más lúgubre me fue presentado por una paciente también como objeción a la teoría del cumplimiento de deseo. La paciente, mujer joven, empezó así: «Recuerda usted que mi hermana tiene ahora un solo niño, Karl; al otro, Otto, lo perdió cuando yo todavía estaba en su casa. Otto era mi preferido, y en verdad lo crié yo. Por el pequeño siento también cariño, pero desde luego no tanto como sentí por el muerto. Bueno, esta noche soñé que *veía a Karl muerto frente a mí. Yacía en su pequeño ataúd, las manos recogidas, con velas en derredor, poco más o menos como estuvo el pequeño Otto, cuya muerte me conmovió tanto.* Dígame usted ahora, ¿qué significa eso? Me conoce usted bien; ¿acaso soy tan perversa que desee a mi hermana la pérdida del único hijo que le queda? ¿O significa el sueño que yo desearía que el muerto fuese Karl y no Otto, por quien sentí un cariño tanto mayor?».

Le aseguré que esta última interpretación debía excluirse. Después de meditar unos instantes pude decirle la interpretación correcta del sueño, que ella después me corroboró. Pude hacerlo porque conocía toda la historia anterior de la soñante.

Huérfana muy temprano, la niña se crió en casa de una hermana que le llevaba mucha edad; allí, entre los amigos y visitantes de la casa, se encontró también con el hombre que dejaría una huella imborrable en su corazón. Durante un tiempo pareció que aquellas relaciones, apenas declaradas, habrían de terminar en matrimonio; pero este feliz desenlace fue desbaratado por la hermana, sobre cuyos motivos nunca se tuvo explicación cabal. Después de la ruptura, el hombre amado por nuestra paciente evitó la casa; y ella misma, algún tiempo después que murió el pequeño Otto, en quien había volcado entretanto su ternura, se instaló por su cuenta. Pero no pudo emanciparse del estado de dependencia en que había caído por su inclinación hacia el amigo de su hermana. Su orgullo le ordenó rehuirlo; pero le fue imposible trasferir su amor a otros pretendientes que la requirieron después. Cuando el hombre amado, que era un literato, anunciaba en algún lugar una conferencia, infaltablemente se encontraba ella en el auditorio, e igualmente aprovechaba cuanta ocasión se le ofrecía para verlo de lejos en terceros lugares. Recordé que días pasados me había contado que el profesor concurriría a determinado concierto y ella quería ir también allí para tener la dicha de verlo otra vez. Eso fue el día anterior al sueño; el día en que me lo contó debía realizarse el concierto. Así me resultó fácil reconstruir la interpretación correcta, y le pregunté si se le ocurría algún suceso sobrevenido a consecuencia de la muerte del pequeño Otto. Respondió al punto: «Por cierto, esa vez el profesor volvió después de larga ausencia y yo lo vi de nuevo frente al ataúd del pequeño Otto». Eso era tal como yo lo esperaba. Interpreté entonces su sueño en la siguiente forma: «Si ahora el otro niño muriese, eso mismo se repetiría. Pasaría usted el día en casa de su hermana, el profesor seguramente iría a presentarle sus condolencias y en idéntica situación a la de entonces lo volvería usted a ver. El sueño no significa otra cosa que este deseo suyo de volverlo a ver, contra el cual usted se debate interiormente. Sé que lleva en el bolsillo la entrada para el concierto de hoy. Su sueño es un sueño de impaciencia, no ha hecho sino adelantar en unas horas esa visión fugaz que ha de producirse hoy».

Es manifiesto que para encubrir su deseo ella había escogido una situación en que tales deseos suelen sofocarse, una situación en que se está tan embargado por el duelo que no se piensa en el amor. Y no obstante es muy posible que aun en la situación real que el sueño copiaba fielmente, frente al ataúd del mayor de los niños, por quien sentía fuerte cariño, ella no pudiera sofocar el sentimiento de ternura hacia el visitante largamente añorado.[16]

Diverso esclarecimiento encontró un sueño parecido de otra paciente, que años antes se había destacado por su ingenio vivaz y su buen humor, y ahora acreditaba esas cualidades al menos en las ocurrencias que tenía durante el tratamiento. Sucedió a esta dama, en el contexto de un sueño más extenso, ver que su única hija, de quince años, yacía muerta en una caja. Con no poca gana de convertir a este fenómeno onírico en objeción contra la teoría del cumplimiento de deseo, ella misma columbró, no obstante, que el detalle de la caja tenía que señalar el camino a una comprensión diferente del sueño.[17] En el análisis se le ocurrió que en la tertulia de la tarde anterior la conversación había recaído en la palabra inglesa «box» y sus diversas traducciones al alemán: «Schachtel» {caja}, «Loge» {palco}, «Kasten» {cofre}, «Ohrfeige» {puñetazo}, etc. Por otros fragmentos del mismo sueño pudo completarse esto: ella había descu-

[16] [Freud vuelve a referirse a este sueño *infra*, págs. 258-9, y **5**, pág. 460; también lo cita, brevemente, en *Sobre el sueño* (1901a), *infra*, **5**, pág. 657.]

[17] Como el salmón ahumado en el sueño de la comida fracasada [cf. *supra*, pág. 166].

bierto el parentesco de la palabra inglesa «*box*» con la alemana «*Büchse*» {cajita}, y la importunó el recuerdo de que «*Büchse*» se usaba también como designación vulgar de los genitales femeninos. Con alguna indulgencia hacia sus conocimientos de anatomía topográfica pudo conjeturarse, así, que la hija en la «caja» significaba el fruto en el vientre materno. Tan pronto la esclarecí sobre esto, no negó que esa imagen onírica correspondía realmente a un deseo suyo. Como tantas mujeres jóvenes, en modo alguno se sintió dichosa cuando quedó grávida, y más de una vez hubo de confesarse el deseo de que su hijo muriera en el vientre; y aun, presa de furor después de una áspera escena con su marido, llegó a golpearse el vientre con los puños para atentar contra el hijo. La niña muerta era realmente, pues, cumplimiento de un deseo, pero de uno que había abandonado desde hacía quince años, y no es maravilla entonces que el cumplimiento del deseo, tras una demora tan prolongada, no fuese ya reconocible. Entretanto mucho había cambiado.[18]

El grupo a que pertenecen estos dos últimos sueños, que tienen por contenido la muerte de un familiar querido, ocupará nuestra atención más adelante, con motivo de los sueños típicos [págs. 258 y sigs.]. Allí podré mostrar nuevos ejemplos de que, a pesar de su contenido no deseado, todos estos sueños tienen que interpretarse como cumplimiento de deseo. No a un paciente, sino a un inteligente jurisconsulto conocido mío, debo el siguiente sueño que me fue contado también con el propósito de disuadirme de una generalización apresurada en la doctrina del sueño de deseo. «*Sueño* —me cuenta mi testigo— *que, yendo con una dama del brazo, llego frente a mi casa. Allí aguarda un coche cerrado, un señor se encamina hacia mí, se acredita como agente de policía y me exhorta a seguirlo. Le ruego que me deje un poco de tiempo para ordenar mis asuntos.* ¿Cree usted, acaso, que es mi deseo ser encarcelado?». «Por cierto que no —debo concederle—. ¿Conoce usted por ventura la acusación por la que lo prenderían?». «Sí, creo que por infanticidio». «¿Infanticidio? Bien sabe usted que ese delito sólo puede cometerlo una madre con su hijo recién nacido». «Así es».[19] «¿Y en qué circunstancias soñó usted? ¿Qué ocurrió

18 [Este sueño vuelve a considerarse *infra*, pág. 259, y también, brevemente, en la 13ª de las *Conferencias de introducción* (1916-17), *AE*, **15**, págs. 184-5.]
19 A menudo sucede que un sueño se cuenta incompleto y sólo en el curso del análisis emerge el recuerdo de los fragmentos omiti-

el día anterior, al atardecer?». «No querría contárselo; es un asunto delicado». «Pero necesito saberlo, de lo contrario tendremos que renunciar a la interpretación del sueño». «Entonces escuche usted. No he pasado la noche en mi casa, sino en la de una dama que significa mucho para mí. Cuando nos despertamos por la mañana, ocurrió de nuevo algo entre nosotros. Entonces me dormí otra vez y soñé lo que usted sabe». «¿Es una mujer casada?». «Sí». «¿Y no quiere usted engendrar un hijo con ella?». «No, no; eso podría delatarnos». «Entonces, no practican ustedes un coito normal». «Recurro a la precaución de retirarme antes de la eyaculación». «¿Puedo conjeturar que usted recurrió esa noche varias veces a ese arbitrio, y que después de repetirlo al amanecer ya no estuvo tan seguro de haberlo conseguido?». «Muy bien podría ser». «Entonces su sueño es un cumplimiento de deseo. El le procura la tranquilidad de no haber engendrado un hijo o, lo que casi importa lo mismo, de haberlo matado. Me es fácil mostrarle el eslabón intermedio. Recuerde que días pasados hablamos sobre las dificultades del matrimonio y sobre la inconsecuencia de que se permita interrumpir el coito para que no dé fruto, mientras que se pena como delito toda intervención hecha cuando el óvulo y el semen se han encontrado para formar un feto. A raíz de ello rememoramos también la querella medieval sobre el momento temporal preciso en que el alma es infusa en el feto, porque sólo desde entonces es admisible el concepto de asesinato. Sin duda usted conoce también la escalofriante poesía de Lenau ["Das tote Glück"] que equipara el infanticidio y la prevención de los nacimientos». «En Lenau, cosa notable, he pensado hoy a media mañana como por azar». «Es también una resonancia de su sueño. Y ahora quiero mostrarle un pequeño deseo que su sueño cumple colateralmente. Llega usted frente a su casa con su dama del brazo. Por tanto, la *lleva al hogar de usted*,* mientras que en la realidad pasó usted la noche en casa de ella. Que el cumplimiento de deseo que constituye el núcleo del sueño se encubra en una forma tan desagradable responde quizás a más de una razón. Por mi ensayo sobre la etiología de las neurosis de angustia [Freud, 1895b], sabría usted tal vez que considero al *coitus interruptus* como uno de los factores causales en la génesis de la angustia neurótica. Así, no sería extraño que en usted

dos. Estos fragmentos agregados con posterioridad demuestran ser, por lo regular, la clave para la interpretación. Sobre el olvido de los sueños, cf. *infra* [**5**, págs. 513 y sigs.].
* {El vocablo alemán «*heimführen*» significa «traer a casa» y también «casarse».}

hubiese quedado, después de repetir muchas veces ese tipo de coito, un sentimiento de malestar que ahora se introduce como elemento en la trama de su sueño. De esa desazón se sirve usted también para encubrir el cumplimiento de deseo.[20] Por lo demás, la mención del infanticidio no quedó explicada. ¿Cómo llega usted a ese delito específicamente femenino?». «He de confesarle que hace algunos años estuve enredado en un asunto así. Tuve la culpa de que una muchacha buscara desembarazarse mediante un aborto de las consecuencias de una relación conmigo. No había tenido yo participación alguna en la ejecución de ese atentado, pero durante mucho tiempo me asedió la lógica angustia de que el hecho se descubriese». «Ahora comprendo: ese recuerdo aportó una segunda razón para que la sospecha de que usted había ejecutado mal su artificio debiera serle penosa».[21]

Un médico joven que oyó contar este sueño en mis cursos debió sentirse afectado, pues se dio prisa a resoñarlo, aplicando su esquema de pensamientos a otro tema. Días antes había presentado su declaración de ingresos, enteramente en regla puesto que era muy poco lo que tenía para declarar. Ahora bien, soñó que *un conocido que venía de la sesión de la junta recaudadora se llegaba a él y le comunicaba que todas las otras declaraciones impositivas pasaban sin objeciones, pero la suya había despertado general desconfianza y le impondrían una fuerte multa*. El sueño es un cumplimiento de deseo apenas encubierto: ser considerado un médico de grandes ingresos. Nos trae a la memoria, dicho sea de pasada, la conocida historia de aquella doncella a quien desaconsejaron que aceptase a su pretendiente por ser hombre de genio colérico y que seguramente la trataría a golpes después de casada. Y respondió la doncella: «¡Ojalá ya me golpease!». Su deseo de casarse era tan vivo que aceptaba de buena gana las desazones que le pintaban como consecuencia de ese matrimonio, y aun las convertía en deseo propio.

Si a los sueños de este tipo,[22] que ocurren con harta frecuencia y parecen impugnar directamente mi doctrina, puesto que tienen por contenido la denegación de un deseo o el cumplimiento de algo por cierto indeseado, los reúno bajo el título de «*sueños de deseo contrario*», echo de ver que se los

[20] [Cf. *infra*, **5**, págs. 483-4.]
[21] [Este sueño se consigna en el Manuscrito L, anexo a la carta a Fliess del 2 de mayo de 1897 (Freud, 1950a), *AE*, **1**, págs. 291-2.]
[22] [Este párrafo y el siguiente se agregaron en 1909.]

puede reconducir en general a dos principios. A uno de estos no lo hemos mencionado todavía, aunque desempeña importante papel así en la vida de los hombres como en sus sueños. Una de las fuerzas impulsoras de esos sueños es el deseo de que yo me equivoque. Estos sueños sobrevienen por regla general en el curso de mis tratamientos cuando el paciente se encuentra en estado de resistencia contra mí. Y con gran certeza puedo anticipar el surgimiento de uno de tales sueños después que he expuesto por vez primera al enfermo la doctrina de que el sueño es cumplimiento de deseo.[23] Y hasta puedo esperar que a muchos de mis lectores les suceda lo mismo; estarán predispuestos a frustrar en el sueño un deseo sólo para cumplirse el deseo de que yo me equivoque. El último —y breve— sueño de este tipo que quiero comunicar vuelve a mostrar lo mismo. Una joven que consiguió seguir el tratamiento conmigo después de luchar contra la voluntad de sus familiares y de los especialistas llamados a consulta soñó: *En su casa se le prohibía seguir visitándome. Invoca entonces ante mí una promesa que le había hecho, y era que en caso necesario la trataría aun sin paga; yo le dije: «En asuntos de dinero no puedo tener miramiento alguno».*

En verdad no es fácil pesquisar aquí el cumplimiento de deseo, pero en todos los sueños de esta índole se encuentra, además del primer enigma, otro cuya solución ayuda también a resolver aquel. ¿De dónde provienen las palabras que ella pone en mis labios? Desde luego, jamás le dije algo semejante, pero uno de sus hermanos, y justamente el que ejercía la máxima influencia sobre ella, tuvo la gentileza de pronunciar esa sentencia sobre mí. El sueño quiere entonces hacer de modo que el hermano gane la querella, y no es sólo en el sueño donde ella quiere hacerle justicia; ese es el contenido de su vida y el motivo de su enfermedad.

Un sueño [24] que, a primera vista, parece ofrecer particulares dificultades para la teoría del cumplimiento de deseo ha sido soñado e interpretado por un médico (A. Stärcke, 1911): «*Tengo y veo en el índice de mi mano izquierda una afección primaria sifilítica en la última falange*». Quizá queramos renunciar al análisis de este sueño considerando que parece coherente y claro hasta en su contenido indeseado. No obstante, si no nos arredra la fatiga de un análisis, averi-

---

[23] [*Nota agregada* en 1911:] Durante los últimos años, parecidos «sueños de deseo contrario» me fueron referidos por mis oyentes como una reacción frente a su primer encuentro con «la teoría de que el sueño cumple un deseo».

[24] [Este párrafo se agregó en 1914.]

guaremos que «afección primaria» {«*Primäraffekt*»} ha de equipararse a una «*prima affectio*» {primer amor} y que la ulceración repugnante resulte ser, según palabras de Stärcke, «un subrogado de cumplimientos de deseo recubiertos de un gran afecto».

El otro motivo de los sueños de deseo contrario [25] está tan a la mano que fácilmente se corre el peligro de no verlo, como a mí mismo me sucedió durante mucho tiempo. En la constitución sexual de un gran número de hombres existe un componente masoquista que ha nacido del trastorno hacia lo contrario {*Verkehrung*} del componente agresivo y sádico.[26] Denominamos a tales hombres masoquistas «ideales» {«*ideelle*» *Masochisten*} cuando no buscan el placer en el dolor corporal que se infligen sino en la humillación y la mortificación psíquica. Es evidente sin más que estas personas pueden tener sueños de deseo contrario y de displacer que para ellos, empero, no son sino cumplimientos de deseo, satisfacción de sus inclinaciones masoquistas. Aduzco aquí uno de tales sueños: Un hombre joven que en otros tiempos había atormentado mucho a su hermano mayor, al que estaba apegado homosexualmente, tiene ahora, después de haber experimentado un radical cambio de carácter, un sueño que consta de tres fragmentos: *I. Que su hermano lo «secaba». II. Que dos adultos se acaramelaban con intención homosexual. III. El hermano vendió la empresa cuya dirección él* {el relator del sueño} *se reservaba para su futuro.* Del último sueño despertó con los sentimientos más penosos; sin duda es un sueño masoquista de deseo cuya traducción podría ser esta: «Es de toda justicia que mi hermano atente contra mí con esa venta, como castigo por todos los tormentos que tuvo que soportarme».

Espero que los ejemplos aducidos han de bastar —hasta tanto surjan nuevas objeciones— para que parezca verosímil que también los sueños de contenido penoso deben resolverse como cumplimiento de deseo.[27] Por otra parte, nadie juz-

[25] [Este párrafo se agregó en 1909.]
[26] [Las rectificaciones de Freud sobre este tema pueden encontrarse en «El problema económico del masoquismo» (1924c).]
[27] [Lo que sigue se incluyó en el texto, en forma levemente modificada, en 1919, y fue publicado como nota al pie en 1925:] Debo señalar que el tema todavía no está finiquitado y lo volveremos a tratar más adelante [cf. **5**, págs. 549 y sigs.].

gará fruto del azar el que en la interpretación de estos sueños, en todos los casos, se recaiga en temas de los que no
se habla ni aun se piensa en ellos de buena gana. El sentimiento penoso que despiertan tales sueños es lisa y llanamente idéntico a la repugnancia que nos lleva a evitar —casi
siempre con éxito— la consideración o mención de esos temas, y que debe ser vencida por cada uno de nosotros cuando nos vemos precisados a acometerlos a pesar de ello. Ahora bien, este sentimiento de displacer que se reitera en el
sueño no excluye la existencia de un deseo; en todo ser
humano hay deseos que no querría comunicar a otros, y
deseos que no quiere confesarse a sí mismo. Por otra parte,
estamos autorizados a conectar el carácter displacentero de
todos estos sueños con el hecho de la desfiguración onírica,
y a inferir que están así desfigurados y el cumplimiento de
deseo se disfraza en ellos hasta hacerse irreconocible porque
hay una repugnancia, un propósito represivo contra el tema
del sueño o contra el deseo inspirado por él. La desfiguración onírica aparece efectivamente como un acto de la censura. Ahora bien, daremos razón de todo lo que el análisis
de los sueños de displacer ha traído a la luz si modificamos
como sigue la fórmula destinada a expresar la esencia del
sueño: *El sueño es el cumplimiento (disfrazado) de un deseo
(sofocado, reprimido).*[28]

[28] [*Nota agregada* en 1914:] Uno de nuestros grandes escritores,
el cual, según se me ha dicho, no quiere saber nada del psicoanálisis ni de la interpretación de los sueños, descubre empero por su
propia cuenta una fórmula casi idéntica para la esencia del sueño:
«Emergencia desautorizada de unos deseos y añoranzas sofocados bajo
rostros y nombres falsos» (Spitteler, 1914, pág. 1).
    [*Agregado* en 1911:] A manera de anticipación menciono aquí la
fórmula fundamental anterior tal como ha sido ampliada y modificada por Otto Rank: «El sueño, sobre la base y con el auxilio de un
material infantil-sexual reprimido, figura disfrazados y con ropaje
simbólico unos deseos actuales, por lo general también eróticos»
(Rank, 1910a [pág. 519]).
    [*Agregado* en 1925:] En ninguna parte he dicho que yo suscri-
biera esta fórmula de Rank. A mi juicio basta la versión más breve
expuesta en el texto. Pero el solo hecho de que yo citase la modificación de Rank fue suficiente para atraerle al psicoanálisis este reproche, repetido innumerables veces: afirmaría que *todos los sueños
tienen contenido sexual.* Si alguien entiende ese enunciado caprichosamente no hará sino probar la falta de escrúpulos con que proceden los críticos en sus asuntos y la proclividad de los oponentes
a descuidar las manifestaciones más claras cuando no se compadecen
con sus tendencias agresivas, pues unas páginas antes [págs. 146 y
sigs.] yo había mencionado los múltiples cumplimientos de deseo
de los sueños infantiles (hacer una excursión o un viaje por el lago,
obtener una comida vedada, etc.), y en otros lugares me ocupé de
los sueños de hambre [pág. 150, *n.* 11], de los sueños por estímulo

Nos restan todavía los sueños de angustia como subvariedad particular de los sueños de contenido penoso, y cuya aceptación como sueños de deseo tropezará con la máxima renuencia en las personas no esclarecidas. No obstante, puedo omitir aquí los sueños de angustia; no es un nuevo aspecto del problema del sueño el que se nos mostraría en ellos, sino que está en juego la comprensión de la angustia neurótica en general. La angustia, tal como la sentimos en el sueño, sólo en apariencia se explica por el contenido de este. Cuando sometemos a interpretación el contenido onírico, reparamos en que la angustia del sueño no puede justificarse por el contenido de este más que pueda serlo, por ejemplo, la angustia de una fobia por la representación de que ella depende. Es cierto que podemos caernos por la ventana, y por eso hay razones para que nos acerquemos a ella con precaución; pero esto no nos explica el que la angustia sea tan grande en la fobia correspondiente y persiga al enfermo mucho más allá de su ocasión real.[29] Esta misma aclaración vale, entonces, tanto para la fobia cuanto para el sueño de angustia. En ambos casos la angustia solamente está *soldada* a la representación concomitante, pero brota de otra fuente.

A causa de ese íntimo enlace de la angustia onírica con la angustia neurótica debo posponer aquí la elucidación de la primera hasta que aborde la segunda. En un breve ensayo sobre la «neurosis de angustia» (1895*b*) afirmé en su momento que la angustia neurótica brota de la vida sexual y corresponde a una libido desviada de su destinación y que no llegó a emplearse.[30] Desde entonces esta fórmula se mostró cada vez más convincente. Ahora bien, de ella puede derivarse esta tesis: los sueños de angustia son sueños de contenido sexual en los que la libido que les corresponde se ha

de sed [págs. 143-4] y por estímulo de excreción, y de los sueños de pura comodidad [págs. 144-5]. Tampoco Rank sostiene una aseveración absoluta. Dice «por lo general también eróticos», y esto puede corroborarse en la mayoría de los sueños de adultos.

Otra cosa sería si se usara «sexual» en el sentido, corriente en el psicoanálisis, de «Eros». Pero los oponentes apenas han advertido el interesante problema de saber si no todos los sueños son creados por fuerzas impulsoras «libidinosas» (a diferencia de las «destructivas»). [Cf. *El yo y el ello* (Freud, 1923*b*), capítulo IV.]

[29] [Freud se refiere a esta forma particular de fobia, el temor a caer de las ventanas, en una carta a Fliess del 12 de diciembre de 1896 (Freud, 1950*a*, Carta 53), y también —mucho después— en su artículo «Sueño y telepatía» (1922*a*).]

[30] [Las opiniones posteriores del autor sobre la relación entre libido y angustia se encontrarán en *Inhibición, síntoma y angustia* (1926*d*).]

mudado en angustia. Más adelante se nos presentará la ocasión de reforzar esta tesis mediante el análisis de algunos sueños de neuróticos.[31] Además, en mis ulteriores intentos de acercarme a una teoría del sueño habré de referirme nuevamente a la condición de los sueños de angustia y su compatibilidad con la teoría del cumplimiento de deseo.

[31] [Evidentemente, Freud cambió de idea sobre este punto: cf. *infra*, **5**, págs. 571 y sigs., donde, sin embargo, se analizan dos sueños de angustia y vuelve a reexaminarse en su totalidad el tema de los sueños de angustia.]

V. El material y las fuentes del sueño

Cuando por el análisis del sueño de Irma llegamos a conocer que el sueño es cumplimiento de deseo, el primer interés que se apoderó de nosotros fue averiguar si con ello habíamos descubierto un carácter general del sueño. Pospusimos entonces, provisionalmente, todas las otras curiosidades científicas que pudieran haberse despertado en nosotros en el curso de ese trabajo de interpretación. Ahora, después que hemos alcanzado nuestro objetivo por un camino, estamos autorizados a regresar y escoger un nuevo punto de partida para nuestras excursiones por los problemas del sueño, aunque a tal fin debemos perder de vista por un momento el tema del cumplimiento de deseo, que en modo alguno hemos agotado todavía.

Puesto que por aplicación de nuestro procedimiento para interpretar los sueños podemos descubrir un contenido onírico *latente* que supera con mucho en significatividad al contenido *manifiesto*, tiene que urgirnos el retomar los problemas singulares del sueño a fin de investigar si ahora no podemos solucionar satisfactoriamente enigmas y contradicciones que hubieron de parecer inaprehensibles mientras no se conoció sino el contenido manifiesto.

Las puntualizaciones de los autores sobre el nexo del sueño con la vida de vigilia y sobre el origen del material onírico quedaron consignadas con detalle en las secciones introductorias [capítulo I, secciones A y C]. Recordamos también aquellas tres propiedades de la memoria onírica [sección B], notadas tantas veces, pero que no han sido explicadas:

1. Que el sueño prefiere claramente las impresiones del día anterior [págs. 44-5]. (Robert [1886, pág. 46], Strümpell [1877, pág. 39], Hildebrandt [1875, pág. 11], y también Hallam y Weed [1896, págs. 410-1].)

2. Que practica una selección siguiendo otros principios que los de nuestra memoria de vigilia, puesto que no recuerda lo esencial e importante, sino lo accesorio e inadvertido [págs. 44 y sigs.].

3. Que tiene a su disposición las impresiones más tempranas de nuestra infancia y aun saca a luz detalles de ese período de nuestra vida que, otra vez, nos parecen triviales y en la vigilia fueron relegados al olvido desde hace mucho tiempo [págs. 42 y sigs.].[1]

Estas particularidades en la selección del material onírico han sido observadas por los autores, desde luego, en el contenido manifiesto de los sueños.

[1] Claro está que la concepción de Robert [1886, págs. 9-10] según la cual el sueño está destinado a aligerar nuestra memoria de las impresiones nimias del día [cf. *supra*, págs. 102 y sigs.] no puede sostenerse si en el sueño aparecen, con alguna regularidad, imágenes mnémicas indiferentes de nuestra infancia. En tal caso, habría que concluir que el sueño suele desempeñar muy insatisfactoriamente la tarea que se le encomendó.

A. Lo reciente y lo indiferente en el sueño

Si ahora, con relación al origen de los elementos que emergen en el contenido de los sueños, hago contribuir a mi propia experiencia, debo establecer en primer lugar esta tesis: En todo sueño se descubre un anudamiento con las vivencias de la *víspera*. Y cualquiera que fuese el sueño considerado, propio o ajeno, siempre se me corroboró esta experiencia. En conocimiento de este hecho, puedo empezar la interpretación investigando primero las vivencias diurnas que suscitaron el sueño; y en muchos casos es justamente ese el camino más directo.[1] En los dos sueños que en el capítulo anterior sometí a un análisis preciso (el de la inyección de Irma y el de mi tío de la barba dorada), la relación con la víspera es tan patente que huelga todo esclarecimiento ulterior. No obstante, para mostrar la regularidad con que puede probarse esa relación, estudiaré acto seguido un fragmento de mi propia crónica onírica. Comunico los sueños sólo hasta donde lo requiere el descubrimiento de las fuentes buscadas.

1. *Hago una visita a una casa donde no me dejan pasar sino con dificultades,* etc.; *entretanto, dejo a una mujer* ESPERÁNDOME.
Fuente: Conversación con una parienta por la tarde, sobre que ella debía *esperar,* por la compra que solicitaba hacer, hasta que... etc.
2. *Tengo escrita una* MONOGRAFÍA *sobre una cierta variedad* (indeterminada) *de plantas.*
Fuente: A media mañana, en el escaparate de una librería, había visto una *monografía* sobre el género «ciclamen». [Cf. págs. 186 y sigs.]
3. *Veo dos mujeres por la calle,* MADRE E HIJA, *siendo la segunda mi paciente.*
Fuente: Una paciente que tenía bajo tratamiento me comunicó la tarde anterior las dificultades que su *madre* oponía a la continuación del tratamiento.
4. *En la librería de S. y R. me suscribo a una publicación periódica que cuesta por año* VEINTE FLORINES.
Fuente: Mi mujer me recordó el día anterior que todavía le estoy debiendo los *veinte florines* de la asignación semanal.
5. *Recibo una* CARTA *del* COMITÉ *socialdemócrata en la que se me da el trato de* AFILIADO.

[1] [Los diferentes modos de comenzar la interpretación de un sueño se examinan en la sección I de «Observaciones sobre la teoría y la práctica de la interpretación de los sueños» (Freud, 1923c).]

Fuente: He recibido al mismo tiempo *cartas* del *comité* electoral liberal y de la junta directiva de la Unión Humanitaria, de la que soy efectivamente *afiliado*.

6. Un *hombre sobre un* PEÑASCO ESCARPADO EN MEDIO DEL MAR, A LA MANERA DE LAS PINTURAS DE BÖCKLIN.

Fuente: Dreyfus* en la *isla del Diablo,* y al mismo tiempo noticias de mis parientes de *Inglaterra,* etc.

Podría preguntarse si el sueño se enlaza infaliblemente con acontecimientos del día anterior, o puede extenderse a impresiones de un lapso mayor dentro del pasado reciente. Este asunto probablemente no pueda reclamar para sí una importancia de principio, pero yo me inclinaría por el privilegio exclusivo de la víspera del sueño (el día del sueño). Cada vez que creí descubrir la fuente del sueño en una impresión de dos o tres días antes, pude convencerme, después de una búsqueda más cuidadosa, que había vuelto a ser recordada la víspera (vale decir: entre el día del acontecimiento y el momento del sueño, en la víspera de este, se había intercalado una reproducción {*Reproduktion*} comprobable); además, pude demostrar la ocasión reciente que llevó a recordar la impresión más antigua.

En cambio,[2] no pude convencerme de que entre la impresión diurna excitadora y su reaparición en el sueño trascurra un intervalo regular de significación biológica (como el primero de este tipo, H. Swoboda menciona dieciocho horas).[3]

* {«Dreyfus» podría entenderse «*drei-füsse*», «tres pies»; el apellido «Böcklin» sugiere «cabrito».}

[2] [Este párrafo se agregó en 1909.]

[3] [*Nota agregada* en 1911:] Como lo he comunicado en un apéndice al primer capítulo (pág. 116), H. Swoboda [1904] ha trasferido en amplia escala al acontecer anímico los intervalos biológicos de 23 y 28 días descubiertos por W. Fliess [1906]; en particular, ha afirmado que esos lapsos son decisivos para la emergencia de los elementos en los sueños. La interpretación de los sueños no se alteraría esencialmente si pudiera demostrarse una cosa así, pero se obtendría una nueva fuente para el origen del*material onírico. Ahora bien, recientemente he hecho algunos experimentos con sueños propios a fin de examinar la aplicabilidad de la «doctrina de los períodos» al material onírico, y para ello escogí elementos particularmente llamativos del contenido del sueño, cuya aparición en la vida diurna podía determinarse temporalmente con certeza.

I. SUEÑO DEL 1º/2 DE OCTUBRE DE 1910

(Fragmento) ... *En algún lugar de Italia. Tres hijas me muestran pequeñas joyas, como en una tienda de anticuario, y al hacerlo se me sientan en el regazo. A raíz de una de las piezas, digo: «Eso lo*

También H. Ellis [1911*a*, pág. 224], quien prestó atención a este problema, indica que no pudo hallar en sus sueños
semejante periodicidad de la reproducción «por más que
me empeñé en ello». Cuenta un sueño en el que se encontraba en España y quería viajar a un lugar: *Daraus*, *Varaus*
o *Zarauz*. Despierto, no pudo recordar ningún lugar de ese

tienen de mí». Y veo nítidamente una máscara de perfil con los afila-
dos rasgos de Savonarola.

¿Cuándo vi por última vez la imagen de Savonarola? Según consta
en mi cuaderno de viaje, el 4 y 5 de setiembre en Florencia; ahí me
propuse mostrar a mi compañero de viaje el medallón con los rasgos
del monje fanático en el pavimento de la Piazza Signoria, en el lugar
donde halló la muerte en la hoguera; y creo que el 3 [en las ediciones
más recientes figura como fecha el día «5»; es un error de imprenta]
por la mañana se lo enseñé. Es cierto que desde esta impresión hasta
su reaparición en el sueño corren 27 + 1 días, un «período femenino» según Fliess. Pero, por desdicha para el carácter probatorio de
este ejemplo, debo consignar que *el mismo día del sueño* recibí la
visita (por primera vez desde mi regreso) de un meritorio pero
adusto colega a quien años antes yo había puesto el mote de «rabí
Savonarola». Me traía un enfermo accidentado en el expreso de Pon-
tebba, en el que yo mismo había viajado ocho días antes, y así hizo
que volviera mis pensamientos a mi último viaje a Italia. La aparición del llamativo elemento «Savonarola» en el contenido onírico se
aclara por la visita de este colega el día del sueño, y el intervalo de
veintiocho días pierde su significación respecto de su proveniencia.

II. Sueño del 10/11 de octubre [de 1910]

Trabajo de nuevo en química en el laboratorio de la Universidad.
El consejero áulico L. me invita a ir a un lugar, y se adelanta por el
corredor llevando frente a sí en la mano levantada una lámpara o
algún otro instrumento como con agudeza {scharfsinning} (?) (¿con
vista aguda {scharfsichtig}?), en extraña actitud, con su cabeza pro-
yectada hacia adelante. Pasamos después por un lugar despejado...
(el resto, olvidado).

Lo más llamativo en el contenido de este sueño es la manera en
que el consejero áulico L. lleva frente a sí la lámpara {*Lampe*} (o la
lupa {*Lupe*}), acechando con la vista en la lejanía. Hace ya muchos
años que no veo a L., pero ahora ya sé que es sólo una persona
sustitutiva de otra, más grande: se trata de Arquímedes, cuya estatua
situada cerca de la fuente de Aretusa, en Siracusa, tiene exactamente la misma apariencia que él en el sueño y toma de ese modo el
espejo ustorio, acechando al ejército sitiador de los romanos. ¿Cuándo vi este monumento por primera vez (y por última vez)? Según
mis apuntes, fue el 17 de setiembre por la tarde, y desde esta fecha
hasta el sueño trascurrieron de hecho 13 + 10 = 23 días, un «período masculino» según Fliess.

Por desdicha, profundizando en la interpretación del sueño, también esta relación pierde parte de su carácter concluyente. La ocasión
del sueño fue la noticia, que recibí el día del sueño, de que la
clínica en cuya sala de conferencias yo pronunciaba las mías en calidad de invitado se trasladaría próximamente a otra parte. Supuse
que el nuevo local sería muy incómodo, me dije que sería como

nombre y desechó el sueño. Meses después encontró en efecto el nombre de *Zarauz*: era el de una estación entre San Sebastián y Bilbao por la cual había pasado en el tren 250 días antes del sueño.[4]

Es mi opinión, entonces, que para todo sueño existe un excitador entre aquellas vivencias después de las cuales «no se ha consultado aún con la almohada». Por tanto, las impresiones del pasado más reciente (exceptuadas las de la víspera) no muestran con el contenido del sueño una rela-

si yo no dispusiera de ninguna sala de conferencias, y desde ahí mis pensamientos se vieron llevados hasta los principios de mi actividad docente, cuando realmente no tenía ninguna sala de conferencias y en mis empeños por procurarme una hallé escasa acogida entre los poderosos señores consejeros áulicos y profesores. Acudí entonces a L. [el profesor Ernst Ludwig, decano en 1886-87 y 1891-92; cf. la *Presentación autobiográfica de Freud* (1925*d*), *AE*, **20**, pág. 15], quien precisamente ostentaba el cargo de decano y a quien yo consideraba un protector, para quejarme de mi penuria. Me prometió ayuda, pero después no dio más noticias de sí. En el sueño él es Arquímedes, quien me da un ποῦ στῶ {punto de apoyo} y me guía al otro local. El experto en interpretaciones colegirá fácilmente que en los pensamientos oníricos no faltan ni el afán de venganza ni una conciencia de grandeza. Pero me veo forzado a este juicio: sin la mencionada ocasión del sueño, Arquímedes difícilmente habría llegado al sueño esa noche; y no estoy seguro de que la fuerte y todavía reciente impresión de la estatua de Siracusa no podría haberse hecho valer también en algún otro intervalo de tiempo.

III. Sueño del 2/3 de octubre de 1910

(Fragmento) ... *Algo sobre el profesor Oser, quien ha confeccionado por sí mismo el menú para mí, lo que tiene un efecto muy tranquilizador...* (el resto, olvidado).

El sueño es la reacción frente a un trastorno digestivo de ese día, que me hizo pensar si no debía acudir a un colega para que me prescribiese una dieta. El que en el sueño yo acudiese a Oser, fallecido durante el verano, se anuda a la muerte, ocurrida muy poco antes (el 1º de octubre) de otro profesor universitario a quien yo apreciaba mucho. Ahora bien, ¿cuándo falleció Oser, y cuándo me enteré de su muerte? Según la referencia de los periódicos, él murió el 22 de agosto; como yo me encontraba por entonces en Holanda, adonde hago que me envíen regularmente la *Wiener Zeitung*, tengo que haber leído la noticia de su muerte el 24 o el 25 de agosto. Pero este intervalo ya no corresponde a ningún período, abarca $7 + 30 + 2 = 39$ días o quizá 40 días. No puedo recordar que en el intervalo haya hablado de Oser o pensado en él.

Intervalos de esta clase, que la doctrina de los períodos no puede utilizar sin retocarlos, son muchísimo más frecuentes en mis sueños que los regulares. Lo único constante que hallo es la relación, aseverada en el texto, con una impresión del día del sueño.

[4] [Este párrafo se agregó en 1914.]

ción diferente que otras impresiones de épocas todo lo remotas que se quiera. El sueño puede tomar su material de
cualquier época de la vida, con tal que desde las vivencias
del día del sueño (las impresiones «recientes») hasta aquellas más lejanas corra un hilo de pensamiento.

Ahora bien, ¿a qué se debe la preferencia por las impresiones recientes? Podremos hacer algunas conjeturas sobre
este punto si sometemos a análisis preciso uno de los sueños
antes citados [pág. 182]. Escojo el

Sueño de la monografía botánica

*Tengo escrita una monografía sobre una cierta planta. El
libro yace frente a mí, y estoy hojeando una lámina en colores doblada. Acompaña a cada ejemplar un espécimen desecado de la planta, a la manera de un herbario.*

ANÁLISIS

Esa mañana había visto en el escaparate de una librería
un nuevo libro que llevaba este título: *El género ciclamen*;
evidentemente, una *monografía* sobre esa planta.

Ciclamen es la *flor preferida* de mi mujer. Me reprocho
acordarme tan rara vez de *llevarle flores*, como ella lo desearía. — Con motivo del tema «llevar flores» recuerdo una
historia que no ha mucho conté en el círculo de mis amigos
y aduje como prueba de mi tesis según la cual el olvido es,
con harta frecuencia, la ejecución de un propósito inconciente y en todo caso permite una inferencia acerca de la
intención secreta del olvidadizo.[5] Una joven señora, habituada a que su marido le obsequiase un ramo de flores para
su cumpleaños, echó de menos esa muestra de ternura en
uno de esos aniversarios y rompió a llorar. Llegó el marido,
y no atinó a explicarse su llanto hasta que ella le dijo: «Hoy
es mi cumpleaños». Diose un golpe en la frente y exclamó:
«Discúlpame, lo había olvidado por completo». Y quiso
salir enseguida a traerle *flores*. Pero ella no se dejó consolar,
porque vio en el olvido de su marido una prueba de que
ella ya no ocupaba en sus pensamientos el mismo lugar que
antes. — Esta señora L. encontró a mi mujer hace dos días;

[5] [La teoría en cuestión fue dada a conocer por Freud pocos meses
después de la fecha del sueño, en su trabajo «Sobre el mecanismo
psíquico de la desmemoria» (1898*b*), e incorporada luego a su *Psicopatología de la vida cotidiana* (1901*b*).]

le comunicó que se sentía bien y le pidió noticias de mí. Años antes la había tenido yo bajo tratamiento.

Otro punto de abordaje: De hecho, alguna vez he escrito algo parecido a una *monografía* sobre una planta, a saber, un ensayo sobre la *planta de la coca* [1884*e*], que puso a K. Koller en la pista de la propiedad anestésica de la cocaína. Yo mismo había indicado en mi publicación ese empleo del alcaloide, pero no fui lo bastante cuidadoso como para seguir estudiando la cuestión. [Cf. pág. 132, *n.* 19.] Sobre eso se me ocurre que la mañana del día siguiente al sueño (para cuya interpretación sólo hallé tiempo al final de la tarde) había pensado en la cocaína, en una suerte de fantasía diurna. Si debiera yo padecer de glaucoma, viajaría a Berlín y allí, en casa de mi amigo berlinés [Fliess], me haría operar de incógnito por un médico que él me recomendó. El cirujano, que no sabría quién era yo, encomiaría otra vez la facilidad con que se realizan estas operaciones después de la introducción de la cocaína; por ningún gesto dejaría yo traslucir que he tenido participación en ese descubrimiento. A esta fantasía siguieron pensamientos sobre lo incómodo que es para el médico solicitar para sí mismo los servicios de sus colegas. Al oculista de Berlín, que no me conoce, yo podría abonarle como lo haría cualquier otro paciente. Sólo después de rememorar ese sueño diurno observé que tras él se encubría el recuerdo de una vivencia determinada. En efecto, poco después del descubrimiento de Koller, mi padre enfermó de glaucoma; fue operado por mi amigo, el médico oculista doctor Königstein; el doctor Koller tomó a su cargo la anestesia por cocaína, y después hizo la observación de que en ese caso habían estado reunidas las tres personas que participaron en la introducción de la cocaína.

Mis pensamientos se dirigen ahora al momento en que he recordado por última vez esta historia de la cocaína. Ello ocurrió hace unos días, cuando cayó en mis manos un volumen conmemorativo con que alumnos agradecidos quisieron honrar a su profesor y director de laboratorio.[6] Entre los títulos de gloria de este último, se mencionaba que allí había descubierto el doctor K. Koller la propiedad anestésica de la cocaína. De pronto observo que mi sueño se enlaza con una vivencia del atardecer del día anterior. Justamente había acompañado hasta su casa al doctor Königstein, con quien

[6] [Este volumen conmemorativo fue publicado en homenaje al profesor Stricker, director del Instituto de Anatomía Patológica, donde el doctor Gärtner fue asistente y Freud trabajó en sus días de estudiante.]

me había ensarzado en una conversación sobre un asunto que me excita vivamente cada vez que se toca. Estando yo de pie con él en el zaguán de entrada a su casa, llegó el profesor *Gärtner* {*jardinero*} con su joven esposa. No pude refrenarme y di a ambos mi enhorabuena, diciéndoles que se los veía *florecientes*. Ahora bien: el profesor Gärtner es uno de los autores del volumen conmemorativo de que antes hablé, y muy bien pudo hacer que este me viniera a la memoria. También la señora L., cuya desilusión el día de su cumpleaños conté poco antes, había sido mencionada en la conversación con el doctor Königstein, aunque a propósito de otra cosa.

Intentaré interpretar asimismo las otras especificaciones del contenido del sueño. Un *espécimen desecado* de la planta acompañaba a la monografía, como si se tratara de un *herbario*. Con el herbario asocio un recuerdo de la escuela media. Nuestro director convocó cierta vez a los alumnos de los cursos superiores para confiarles la revisión y limpieza del herbario del instituto. Es que se habían descubierto pequeños gusanos: polillas.* No parece haber confiado en mi ayuda, pues me entregó unas pocas hojas. Todavía hoy sé que eran crucíferas. Nunca mantuve una relación particularmente íntima con la botánica. En mi examen de botánica me presentaron otra vez una crucífera para clasificar y... no la reconocí. Me hubiera ido mal de no venir en mi auxilio mis conocimientos teóricos. Las crucíferas me hacen pensar en las compuestas. Y en verdad el alcaucil es una compuesta, justamente la que podría llamar *mi flor preferida*. Más cortés que yo, mi mujer suele traerme del mercado esta flor de mi predilección.

Veo *frente a mí* la monografía que tengo escrita. Tampoco esto es algo desligado. Mi amigo, el de la imaginación visual [Fliess], me escribió ayer desde Berlín: «Me ocupo mucho de tu libro sobre los sueños. *Lo veo terminado frente a mí, y yo lo hojeo*».[7] ¡Cómo le he envidiado este don de videncia! ¡Si pudiera yo también verlo terminado frente a mí!

La lámina en colores, plegada: En mis tiempos de estudiante de medicina padecí mucho por mi afán de aprender exclusivamente en *monografías*. A pesar de mis limitados recursos, me procuré muchas publicaciones médicas cuyas *láminas en colores* eran mi delicia. Estaba orgulloso de esta

* {En alemán, «*Wurm*» («gusano») y «*Bücherwurm*» («polilla», pero también «gusano de biblioteca»).}

[7] [La respuesta de Freud a esta carta de Fliess está fechada el 10 de marzo de 1898 (Freud, 1950a, Carta 84); de manera que el sueño debe de haber ocurrido uno o dos días antes.]

tendencia mía al rigor. Y después, cuando yo mismo empecé a publicar, hube de dibujar las láminas de mis ensayos, y sé que una de ellas resultó tan pobre que me atrajo las burlas de un colega benévolo. A esto se suma, no sé muy bien cómo, un recuerdo de infancia muy temprano. Mi padre se divirtió cierta vez, dejándonos a mí y a la mayor de mis hermanas un libro con *láminas en colores* (descripción de un viaje a Persia) para que lo destrozáramos. Pedagógicamente fue algo apenas justificable. Yo tenía entonces cinco años, y mi hermana, menos de tres; y la imagen que tengo de nosotros, niños, deshojando dichosos ese libro (hoja por hoja, *como un alcaucil*, no puedo menos que decir) es casi la única que me ha quedado como recuerdo plástico de esa época de mi vida. Después, siendo estudiante, se desarrolló en mí una predilección franca por coleccionar y poseer libros (que, análogamente a la tendencia a estudiar en monografías, era una *afición*, como ocurre en los pensamientos del sueño con respecto al ciclamen y al alcaucil). Me convertí en un *gusano de biblioteca* (cf. el *herbario*). Desde que comencé a reflexionar sobre mí mismo, he reconducido siempre esa primera pasión de mi vida a aquella impresión infantil; mejor dicho: he reconocido que esa escena infantil es un «recuerdo encubridor» de mi posterior bibliofilia.[8] Desde luego, también muy pronto supe que las pasiones {*Leidenschaften*} fácilmente nos hacen padecer {*leiden*}. A los dieciséis años llegué a tener una respetable deuda con un librero, pero no los medios para saldarla, y mi padre apenas admitió como disculpa que mis inclinaciones no me hubieran hecho caer en algo peor. Pero la mención de esta vivencia de adolescente me retrotrae enseguida a mi conversación con el doctor Königstein. Es que sobre reproches parecidos, a saber, que me dejo llevar demasiado por mis *aficiones*, versó también la conversación que mantuvimos al atardecer del día del sueño.

Por razones que aquí no vienen al caso, no proseguiré la interpretación de este sueño, sino que me limitaré a indicar el camino que lleva a ella. Durante el trabajo de interpretación recordé la charla con el doctor Königstein, y por cierto varios de sus pasajes. Si tengo presentes las cosas que se tocaron en ella, se vuelve para mí comprensible el sentido del sueño. Todas las ilaciones de pensamiento esbozadas acerca de las aficiones de mi mujer y de las mías, de la cocaína, de las dificultades del tratamiento médico entre colegas, de mi predilección por los estudios monográficos y mi descuido de ciertas disciplinas como la botánica, todo eso encuentra des-

8 Véase mi artículo «Sobre los recuerdos encubridores» (1899*a*).

189

pués su continuación y desemboca en alguno de los hilos de aquella charla tan ramificada. El sueño cobra de nuevo el carácter de una justificación, de un alegato hecho en mi defensa, como lo tuvo el sueño analizado en primer lugar, el de la inyección de Irma; y aun prosigue el tema allí iniciado y lo elucida con un material nuevo, que vino a sumarse en el intervalo que trascurrió entre ambos sueños. Hasta la forma de expresión del sueño, indiferente en apariencia, cobra cierto acento. Ahora quiero decir: «Soy el hombre que tiene escrito el valioso y exitoso tratado (sobre la cocaína)», así como entonces aduje para justificarme: «Soy un universitario capaz y aplicado»; en ambos casos, por tanto: «Tengo derecho a permitirme eso». Ahora bien, aquí puedo renunciar a los detalles de la interpretación del sueño, pues sólo me movió a comunicarlo el propósito de investigar, en un ejemplo, la relación del contenido onírico con la vivencia suscitadora de la víspera. Mientras de este sueño no conozco sino su contenido manifiesto, sólo me resulta patente su nexo con una impresión diurna; después de hecho el análisis, obtengo una segunda fuente del sueño en otra vivencia del mismo día. La primera de las impresiones con que se relaciona el sueño es indiferente, una circunstancia colateral. Veo en un escaparate un libro cuyo título me roza apenas y cuyo contenido difícilmente pueda interesarme. La segunda vivencia tenía un elevado valor psíquico; he conversado animadamente con mi amigo, el médico oculista, por espacio de una buena hora, haciéndole indicaciones de gran interés para ambos, y en mí surgen recuerdos que llaman mi atención sobre las excitaciones más variadas de mi interioridad. Además, la conversación fue interrumpida, antes que terminara, por la llegada de personas conocidas. Ahora bien, ¿qué relación mantienen las dos impresiones diurnas entre sí y con el sueño que sobrevino por la noche?

Dentro del contenido [manifiesto] del sueño no hallo aludida sino la impresión indiferente, y así puedo corroborar que el sueño recoge con preferencia, en su contenido, episodios circunstanciales de la vida. En cambio, en la interpretación todo lleva a la vivencia importante, la que excita con fundamento. Si sigo el único camino correcto, que es juzgar sobre el sentido del sueño según el contenido latente que el análisis trajo a la luz, impensadamente alcanzo un nuevo e importante conocimiento. Veo desaparecer ese enigma, el de que el sueño se ocupe sólo de los restos ínfimos de la vida diurna; y aun debo contradecir la tesis según la cual la vida psíquica de vigilia no se continúa en el sueño y, por ende, este prodiga actividad psíquica en un material trivial.

Lo contrario es cierto: lo que nos ha reclamado durante el día preside también los pensamientos oníricos, y sólo nos tomamos el trabajo de soñar con aquellas materias que durante el día nos han dado que pensar.

Entonces, ¿por qué soñamos con la impresión diurna indiferente, si es la impresión que nos emociona con fundamento la que ha ocasionado el sueño? La explicación más sencilla es que estamos aquí de nuevo frente a un fenómeno de desfiguración onírica. Hemos referido esta a un poder psíquico que reina como censura. El recuerdo de la monografía sobre el género ciclamen es empleado como si fuera una *alusión* al coloquio con mi amigo, tal y como en el sueño de la comida vedada la mención de la amiga estaba subrogada por la alusión «salmón ahumado» [cf. págs. 166-7]. Sólo cabe preguntarse por los eslabones intermedios que relacionaron, por vía de alusión, la impresión de la monografía y el coloquio con el médico oculista; en efecto, a primera vista no se discierne tal relación. En el ejemplo de la comida vedada esa relación se daba de antemano: el «salmón ahumado» como bocado predilecto de la amiga pertenece, sin más, al círculo de representaciones que la persona de su amiga podía incitar en la soñante. En nuestro nuevo ejemplo trátase de dos impresiones separadas que a primera vista nada tienen en común, como no sea el hecho de que ocurrieron el mismo día. La monografía se me presentó a media mañana, y al atardecer mantuve aquella conversación. He aquí la respuesta que nos ofrece el análisis: esas relaciones primero inexistentes entre ambas impresiones fueron tejidas con posterioridad desde el contenido de representaciones de una hasta el de la otra. Ya he destacado los eslabones intermedios pertinentes cuando expuse el análisis. Con la representación de la monografía sobre el ciclamen se habría enlazado, de no mediar influencias de otro origen, solamente la idea de que esta es la flor predilecta de mi mujer, y quizás el recuerdo del ramo de flores que echó de menos la señora L. No creo que estos pensamientos segundos bastaran para provocar un sueño.

> «*There needs no ghost, my lord, come from the grave
> To tell us this*»*

leemos en *Hamlet*. Pero veamos: en el análisis se recordó que el hombre que perturbó nuestra conversación se llamaba

* {«Para decirnos esto, señor, no hace falta que ningún espectro venga de la tumba» (acto I, escena 5).}

Gärtner {jardinero} y que yo hallé *floreciente* a su mujer; y aun recuerdo ahora, con posterioridad, que una de mis pacientes, que lleva el bello nombre de *Flora*, ocupó un momento el núcleo de nuestra charla. Ha de haber sucedido, entonces, que a través de esos eslabones intermedios del círculo de representaciones de la botánica se cumplió el enlace de las dos vivencias diurnas, la indiferente y la emocionante. Después intervienen otras relaciones, como la de la cocaína, que con buen derecho puede servir de enlace entre la persona del doctor Königstein y una monografía botánica que yo tengo escrita, y ellas refuerzan la fusión de ambos círculos de representaciones en uno solo, con lo cual un fragmento de la primera vivencia puede emplearse como alusión a la segunda.

Doy por descontado que esta explicación será tildada de arbitraria o de artificiosa. ¿Qué habría ocurrido si el profesor Gärtner y su floreciente mujer no se hubiesen presentado, o si la paciente aludida no se llamase *Flora*, sino *Anna*? No obstante, la respuesta es fácil. Si no se hubieran ofrecido estos nexos de pensamiento, con probabilidad se habrían escogido otros. Es bien fácil establecer relaciones de ese género, como pueden demostrarlo las adivinanzas y acertijos con que nos divertimos en la vigilia. El dominio del chiste es ilimitado. Para dar un paso más: si entre esas dos impresiones diurnas no hubieran podido establecerse relaciones intermedias suficientes, el sueño habría sido diverso; otra de las impresiones diurnas indiferentes que nos llegan en multitud y después olvidamos habría ocupado para el sueño el lugar de la «monografía», ligándose con el contenido de la conversación y sustituyendo a esta en el contenido onírico. Si no fue otra que la de la monografía la que tuvo ese destino, se debe sin duda a que era la más adecuada para ese enlace. No hace falta asombrarse, como el Hänschen Schlau {Juanito Listo} de Lessing, de que «en el mundo sean justamente los más ricos los que poseen la mayor cantidad de dinero».[9]

El proceso psicológico por el cual, según nuestra exposición, la vivencia indiferente llega a ocupar el lugar de la que posee valor psíquico debe parecernos todavía dudoso y extraño. En un capítulo posterior [cf. págs. 311-5] tendremos que abordar la explicación más precisa de las peculiaridades de esa operación, en apariencia incorrecta, de

[9] [De uno de los *Sinngedichte* (epigramas en verso) de Lessing. — En págs. 290 y sigs. hay un examen más extenso de este sueño.]

nuestro entendimiento. Aquí nos ocupamos sólo de los resultados del proceso, a suponer el cual nos llevan incontables experiencias que se repiten con regularidad con ocasión del análisis de los sueños. Ahora bien, el proceso es como si se produjese un *desplazamiento* {*Verschiebung*, «descentramiento»} —digamos: del acento psíquico— por la vía de aquellos eslabones intermedios, hasta que representaciones al comienzo cargadas con intensidad *débil*, tomando para sí la carga de otras representaciones investidas [10] más intensamente desde el principio, alcanzan una fortaleza que las vuelve capaces de imponer su acceso a la conciencia. Tales desplazamientos en modo alguno nos maravillan cuando se trata de expedir montos de afecto o, en general, de acciones motrices. Que la solterona solitaria trasfiera su ternura a los animales, que el solterón se convierta en un coleccionista apasionado, que el soldado defienda a costa de su sangre un paño con rayas de colores —la bandera—, que en la relación amorosa un apretón de manos prolongado durante unos segundos provoque dicha o que en el *Otelo* un pañuelo perdido ocasione un estallido de furia, he ahí otros tantos ejemplos de desplazamientos psíquicos que nos parecen inobjetables. Pero que, siguiendo el mismo camino e idénticos principios, se dicte sentencia sobre lo que ha de alcanzar nuestra conciencia y lo que ha de serle escatimado, y por tanto sobre lo que pensamos, nos impresiona como algo patológico y lo llamamos error lógico cuando ocurre en la vida de vigilia. Dejemos entrever aquí lo que será el resultado de consideraciones que tendrán su lugar más adelante: el proceso psíquico que reconocimos en el desplazamiento onírico se dilucidará, no por cierto como perturbado patológicamente, sino como un proceso diverso del normal, de naturaleza más *primaria*.[11]

De tal modo, al hecho de que el contenido onírico acoja restos de vivencias accesorias lo interpretamos como exteriorización de la *desfiguración onírica* (por desplazamiento), y recordamos que en ella hemos discernido una consecuencia de la censura establecida en el paso de una instancia psíquica a otra. Esperamos, entonces, que el análisis de los sueños ha de descubrir por regla general, entre las vivencias diurnas, la fuente onírica efectiva, la significativa psíquicamente y cuyo recuerdo desplazó su acento sobre el recuerdo indiferente. Con esta concepción nos situamos en total oposición a la teoría de Robert [cf. págs. 101 y sigs.], que se ha vuelto inutilizable para nosotros. El hecho que Robert

[10] [Véase mi «Introducción», *supra*, págs. 10-1.]
[11] [Cf. *infra*, **5**, págs. 584 y sigs.]

pretendía explicar no existe; el suponerlo se basó en un malentendido: se omitió remplazar el contenido onírico aparente por el sentido efectivo del sueño. Otra objeción puede hacerse a la teoría de Robert: Si en efecto el sueño tuviera por tarea liberar nuestra memoria, mediante un particular trabajo psíquico, de la «escoria» del recuerdo diurno, nuestro dormir debería ser más atormentado y aplicarse a un trabajo más esforzado que el de nuestra vida mental de vigilia. Es que la cantidad de las impresiones indiferentes del día, de las cuales deberíamos proteger a nuestra memoria, es evidentemente inconmensurable; la noche no bastaría para dominar todo ese cúmulo. Es muy probable que el olvido de las impresiones indiferentes se produzca por sí solo, sin intervención activa de nuestros poderes psíquicos.

No obstante, algo nos advierte que no podemos despedirnos de las ideas de Robert y no considerarlas más.[12] Hemos dejado sin explicar el hecho de que una de las impresiones diurnas indiferentes —en verdad, de la víspera— ofrezca regularmente su contribución al contenido del sueño. Las relaciones entre esa impresión y las fuentes oníricas genuinas situadas en el inconciente no siempre existen de antemano; como vimos, se las establece sólo con posterioridad, al servicio del desplazamiento buscado, en el curso del trabajo del sueño.[13] Por tanto, tiene que haber una necesidad de encaminar las conexiones precisamente hacia la impresión reciente, aunque indiferente: esta tiene que ofrecer una aptitud particular para ello, en virtud de alguna cualidad suya. De lo contrario, sería igualmente viable que los pensamientos oníricos desplazaran su acento a un elemento inesencial de su propio círculo de representaciones.

Las experiencias que siguen pueden ponernos en el camino de la explicación. Si el día nos ha deparado dos o más vivencias dignas de incitar sueños, el sueño unifica la mención de ambas en un todo; obedece a una *compulsión a plasmar con ellas una unidad*. Por ejemplo: Una siesta de verano subí a un vagón de ferrocarril donde encontré a dos conocidos, que sin embargo no se conocían entre sí. Uno era un influyente colega, y el otro, miembro de una familia distinguida a la que yo atendía en calidad de médico. Hice las presentaciones entre estos dos señores, pero durante todo el viaje hube de ser yo quien mantuviera la conversación, de modo que debía entablarla ora con uno, ora con el otro. A mi colega le pedí que diese su recomendación a un conocido de

---

[12] [Cf. *infra*, **5**, pág. 570.]
[13] [Primera mención del concepto, de importancia fundamental, al que se dedica todo el capítulo VI —el más extenso— del libro.]

ambos, que acababa de iniciar su práctica médica. Me objetó que estaba bien convencido de la capacidad del joven, pero que su mala apariencia le dificultaría el ingreso a casas distinguidas. Repliqué: Precisamente por eso necesita de recomendación. Enseguida de esto pregunté al otro viajero por el estado de su tía —la madre de una de mis pacientes—, que por entonces había caído gravemente enferma. La noche de ese viaje soñé que mi amigo joven, para el cual yo había solicitado protección, se encontraba en un salón elegante y pronunciaba, ante una selecta concurrencia en la que yo había reunido a cuantas personas ricas y distinguidas conocía, y con los gestos de un hombre de mundo, una oración fúnebre por la vieja señora (ya muerta, en el sueño), tía del segundo de mis compañeros de viaje. (Confieso francamente que yo no había estado en buenas relaciones con esa señora.) Mi sueño, entonces, había descubierto enlaces entre dos impresiones del día, componiendo por medio de ellas una situación unitaria.

Sobre la base de muchas experiencias parecidas debo sentar esta tesis: Para el trabajo del sueño existe una suerte de constreñimiento a componer en una unidad, en el sueño, todas las fuentes de estímulo onírico existentes.[14]

Ahora consideraré otra cuestión: ¿La fuente excitadora del sueño, a que el análisis nos conduce, debe ser siempre un acontecimiento reciente (e importante)? ¿O puede también asumir el papel de excitadora del sueño una vivencia interior, es decir el recuerdo de un acontecimiento provisto de valor psíquico, o una ilación de pensamientos? La respuesta que innumerables análisis nos proporcionan con la mayor claridad se inclina en el segundo sentido. El excitador del sueño puede ser un proceso interior que durante el día ha devenido reciente de algún modo por el trabajo de pensamiento. Ha llegado el momento de componer en un esquema las diversas condiciones que pueden reconocerse en las fuentes del sueño:

[14] La tendencia del trabajo del sueño a fusionar en una unidad de tratamiento todos los elementos presentes que simultáneamente le interesan ya ha sido notada por muchos autores; entre otros, por Delage (1891, pág. 41) y Delboeuf (1885, pág. 237), quien habla de *rapprochement forcé* {acercamiento forzado}. [Freud mismo había enunciado este principio en el pasaje de *Estudios sobre la histeria* (Breuer y Freud, 1895) citado en mi «Introducción» (*supra*, págs. 7-8). — En este punto fue agregada en 1909 —y se incluyó en todas las ediciones hasta la de 1922, después de la cual fue suprimida— la siguiente oración: «En un capítulo posterior (dedicado al trabajo del sueño) veremos que esta compulsión a combinar es un aspecto de la *condensación*, otro de los procesos psíquicos primarios». (Cf. págs. 240-1 y 287 y sigs.)]

a. Una vivencia reciente y psíquicamente significativa, subrogada directamente en el sueño.[15]

b. Varias vivencias recientes significativas, que el sueño compone como una unidad.[16]

c. Una o más vivencias recientes y significativas que en el contenido del sueño son subrogadas por la mención de una vivencia contemporánea, pero indiferente.[17]

d. Una vivencia interior significativa (recuerdo, ilación de pensamientos) que después, en el sueño, *por regla general* es subrogada por la mención de una impresión reciente, pero indiferente.[18]

Como vemos, para la interpretación del sueño queda establecida en todos los casos una condición: que un elemento del contenido del sueño repita una impresión reciente de la víspera. Esta parte, destinada a operar como subrogación en el sueño, puede pertenecer al círculo de representaciones del genuino excitador del sueño —en calidad de ingrediente esencial o ínfimo de este—, o bien brota del ámbito de una impresión indiferente que ha sido relacionada mediante un enlace más o menos rico con el círculo del excitador del sueño. La aparente diversidad de las condiciones se sintetiza en una sola *alternativa: que se haya realizado o no un desplazamiento*; y aquí observamos que esa alternativa nos ofrece, para explicar los contrastes del sueño, la misma facilidad que a la teoría médica del sueño la serie que va de la vigilia parcial a la vigilia plena de las células cerebrales (cf. págs. 99 y sigs.).

Con relación a nuestra serie, obsérvese además que el elemento provisto de valor psíquico, pero no reciente (la ilación de pensamiento, el recuerdo), puede ser sustituido a los fines de la formación del sueño por un elemento reciente, pero psíquicamente indiferente, con tal que se cumplan estas dos condiciones: 1) que el contenido del sueño se anude con lo vivido recientemente, y 2) que el excitador del sueño siga siendo un proceso provisto de valor psíquico. En un único caso (el caso *a*) las dos condiciones son llenadas por la misma impresión. Y si ahora reparamos en que estas mismas impresiones indiferentes, válidas para el sueño en la medida en que son recientes, pierden esa aptitud tan pronto como

[15] Como en el sueño de la inyección de Irma [págs. 127 y sigs.] y en el sueño de mi tío de la barba dorada [págs. 155 y sigs.].

[16] Como en la oración fúnebre del joven médico [pág. 195].

[17] Como en el sueño de la monografía botánica [págs. 186 y sigs.].

[18] La mayoría de los sueños que tienen mis pacientes durante el análisis son de este tipo.

envejecen en un día (o a lo sumo en varios), no podemos sustraernos a la hipótesis de que el carácter de ser fresca, como tal, presta a una impresión un cierto valor psíquico para la formación del sueño, equivalente a la valencia {*Wertigkeit*} de los recuerdos o las ilaciones de pensamientos en los que recae un acento afectivo. Sólo con nuestras ulteriores reflexiones sobre psicología podremos averiguar aquello en lo cual puede fundarse este valor de las impresiones *recientes* para la formación de los sueños.[19]

De pasada, esto nos llama la atención sobre el hecho de que durante la noche, y sin que nuestra conciencia lo advierta, han de producirse importantes modificaciones en nuestro material mnémico y de representaciones. La exigencia de consultar un asunto con la almohada antes de adoptar una decisión definitiva está, manifiestamente, en un todo justificada. Pero advertimos que, en este punto, desde la psicología del soñar hemos invadido la del dormir; y para dar este paso tendremos todavía ocasiones.[20]

Ahora bien, hay una objeción que amenaza invalidar nuestras últimas conclusiones. Si en el contenido del sueño sólo se admiten impresiones indiferentes en la medida en que sean recientes, ¿cómo es que en él encontramos también elementos de períodos anteriores de la vida y que cuando fueron recientes —según palabras de Strümpell [1877, págs. 40-1]— no poseyeron valor psíquico alguno, por lo cual debieron olvidarse mucho tiempo ha (elementos, por tanto, que no son ni nuevos ni significativos psíquicamente)?

[19] Véase el pasaje sobre la «trasferencia» en el capítulo VII [*infra*, 5, págs. 554 y sigs.].

[20] [*Nota agregada* en 1919:] Una importante contribución sobre el papel desempeñado por el material reciente en la formación del sueño es la que hace O. Pötzl en un trabajo riquísimo en sugerencias (1917). En una serie de experimentos, hizo fijar a los sujetos por medio del dibujo lo que habían aprehendido concientemente de una imagen taquistoscópica. Prestó después atención a los sueños que los sujetos tenían a la noche siguiente, e hizo que figuraran también por medio del dibujo partes apropiadas de aquellos. Resultó entonces sin lugar a dudas que los detalles de la imagen expuesta no aprehendidos por el sujeto habían ofrecido material para la formación del sueño, mientras que los percibidos con conciencia y fijados en el dibujo tras la exposición no aparecían de nuevo en el contenido manifiesto del sueño. El material recogido por el trabajo del sueño fue procesado por él de acuerdo con su conocida manera «arbitraria» —o, mejor, autocrática—, al servicio de las tendencias formadoras del sueño. Las sugerencias de la indagación de Pötzl rebasan con mucho los propósitos de una interpretación de los sueños como la que se intenta en este libro. Sólo apuntaremos, de pasada, la gran diferencia entre esta nueva manera de estudiar experimentalmente al sueño y la grosera técnica anterior, que consistía en introducir en su contenido estímulos perturbadores del dormir. [Cf. pág. 236*n*.]

Esta objeción se resuelve por completo recurriendo a los resultados del psicoanálisis de neuróticos. En efecto, he aquí la solución: En tales casos, el desplazamiento que sustituye el material psíquicamente importante por uno indiferente (tanto para el soñar cuanto para el pensar) ya se ha producido en esos períodos tempranos de la vida y quedó desde entonces fijado en la memoria. Por tanto, aquellos elementos que originariamente fueron indiferentes ya no lo son desde que han tomado sobre sí, por desplazamiento, la valencia de un material que posee significatividad psíquica. Lo que ha permanecido realmente indiferente ya no puede reproducirse en el sueño.

De las disquisiciones que preceden se inferirá con derecho que yo sostengo la tesis de que no existen excitadores oníricos indiferentes, y por tanto no hay sueños inocentes. Y en efecto, con todo rigor y con toda consecuencia esa es mi opinión, prescindiendo de los sueños de los niños y, quizá, de las breves reacciones oníricas frente a sensaciones nocturnas. Pero en todos los demás casos, lo que se sueña puede reconocerse como provisto de significatividad psíquica manifiesta, o bien está desfigurado y ha de juzgárselo sólo después de una interpretación completa del sueño, tras la cual también se dará a conocer como significativo. El sueño no se inquieta por pequeñeces; lo ínfimo no nos perturba mientras dormimos.[21] Los sueños en apariencia inocentes resultan maliciosos si nos empeñamos en interpretarlos; si se me permite la expresión, son «lobos con piel de cordero». Con fundamento puedo esperar que este punto me atraiga objeciones. Por eso someteré aquí a análisis una serie de *«sueños inocentes»* de mi colección, que además me servirán para mostrar el trabajo de la desfiguración onírica.

I

Una joven señora, inteligente y fina, que en su proceder pertenecía al género de personas reservadas, «aguas man-

---

[21] [*Nota agregada* en 1914:] H. Ellis, el amable crítico de *La interpretación de los sueños*, escribe (1911a, pág. 169): «He ahí el punto en que muchos de nosotros ya no podemos seguir a Freud». Sólo que H. Ellis no ha emprendido análisis de sueños y no quiere creer cuán injustificados son los juicios basados en el contenido manifiesto del sueño.

sas»,* cuenta: *He soñado que llegaba tarde al mercado y no conseguía nada ni del carnicero ni de la verdulera.* Un sueño inocente, sin duda. Pero los sueños no tienen ese aspecto. Por eso le pido que me lo cuente con más detalle. He aquí entonces el informe: *Va al mercado con su cocinera, que lleva la canasta. El carnicero le dice, después que ella le pidió algo: «De eso no tenemos más», y pretende darle otra cosa, con esta observación: «Esto también es bueno». Ella lo rechaza y se dirige a la verdulera. Esta quiere venderle una extraña hortaliza, que viene atada en haces pero es de color negro. Ella dice: «A eso no lo conozco, y no lo llevo».*

El anudamiento diurno del sueño es bien simple. En la realidad había llegado tarde al mercado, y no consiguió nada. *La carnicería ya estaba cerrada* se impone como descripción de esa vivencia. Pero atendamos a esto: ¿No es este —o más bien su contrario— un giro muy vulgar que alude a una negligencia en la vestimenta de un hombre?** Por lo demás, la soñante no empleó esas palabras, y quizá las rehuyó; procuremos interpretar las particularidades que el sueño contiene.

Siempre que algo tiene en el sueño el carácter de un dicho, pronunciado u oído y no meramente pensado —lo cual las más de las veces puede distinguirse con seguridad—, brota de dichos de la vida de vigilia, que por cierto han sido tratados como materia prima, fragmentados, levemente modificados, pero sobre todo arrancados de su contexto.[22] En el trabajo de interpretación puede partirse de tales dichos. ¿De dónde viene entonces el dicho del carnicero: *«De eso no tenemos más»*? De mí mismo; unos días antes le había explicado que a «las vivencias infantiles más antiguas *no las tenemos más* como tales, sino que son remplazadas en el análisis por "trasferencias" y sueños».[23] Por ende, yo soy el carnicero, y ella rechaza esas trasferencias al presente de viejos

---

* {Hay en alemán un dicho popular: *«Stille Wasser sind tief»*, «Agua mansa cala hondo».}

** {*«Du hast deine Fleischbank offen»* («Tienes la carnicería abierta»), vulgarismo vienés equivalente al argentino «Tenés la farmacia (o sea, la braugueta) abierta».}

[22] Confróntese, sobre los dichos en el sueño, el capítulo dedicado al trabajo del sueño [**5**, págs. 419 y sigs.]. Uno solo de los autores parece haber reconocido el origen de los dichos oníricos; es Delboeuf (1885, pág. 226), quien los compara con *«clisés»*. [Este sueño se consigna brevemente en *Sobre el sueño* (1901a), *infra*, **5**, pág. 650.]

[23] [Freud se refiere a este pasaje en una nota al pie incluida en su examen de los recuerdos infantiles en el historial del «Hombre de los Lobos» (1918b), *AE*, **17**, pág. 50, *n*. 2.]

modos de pensar y sentir. — ¿Y de dónde viene el dicho del sueño: «*A eso no lo conozco, y no lo llevo*»? Debemos dividirlo para el análisis: «*A eso no lo conozco*», es lo que ella dijo días pasados a su cocinera, con la que había tenido una disputa; pero en esa ocasión había añadido: «*¡Pórtese usted decorosamente!*».*

Es patente aquí un desplazamiento; de las dos frases que espetó a su cocinera, en el sueño recogió la no significativa; pero la sofocada «¡Pórtese usted decorosamente!» es la única que conviene al resto del contenido onírico. Con esas palabras podría reprenderse a alguien que ose hacer proposiciones indecorosas y olvide «cerrar la carnicería». Que realmente estamos sobre la pista de la interpretación lo prueba después la coincidencia con las alusiones compendiadas en el trato con la verdulera. Una verdura que se vende ligada en haces (y que es alargada, como ella agrega con posterioridad), y además negra, ¿puede ser otra cosa que la unificación onírica de espárragos y rábanos negros {berenjenas}? Nadie que sepa de estas cosas necesita que yo le interprete «espárragos», pero incluso la otra verdura {rábanos negros, *schwarzer Rettich*} —usada como represión: «¡Tizón, apártate!» {*Schwarzer, rett'dich!*»}—[24] paréceme referida al mismo tema sexual que colegimos ya en el comienzo, al tomar como ·punto de partida el texto del sueño: «La carnicería estaba cerrada». No interesa discernir aquí todo el sentido de este sueño; nos basta con que posea un sentido y en modo alguno sea inocente.[25]

---

* {Hay aquí un juego de palabras entre «no lo llevo» y «pórtese decorosamente», que necesariamente se pierde en la versión castellana. «Llevar» es «*nehmen*», y «portarse decorosamente», «*benehmen*».}

[24] [Probablemente sea esta una reminiscencia de un acertijo gráfico o jeroglífico del tipo que era habitual encontrar en las páginas de *Fliegende Blätter* y otros periódicos humorísticos.]

[25] Para los curiosos anoto que tras el sueño se oculta una fantasía de conducta indecorosa, sexualmente provocadora, de mi parte, y de defensa de parte de la dama. Si a alguien le parece inaudita esta interpretación, yo le recuerdo los numerosos casos en que los médicos han experimentado acusaciones de ese tipo de parte de mujeres histéricas en quienes esa misma fantasía no apareció desfigurada y como sueño, sino que se hizo francamente conciente y se volvió delirante. — [*Agregado* en 1909:] Con este sueño se inició la paciente en el tratamiento psicoanalítico. Sólo más tarde advertí que con él se repetía el trauma inicial del que arrancó su neurosis, y desde entonces he hallado la misma conducta en otras personas que en su infancia sufrieron atentados sexuales y ahora, por así decir, anhelan su repetición en el sueño.

II

Otro sueño inocente de la misma paciente, en algún sentido la contraparte del anterior: *Su marido pregunta: «¿No debemos hacer afinar el piano?». Ella: «No vale la pena, de todos modos hay que forrarle de nuevo los macillos»*. Otra vez la repetición de un acontecimiento real de la víspera. Su marido le hizo esa pregunta y ella respondió algo parecido. Pero, ¿qué significa que lo sueñe? Del piano dice que es una *caja asquerosa* que da *mal sonido*, una cosa que su marido poseía desde antes de casarse,[26] etc., pero la clave para la solución sólo la proporciona el dicho «*No vale la pena*». Este proviene de una visita que hizo ayer a una amiga suya. Allí la exhortaron a despojarse de su chaqueta, y ella se negó con estas palabras: «Gracias, *no vale la pena*, debo partir enseguida». Mientras me contaba esto se me ocurrió que ayer, durante el trabajo de análisis, de pronto llevó la mano a su chaqueta, donde se le había desprendido un botón. Es entonces como si quisiera decir: «Por favor, no mire usted, *no vale la pena*». Así la *caja* se completa como *caja toráxica*, y la interpretación del sueño nos lleva directamente a la época de su desarrollo corporal, cuando empezó a quedar insatisfecha con las formas de su cuerpo. Y aun nos lleva a épocas anteriores si tomamos en cuenta el «*asco*» y el «*mal sonido*» y recordamos la gran frecuencia con que los pequeños hemisferios del cuerpo femenino —a través de una relación de oposición y de sustitución— remplazan a los grandes en la alusión y en el sueño.

III

Interrumpo esta serie para incluir el breve sueño inocente de un joven. Soñó que *volvía a ponerse su abrigo de invierno, lo que es terrible*. Ocasión de ese sueño es, en apariencia, el frío que ha sobrevenido de pronto. Pero un juicio más fino notará que los dos fragmentos del sueño no concuerdan bien, pues ¿cómo podría ser terrible llevar cuando hace frío un saco grueso o pesado? Ya la primera ocurrencia en el análisis desbarató el carácter inocente de este sueño. El joven recordó que el día anterior una señora le había confesado en confianza que su último hijo debía la existencia a un preservativo roto. Ahora reconstruye los pensamientos

---

[26] Una sustitución por lo contrario, como nos lo aclarará la interpretación.

201

que tuvo con ese motivo: Un preservativo delgado es peligroso, y uno grueso es malo. El preservativo es el «sobretodo» con pleno derecho, pues con él se forra todo; así se llama también a un abrigo. Un acontecimiento como el relatado por esa señora sería, por lo demás, «terrible» para nuestro joven, que no era casado.

Volvamos ahora a nuestra inocente soñante.

IV

Mete una vela en el candelero; pero la vela está quebrada, de modo que no se tiene derecha. Las niñas de la escuela dicen que ella es inhábil; pero la celadora dice que no es culpa de ella.

También aquí una ocasión real; ayer, en efecto, introdujo una vela en el candelero; pero no estaba quebrada. Aquí se ha empleado un trasparente simbolismo. La vela es un objeto que estimula los genitales femeninos; si está quebrada de modo que no se tiene derecha, ello significa la impotencia del hombre («no es culpa de ella»). Ahora bien, ¿cómo una joven educada con esmero y ajena a todo lo indecoroso conoce ese uso de las velas? Por casualidad puede indicar la vivencia que le proporcionó ese conocimiento. En una excursión en barco por el Rin, pasó junto a ellos un bote en que iban estudiantes que con gran gusto cantaban o vociferaban una canción:

> «*Wenn die Königin von Schweden,
> bei geschlossenen Fensterläden
> mit Apollokerzen...*».* [27]

La última palabra no la oyó o no la comprendió. Su marido hubo de darle la explicación requerida. Estos versos se remplazaron después en el contenido del sueño por un recuerdo inocente sobre un encargo que ella una vez en el pensionado ejecutó *inhábilmente*, y ello fue posible por el rasgo común: *los postigos cerrados*. La conexión del tema del onanismo con la impotencia es suficientemente clara. El «Apolo» del contenido latente enlaza este sueño con otro

---

* {«Cuando la reina de Suecia, / los postigos cerrados, / con velas Apolo...».}
[27] [«Apolo» era el nombre de una difundida marca de velas. Los versos pertenecen a una conocida canción de estudiantes que tiene innumerables estrofas similares. La palabra faltante es *«onaniert»* («se masturba»).]

anterior, en el que se hablaba de la virginal Palas. Nada inocente, en verdad.

V

Para que no se piense que es muy fácil inferir de los sueños la trama real de la vida del soñante, añado otro sueño que también parece inocente y proviene de la misma persona. *He soñado algo* —relata— *que efectivamente hice durante el día, a saber, he llenado tanto con libros un pequeño cofre que después me dio trabajo cerrarlo, y he soñado eso tal como efectivamente ocurrió.* Aquí la propia relatora pone el acento en la coincidencia de sueño y realidad.[28] Y bien, todos los juicios de ese tipo acerca del sueño, y las observaciones sobre él, pertenecen regularmente —por más que se hayan procurado un lugar en el pensamiento de vigilia— al contenido latente del sueño, como hemos de corroborarlo más adelante con otros ejemplos.[29] Se nos dice, entonces, que lo que el sueño cuenta ocurrió realmente el día anterior. Sería largo comunicar los caminos por los que se llegó a la ocurrencia, en la interpretación, de recurrir al idioma inglés. Baste decir que de nuevo se trata de una pequeña *box* (cf. el sueño de la niña muerta en la caja, págs. 171-2), la que fue llenada de tal modo que ya no entraba nada. Nada malo, al menos, esta vez.

En todos estos sueños «inocentes» el factor sexual se presenta con harta evidencia como motivo de la censura. No obstante, es este un tema de importancia fundamental que debemos dejar de lado.

[28] [Cf. *supra*, pág. 47, *n*. 6, e *infra*, **5**, págs. 376-7.]
[29] [Cf. **5**, págs. 444 y sigs.]

B. Lo infantil como fuente de los sueños

Como la tercera de las peculiaridades del contenido onírico hemos citado, de acuerdo con todos los autores (salvo
Robert), que en el sueño pueden presentarse impresiones
de la primera infancia de que no parece disponer la memoria de vigilia. Es difícil juzgar cuán rara o cuán frecuentemente sucede esto; y ello es comprensible: el origen de los
elementos correspondientes del sueño no se reconoce al despertar. La prueba de que se trata de impresiones infantiles
debe aportarse entonces por vías objetivas, para lo cual sólo
en raros casos se reúnen las condiciones. Como particularmente probatoria, A. Maury cuenta la historia de un hombre [1878, págs. 143-4, ya citado *supra*, pág. 43] que decidió un día visitar su lugar de nacimiento después de más de
veinte años de ausencia. La noche anterior a la partida soñó
que estaba en un lugar totalmente desconocido y allí, en la
calle, encontraba a un señor desconocido con quien conversaba. Ya en la casa paterna pudo convencerse de que ese lugar desconocido estaba muy próximo a su ciudad natal; existía entonces en la realidad, y también el hombre desconocido
del sueño resultó ser un amigo de su padre (ya fallecido),
que aún vivía allí. Convincente prueba de que a ambos,
hombre y lugar, los había visto en su infancia. Por lo demás,
el sueño ha de interpretarse como un sueño de impaciencia,
como el de la joven que llevaba en su bolsillo el billete para
el concierto (págs. 170-1), el de la niña a quien su padre había prometido una excursión a Hameau (págs. 148-9), etc.
Desde luego, sin análisis no pueden descubrirse los motivos
que llevan al soñante a reproducir precisamente esa impresión de su infancia.

Uno de mis discípulos, que se gloriaba de que muy raras veces sus sueños sufrían la desfiguración onírica, me comunicó que tiempo atrás había visto en sueños a *su antiguo
preceptor acostado en la cama de la niñera* que estuvo en su
casa hasta que él cumplió once años. Y aun en el sueño le
pareció reconocer el lugar preciso de esta escena. Vivamente
interesado contó el sueño a su hermano mayor, quien le corroboró riendo la realidad de lo soñado; se acordaba muy
bien, porque entonces tenía seis años. La pareja, cuando las
circunstancias eran propicias para un comercio nocturno, em-
borrachaba con cerveza al mayor de los chicos. El menor,
que tenía a la sazón tres años (nuestro soñante) y dormía
en la habitación de la niñera, no era considerado un estorbo.

Todavía en otro caso puede establecerse con certeza, y sin
el concurso de la interpretación del sueño, que este contiene

elementos de la infancia, a saber: cuando es uno de los llamados *recurrentes*, que, soñado por vez primera en la niñez, se reitera después de tiempo en tiempo en el sueño del adulto.[1] A los ejemplos conocidos de esta clase puedo agregar algunos que han llegado a mi conocimiento aunque yo mismo nunca he experimentado sueños recurrentes de ese tipo. Un médico ya en la treintena me contó que en su vida onírica, desde los primeros tiempos de su niñez hasta hoy, le aparecía con frecuencia un león amarillo sobre el que podía dar la descripción más precisa. Es el caso que a ese león, que le era familiar por sus sueños, lo encontró un día *in natura*: era un objeto de porcelana hacía tiempo olvidado; y el joven supo por su madre que ese objeto era el juguete predilecto de su primera infancia, de lo cual él mismo ya no podía acordarse.[2]

Si ahora pasamos del contenido manifiesto a los pensamientos del sueño que sólo el análisis descubre, comprobaremos con asombro la cooperación de vivencias infantiles aun en sueños cuyo contenido no habría suscitado semejante sospecha. A mi respetable colega del «león amarillo» debo un ejemplo particularmente amable e instructivo de un sueño así. Después de leer el diario de viaje de Nansen sobre su expedición al Polo, ¡soñó que en un desierto de hielo aplicaba tratamiento galvánico al osado explorador a causa de una ciática que le aquejaba! En el análisis de este sueño recordó una historia de su infancia, sin la cual el sueño permanecería incomprensible. Cuando tenía tres o cuatro años oyó cierta vez, curioso, que los adultos hablaban de viajes de descubrimiento y preguntó después a su papá si esa era

[1] [Cf. *supra*, pág. 69n. En el «Fragmento de análisis de un caso de histeria» (Freud, 1905e), *AE*, **7**, págs. 80-1, se hallarán algunas observaciones sobre los sueños «recurrentes». Cf. *infra*, **5**, págs. 570-1n.]

[2] [En la primera edición (1900) se agregaba en este punto otro sueño. En *GS*, **3** (1925), pág. 38, se comenta en una nota que ese sueño fue correctamente omitido en todas las ediciones subsiguientes: «Los sueños de este tipo son de naturaleza *típica*, y no corresponden a recuerdos sino a fantasías, cuyo significado no es difícil adivinar». He aquí el pasaje suprimido: «Una de mis pacientes tuvo el siguiente sueño —una escena cargada de angustia— cuatro o cinco veces a los treinta y ocho años de edad. Era perseguida, huía hacia una habitación, cerraba la puerta, y luego la volvía a abrir y sacaba la llave, que había quedado del lado de afuera de la puerta. Tenía la sensación de que si no lo lograba, algo terrible habría de ocurrir. Una vez con la llave en sus manos, cerraba el cuarto por dentro y daba un suspiro de alivio. No pude saber a qué edad había sucedido esta pequeña escena, en la que ella sólo había actuado, por supuesto, como espectadora».]

una enfermedad grave. Manifiestamente había confundido «viajes» {«*Reisen*»} con «reumatismo» {«*Reissen*»}, y la burla de que le hicieron objeto sus hermanos determinó que esa vivencia avergonzante no cayese en el olvido.

Un caso por entero semejante se nos presentó cuando en el análisis del sueño de la monografía sobre el género ciclamen [pág. 189] yo tropecé con un recuerdo conservado desde la infancia: mi padre, teniendo yo cinco años, me dejaba destruir un libro con láminas en colores. Quizá se levante la duda de si ese recuerdo participó realmente en la configuración del contenido del sueño, o si más bien el trabajo del análisis estableció esa relación sólo con posterioridad. Pero la riqueza y trabazón de la cadena asociativa certifica lo primero: ciclamen–flor predilecta–alimento predilecto–alcauciles; deshojado como un alcaucil, hoja por hoja (expresión que golpea cotidianamente nuestros oídos con motivo de la partición del Celeste Imperio); herbario, gusano de biblioteca cuyo alimento predilecto son los libros. Además, puedo asegurar que el sentido último del sueño, que no he expuesto aquí con detalle, mantiene la más íntima relación con el contenido de esa escena infantil.

En otra serie de sueños el análisis nos enseña que el deseo mismo que ha excitado al sueño, y del cual este se presenta como su cumplimiento, brota de la vida infantil, de modo que para nuestro asombro *encontramos en el sueño al niño, que sigue viviendo con sus impulsos.*

En este punto prosigo la interpretación de un sueño del que ya una vez pudimos aprender algo nuevo. Me refiero al sueño «Mi amigo R. es mi tío» [págs. 156 y sigs.]. Habíamos llevado la interpretación hasta que se nos presentó con evidencia su motivo de deseo, el de ser nombrado profesor, y nos explicamos la ternura del sueño hacia mi amigo R. como una creación de oposición y contraste al vituperio de mis dos colegas, contenido en los pensamientos oníricos. Fui yo quien tuvo ese sueño; tengo derecho entonces a proseguir su análisis comunicando que no me sentí satisfecho con la solución alcanzada. Sabía que mi juicio sobre los colegas maltratados en los pensamientos oníricos había sido por completo diverso en la vigilia; el poder del deseo de no compartir su destino en cuanto al nombramiento me parecía harto escaso para explicar acabadamente la oposición entre juicio de vigilia y juicio onírico. Si mi afán de recibir otro tratamiento hubiera de ser tan fuerte, ello probaría una ambición enfermiza que desconozco en mí, pues me considero muy lejos de ella. No sé lo que juzgarían sobre mí en este punto otros que crean conocerme; quizás he sido realmente ambicioso; pero aun concediéndolo, ha mucho que esa ambición se volcó a otros objetos que no al título y dignidad de *professor extraordinarius*.

¿De dónde proviene entonces la ambición que el sueño me inspiró? Aquí se me ocurre lo que tantas veces oí contar en mi niñez: con motivo de mi nacimiento, una vieja campesina, que profetizaba a mi madre la buenaventura del recién nacido, le dijo que había echado al mundo un grande hombre. Harto frecuentes han de ser tales profecías; ¡hay tantas madres esperanzadas y tantas viejas campesinas u otras viejas mujeres que han perdido su poder en la tierra y por eso se han vuelto al futuro! Por lo demás, nada costaba eso a la profetisa. ¿Mi manía de grandeza vendrá de esa fuente? Pero aquí se me ocurre otra impresión del final de la niñez, que sería aún más apropiada para la explicación: Una tarde, en una cervecería del Prater,[3] adonde mis padres solían llevarme siendo yo un muchacho de once o doce años, nos llamó la atención un hombre que iba de mesa en mesa y por un módico estipendio improvisaba versos sobre un tema que se le indicaba. Me encargaron que llamase al poeta a nuestra mesa, y él se mostró agradecido por la solicitud. Antes que se le indicase tema alguno dejó caer sobre mí unas rimas, y en su inspiración declaró probable que yo llegara a ser «ministro». Muy bien recuerdo, aún hoy, la impresión que me hizo esta segunda profecía. Era el tiempo del «ministerio burgués»,[4] y poco antes mi padre había llevado a casa los retratos de los doctores liberales Herbst, Giskra, Unger, Berger, etc.; habíamos puesto luminarias en su honor. Hasta había judíos entre ellos; entonces todo muchacho judío empeñoso llevaba la cartera ministerial en su valija de escuela. Las impresiones de esa época han de haberse entramado a punto tal que hasta poco antes de inscribirme en la universidad me proponía estudiar derecho, y sólo a último momento mudé de parecer. La carrera ministerial está sin duda cerrada para el médico. ¡Y ahora mi sueño! Sólo ahora reparo en que me ha retrotraído del oscuro presente a la época esperanzada del ministerio burgués, cumpliendo, en la medida de sus fuerzas, mi deseo de *entonces*. Cuando por ser judíos trato tan mal a mis dos colegas, honorables y dignos de respeto, juzgando a uno idiota y al otro delincuente;

[3] [El famoso parque situado en los suburbios de Viena.]
[4] [Gobierno de índole liberal, elegido luego de establecida la Constitución austríaca, en 1867.]

cuando así procedo me comporto como si yo fuera el ministro, me pongo en el lugar del ministro. ¡Qué hermosa venganza contra Su Excelencia! El se rehúsa a nombrarme *professor extraordinarius*, y yo en sueños le ocupo su lugar.[5]

En otro caso pude observar que el deseo excitador del sueño, aun siendo presente, recibe un poderoso refuerzo de recuerdos infantiles arraigados en lo profundo. Aquí es cuestión de una serie de sueños en cuya base está la nostalgia de ir a *Roma*. Es que durante mucho tiempo tendré que satisfacer esa nostalgia con sueños, pues en la época del año de que dispongo para hacer viajes debo evitar la residencia en Roma por motivos de salud.[6] Soñé, pues, que desde la ventanilla del tren veo el Tíber y el puente Sant' Angelo; después el tren se pone en movimiento, y de pronto se me ocurre que no he puesto el pie en la ciudad. La vista del sueño estaba copiada de una conocida lámina que días antes había observado al pasar en la sala de una paciente. En otra ocasión alguien me lleva sobre una colina y me enseña a Roma medio velada por la niebla, y todavía tan lejana que me asombra la claridad de la vista. El contenido de este sueño es más rico que lo que quisiera detallar aquí. El motivo «ver desde lejos la Tierra Prometida» se reconoce fácilmente en él. La ciudad que yo he visto por vez primera así envuelta en la niebla es *Lübeck;** la colina tiene su modelo en *Gleichenberg*.[7] En un tercer sueño ya estoy por fin en Roma, como el sueño me lo dice. Para mi desilusión, empero, veo un escenario en modo alguno urbano: *un arroyuelo de aguas oscuras, a un lado de él negros barrancos y al otro lado prados con grandes flores blancas. Reparo en un señor Zucker* (a quien conozco superficialmente) *y me resuelvo a preguntarle por el camino para la ciudad*. Es manifiesto que en vano me esfuerzo por ver una ciudad que despierto no

---

[5] [En una divertida carta a Fliess del 11 de marzo de 1902 (Freud, 1950a, Carta 152), Freud narra cómo obtuvo realmente el nombramiento de profesor, dos años después de publicado este libro.]

[6] [*Nota agregada* en 1909:] Descubrí, hace mucho tiempo, que sólo se requiere un poco de coraje para cumplir deseos que antes se habían juzgado inalcanzables; [*agregado* en 1925:] y desde entonces me convertí en un fervoroso peregrino a Roma. [La correspondencia con Fliess (Freud, 1950a) ofrece reiteradas pruebas de la importancia emocional que para Freud tenía el visitar Roma. Cumplió por primera vez este deseo en el verano de 1901 (Carta 146).]

* {Que Freud visitó en su viaje de bodas.}

[7] [Zona de aguas minerales cercana a Graz, en la provincia austríaca de Estiria.]

he visto. Si descompongo en sus elementos el paisaje del sueño, las flores blancas indican *Rávena*, que yo conozco, y que al menos durante un tiempo arrebató a Roma su primacía como la capital de Italia. En los pantanos cercanos a Rávena hemos encontrado los más hermosos nenúfares en medio del agua negra; el sueño los hace crecer en prados como a los narcisos de nuestro *Aussee,* porque esa vez fue harto trabajoso recogerlos del agua. La roca oscura, así cercana al agua, recuerda vívidamente al valle del *Tepl,* en *Karlsbad.* «*Karlsbad*» me permite explicar ese rasgo curioso que es que yo pregunte el camino al señor Zucker. Aquí, en el material de que está tejido el sueño, pueden reconocerse dos de esas risueñas anécdotas judías que esconden una sabiduría de la vida tan profunda, muchas veces amarga, y que de buen grado citamos en nuestras conversaciones y cartas.[8] Una es la historia de la «constitución». He aquí su contenido: un judío pobre ha subido sin pagar boleto al tren expreso que lleva a Karlsbad; lo sorprenden y lo hacen descender en la primera estación; vuelve a subir, lo vuelven a echar, y así sucesivamente, recibiendo un trato más duro en cada nueva inspección; un conocido que lo encuentra en una de las estaciones de su calvario {*Leidensstationen*} le pregunta adónde viaja, y él responde: «Si mi constitución lo permite, a *Karlsbad*». Esta historia me trae a la memoria otra, la de un judío que desconoce el francés y a quien se le recomienda preguntar en París por la Rue Richelieu. También París fue durante muchos años meta de mi nostalgia, y a la felicidad con que pisé por vez primera el pavimento de París la tomé como fiadora de que habría de alcanzar también el cumplimiento de otros deseos. El preguntar-por-el-camino es, además, una alusión directa a *Roma*, pues, como se sabe, todos los caminos llevan a Roma. Por otra parte, el nombre *Zucker* {azúcar} apunta de nuevo a *Karlsbad*, adonde enviamos a todos los enfermos de diabetes {*zuckerkrankheit*}, enfermedad *constitucional*. La ocasión de este sueño fue la propuesta de mi amigo, el de Berlín, para que en las Pascuas nos encontrásemos en Praga. De las cosas sobre las que allí habría de hablar con él surgiría otra relación con «azúcar» y «diabetes».

8 [En una carta a Fliess del 12 de junio de 1897 (Freud, 1950*a*, Carta 65), Freud menciona que está coleccionando esas anécdotas, que habría de utilizar abundantemente en su libro sobre el chiste (1905*c*). La primera de las anécdotas narradas aquí aparece aludida más de una vez en sus cartas, y Roma y Karlsbad llegaron a convertirse en símbolos de los propósitos inalcanzables (p. ej., en las Cartas 112 y 130).]

Un cuarto sueño, que sobrevino muy poco después del citado en último término, me llevó de nuevo a Roma. Veo ante mí una esquina y me asombra que hayan fijado allí tantos carteles en alemán.[9] Días antes había escrito a mi amigo, con profética anticipación, que Praga podía ser un lugar de estadía incómodo para viajeros alemanes. El sueño expresaba entonces el deseo de que nos encontrásemos en Roma y no en una ciudad de Bohemia, y al mismo tiempo el interés, probablemente nacido en mis épocas de estudiante, de que en Praga se tolerase más al idioma alemán. Por otra parte, en mi primera infancia tengo que haber comprendido la lengua checa, puesto que soy nacido en una pequeña localidad de Moravia de población eslava. Unos versos infantiles en checo que oí cuando tenía diecisiete años se grabaron con tanta facilidad en mi memoria que todavía hoy puedo recitarlos, por más que no tengo ni idea de su significado. No faltan a estos sueños, por tanto, múltiples relaciones con las impresiones de mis primeros años de vida.

Por mi último viaje a Italia, que entre otros lugares me llevó a pasar junto al lago Trasimeno, descubrí —después que vi el Tíber y hube de emprender apenado el regreso, ochenta kilómetros antes de llegar a Roma— el refuerzo que mi nostalgia de la Ciudad Eterna recibía de impresiones de la niñez. Precisamente yo meditaba el plan de pasar al año siguiente por Roma camino de Nápoles, cuando se me ocurrió una frase que debo de haber leído en uno de nuestros autores clásicos:[10] «Es difícil averiguar quién se paseó con mayor agitación por su cámara después que concibió el plan de ir a Roma, si el vicerrector *Winckelmann* o el general *Aníbal*». Acababa yo de seguir la ruta de Aníbal; me estaba tan poco deparado como a él ver a Roma, y también él se retiró a la *Campania* después que todo el mundo lo había esperado en Roma. Ahora bien, Aníbal, con quien yo había alcanzado esa semejanza, fue el héroe predilecto de mis años de escolar; como tantos otros hicieron para esa época antigua, la de las guerras púnicas, yo no había puesto mis simpatías en los romanos sino en los cartagineses. Cuando después, en los cursos superiores de la escuela media,

[9] [Este sueño es considerado en una carta a Fliess del 3 de diciembre de 1897 (Freud, 1950*a*, Carta 77). El encuentro en Praga tuvo lugar probablemente a comienzos del mismo año (cf. Carta 58, del 8 de febrero de 1897).]

[10] [*Nota agregada* en 1925:] Sin duda, el autor en cuestión debe de haber sido Jean Paul. — [La decisión de visitar Roma fue el momento crucial en la carrera de Winckelmann, fundador de la arqueología clásica en el siglo XVIII.]

empecé a comprender las consecuencias de pertenecer al linaje de una raza ajena al país, y los conatos antisemitas de mis compañeros me obligaron a tomar posición, la figura del guerrero semita se empinó todavía más a mis ojos. *Aníbal* y *Roma* simbolizaban para el adolescente la oposición entre la tenacidad del judaísmo y la organización de la Iglesia Católica. Y la importancia que el movimiento antisemita cobró desde entonces para nuestro estado de ánimo contribuyó a fijar después las ideas y sentimientos de ese período temprano. Así, el deseo de llegar a Roma devino, para la vida onírica, la cubierta y el símbolo de muchos otros deseos ardientemente anhelados, en cuya realización querríamos laborar con el empeño y la dedicación de los cartagineses y cuyo cumplimiento, entretanto, parecía tan poco favorecido por el destino como el deseo absorbente de Aníbal de entrar en Roma.

Y sólo ahora tropiezo con aquella vivencia de niño que todavía hoy exterioriza su poder en todos estos sentimientos y sueños. Tendría yo diez o doce años cuando mi padre empezó a llevarme consigo en sus paseos y a revelarme en pláticas sus opiniones sobre las cosas de este mundo. Así me contó cierta vez, para mostrarme cuánto mejores eran los tiempos que me tocaba a mí vivir, que no los de él: «Siendo yo muchacho, me paseaba por las calles del pueblo donde tú naciste, un sábado; llevaba un lindo traje con un gorro de pieles nuevo sobre la cabeza. Vino entonces un cristiano y de un golpe me quitó el gorro y lo arrojó al barro exclamando: "¡Judío, bájate de la acera!"». «¿Y tú qué hiciste?». «Me bajé a la calle y recogí el gorro», fue la resignada respuesta. Esto no me pareció heroico de parte del hombre grande que me llevaba a mí, pequeño, de la mano. Contrapuse a esa situación, que no me contentaba, otra que respondía mejor a mis sentimientos: la escena en que el padre de Aníbal, Amílcar Barca,[11] hace jurar a su hijo ante el altar doméstico que se vengará de los romanos. Desde entonces tuvo Aníbal un lugar en mis fantasías.

Creo que este fervor por el general cartaginés puedo perseguirlo más atrás en mi infancia, de modo que también en este caso no se trataría sino de la trasferencia a otro portador de una relación de afecto ya constituida. Uno de los primeros libros que cayó en mis manos cuando aprendí a leer fue *El*

---

[11] [*Nota agregada* en 1909:] En la primera edición figuraba aquí el nombre de Asdrúbal; un extraño error, cuyo esclarecimiento he dado en mi *Psicopatología de la vida cotidiana* (1901*b*), capítulo X [*AE*, **6**, págs. 213-5].

Consulado y el Imperio, de Thiers; bien me acuerdo de que pegaba sobre las flacas espaldas de mis soldaditos de madera cartelitos con el nombre de los mariscales del Emperador, y que ya por entonces era Masséna (como judío: Menasse) declaradamente mi preferido.[12] (Esta predilección ha de explicarse también por la coincidencia de nuestra fecha de nacimiento, con intervalo de cien años justos.)[13] El propio Napoleón siguió a Aníbal en el paso de los Alpes. Y quizás el desarrollo de este ideal de guerrero puede rastrearse todavía más atrás en la niñez, hasta ciertos deseos que hubieron de engendrarse en el más débil de los dos compañeros de juego por el trato, ora amistoso, ora belicoso, que tuve durante los primeros tres años de mi vida con un niño un año mayor.[14]

Cuanto más ahondamos en el análisis de los sueños, con tanto mayor frecuencia nos ponemos sobre la huella de vivencias infantiles que desempeñan un papel, como fuentes del sueño, en el contenido latente de este.

Tenemos ya sabido (cf. pág. 47) que muy raras veces el sueño reproduce recuerdos de tal modo que ellos constituyan, sin mutilaciones ni alteraciones, todo su contenido manifiesto. No obstante, se han establecido con certeza algunos ejemplos de ello, y quiero añadir otros nuevos que también se refieren a escenas infantiles. En uno de mis pacientes, un sueño trajo cierta vez la restitución apenas desfigurada de un acontecimiento sexual que enseguida fue reconocido como recuerdo fiel. En verdad, el recuerdo no se había perdido por completo en la vigilia, pero estaba muy velado, y su reanimación fue resultado del trabajo analítico previo. El soñante, teniendo doce años, había ido a visitar a un compañero que guardaba cama; al hacer un movimiento en su lecho, probablemente por mero azar, este se descubrió. Presa de una suerte de compulsión ante la vista de los genitales, él se descubrió a su vez y tomó el miembro del otro, quien lo miró empero disgustado y con asombro, ante lo cual quedó perplejo y soltó. Esta escena la repitió un sueño veintitrés años después y con todos los detalles de los sentimientos que en ella le sobrevinieron, a excepción de dos alteraciones: en lugar del papel activo el soñante adoptaba el pasivo, mientras que la persona de su condiscípulo era

---

[12] [*Nota agregada* en 1930:] Digamos de pasada que se ha puesto en duda el origen judío del mariscal.

[13] [La oración entre paréntesis se agregó en 1914.]

[14] [Esto se describe mejor *infra*, **5**, págs. 424-5 y 479-80.]

remplazada por una que pertenecía al presente. [Cf. también pág. 204.]

Pero la regla general es que la escena infantil esté subrogada en el contenido manifiesto del sueño por una alusión, y es la interpretación la que debe desovillarla del sueño. La comunicación de tales ejemplos no puede juzgarse de gran fuerza probatoria, pues la mayoría de las veces falta toda otra certificación de que esas vivencias infantiles hayan ocurrido; cuando corresponden a una edad muy temprana, ya no son reconocidas en el recuerdo. El derecho a inferir de los sueños tales vivencias infantiles surge, durante el trabajo psicoanalítico, de toda una serie de factores que parecen suficientemente confiables en su conjugación. Arrancadas de su contexto a los fines de la interpretación del sueño, esas reconducciones a vivencias infantiles quizá dejen una pobre impresión, en particular por el hecho de que ni siquiera yo comunico todo el material en que se apoya la interpretación. Empero, no por eso me abstendré de comunicarlas.

I

En una de mis pacientes todos los sueños tienen el carácter de lo «corrido» {«*Gehetz*»}; corre apurada para llegar a hora, para no perder el tren, etc. En un sueño *debe visitar a una amiga suya; la madre le ha dicho que debe viajar en coche, no ir caminando; pero ella echa a correr y en eso cae una y otra vez.* El material que emergió en el análisis permitió reconocer el recuerdo de correrías infantiles {*Kinderhetzereien*} (se sabe qué significa en Viena «una corrida» {«*eine Hetz*»}*), y para uno de los sueños en especial permitió remontarse al chascarrillo de que gustan los niños, la frase «*Die Kuh rannte, bis sie fiel*» {«La vaca corrió hasta que cayó»}, dicha ligerito para que se convierta en una palabra única, lo que también es «correr». Todas estas ingenuas y excitadas corridas entre amiguitas se recuerdan porque sustituyen a otras, menos inocentes.

II

De otra paciente, este sueño: *Ella está en una cámara grande en la que hay toda clase de máquinas; es como si se imaginase un instituto ortopédico. Oye que yo no tengo tiempo*

* {Como vulgarismo, puede significar «juerga».}

y debo administrarle el tratamiento al mismo tiempo que a
otras cinco. Pero ella se muestra remisa y no quiere acostarse
en la cama —o lo que fuere— que le está destinada. Queda
de pie en un rincón y espera que yo diga que eso no es cierto.
Las otras se le burlan entretanto, diciendo que no son sino
macanas de ella. — En ese mismo momento, es como si ella
hiciera muchos cuadrados pequeños.

La primera parte de este contenido onírico se enlaza con
la cura y con la trasferencia sobre mí. La segunda contiene
la alusión a la escena infantil; con la mención de la cama se
sueldan ambos fragmentos. El *instituto ortopédico* se remonta a uno de mis dichos en que había comparado al tratamiento, por su duración y naturaleza, con un tratamiento
ortopédico. Al comienzo de la terapia tuve que comunicarle
que *por ahora tenía poco tiempo para ella,* pero que después
le dedicaría una sesión íntegra diariamente. Esto despertó
en ella la vieja susceptibilidad que es uno de los principales
rasgos de carácter en los niños predestinados a la histeria.
Es insaciable de amor. Mi paciente era la menor de seis hermanos (por eso: *otras cinco*) y como tal la preferida del padre, pero parece haber encontrado que su amado padre no
le consagraba suficiente tiempo ni atención. — La frase
espera que yo diga que eso no es cierto tiene la siguiente
derivación: Un niño, aprendiz de modisto, le había llevado
un vestido y ella le había entregado el dinero. Después preguntó a su marido si debía hacerse de nuevo el pago en
caso de que el niño lo perdiera. El marido, para gastarle una
broma, le aseguró que sí (de ahí las *burlas* del contenido
onírico), y ella repitió su pregunta una y otra vez *esperando*
que él por fin dijera que eso no era cierto. Ahora bien, en
el contenido latente columbramos este pensamiento: ¿Debía
pagarme el doble cuando yo le dedicase el doble de tiempo?
Esta idea era mezquina o *roñosa.* (El hacerse encima siendo
niño es sustituido con mucha frecuencia en el sueño por la
avaricia de dinero; la palabra «roñoso» {que tanto significa
«sucio» como «mezquino»} sirve de puente.) [15] Si todo eso de
esperar que yo diga ha de parafrasear en el sueño la palabra
«roñoso», el *quedar-de-pie-en-un-rincón* y el *no-acostarse-en-*
la-cama armonizan con ello como ingredientes de una escena
infantil en que ella se había hecho en la cama y como castigo la *pusieron en el rincón* bajo apercibimiento de que su
papá no la querría más, sus hermanos hicieron escarnio de

[15] [Este punto fue ampliado ulteriormente por Freud (cf. 1908*b*);
pero ya aparece en una carta a Fliess del 22 de diciembre de 1897
(Freud, 1950*a*, Carta 79), *AE*, **1**, pág. 315.]

214

ella, etc. — Los *cuadrados pequeños* aluden a una sobrinita suya que le ha enseñado un juego aritmético que consiste en inscribir cifras en nueve cuadrados, según creo, de tal modo que sumadas en cualquier dirección den por resultado quince.

III

El sueño de un hombre: *Ve dos muchachos que riñen; han de ser aprendices de tonelero, como él lo infiere por los instrumentos esparcidos en derredor; uno de los muchachos tiene derribado al otro, y el que está caído lleva pendientes con piedras azules. El soñante se precipita contra el malhechor, enarbolando el bastón para castigarlo. Este escapa y se refugia junto a una mujer que está de pie contra una tapia, como si fuera su madre. Es una sirvienta, y da la espalda al soñante. Por fin gira sobre sí y le echa una mirada terrible, tanto que él escapa de allí despavorido. En sus ojos se ve la carne roja que asoma del párpado inferior.*

El sueño empleó con largueza sucesos triviales de la víspera. Ayer vio, en efecto, en la calle a dos muchachos, uno de los cuales revolcaba al otro. Cuando corrió a separarlos, emprendieron la fuga. — *Aprendices de tonelero*: sólo se esclarecerá con un sueño posterior, en cuyo análisis él se sirve del giro «*desfondar toneles*». — *Pendientes con piedras azules* llevan casi siempre las prostitutas, afirma. Con esto armoniza una conocida tonadilla, que habla de *dos muchachos*: El otro muchacho se llama María (era, entonces, mujer). — *La mujer de pie*: Tras la escena con los dos muchachos él fue a pasear a la ribera del Danubio y aprovechó lo solitario del paraje para orinar *contra una tapia*. Después siguió su camino y una mujer mayor, vestida con decoro, le sonrió muy amistosamente y quiso darle su tarjeta.

Puesto que la mujer del sueño está de pie como él en el acto de orinar, se trata de una mujer que orina y a ello se debe la terrible «mirada», el *asomo de la carne roja*, lo que sólo puede referirse a los genitales que se entreabren estando en cuclillas, lo cual, visto en la infancia, vuelve a aflorar en el recuerdo posterior como «*carne viva*» o «herida». El sueño reúne dos ocasiones en las cuales, siendo niño, pudo ver los genitales de niñitas, al *revolcarse* y al *orinar* ellas, y conserva el recuerdo de un *castigo* o amenaza de su padre a causa de la curiosidad sexual demostrada por el pequeño en esas ocasiones.

215

IV

Toda una serie de reminiscencias infantiles apenas reunidas como una fantasía encontramos tras el siguiente sueño de una señora mayor: *Sale a la carrera a hacer diligencias. En el Graben*[16] *cae de rodillas, como aplastada. Muchas personas se juntan alrededor de ella, en particular los cocheros de plaza; pero ninguno la ayuda a levantarse. Hace muchos intentos en vano; por fin ha de lograrlo, pues la meten en un fiacre que debe llevarla a casa; por la ventanilla le arrojan una canasta grande, llena y pesada (como una canasta de mercado).*

Es la misma paciente que en sus sueños anda siempre corrida como corría de niña. La primera situación del sueño está manifiestamente tomada de la visión de un caballo que rueda por tierra, así como el «aplastarse» remite a carreras de caballos. En su juventud ella fue *jinete*, y en tiempos más lejanos probablemente también *caballo*. Al «*rodar por tierra*» le corresponde la primera reminiscencia infantil sobre el hijo del portero, de dieciséis años, que atacado en la calle por convulsiones epilépticas fue traído a casa en coche. Desde luego, ella sólo lo supo de mentas, pero la representación de convulsiones epilépticas, de «rodar», cobró imperio sobre su fantasía y después influyó en la forma de sus propios ataques histéricos. — Cuando una mujer sueña que se cae, en general ello tiene sentido sexual: queda hecha una «*caída*». En nuestro sueño esta interpretación no ofrece la menor duda, pues ella cae en el *Graben*, el lugar de Viena notorio por ser paseo de las prostitutas. La *canasta del mercado* admite más de una interpretación; en cuanto canasta {*Korb*} recuerda a las muchas calabazas {*Körbe*} que ella prodigó primero a sus pretendientes y que después, según piensa, hubo de recibir a su turno. A esto responde entonces el que *ninguno la ayude a levantarse*, que ella misma explicita como sufrir desaires. Además, la *canasta del mercado* trae a la memoria fantasías que el análisis ya llegó a conocer, en las que ella se casaba con un hombre de inferior condición y por eso debía hacer las compras ella misma en el mercado. Por último, la canasta del mercado podría ser signo de una *persona de servicio*. Sobre esto acuden otras reminiscencias infantiles referentes a una cocinera despedida por sus hurtos; también ella *cayó de rodillas*, implorante. La soñante tenía entonces doce años. Después, acerca de una mucama que fue despedida porque se entregó

[16] [Uno de los principales centros comerciales de Viena.]

al *cochero* de la casa, que por otra parte se casó luego con ella. Este recuerdo nos proporciona entonces una fuente para los *cocheros* del sueño (que, a diferencia de lo ocurrido en la realidad, no dieron reparación a la caída). Nos resta explicar aún el *arrojar* la canasta, que fue *por la ventanilla*. Esto evoca en ella la *expedición* del equipaje por el ferrocarril, los «galanteos a la reja» {«*Fensterln*», de *Fenster*, ventana} en el campo, pequeñas impresiones de la estadía en el campo, un señor que arroja a la habitación de una dama *ciruelas azules por la ventana*, el susto que se llevó su hermanita cuando un idiota que pasaba miró dentro de la habitación *por la ventana*. Y ahora emerge tras eso una oscura reminiscencia del tiempo en que ella tenía diez años, de una niñera que con un servidor de la casa tenía en el campo escenas de amor de las que la niña pudo haber notado algo, y que junto con su amante fue «*expedida*», «*arrojada afuera*» (lo contrario en el sueño: «*arrojar adentro*»), historia esta a la que ya nos habíamos aproximado por muchos otros caminos. Al equipaje, la valija, de una persona de servicio se lo llama en Viena, despectivamente, las «siete *ciruelas*»: «¡Líe sus siete ciruelas {líe sus bártulos} y váyase!».

De tales sueños de pacientes, cuyo análisis lleva a impresiones infantiles muy oscuras o aun no recordadas ya, con frecuencia ocurridas en los primeros tres años de vida, tengo desde luego sobrados en mi colección. Pero es difícil extraer de ellos conclusiones que valgan para el sueño en general; por lo común se trata de personas neuróticas, en especial histéricas, y el papel que en estos sueños desempeñan las escenas infantiles puede estar condicionado por la naturaleza de la neurosis y no por la esencia del sueño. Con todo eso, en la interpretación de mis propios sueños, que no emprendo yo porque sufra de graves síntomas patológicos, con harta frecuencia me ocurre tropezar inopinadamente, en el contenido onírico latente, con una escena infantil, y aun que una serie entera de sueños desemboquen todos juntos en las vías que parten de un recuerdo de la infancia. He aportado ya ejemplos de ello [págs. 208-12], y todavía he de traer otros con diversos motivos. Quizá no pueda cerrar toda esta sección de mejor manera que comunicando algunos sueños en que motivos recientes y vivencias infantiles largamente olvidadas aparecen juntos como las fuentes del sueño.

Después de una jornada de viaje, molido y famélico me echo en la cama. Mientras duermo se anuncian las grandes necesidades de la vida y yo sueño: *Entro en una cocina para que me den masitas. Allí están tres mujeres de las que una es la hospedera y da vueltas alguna cosa entre sus manos como si quisiera hacer albóndigas. Responde que debo esperar hasta que esté lista* (esto no es nítido como dicho). *Me impaciento y me retiro ofendido. Me pongo un abrigo; el primero que me pruebo me queda demasiado largo. Torno a quitármelo, algo sorprendido de que esté guarnecido de piel. Un segundo abrigo que me pongo tiene adosado un largo listón con bordados turcos. Un desconocido de rostro alargado y de breve barba en punta se llega y me estorba el ponérmelo, declarando que es el suyo. Pero yo le muestro que está todo bordado a la turca. El pregunta: «¿Qué le importan a usted los (dibujos, bordados) turcos...?». Con todo, quedamos juntos en buena compañía.*

En el análisis de este sueño doy en pensar de manera por completo inesperada en la primera novela que leí, quizás a los trece años, y que empecé por el final del primer tomo. El título de la novela y el nombre de su autor nunca los supe, pero ahora conservo un vivo recuerdo del final. El héroe caía en delirio y daba continuas voces invocando los nombres de las tres mujeres que en su vida le habían reportado la máxima dicha y la máxima desgracia. *Pélagie* era uno de esos nombres. Todavía no sé lo que ha de principiar en el análisis con esta ocurrencia. De pronto, de las tres mujeres emergen las tres parcas, las que hilan la ventura de los hombres, y yo sé que una de las tres mujeres, la hospedera del sueño, es la madre que da la vida y a veces también, como en mi caso, da al que vive el primer alimento. En el pecho de la mujer coinciden el amor y el hambre. Erase un joven, dice la anécdota, gran venerador de la belleza femenina; cierta vez en que la conversación recayó sobre la bella nodriza que lo amamantara, exclamó: «¡Me pesa no haber aprovechado entonces mejor esa buena ocasión!». Suelo servirme de esa anécdota para ilustrar el aspecto de la *posterioridad* en el mecanismo de las psiconeurosis.[17] — Una de las parcas, pues, se frotaba las palmas de las manos como si hiciera albóndigas. ¡Extraña ocupación

[17] [Se refiere a una teoría sobre el mecanismo de la histeria, ya descartada, que se describe en la parte II del «Proyecto de psicología» (Freud, 1950*a*).]

para una parca! Con urgencia reclama explicación. Esta viene de otro recuerdo de mi infancia, más temprano. Cuando tenía seis años y mamaba de mi madre las primeras letras, hube yo de creer que estamos hechos de polvo y por eso al polvo volveremos. Eso no me gustó, y puse en duda la enseñanza. Entonces mi madre se frotó las palmas de las manos —justo como si hiciera albóndigas, sólo que ninguna masa había entre ellas— y me mostró las negruzcas escamas de *epidermis* que así se desprendían como prueba del polvo de que estamos hechos. Mi asombro ante esta demostración *ad oculos* fue ilimitado, y me rendí ante lo que después oiría expresado con estas palabras: «Debes a la naturaleza una muerte».[18] Entonces eran de verdad las parcas esas mujeres que vi al entrar en la cocina, como tantas veces hice de niño, cuando tenía hambre y mi madre junto al hogar me hacía esperar hasta que el almuerzo estuviera listo. — ¡Y ahora las albóndigas! Sin duda uno de mis profesores universitarios, al que debo precisamente mis conocimientos *histológicos* (*epidermis*), recordará bajo el nombre de *Knödl* {albóndiga} a una persona a la que debió promover querella judicial porque había hecho *plagio* de sus escritos. El cometer plagio, el apropiarnos de algo que podemos conseguir, aunque pertenezca a otro, nos lleva como es manifiesto a la segunda parte del sueño, en que recibo el trato del *ladrón de abrigos* que durante algún tiempo frecuentó las salas de conferencias. Puse por escrito sin querer la expresión *plagio*, porque ella acudió a mí; y ahora reparo en que puede servirme de puente {*Brücke*} entre diversos fragmentos del contenido manifiesto del sueño. La cadena asociativa *Pélagie–plagio–plagióstomos*[19]*–Haifische* {tiburón} *–Fischblase* {vejiga de pescado} liga la vieja novela con el asunto *Knödl* y con los sobretodos, que sin duda significan un implemento de la técnica sexual [cf. págs. 201-2]. (Cf. el sueño de Maury sobre ki*lo-lo*tería, págs. 82-3.) Enlace por cierto forzado y

[18] [Evidentemente una reminiscencia de las palabras que el príncipe Hal dirige a Falstaff en 1 *Enrique IV*, acto V, escena 1: «*Thou owest God a death*» {«Debes a Dios una muerte»}. Freud utiliza las mismas palabras, y consigna que son de Shakespeare, en una carta a Fliess del 6 de febrero de 1899 (Freud, 1950*a*, Carta 104).] — Los dos afectos correspondientes a estas escenas infantiles, el asombro y el sometimiento a lo inevitable, aparecieron en un sueño que tuve poco antes y que me devolvió por vez primera el recuerdo de esa vivencia infantil.

[19] Deliberadamente he evitado extenderme sobre los plagióstomos; me traen a la memoria una situación enojosa en que fui puesto en la picota por ese mismo profesor.

* {El tiburón y la raya son las dos especies de peces pertenecientes al suborden de los plagióstomos.}

absurdo en extremo, pero que yo no habría podido establecer en la vigilia si el trabajo del sueño no lo hubiera hecho antes. Y aun, como si el afán de imponer enlaces no respetase nada sagrado, el querido nombre de *Brücke* [20] {puente} (palabra-*puente*, véase *supra*) me sirve ahora para traerme a la memoria aquel mismo Instituto en que pasé las horas más dichosas como estudiante, sin inquietud alguna:

«*So wird's Euch an der Weisheit* Brüsten
mit jedem Tage mehr gelüsten»,* [21]

todo al revés que ahora, cuando los apetitos me acosan como *plagas* mientras sueño. Y por último surge el recuerdo de otro querido maestro cuyo nombre, como el de *Knödl*, asonanta también con algo comestible: *Fleischl* {*Fleisch*, carne}; y de una dolorosa escena en que las *escamas de epidermis* desempeñaron un papel (la madre-hospedera), y también una *perturbación mental* (en la novela) y un recurso de farmacopea que quita el *hambre*, la cocaína. [Cf. pág. 132, *n.* 19.]

Así podría seguir esos enredados caminos de pensamiento y explicar a satisfacción en el análisis el fragmento de sueño que falta, pero debo dejarlo porque los sacrificios personales que ello demandaría son excesivos. Recogeré uno solo de los hilos que pueden llevarnos directamente a los pensamientos oníricos que hay tras esa madeja. El desconocido de rostro alargado y barba en punta que *me estorba el ponérmelo* lleva los rasgos de un comerciante de Spalato en cuya casa mi mujer compró una generosa cantidad de telas *turcas*. Se llamaba Popovic, un nombre equívoco [22] que ha dado ocasión al humorista Stettenheim para una intencionada observación («Me dijo su nombre y me apretó la mano sonrojándose»). Por lo demás, es el mismo abuso con los nombres que antes se usó con Pélagie, Knödl, Brücke, Fleischl. Nadie negará que ese jugueteo con los nombres es travesura de niños; pero el que yo me entregue a ella es un acto de desquite, pues incontables veces mi propio nombre ha sido víctima de tales chistecitos idiotas.** Goethe hubo de obser-

[20] [En relación con Brücke y Fleischl (mencionado unas líneas más adelante), cf. *infra*, **5**, pág. 478, *n.* 24.]

* {«Así estarás a los *pechos* de la sabiduría, / más complacido cada día».}

[21] [Goethe, *Fausto*, parte I, escena 4.]

[22] [«*Popo*» significa, en la jerga infantil, «trasero».]

** {«*Freude*» significa, en alemán, «júbilo, alegría, delicia», etc. Entre los posibles «chistecitos idiotas» estarían: *Freudenhaus* (casa alegre, prostíbulo) y *Freudenmädchen* (muchacha alegre, prostituta).}

var cierta vez cuán susceptibles somos respecto de nuestro nombre, con el cual nos sentimos encarnados como si fuera nuestra *piel*. Fue cuando Herder hizo con el suyo estos juegos de fantasía:

«*Der du von Göttern abstammst, von Gothen oder vom Kote*». —
«*So seid ihr Götterbilder auch zu Staub*».[23]

Observo que toda la digresión sobre el abuso de los nombres no llevaba otro propósito que preparar esta queja. Pero dejémoslo aquí. La compra de Spalato me trae a la memoria otra compra en Cattaro,[24] en la que me quedé demasiado corto y perdí la ocasión de hacer bellas adquisiciones. (Véase la ocasión perdida con la nodriza.) Uno de los pensamientos oníricos que el hambre inspira al soñante es, en efecto: *No hay que dejar escapar nada, hay que tomar lo que se pueda conseguir, así se cometa una pequeña falta; no hay que perder ocasión alguna, la vida es demasiado corta y la muerte es inevitable.* Puesto que ello lleva también intención sexual y el apetito no quiere detenerse ante la falta, este *carpe diem* * tiene que temer a la censura, y se oculta tras un sueño. Por eso se expresan todos los pensamientos contrarios, el recuerdo del tiempo en que el solo *alimento espiritual* saciaba al soñante, y todas las restricciones y aun las amenazas de repugnantes castigos sexuales.

II

Un segundo sueño exige el siguiente *informe* preliminar más detallado.

Me he trasladado a la estación ferroviaria del Oeste [en Viena] para emprender mi viaje de vacaciones a Aussee, pero entro en el andén con anticipación, cuando todavía está

---

[23] [La primera de estas frases proviene de una nota jocosa en la que Herder pedía algunos libros prestados a Goethe: «Tú que desciendes de los dioses, de los godos o del estiércol... (Goethe, ¡envíamelos!)». La segunda frase, otra asociación libre de Freud, está tomada de la famosa escena del reconocimiento en *Ifigenia en Táurida*, de Goethe. Ifigenia, al enterarse por Pílades de la muerte de tantos héroes durante el sitio de Troya, exclama: «¡Así también vosotros, imágenes divinas, os habéis convertido en polvo!».]

[24] [Tanto Spalato como Cattaro son ciudades yugoslavas de la costa dálmata {los nombres italianos de Split y Kótor, respectivamente}.]

* {«Aprovecha el momento presente» (Horacio).}

allí el tren a Ischl, que tiene horario más temprano. Veo entonces al conde Thun,[25] que de nuevo se dirige a Ischl para ver al Káiser. A pesar de la llovizna había llegado en coche descubierto, ingresando directamente por la puerta de entrada para los trenes locales; el guardián no lo conocía y quiso pedirle el boleto, pero él lo apartó con un breve movimiento de la mano sin darle explicaciones. Después, una vez que ha partido el tren a Ischl, tendría que abandonar de nuevo el andén y regresar a la sala de espera; con trabajo logro, empero, que me dejen permanecer en él. Mato el tiempo vigilando que no venga alguien a hacerse asignar por favoritismo un compartimiento; y me propongo armar escándalo si ello ocurre, exigiendo igual derecho. Entretanto entono algo que después reconozco como el aria de *Las bodas de Fígaro*:

«Si el señor conde se atreve a bailar, se atreve a bailar, no tiene más que decirlo y yo le tocaré música».

(Otra persona, muy posiblemente, no habría reconocido la canción.)

Toda esa tarde había estado yo de talante presuntuoso y querellante y había gastado bromas al mozo y al cochero, espero que sin molestarlos; ahora me pasan por la cabeza toda clase de pensamientos osados y revolucionarios, como convienen a las palabras de Fígaro y al recuerdo de la comedia de Beaumarchais que vi representar en la *Comédie française*: lo dicho sobre los grandes señores, que no se toman otro trabajo que el de nacer; el derecho señorial que el conde Almaviva quiere hacer valer con Susana y las burlas que nuestros malignos periodistas de la oposición hacen con el nombre del conde *Thun* {hacer} llamándole *Nichtsthun* {no hacer nada}. En realidad no lo envidio; ahora tiene por delante una difícil gestión con el Káiser, y yo soy el auténtico conde *No-hacer-nada*; me voy de vacaciones. Y bien placenteras me las prometo. Ahora llega un señor al que conozco como delegado {*vertreter*} del gobierno en los exámenes de medicina y que por su comportamiento en esta función se ha atraído el ridículo sobrenombre de «el que duerme con el gobierno».*

---

[25] [Político austríaco (1847-1916) de ideas reaccionarias; propugnaba el autogobierno de Bohemia en contra de los nacionalistas alemanes; fue primer ministro de Austria en 1898-99. — Ischl, en la Alta Austria, es el lugar donde la Corte solía pasar los meses de verano.]

* {«*Regierungsbeischläfer*», «el que duerme con el gobierno» (porque solía dormirse en lugar de cumplir con su tarea) es un juego de

Invocando su carácter de funcionario exige un medio compartimiento de primera clase, y oigo que uno de los empleados pregunta a otro: «¿Dónde acomodamos al señor de la media primera?».[26] Una neta preferencia; yo pago íntegra mi primera clase. Obtengo después un compartimiento para mí, pero en un vagón que no tiene pasillo y por tanto de noche no dispondré de baño. Me quejo al empleado, sin éxito, y me tomo el desquite proponiendo que en ese compartimiento al menos perforen un agujero en el piso para cualquier necesidad que llegasen a tener los pasajeros. Y de hecho me despierto, a eso de las tres menos cuarto de la madrugada, con ganas de orinar y después de haber tenido el siguiente *sueño*:

Una multitud de gente; es una asamblea de estudiantes. Un conde (Thun o Taaffe[27]) perora. Exhortado a decir algo sobre los alemanes, declara con ademanes burlescos que la flor predilecta de estos es la uña de caballo y después se pone en el ojal como una hoja desflecada, más propiamente el armazón enrollado de una hoja. Yo me encolerizo, entonces me encolerizo,[28] y sin embargo me asombro de mi credo. (Sigue algo desdibujado:) Es como si fuese el aula mayor que tuviese ocupados * los accesos y fuera preciso escapar. Me abro camino a través de una serie de habitaciones ricamente amuebladas, sin duda despachos gubernamentales, con muebles de un color entre castaño y violeta, y por fin doy con un pasadizo en el que está sentada una conserje, mujer anciana y obesa. Evito hablar con ella; pero es evidente que

palabras con «*Regierungsvertreter*», «el delegado del gobierno». El apodo tiene otro sentido en alemán, pues «*regierung*» —a diferencia del castellano «gobierno»— es femenino.}

[26] [Por ser un funcionario del gobierno, había adquirido su billete a mitad de precio.]

[27] [Político austríaco (1833-1895); ocupó el cargo de primer ministro en 1870-71 y 1879-93. Al igual que el conde Thun, propugnaba que las partes no alemanas del Imperio tuvieran un cierto grado de independencia.]

[28] Esta repetición se deslizó en mi registro del sueño, evidentemente por descuido. La mantuve, porque el análisis mostró que tenía un significado. [En alemán, la frase repetida es «*ich fahre auf*»; «*fahren*» significa también «llevar, conducir» o «viajar», y más adelante, en el mismo sueño, se usa repetidamente con estos sentidos. Véase, sobre este punto, *infra*, **5**, págs. 432-3. {«*Fahren auf*» puede significar también «sobresaltarse», como cuando uno está durmiendo y se lo despierta bruscamente.}]

* {«*besetzt*»; en un baño público, con esta palabra se informa a los potenciales usuarios que está «ocupado». Es el mismo término que, en su acepción técnica, tradujimos por «investido».}

me cree autorizado a pasar por allí, pues me pregunta si
debe acompañarme con la lámpara. Le indico con el ademán
o le digo que debe permanecer en lo alto de la escalera, y me
juzgo muy listo porque sorteo los controles de la salida. Ya
estoy abajo y descubro un sendero estrecho, muy empinado,
por el que subo.

(De nuevo el sueño se hace desdibujado:) ... *Es como si*
ahora tuviera el segundo trabajo de escapar de la ciudad,
como antes escapé de la casa. Viajo en un cabriolé y doy al
cochero la orden de llevarme a una estación ferroviaria. «Por
la vía férrea no puedo desde luego viajar con usted», le digo,
después que él hizo una objeción, como si yo lo hubiera ex-
tenuado. Y en eso es como si ya hubiera viajado con él un
trayecto que normalmente se recorre con el tren. Los apea-
deros de la estación están ocupados; medito si debo ir a
Krems o a Znaim, pero pienso que allí debe de estar la corte,
y me decido por Graz o algo así.[29] *Ahora estoy sentado en el*
vagón, que es parecido a un coche del ferrocarril urbano, y
llevo en el ojal una cosa larga, extrañamente trenzada, en la
que hay violetas de un color entre violáceo y castaño y hechas
de un material rígido, lo que llama mucho la atención de la
gente. (Aquí se interrumpe la escena.)

De nuevo estoy ante la estación ferroviaria, pero en com-
pañía de un señor mayor; invento un plan para pasar inad-
vertido, y en el mismo momento veo cumplido ese plan.
Pensar y vivenciar son, por así decir, uno. El se finge ciego,
al menos de un ojo, y yo le pongo por delante un orinal
masculino (lo hemos comprado o tenemos que comprarlo en
la ciudad). Soy entonces un enfermero y debo tenerle el ori-
nal porque él está ciego. Si el inspector nos ve así, tiene que
dejarnos escapar sin fijarse en nosotros. En tanto, veo plás-
ticamente la posición del otro y su miembro que orina. (Después, me despierto con ganas de orinar.)

Todo el sueño deja la impresión de una fantasía que trasla-
dase al soñante a la revolución de 1848, cuya evocación acababa de renovarse por el jubileo [del emperador Francisco
José I] de 1898, y además por una breve excursión a *Wa-*
chau durante la cual yo había visitado Emmersdorf,[30] el lu-

---

[29] [Ni Krems —en la Baja Austria— ni Znaim —en Moravia—
fueron residencias imperiales. Graz es la capital de la provincia de
Estiria.]

[30] [El Wachau es una comarca del valle del Danubio, a unos 70
kilómetros de Viena. — *Nota agregada* en 1925:] Este es un error,
pero esta vez no una operación fallida. Sólo más tarde averigüé
que el Emmersdorf de Wachau no es idéntico al lugar del mismo

gar de retiro del cabecilla estudiantil Fischhof, a quien algunos rasgos del contenido onírico manifiesto parecen aludir. El enlace de los pensamientos me lleva después a Inglaterra, a casa de mi hermano, quien por broma solía llamar a su mujer *«Fifty years ago»* {«Hace cincuenta años»}, por el título de una poesía de Lord Tennyson,[31] ante lo cual sus hijos tenían costumbre de rectificar: *«Fifteen years ago»* {«Hace quince años»}. Pero esta fantasía, que se incluye entre los pensamientos que suscitó la visión del conde Thun, es sólo como la fachada de ciertas iglesias italianas: no tiene conexión orgánica con el edificio que hay detrás. Aunque, a diferencia de esas fachadas, es lagunosa, confusa, y en muchos lugares asoman elementos de lo interior. — La primera situación del sueño se compone de varias escenas en que puedo fragmentarla. La actitud arrogante que adopta el conde en el sueño está tomada de una escena que viví en la escuela, cuando tenía *quince años*. Habíamos urdido una conjura contra un profesor odioso e ignorante. El inspirador era un condiscípulo que desde entonces parece haber tomado por modelo a *Enrique VIII* de *Inglaterra*. La conducción del golpe decisivo recayó sobre mí, y una discusión acerca de la importancia del Danubio para Austria (*¡Wachau!*) fue la ocasión de la rebeldía franca. Uno de los conjurados, el único condiscípulo aristocrático que teníamos y a quien llamábabos la *«jirafa»* por su estatura, adoptó la misma actitud que el conde en el sueño cuando el tirano de la escuela, el profesor de *lengua alemana*, le pidió explicaciones. La declaración de la *flor predilecta* y el *ponerse-en-el-ojal* algo que también tiene que ser una flor (lo que me trae a la memoria las orquídeas que ese mismo día obsequié a una amiga y además una rosa de Jericó[32]) recuerdan llamativamente la escena del drama de Shakespeare[33] que representa el comienzo de la guerra civil entre la rosa *roja* y la rosa *blanca*; la mención de *Enrique VIII* ha facilitado el camino a esta reminiscencia. — De allí a los claveles rojos y blancos no hay

nombre que sirvió de asilo al revolucionario Fischhof. [Se hallará una referencia a este error en la *Psicopatología de la vida cotidiana* (Freud, 1901*b*), *AE*, **6**, pág. 215.]

[31] [No parece haber ningún poema de Tennyson con este título. Quizá sea una referencia a su oda «On the Jubilee of Queen Victoria», en la que aparecen repetidamente las palabras *«fifty years»* (aunque no *«fifty years ago»*); o quizás al segundo «Locksley Hall»: *«Sixty years after»* {«Sesenta años después»}.]

[32] [La «planta de la resurrección», cuyas hojas secas se vuelven a desplegar cuando hay humedad.]

[33] [*3 Enrique VI*, acto I, escena 1.]

mucha distancia. (Entretanto, se deslizan en el análisis dos dísticos, uno *alemán* y el otro *español*:

«*Rosen, Tulpen, Nelken,*
alle Blumen welken».*[34]

«*Isabelita*, no llores,
que se marchitan las flores».

El *español* es de *Fígaro*.) Los claveles blancos se han convertido entre nosotros, en Viena, en el distintivo de los *antisemitas*, y los rojos en el de los *socialdemócratas*. Tras esto el recuerdo de una provocación antisemita durante un viaje en ferrocarril por el bello país de Sajonia (*anglo*sajones).[35] — La tercera escena que brindó elementos para la formación de la primera situación onírica se ubica en mis primeros años de estudiante. En una unión de estudiantes *alemanes* se entabló una discusión sobre los vínculos entre la filosofía y las ciencias naturales. Yo, joven inexperto, atiborrado de doctrina materialista, me adelanté y defendí con vehemencia un punto de vista en extremo unilateral. Entonces se levantó un condiscípulo aventajado y de mayor edad, que después ha probado su capacidad para dirigir hombres y organizar masas, quien por lo demás también lleva un nombre tomado del reino animal.[36] Nos rebatió, pues, con conocimiento; dijo que siendo más joven también él había guardado esos chanchos {comido de ese plato} y que después regresó arrepentido a la casa paterna. Yo *me encolericé* (como en el sueño) y con mucha *grosería* {*saugrob*; *Sau* = chancha} respondí que desde que me había enterado de que él guardaba *chanchos, ya no me asombraba* el tono de sus dichos. (En el sueño me *asombro* por mi credo nacionalista alemán. [Cf. pág. 329.]) Gran escándalo; desde muchas partes me exhortan a retractarme de mis palabras, pero yo me mantengo firme. El ofendido era demasiado sensato para aceptar la sugerencia que se le hizo de *desafiarme* a duelo, y dejó que el asunto muriese por sí solo.

Los restantes elementos de la escena onírica surgen de estratos más profundos. ¿Qué significa la declaración del conde sobre las «uñas de caballo» {*Huflattich*}? *Huflattich–*

---

* {«Rosas, tulipanes, claveles: toda flor se marchita».}

[34] [Versos que solían hallarse en los «refraneros» del siglo XIX.]

[35] [En la época en que Martha Bernays era su novia, Freud le relató este episodio (que había sucedido días atrás) en la carta que le dirigió el 16 de diciembre de 1883. (Cf. Freud, 1960*a*.)]

[36] [Presumiblemente Viktor Adler («águila»), el dirigente socialdemócrata austríaco (1852-1918). Cf. «Adler», *infra*, pág. 228.]

lattice {lechuga}–*Salat* {ensalada}–*Salathund* (el perro del hortelano, que ni come ni deja comer). Recorremos aquí un surtido de injurias: *Jirafa,* chancho, chancha, perro*; y por el desvío de un nombre, sabría también llegar a un burro, lo que otra vez es escarnio a un profesor académico. Además, traduzco entre mí —no sé si con acierto— «uña de caballo» por «*pisse-en-lit*».** Ese conocimiento me viene de *Germinal*, de Zola, donde se pide a unos niños que recojan un poco de esa planta para una ensalada. El perro —*chien*— contiene en su nombre una homonimia con la función mayor (*chier*, como *pisser* para la menor).*** No tardamos en reunir lo indecoroso en sus tres estados, pues en el mismo *Germinal*, que tiene bastante que ver con la revolución futura, se describe una curiosísima competencia para la producción de excreciones gaseosas, llamadas *flatus*.[37] Y ahora tengo que observar el modo en que desde lejos se fue preparando el camino para este *flatus*, desde las *flores*, a través de los versos *españoles*, de allí *Isabelita* hasta *Isàbel* y Fernando, *Enrique VIII*, y de aquí, pasando por la historia *inglesa* y la lucha de la Armada Invencible contra *Inglaterra*, hasta la medalla que los ingleses acuñaron luego del triunfo con esta inscripción: «*Flavit et dissipati sunt*»,****[38] pues los vientos huracanados dispersaron la flota española. Y yo había pensado tomar esta sentencia como epígrafe medio jocoso del capítulo «terapia», si es que alguna vez llegaba a dar noticia detallada de mi concepción y mi tratamiento de la histeria.

De la segunda escena del sueño no puedo dar una resolución tan precisa, y ello por miramiento a la censura. En efecto, me pongo en el lugar de un encumbrado personaje de aquel período revolucionario, que también tuvo una aven-

---

* {En alemán, «*Giraffe*»; «*Affe*» significa «mono».}

** {En realidad, la planta llamada en francés «*pissenlit*» es el «diente de león».}

*** {Vulgarismos por «defecar» y «orinar», respectivamente, en francés.}

[37] No en *Germinal* sino en *La terre*: un error que sólo observé después de haber completado el análisis. — Nótese la presencia de las mismas letras en «H*uflat*tich» {«uña de caballo»} y en «*flatus*».

**** {«Sopló y se disiparon».}

[38] [*Nota agregada* en 1925:] Un biógrafo espontáneo que he tenido, el doctor Fritz Wittels, me reprocha [1924, pág. 21] que en la sentencia citada he omitido el nombre de Jehová. [*Agregado* en 1930:] En el medallón inglés, el nombre de Dios aparece en caracteres hebreos, y por cierto sobre el trasfondo de una nube, pero de tal modo que puede tomárselo como parte del dibujo o de la inscripción. — [En la carta a Fliess del 3 de enero de 1897 se menciona ya la idea de utilizar esas palabras como epígrafe de un capítulo sobre terapia (Freud, 1950*a*, Carta 54).]

tura con un *Adler* {águila} y, según se dice, padeció de *incontinentia alvi* {incontinencia intestinal}, etc.; y *no me creo con derecho a pasar* aquí la censura por más que sea un *Hofrat* (*aula, consiliarius aulicus*) quien me contó la mayor parte de tales historias. La serie de habitaciones que aparece en el sueño debe su estímulo al coche que servía de salón a Su Excelencia, dentro del cual atisbé un momento; pero las habitaciones significan, como es tan frecuente en los sueños, *mujeres* [39] (mujeres mantenidas por el erario). Con la persona de la conserje pago mal a una señora mayor, muy espiritual, la acogida que me brinda en su casa y las muchas y buenas historias que me han referido en ella. — El rasgo de la lámpara remite a Grillparzer,[40] quien tuvo una encantadora vivencia de parecido contenido y después usó de ella en [su tragedia sobre] «Hero y Leandro» (las *olas* del *mar* y del *amor*;* la Armada y la *tormenta*).[41]

También debo desistir del análisis detallado de los dos restantes fragmentos del sueño;[42] destacaré sólo aquellos elementos que desembocan en las dos escenas infantiles que me movieron a recoger el sueño aquí. Con acierto se conjeturará que es un material sexual el que me obligó a esta sofocación; pero no cabe darse por satisfecho con este esclarecimiento. No nos escondemos a nosotros mismos muchas cosas que debemos ocultar a los demás, y aquí no se trata de las razones que me obligaron a ocultar la solución, sino de los motivos de la censura interna, que encubrieron para mí mismo el contenido genuino del sueño. Por eso debo decir que el análisis de estos [últimos] tres fragmentos permite reconocerlos como fanfarronerías impertinentes, como el resultado de un ridículo delirio de grandeza que en mi vida de vigilia he sofocado hace mucho, y que osa aparecer

---

[39] [«*Frauenzimmer*», literalmente «departamento de mujer», suele emplearse para designar a una mujer en forma levemente peyorativa. Cf. *infra*, **5**, pág. 360.]

[40] [El conocido dramaturgo austríaco (1791-1872).]

* {«Las olas del mar y del amor» (*Des Meeres und der Liebe Wellen*) es el título de la obra de Grillparzer aludida por Freud.}

[41] [*Nota agregada* en 1911:] En un sustancioso trabajo (1910), Silberer intentó mostrar, con relación a esta parte del sueño, que el sueño no sólo puede reproducir los pensamientos oníricos latentes, sino también los procesos psíquicos que se producen durante la formación del sueño. (Es lo que denomina «fenómeno funcional».) [Cf. *infra*, **5**, págs. 498 y sigs. — *Agregado* en 1914:] Pero creo que no advierte que los «procesos psíquicos que se producen durante la formación del sueño» son para mí un *material* de pensamientos como cualquier otro. En este sueño presuntuoso es evidente que estoy orgulloso de haber descubierto estos procesos.

[42] [En verdad, el primero de ellos es analizado más pormenorizadamente *infra*, **5**, págs. 431 y sigs.]

aun en el contenido manifiesto del sueño con diversos emisarios (*me juzgo muy listo*); por lo demás, es lo que vuelve comprensible también el talante presuntuoso que tenía yo la tarde anterior a que soñase. Es una fanfarronería en todos los campos; así, la mención de *Graz* remite al dicho «¿Cuánto cuesta Graz?», que se usa cuando uno se cree dueño de muchísimo dinero. Quien recuerde la inigualada descripción que de la vida y las hazañas de Gargantúa y de su hijo Pantagruel hace el maestro Rabelais, podrá también incluir entre las fanfarronerías el contenido indicado para el primer fragmento del sueño. Respecto de las dos escenas infantiles ya mencionadas cumple decir lo siguiente: Para ese viaje yo había comprado una valija *nueva*, cuyo color, un *castaño violáceo*, emerge muchas veces en el sueño (*violetas de un color entre violáceo y castaño y hechas de un material rígido*, junto a una cosa a la que se llama «*cogedor de muchachas*» {«*Mädchenfänger*»};[43] también los muebles de las habitaciones gubernamentales). Que con algo *nuevo* se *llame la atención de la gente* es una conocida creencia infantil. Ahora bien, la siguiente escena de mi vida infantil me fue relatada, y el recuerdo de ese relato remplaza al de la escena misma: Parece que a la edad de dos años yo todavía en ocasiones *mojaba la cama*; una vez que mi padre me lo reprochó lo *consolé* prometiéndole que le compraría en N. (la ciudad grande más próxima) una linda cama, *nueva y roja*. (De ahí la intercalación, en el sueño, de que al orinal *lo hemos comprado o tenemos que comprarlo en la ciudad*; lo prometido es deuda.) Repárese, además, en la concordancia entre el orinal masculino y la valija femenina, *box*. [Cf. págs. 171-2.] Todo el delirio de grandeza del niño está contenido en esa promesa. Sobre el significado de las dificultades urinarias para el niño ya hemos llamado la atención con motivo de la interpretación de un sueño (cf. el sueño de pág. 215). Los psicoanálisis de neuróticos nos han permitido reconocer una íntima conexión entre el mojarse en la cama y la ambición como rasgo de carácter.[44]

Hubo todavía otra demostración hogareña de buenos modales cuando yo tenía siete u ocho años, y de esta me acuerdo muy bien. Una tarde, antes de irme a dormir, infringí el

[43] [Esta palabra, empleada habitualmente en el sentido de «libertino» (cf. pág. 230, *n.* 46), parece ser aquí el nombre vulgar de un tipo de flor de ojal. Véanse términos similares, como «*fascinator*» {«*fascinador*»} y «*beau-catcher*» {«*atrapa-bellos*»}, utilizados en Estados Unidos para designar tocados femeninos.]

[44] [Esta oración se agregó en 1914. La primera mención de este nexo parece datar de «Carácter y erotismo anal» (Freud, 1908*b*), *AE*, **9**, pág. 158.]

mandamiento de la discreción, que prohíbe hacer sus necesidades en la habitación de los padres y en su presencia; en la reprimenda que me endilgó mi padre, pronunció este veredicto: «Este chico nunca llegará a nada». Tiene que haber sido un terrible agravio a mi ambición, pues alusiones a esta escena frecuentan siempre mis sueños y por regla general van asociadas al relato de mis logros y triunfos, como si yo quisiera decir: «Mira, no obstante he llegado a ser algo». Ahora bien, esta escena infantil proporciona la tela a la última imagen del sueño, donde, desde luego que por venganza, los papeles están invertidos. El hombre mayor (evidentemente es mi padre, pues la ceguera de un ojo indica el glaucoma que él tuvo de un solo lado [45]) orina ahora delante de mí como yo aquella vez lo hice delante de él. Con el glaucoma le recuerdo la cocaína, que lo alivió en la operación [cf. pág. 187], como si de esa manera yo cumpliese mi promesa. Además me burlo de él; porque está ciego debo sostenerle delante el *orinal* {*Glas*}, y me complazco en aludir a mis conocimientos sobre la doctrina de la histeria, de los que estoy orgulloso. [46]

[45] Otra interpretación: Tenía un solo ojo como Odín, el padre de los dioses. — *Odhins Trost* [*La consolación de Odín*, una novela mitológica de Felix Dahn (1880)]. — La *consolación* de la escena infantil: que yo compraría una cama nueva.

[46] Algún material de interpretación sobre esto: El tener por delante el orinal recuerda la historia del campesino que en la óptica ensaya lente tras lente {*Glas*}, pero no puede leer. — («*Bauern*fänger» {«timador»; literalmente, «cogedor de campesinos»}: «*Mädchen*fänger» {«cogedor de muchachas»} en el anterior fragmento onírico.) — El tratamiento que en *La terre*, de Zola, recibió el padre entre los campesinos después que se volvió idiota. — El trágico desquite de que el padre en sus últimos días ensuciara la cama como un niño [cf. *infra*, 5, pág. 429]; de ahí que yo aparezca en el sueño como *cuidador de enfermos*. — «*Pensar y vivenciar son aquí, por así decir, uno*». Esto recuerda un drama libresco, fuertemente revolucionario, de Oskar Panizza [*Das Liebeskonzil* (1895)], en que Dios Padre, en la figura de un anciano paralítico, recibe un trato bastante ignominioso; ahí se dice que voluntad y acto son en él uno, y su arcángel, una suerte de Ganimedes, tiene que impedirle insultar y blasfemar, pues estas maldiciones se cumplirían al punto. — El hacer *planes* es un reproche al padre, procedente de la crítica de una época posterior; y en general todo el contenido rebelde del sueño, su ultraje a la majestad y su burla de la autoridad, se remontan a un levantamiento contra el padre. El príncipe se llama *Landesvater* {padre del país}, y el padre es la primera y más antigua autoridad, y la única para el niño, de cuya completa potestad han surgido, en el curso de la historia de la cultura humana, las otras autoridades sociales (en la medida en que «el derecho materno» no fuerce a restringir este aserto). — La versión del sueño «*Pensar y vivenciar son uno*» apunta a la explicación de los síntomas histéricos, con los cuales también tiene relación el *orinal masculino*. A los vieneses no hace falta exponerles el principio

Si en mí las dos escenas infantiles se asociaron sin más con el tema de la manía de grandeza, el que se evocaran en el viaje a Aussee se debió también a la circunstancia casual de que mi compartimiento no poseía baño y yo debía estar dispuesto a sufrir contratiempos durante el viaje, lo que de hecho sucedió a la madrugada. Me desperté entonces con las sensaciones de la necesidad corporal. Supongo que alguien podría inclinarse a atribuir a esas sensaciones el papel del genuino excitador del sueño, pero yo doy preferencia a otra explicación: sólo los pensamientos del sueño provocaron las ganas de orinar. En mi caso es por completo insólito que una necesidad cualquiera me perturbe mientras duermo, al menos a la hora en que se produjo esa vez el despertar (las tres menos cuarto de la madrugada). Salgo al paso de otra objeción observando que en otros viajes que hice en situación de mayor comodidad casi nunca experimenté presión en la vejiga después de despertar a hora temprana. Por lo demás, puedo dejar este punto irresuelto sin provocar con ello daño alguno.[47]

Puesto que, además, mis experiencias en el análisis de sueños me han permitido observar que también de aquellos cuya interpretación parece a primera vista completa (porque es fácil indicar las fuentes oníricas y el deseo excitador) parten importantes hilos de pensamiento que llegan hasta la primera infancia, hube de preguntarme si este rasgo no constituía también una condición esencial del soñar. Si me estuviera permitido generalizar esta idea, diría que, en su contenido manifiesto, a todo sueño le corresponde un anudamiento con lo vivenciado recientemente, pero en su contenido latente le corresponde un anudamiento con lo viven-

del «*Gschnas*»; consiste en producir objetos de apariencia rara o valiosa a partir de un material trivial, preferiblemente cómico e ínfimo; por ejemplo, armaduras a partir de ollas de cocina, manojos de paja y trozos de pan, como gustan de hacerlo nuestros artistas en sus veladas de diversión. Ahora bien, yo había observado que los histéricos hacen lo mismo; junto a lo que realmente les ocurrió, se crean inconcientemente en su fantasía unos sucesos atroces o disolutos, construidos sobre el más inocente y trivial material de vivencias. Y de estas fantasías dependen los síntomas, no de los recuerdos de los hechos reales, sean estos graves o igualmente inocentes. Este esclarecimiento me había despejado muchas dificultades y me causó gran alegría. Pude aludir a él con el elemento onírico del «*orinal masculino*» porque me habían contado, acerca de la última velada de «*Gschnas*», que habían presentado una copa envenenada de Lucrecia Borgia cuyo núcleo y parte principal estaba formado por un *orinal para hombres*, como los que se usan en los hospitales.
[47] [Este sueño vuelve a examinarse *infra*, **5**, págs. 431 y sigs.]

231

ciado más antiguo; y respecto de esto último, por el análisis de la histeria estoy en condiciones de mostrar, en efecto, que ha permanecido reciente hasta la actualidad. Pero la prueba de esta conjetura parece todavía muy difícil; en otro contexto he de volver sobre el probable papel de las primeras impresiones infantiles en la formación de los sueños.[48]

De las tres particularidades de la memoria onírica consideradas al comienzo, una —la preferencia por lo accesorio en el contenido del sueño— se solucionó satisfactoriamente reconduciéndola a la *desfiguración onírica*. A las otras dos —la marca de lo reciente y de lo infantil— las hemos corroborado, pero no pudimos deducirlas de los motivos del soñar. Hemos de conservar en la memoria estos dos caracteres cuya explicación o apreciación están pendientes; en otra parte hallarán su sitio, sea en la psicología del estado del dormir o en las elucidaciones sobre el edificio del aparato psíquico que después emprenderemos, cuando hayamos observado que a través de la interpretación de los sueños, como a través de una ventana, podemos arrojar una mirada en el interior de él. [Cf. el capítulo VII.]

Pero también quiero destacar aquí otro resultado de los últimos análisis de sueños. El sueño aparece a menudo como *multívoco*. No sólo es posible, como lo muestran los ejemplos, que en él se reúnan varios cumplimientos de deseo, sino que un sentido, un cumplimiento de deseo, vaya cubriendo a los otros hasta que debajo de todos tropecemos con el cumplimiento de un deseo de la primera infancia. También aquí cabe preguntarse si en aquel enunciado el «a menudo» no ha de remplazarse, más correctamente, por un «como regla general».[49]

---

[48] Cf. el capítulo VII [*infra*, **5**, págs. 546 y sigs.].

[49] [*Nota agregada* en 1914:] La superposición de los significados del sueño es uno de los problemas más espinosos, pero también de más rico contenido, de la interpretación de los sueños. El que olvide esta posibilidad fácilmente errará y se verá llevado a sustentar aseveraciones insostenibles acerca de la esencia del sueño. No obstante, muy pocas indagaciones se han emprendido sobre este tema. Hasta ahora sólo la estratificación simbólica del sueño por estímulo vesical (estratificación que aparece con bastante regularidad) ha sido estudiada a fondo por O. Rank [1912*d*]. [Cf. *infra*, **5**, pág. 404.]

C. Las fuentes somáticas del sueño

Si se hace el experimento de interesar a una persona culta por los problemas oníricos y con este propósito se le pregunta por las fuentes de las cuales a su juicio surgen los sueños, casi siempre se observa que el interrogado cree estar en la posesión segura de esta parte de la solución. Enseguida mencionará la influencia que una digestión perturbada o difícil («Los sueños vienen del estómago» [cf. pág. 48]), posiciones contingentes del cuerpo y pequeñas vivencias habidas mientras se duerme exteriorizan en la formación del sueño. Y tales personas no parecen sospechar que después de tomar en cuenta todos esos factores reste algo que necesite todavía de explicación.

El papel que en la literatura científica se ha atribuido a las fuentes somáticas de estímulo en la formación del sueño lo consideramos ya con detalle en el capítulo introductorio (sección C), de modo que aquí no necesitamos sino recordar los resultados de esa investigación. Nos enteramos allí de que las fuentes somáticas de estímulo se diferencian en tres variedades: los estímulos sensoriales objetivos, que parten de objetos exteriores; los estados internos de excitación de los órganos de los sentidos, de base sólo subjetiva, y los estímulos corporales que provienen del interior del cuerpo. Y observamos la tendencia de los autores a empujar al último plano, o aun a excluir, la existencia de cualquier fuente *psíquica* del sueño junto a esas fuentes somáticas de estímulo (pág. 66). En el examen de los veredictos pronunciados en favor de las fuentes somáticas de estímulo, vimos que la importancia de las excitaciones *objetivas* de los órganos de los sentidos —en parte estímulos accidentales sobrevenidos mientras se duerme, en parte otros que es imposible mantener alejados de la vida anímica del durmiente— ha sido certificada por innumerables observaciones y corroborada por experimentos (págs. 49 y sigs.); que el papel de las excitaciones sensoriales subjetivas parece demostrado por el retorno de las imágenes sensoriales hipnagógicas en los sueños (pág. 57), y que la reconducción, entendida en su mayor alcance, de nuestras imágenes y representaciones oníricas a estímulos corporales *internos* no es demostrable por cierto en su totalidad, pero puede apoyarse en la bien conocida influencia que sobre el contenido de nuestros sueños ejerce el estado de excitación de los órganos de la digestión, de la vejiga y de los órganos sexuales [cf. pág. 62].

«*Estímulo nervioso*» y «*estímulo corporal*» serían entonces las fuentes somáticas del sueño, y aun, según muchos autores, sus fuentes únicas y exclusivas.

Pero ya hemos prestado oídos a una serie de dudas que no cuestionan tanto la corrección de la teoría del estímulo somático cuanto su suficiencia.

Por seguros que tuvieron que sentirse todos los sostenedores de esta doctrina acerca de sus bases fácticas —y tanto más si se consideran los estímulos nerviosos accidentales y externos, cuyo rastreo en el contenido onírico apenas requiere esfuerzo—, ninguno se sustrajo a la idea de que el rico contenido de representaciones de los sueños no admitía derivarse de los solos estímulos nerviosos exteriores. Miss Mary Whiton Calkins (1893 [pág. 312]) examinó durante seis semanas desde este punto de vista sus propios sueños y los de otra persona, y halló que sólo en un 13,2 % y un 6,7 % de los casos, respectivamente, podía demostrarse el elemento de la percepción sensorial externa; sólo dos casos de la colección pudieron reconducirse a sensaciones orgánicas. Aquí la estadística nos confirma lo que ya una rápida ojeada a nuestras propias experiencias dejaba suponer.

Muchas veces los autores se limitan a destacar el «sueño por estímulo nervioso» como una variedad bien investigada entre otras formas del sueño. Spitta [1882, pág. 233] divide los sueños en *sueño por estímulo nervioso* y *sueño por asociación*. Pero era claro que la solución seguiría siendo insatisfactoria mientras no se lograse demostrar el lazo existente entre las fuentes somáticas y el contenido representativo del sueño.

Dijimos que la frecuencia de las fuentes de estímulos exteriores era insuficiente; ahora junto a esa objeción se plantea una segunda: es insuficiente el esclarecimiento del sueño que se alcanza introduciendo este tipo de fuentes. Los defensores de esa doctrina nos deben dos de tales esclarecimientos: en primer lugar, de las razones por las cuales el estímulo exterior no es reconocido en el sueño en su verdadera naturaleza, sino que por regla general se lo yerra (véanse los sueños de despertar, págs. 53-4); y en segundo lugar, de las razones por las cuales la reacción del alma percipiente frente a este estímulo cuya naturaleza se yerra puede dar resultados tan variables e impredecibles. Como respuesta a esa pregunta vimos que Strümpell sostenía que el alma, mientras duerme, y debido a que así se extraña del mundo exterior, no está en condiciones de dar la interpretación correcta del estímulo sensorial objetivo, sino que se ve precisada a crear ilusiones sobre la base de esa incitación indeterminada en muchos aspectos; dicho con sus palabras (1877, págs. 108-9):

234

«Tan pronto como por un estímulo nervioso exterior o interior surge en el alma, mientras duerme, una sensación o un complejo de sensaciones, un sentimiento o, en general, un proceso psíquico, y es percibido por ella, ese proceso evoca imágenes de sentimiento del círculo de experiencia que permanece en el alma desde la vigilia, y por tanto percepciones anteriores, ora desnudas, ora con los valores psíquicos que les corresponden. Dicho proceso reúne, por así decir, en su derredor una cantidad mayor o menor de tales imágenes, por las cuales la impresión proveniente del estímulo nervioso recibe su valor psíquico. Suele decirse también aquí, como es habitual respecto del comportamiento de vigilia, que el alma *interpreta* mientras duerme las impresiones producidas por los estímulos nerviosos. El resultado de esta interpretación es el llamado *sueño por estímulo nervioso*, vale decir, un sueño cuyos ingredientes están condicionados por el hecho de que un estímulo nervioso ejerce su efecto psíquico sobre la vida anímica siguiendo las leyes de la reproducción». [Cf. *supra*, págs. 55, 77 y 81.]

En lo esencial es idéntica a esta doctrina la manifestación de Wundt [1874, págs. 656-7] según la cual las representaciones del sueño parten —al menos en su mayoría— de estímulos sensoriales, y en particular de los estímulos cenestésicos, y por eso son, las más de las veces, ilusiones fantásticas, y probablemente sólo en su menor número puras representaciones mnémicas extremadas en alucinaciones. [Cf. pág. 66.] Para el nexo entre el contenido y los estímulos del sueño, tal como esta teoría lo presenta, Strümpell halla la metáfora adecuada (1877, pág. 84): sería como si «los diez dedos de un hombre enteramente ignaro en música recorriesen las teclas de un piano». [Cf. págs. 101 y 142.] Así, el sueño no aparece como un fenómeno anímico provocado por motivos psíquicos, sino como el resultado de un estímulo fisiológico que se exterioriza en una sintomatología psíquica porque el aparato alcanzado por el estímulo no es capaz de otra exteriorización. Sobre una premisa parecida se construye, por ejemplo, la explicación de las representaciones obsesivas que Meynert intenta brindar con el famoso símil de la esfera del reloj, en la cual algunos números resaltan por su convexidad.[1]

Por más favor que haya conquistado la doctrina de los estímulos somáticos del sueño y por seductora que pueda pa-

---

[1] [No ha sido posible localizar esto en los escritos publicados de Meynert.]

recer, es fácil señalar su punto débil. Cualquier estímulo de esa índole que, mientras dormimos, reclame del aparato psíquico una interpretación por vía de ilusiones puede incitar una variedad incontable de tales ensayos interpretativos, y por tanto es enorme la diversidad de las representaciones que pueden subrogarlo en el contenido del sueño.[2] Ahora bien, la doctrina de Strümpell y Wundt es incapaz de indicar motivo alguno que regule la relación entre el estímulo exterior y la representación onírica escogida para interpretarlo, y por ende de explicar la «rara selección» que los estímulos «llevan a cabo con harta frecuencia en su actividad productiva» (Lipps, 1883, pág. 170). Otras objeciones apuntan a la premisa básica de toda la doctrina de la ilusión, a saber, que el alma mientras duerme no estaría en condiciones de reconocer la verdadera naturaleza de los estímulos sensoriales objetivos. El viejo fisiólogo Burdach nos demuestra que, también mientras duerme, el alma es muy capaz de interpretar correctamente las impresiones sensoriales que le llegan y de reaccionar de la manera adecuada ante esa interpretación correcta. Explica que ciertas impresiones que al individuo le parecen importantes pueden no ser desatendidas mientras se está durmiendo (la nodriza y el lactante), y que es mucho más seguro que nos despierte nuestro propio nombre que una impresión auditiva indiferente, lo cual por cierto presupone que el alma, aun dormida, distingue entre las sensaciones (cf. *supra*, págs. 76-7). De estas observaciones, Burdach infiere que en el estado del dormir hay que suponer, no una *incapacidad* para *interpretar* los estímulos sensoriales, sino una *falta de interés* por ellos. Los mismos argumentos empleados por Burdach en 1830 reaparecen inalterados en Lipps, en 1883, para impugnar la teoría del estímulo somático. Según eso, el alma semeja a aquel durmiente de la anécdota, que a la pregunta «¿Duermes?» respondió «No», pero ante la demanda «Entonces préstame diez florines» se escudó tras un «Estoy dormido».

La insuficiencia de la doctrina de los estímulos somáticos puede demostrarse también de otro modo. La observación prueba que los estímulos sensoriales no me obligan a soñar, aunque ellos aparecen en el contenido onírico tan pronto

---

[2] [*Nota agregada* en 1914:] Yo aconsejaría a todo el mundo que hojease los dos volúmenes donde Mourly Vold [1910-12] reunió protocolos detallados y precisos de sueños producidos experimentalmente, para convencerse del escaso esclarecimiento que recibe el contenido de cada sueño en las condiciones experimentales indicadas, y de cuán poco útiles resultan tales experimentos para la comprensión de los problemas oníricos. [Cf., empero, pág. 197, *n.* 20.]

como sueño y en caso de que sueñe. Frente a un estímulo de presión o táctil que me sobrevenga mientras duermo, dispongo de diversas reacciones. Puedo ignorarlo y descubrir después, al despertar, que tenía una pierna descubierta o un brazo oprimido; la patología nos presenta innumerables ejemplos de estímulos motores o de sensación de los más diversos tipos y de gran fuerza excitadora que no ejercen efecto alguno mientras se duerme. Puedo notar la sensación dormido, por así decir a través del dormir, como es la regla en el caso de los estímulos de dolor, pero sin que este se entreteja en un sueño. En tercer lugar, puedo despertarme por el estímulo a fin de eliminarlo.[3] Y sólo una cuarta reacción posible es que el estímulo nervioso me mueva a soñar; pero las otras posibilidades se cumplen al menos con igual frecuencia que la formación de sueños. Esta no podría acaecer *si el motivo {la fuerza motriz} del soñar no se situara fuera de las fuentes somáticas de estímulo.*

Con una justa apreciación de las ya señaladas lagunas que deja la explicación del sueño por los estímulos somáticos, otros autores —Scherner [1861], cuya concepción sigue el filósofo Volkelt [1875]— procuraron determinar con mayor precisión las actividades del alma que hacen surgir las multicolores imágenes del sueño a partir de los estímulos somáticos. Por tanto, trasladaron de nuevo la esencia del soñar a lo *anímico* y a una actividad psíquica. [Cf. págs. 106 y sigs.] Scherner no sólo dio una descripción plena de sentir poético, ardiente y viva, de las peculiaridades psíquicas que se despliegan en la formación de los sueños; también creyó haber avizorado el principio según el cual procede el alma con los estímulos que se le ofrecen. Según Scherner, el trabajo del sueño, en libre afirmación de una fantasía aligerada de sus cadenas diurnas, pugna por figurar *simbólicamente* la naturaleza del órgano de que parte el estímulo y la índole de este último. Así se obtiene una suerte de libro de los sueños como guía para la interpretación de estos. Y desde las imágenes del sueño es lícito inferir, por medio de ese libro, sentimientos corporales, estados de los órganos y de los estímulos. «Así, la imagen del gato expresa el mal talante, y la imagen del pan límpido y terso, la desnudez del cuerpo». [Volkelt, 1875, pág. 32.] El cuerpo humano como un todo es representado por la fantasía onírica como casa, y los órganos corporales singulares, como partes de la casa. En los

[3] [*Nota agregada* en 1919:] Cf. sobre esto K. Landauer (1918). Cualquiera puede observar personas dormidas que realizan acciones provistas de sentido. El durmiente no está absolutamente idiota; al contrario, puede llevar a cabo acciones lógicas y voluntarias.

«sueños por estímulo dentario», a la cavidad bucal corresponde un vestíbulo de alta bóveda, y al descenso desde la garganta hasta los intestinos, una escalera; «en el "sueño por dolor de cabeza", para designar la posición elevada de esta se escoge el techo de una habitación, cubierto de repugnantes arañas semejantes a sapos». [*Ibid.*, págs. 33-4.] «Estos símbolos son aplicados por el sueño al mismo órgano en múltiples combinaciones; así, la respiración de los pulmones encuentra su símbolo en el horno llameante con su tiro; el corazón, en cajas o cestas huecas, y la vejiga, en objetos redondos, con forma de bolsa o simplemente cóncavos». [*Ibid.*, pág. 34.] «Particular importancia tiene el hecho de que, a la conclusión del sueño, las más de las veces aparece sin disfraz el órgano excitador o su función, y por cierto casi siempre en el cuerpo propio del soñante. Así, el "sueño por estímulo dentario" suele culminar en que el soñante se extrae un diente de la boca». [*Ibid.*, pág. 35.]

No puede decirse que esta teoría de la interpretación de los sueños haya encontrado buena acogida en los autores. Pareció sobre todo extravagante; y aun se ha titubeado en espigar en ella la parte de acierto que a mi juicio puede reclamar. Lleva, como se ve, a reverdecer la interpretación de los sueños por medio del *simbolismo*, de la que se sirvieron los antiguos. Sólo que el ámbito dentro del cual debe buscarse la interpretación es restringido al radio de la corporeidad del hombre. La falta de una técnica científica de interpretación tiene que perjudicar considerablemente la aplicabilidad de la doctrina de Scherner. En modo alguno parece excluida la arbitrariedad en la interpretación de los sueños, tanto más cuanto que también aquí un estímulo puede exteriorizarse en el contenido onírico por múltiples subrogaciones; así, el seguidor de Scherner, Volkelt, no pudo corroborar la figuración del cuerpo como casa. También tiene que chocar el que según esta doctrina el alma se consagre al trabajo onírico como a una actividad sin utilidad ni fin alguno, puesto que se contenta con fantasear sobre el estímulo que la ocupa sin que ni por asomo procure tramitarlo o cosa parecida.

Pero hay una objeción grave a la doctrina scherneriana de la simbolización de estímulos corporales por el sueño. Estos están siempre presentes, y según es opinión general el alma tiene más acceso a ellos mientras duerme que en la vigilia. No se comprende entonces que el alma no sueñe de modo continuo toda la noche, y aun cada noche con todos los órganos. Y si alguien quisiera sustraerse de esta objeción arguyendo que para despertar la actividad onírica se requieren excitaciones especiales que partan del ojo, el oído, los dientes, los intestinos, etc., tropezaría con la dificultad que ofrece el comprobar objetivamente tal incremento del estímulo, lo cual sólo es posible en el menor número de casos. Si el sueño de vuelo fuera simbolización del ascenso y descenso de los lóbulos pulmonares en la respiración [cf. pág. 63], o bien este sueño, como ya Strümpell observa [1877, pág. 119], tendría que soñarse con mayor frecuencia, o bien tendría que poderse demostrar una actividad respiratoria intensificada cada vez que él sobreviene. Existe una tercera posibilidad, la más verosímil: que operen en la ocasión particulares motivos para que se preste atención a las sensaciones viscerales que existen en todo momento; pero esto nos lleva más allá de la teoría de Scherner.

El valor de las elucidaciones de Scherner y Volkelt reside en que llaman la atención sobre una serie de caracteres del contenido onírico que reclaman explicación y parecen esconder nuevos conocimientos. Es del todo correcto que los sueños contienen simbolizaciones de órganos y funciones del cuerpo, que el agua a menudo significa un estímulo vesical, que los genitales masculinos pueden figurarse con un bastón o una columna enhiestos, etc. En sueños que muestran un campo visual muy movido y brillantes colores, a diferencia de la tonalidad mate de otros, difícilmente se evitará interpretarlos como «sueños por estímulo visual», como no se podrá negar la contribución de la formación de ilusiones en sueños que contienen ruidos o algarabía. Un sueño como el de Scherner [1861, pág. 167], en que dos hileras de bellos y blondos adolescentes que se enfrentaban sobre un puente entraron en pelea y después volvieron a su primera posición, hasta que, por fin, el soñante se sentó en un puente y extrajo de su mandíbula un largo diente; u otro parecido, de Volkelt [1875, pág. 52], en que dos filas de cajones desempeñaban un papel y también terminó con la extracción de un diente: tales formaciones oníricas, que ambos autores comunican en gran cantidad, no admiten que se haga a un lado la teoría de Scherner como si fuese un invento ocioso, sin investigar su núcleo de verdad.[4] Entonces se plantea la tarea de aportar un esclarecimiento de otra clase a la supuesta simbolización del pretendido estímulo dentario.[5]

Todo el tiempo que nos ocupó la doctrina de las fuentes somáticas del sueño omitimos recurrir a aquel argumento

[4] [Cf. *infra*, **5**, págs. 351-2.]
[5] [Estos sueños vuelven a tratarse *infra*, **5**, págs. 388 y sigs.]

que se sigue de nuestros análisis de sueños. Si mediante un procedimiento que otros autores no han aplicado a su material de sueños podemos nosotros demostrar que el sueño posee un valor propio como acción psíquica, que un deseo pasa a ser el motivo de su formación y que las vivencias de la víspera proporcionan a su contenido el material más próximo, entonces cualquier otra doctrina sobre el sueño que descuide un procedimiento de investigación tan importante y, consiguientemente, haga aparecer al sueño como una reacción psíquica enigmática e inútil frente a estímulos somáticos queda impugnada, aun sin una crítica especial. En efecto, cosa harto improbable, tendrían que existir dos clases por entero diferentes de sueños, de las que una se nos presentó a nosotros solos, y la otra sólo a quienes nos precedieron en los juicios sobre el sueño. No resta sino hacer lugar dentro de nuestra doctrina del sueño a los hechos en que se apoya la doctrina usual de los estímulos somáticos.

Ya dimos el primer paso para ello cuando establecimos la tesis de que el trabajo onírico se ve compelido a elaborar como una unidad todas las incitaciones del sueño que se presentan al mismo tiempo (págs. 194-5). Vimos que, si de la víspera quedaron pendientes dos o más vivencias intensas, los deseos que de ellas resultan son reunidos en un sueño, y también que en el material onírico se conjugan la vivencia provista de valor psíquico y las vivencias indiferentes de la víspera, supuesto que puedan establecerse entre ambas unas representaciones que las pongan en comunicación. Así, el sueño aparece como reacción frente a todo lo que en la psique durmiente está presente contemporáneamente como actual. Según lo que hasta aquí analizamos del material onírico, lo reconocimos como una reunión de restos psíquicos, huellas mnémicas, a que (a causa de la preferencia por el material reciente y el material infantil) debimos atribuir un carácter de actualidad que por ahora no podemos determinar psicológicamente. Y no nos veremos en un gran apuro para predecir lo que ocurrirá si a estas actualidades mnémicas se agrega, mientras se duerme, un nuevo material de sensaciones. También estas excitaciones alcanzan importancia para el sueño por el hecho de que son actuales. Son reunidas con las otras actualidades psíquicas a fin de procurar el material para la formación del sueño. Dicho de otro modo: los estímulos sobrevenidos mientras dormimos son elaborados dentro de un cumplimiento de deseo cuyos otros ingredientes son los restos psíquicos diurnos que ya conocemos. Esta unión *no necesariamente* se producirá; sabemos ya, en efecto, que frente a los estímulos corporales que nos llegan mientras dormimos es posible más de un tipo de conducta. Cuando aquella se cumple es porque se ha logrado hallar, para el contenido del sueño, un material de representaciones que figura una subrogación para ambas fuentes, la somática y la psíquica.

La esencia del sueño no varía cuando a las fuentes psíquicas del mismo se agrega un material somático; él sigue siendo cumplimiento de deseo, sin que interese el modo en que su expresión esté regida por el material actual.

Dedicaré aquí buen espacio a una serie de circunstancias particulares que pueden configurar variablemente la significatividad de los estímulos exteriores para el sueño. Pienso que factores individuales, fisiológicos y contingentes, propios de cada circunstancia, cooperan para decidir el modo como habremos de comportarnos, en los diversos casos, frente a un estímulo objetivo más intenso sobrevenido mientras dormimos; la profundidad con que dormimos en ese momento, o la que es habitual en nosotros, junto con la intensidad del estímulo, posibilitarán a veces que este se suprima de tal modo que no perturbe el dormir, y a veces obligarán a despertar o darán fuerzas al intento de superar el estímulo entretejiéndolo en un sueño. De acuerdo con la diversidad de estas constelaciones, los estímulos objetivos exteriores se expresarán en los sueños de algunos con mayor o menor frecuencia que en los de otros. En cuanto a mí, que sobresalgo por mi buen dormir y me empeño con obstinación en que ningún motivo lo perturbe, es muy raro que se inmiscuyan en mis sueños causas externas de excitación; es manifiesto, en cambio, que motivos psíquicos muy fácilmente me hacen soñar. En verdad, he registrado un único sueño en que podría reconocerse una fuente de estímulo objetiva, de dolor. En él precisamente será muy instructivo estudiar el resultado onírico del estímulo exterior.

Monto un caballo gris, primero voy con miedo y torpemente, como si sólo me apoyase sobre él. Entonces encuentro a un colega, P., vestido a la tirolesa y en lo alto de su corcel, quien me hace notar algo (probablemente, que voy mal montado). Ahora me acomodo sobre mi inteligentísimo corcel cada vez más derecho, lo monto cómodo y reparo en que me siento como en casa sobre él. Por silla llevo una suerte de cojín que cubre por completo el espacio que corre del cuello a la grupa del caballo. Así cabalgo apretado

*entre dos carromatos. Después que he cabalgado un buen
trecho por la calle, vuelvo riendas y quiero desmontar, primero ante una pequeña capilla abierta frontera a la calle.
Después realmente desmonto ante una que está cerca de esa;
el hotel queda en la misma calle; podría dejar que el caballo
fuese solo hasta allí, pero lo llevo de tiro hasta conducirlo a
ese lugar. Es como si me diera vergüenza llegarme allí caballero. A la puerta del hotel hay un botones que me muestra
un papelito mío que había sido encontrado, y se burla de mí
por eso. En el papelito se lee, subrayado dos veces:* «No comer» *y después una segunda leyenda* (desdibujada), *algo así
como* «No trabajar»; *ahora tengo la oscura idea de que
estoy en una ciudad extraña en la que no trabajo.*

A primera vista no se advierte que el sueño nació bajo la
influencia, más bien bajo la compulsión, de un estímulo doloroso. Pero desde días antes sufría de forúnculos que me
torturaban a cada movimiento, y últimamente me había
crecido en la base del escroto un forúnculo del tamaño de
una manzana que me provocaba los dolores más insoporta-
bles a cada paso que daba. Y a esos dolores se habían suma-
do, para estropearme el ánimo, el cansancio febril, la inape-
tencia y el arduo trabajo que a pesar de todo desarrollé a
lo largo de la jornada. No era capaz de proseguir mis tareas
médicas, pero por la índole y por el asiento del mal podía
concebirse otro ejercicio para el cual sería yo tanto más
inepto: el de *cabalgar*. Precisamente es la actividad en que
me presenta el sueño; es la negación {*Negation*} más enérgica que imaginarse pueda del sufrimiento. No puedo yo andar a caballo, nunca sueño con ello y una sola vez monté;
fue en pelo y no me gustó. Pero en este sueño voy montado
como si no tuviera ningún forúnculo en el perineo, *precisamente porque no quiero tenerlo*. Mi silla, a juzgar por su descripción, es la cataplasma que me permitió dormirme. Es
probable que durante las primeras horas de sueño —así pro-
tegido— no sintiese mi sufrimiento. Después se anunciaron
las sensaciones dolorosas y quisieron despertarme, pero vino
el sueño y me dijo tranquilizadoramente: «¡Sigue durmiendo,
no te despertarás! ¡No tienes ningún forúnculo, puesto que
montas un caballo, y con un forúnculo ahí no se puede cabalgar!». Y así sucedió; se acalló el dolor y yo seguí durmiendo.

Pero el sueño no se contentó con «quitarme por sugestión»
el forúnculo sosteniendo obstinadamente una representación
incompatible con ese dolor (con lo cual se comportó como el

242

delirio alucinatorio de la madre que ha perdido a su hijo,[6] o el del comerciante cuyas pérdidas lo llevaron a la ruina), sino que las particularidades de la sensación contradicha y de la imagen usada para reprimirla le sirven también como material para figurar y anudar a la situación del sueño aquello que estaba presente en el alma de manera actual. Monto un caballo *gris*; el color del caballo guarda exacta correspondencia con el color *salpimienta* de las ropas que llevaba el colega P. cuando lo encontré en el campo últimamente. Alimentos *muy condimentados* se me indicaron como la causa de la forunculosis, con preferencia a la etiología por el *azúcar* [diabetes] a que podría habérsela atribuido. Mi amigo P. gusta mirarme desde *lo alto de su corcel* tras haberme suplantado en casa de una paciente con quien yo había hecho grandes *muestras de habilidad* (en el sueño voy montado primero de través, como jinete que exhibe *habilidad*), pero que en realidad, como el corcel en la anécdota del jinete del domingo,[7] me llevó adonde quiso. Así el corcel cobra el significado simbólico de una paciente (es *inteligentísimo* en el sueño). «*Me siento como en mi casa sobre él*» alude a la posición que tuve en esa casa antes que P. me remplazase. «*Imaginaba que usted se afirmaría mejor en la silla*», me dijo hace poco y con relación a esa misma casa uno de los pocos protectores que tengo entre los grandes médicos de esta ciudad {Viena}. Era también una *muestra de habilidad* hacer psicoterapia con tales dolores durante ocho o diez horas diarias, pero yo sé que sin buena salud corporal no podré continuar durante mucho tiempo en mi trabajo, que es particularmente arduo, y el sueño es una alusión bien sombría a la situación que resultará de ello (el *papelito*, como lo traen los neurasténicos y lo enseñan al médico): *No trabajar y no comer*. Al avanzar en la interpretación veo que el trabajo del sueño logró descubrir el camino desde la situación de deseo del cabalgar hasta escenas de peleas infantiles muy tempranas en que debimos ser actores con un sobrino mío que me lleva un año y que ahora vive en Inglaterra.[8] Además, ha tomado elementos de mis viajes a Italia;

[6] Véase el pasaje en Griesinger [1861, pág. 106, citado *supra*, págs. 112-3] y las acotaciones que hago en mi segundo artículo sobre las neuropsicosis de defensa (1896*b*). [En realidad, Freud parece aludir a uno de los últimos párrafos de su *primer* artículo sobre el tema (1894*a*), *AE*, **3**, págs. 59-60.]

[7] [En una carta a Fliess del 7 de julio de 1898 (Freud, 1950*a*, Carta 92), Freud describe «el famoso principio de Itzig, el jinete dominguero: "Itzig, ¿hacia dónde cabalgas?". "¡No me lo preguntes a mí. Pregúntaselo al caballo...".».]

[8] [Cf. *infra*, **5**, págs. 424-5.]

la calle del sueño se compone de impresiones de Verona y de Siena. Una interpretación llevada a mayor profundidad descubre pensamientos oníricos sexuales, y recuerdo aquí lo que para una paciente que nunca había estado en Italia significaban las alusiones oníricas a ese hermoso país (*gen Italien* {ir a Italia}–*Genitalien* {genitales}), y esto no sin relación con la casa en que yo estuve antes que mi amigo P. y con el lugar donde creció mi forúnculo.

En otro sueño [9] pude defenderme de manera parecida de una amenaza a mi dormir que *esta vez* provenía de una estimulación sensorial, pero fue sólo por casualidad que pude descubrir el nexo que unía al sueño con ese estímulo contingente y así comprender aquel. Era verano y estaba yo en un lugar de las montañas del Tirol; una mañana me desperté con la idea de haber soñado «*El papa ha muerto*». No acertaba a interpretar este sueño breve, no visual. Como apoyo de él sólo recordaba que poco antes la prensa había anunciado una ligera indisposición de Su Santidad. Pero a media mañana mi mujer me preguntó: «¿Oíste hoy temprano el terrible repicar de las campanas?». Nada había yo oído de eso, pero al punto comprendí mi sueño. Fue la reacción que mi necesidad de dormir tuvo frente al ruido con que los piadosos tiroleses querían despertarme. Me vengué de ellos con la conclusión que configura el contenido del sueño, y seguí durmiendo desinteresado por completo de los repiques.

Ya entre los sueños mencionados en las secciones anteriores hay muchos que pueden servir de ejemplos del procesamiento de los llamados estímulos nerviosos. El sueño de beber a grandes sorbos [pág. 143] es uno de ellos; al parecer el estímulo somático es su única fuente, y el deseo que nace de la sensación —de la sed—, su único motivo. Algo parecido ocurre en otros sueños simples cuando el estímulo somático puede configurar por sí solo un deseo. El sueño de la enferma que por las noches arranca de su rostro el aparato refrigerante [pág. 145] muestra un modo inhabitual de reaccionar frente a un estímulo de dolor con un cumplimiento de deseo; parece como si la enferma hubiera logrado

---

[9] [Este párrafo se agregó en 1914. El sueño había sido consignado ya brevemente en «Experiencias y ejemplos extraídos de la práctica analítica» (Freud, 1913*b*), *AE*, **13**, pág. 198; también ha de encontrárselo en la 5.ª de las *Conferencias de introducción al psicoanálisis* (Freud, 1916-17), *AE*, **15**, pág. 85.]

volverse provisionalmente análgica, atribuyendo sus dolores a un extraño.

Mi sueño de las tres parcas [págs. 218 y sigs.] es sin duda un sueño de hambre, pero sabe hacer retroceder la necesidad de alimento hasta la nostalgia del niño por el pecho materno y utilizar el inocente apetito como encubrimiento de otro más serio, que no puede exteriorizarse tan abiertamente. En el sueño del conde Thun [págs. 221 y sigs.] pudimos ver los caminos por los cuales una necesidad corporal que aparece por accidente se liga con las mociones más intensas —pero también las más intensamente sofocadas— de la vida del alma. Y cuando, en el caso relatado por Garnier [1872, 1, pág. 476], el primer cónsul entreteje en un sueño de batalla la explosión de la máquina infernal antes que esta lo despierte [cf. *supra*, pág. 52], se revela con particular nitidez el afán a cuyo servicio la actividad del alma hace caso de las sensaciones que le sobrevienen durmiendo. Un abogado joven [10] a quien su primer gran pleito tenía sumamente ocupado, se durmió a la siesta comportándose de manera en un todo parecida al gran Napoleón. Soñó con un cierto G. Reich, de *Hussiatyn* {ciudad de Galitzia}, a quien él conocía por un pleito; pero *Hussiatyn* se le impuso de manera cada vez más imperiosa hasta que tuvo que despertarse y oyó que su mujer, que padecía de un catarro bronquial, tosía {*husten*} con violencia.

Consideremos este sueño del primer Napoleón (quien, dicho sea de paso, era de muy buen dormir) junto con aquel otro del estudiante perezoso a quien su hospedera despertó diciéndole que debía ir al hospital, y él se soñó en una cama del hospital y entonces siguió durmiendo con este motivo: «Puesto que ya estoy en el hospital, no necesito encaminarme a él» [pág. 145]. Este último es manifiestamente un sueño de comodidad, pues el soñante se confiesa sin tapujos el motivo de su soñar; pero así revela uno de los secretos del sueño como tal. En cierto sentido todos los sueños son *sueños de comodidad*; sirven al propósito de seguir durmiendo en lugar de despertarse. *El sueño es el guardián del dormir, no su perturbador.* En otro lugar justificaremos esta concepción respecto de los factores psíquicos del despertar;[11] pero desde ahora podemos fundamentar su aplicabilidad al papel de los estímulos objetivos exteriores. El alma no hace caso para nada de las sensaciones que le sobrevienen mientras duerme, si la intensidad de esos estímulos y su signi-

---

10 [Esta oración y la siguiente se agregaron en 1909.]
11 [Cf. *infra*, 5, pág. 570.]

ficado, para ella bien conocido, se lo permiten; o bien emplea el sueño para ponerlos en entredicho, o, como tercera posibilidad, cuando no puede menos que reconocerlos, busca interpretarlos de tal modo que la sensación actual aparezca como parte de una situación deseada y compatible con el dormir. La sensación actual es entretejida en un sueño *para quitarle la realidad*. Napoleón puede seguir durmiendo; lo que pretende perturbarlo no es sino un recuerdo onírico del tronar de los cañones en Arcole.[12]

El deseo de dormir (al que el yo conciente se ha acomodado y que junto con la censura onírica y la «elaboración secundaria», que abordaremos después,[13] son su contribución al soñar)[14] debe entonces computarse en todos los casos como motivo de la formación de sueños, y todo sueño logrado es un cumplimiento de él. El modo en que este deseo universal de dormir —que se presenta como regla general y se mantiene idéntico a sí mismo— se sitúa respecto de los otros deseos, de los que ora uno, ora el otro son cumplidos por el contenido del sueño, será objeto de otras elucidaciones.[15] Con el deseo de dormir hemos descubierto, empero, aquel factor que puede llenar las lagunas de la teoría de Strümpell-Wundt [cf. págs. 235-6], porque explica la manera torcida y caprichosa en que se interpreta el estímulo externo. La interpretación correcta, de la cual el alma durmiente es perfectamente capaz, reclamaría un interés activo y exigiría dejar de dormir; por eso, de todas las interpretaciones posibles sólo se admiten aquellas compatibles con la censura que el deseo de dormir ejerce de manera absolutista. Por ejemplo, «Era el ruiseñor y no la alondra»;[16] pues si fuese la alondra, la noche de amor habría tocado a su fin. Y entre las interpretaciones permitidas se escogerá aquella que pueda conseguir el mejor enlace con las mociones de deseo que acechan en el alma. Así todo queda comandado unívocamente y nada se deja al azar. La interpretación errónea no es ilusión sino, por así decir, subterfugio. Ahora bien, también

[12] Las dos fuentes por las que conozco este sueño no concuerdan en su relato del mismo.

[13] [Cf. *infra*, **5**, págs. 485 y sigs.]

[14] [Lo que está entre paréntesis no figuraba en la primera ni en la segunda edición (1900 y 1909). En 1911 se agregó: «al que el yo conciente se ha acomodado y que junto con la censura onírica son su contribución al soñar». La frase «y la "elaboración secundaria", que abordaremos después» fue agregada como nota al pie en 1914 e incorporada al texto en 1930.]

[15] [Cf. *infra*, **5**, págs. 562 y sigs.]

[16] [Shakespeare, *Romeo y Julieta*, acto III, escena 5: «Era el ruiseñor y no la alondra lo que hirió el fondo temeroso de tu oído».]

aquí, como en el sustituto por desplazamiento al servicio de la censura onírica, ha de concederse que estamos ante un acto de inflexión del proceso psíquico normal.

Si los estímulos nerviosos externos y los corporales internos tienen intensidad suficiente para imponer atención psíquica, constituyen —siempre que el resultado sean sueños y no el despertar— un punto firme para la formación de sueños, un núcleo del material onírico para el que se busca un cumplimiento correspondiente de deseo, así como son buscadas las representaciones que sirven de intermediarias entre dos estímulos oníricos psíquicos (véase *supra* [pág. 240]). En esa medida es cierto que en una cantidad de sueños el elemento somático manda sobre el contenido de ellos. Y aun se despierta en este caso extremo, en beneficio de la formación del sueño, un deseo que no es precisamente actual. No obstante, el sueño no puede figurar un deseo sino como cumplido dentro de una situación; por así decir, enfrenta la tarea de buscar el deseo que puede figurarse como cumplido por la sensación que ahora es actual. Si este material actual es de carácter doloroso o penoso, no por ello deja de ser utilizable para la formación del sueño. La vida del alma dispone también de deseos cuyo cumplimiento provoca displacer. Esto parece una contradicción, pero se aclara invocando la existencia de dos instancias psíquicas y la censura establecida entre ellas.

Como ya tenemos sabido, en la vida del alma existen deseos *reprimidos* que pertenecen al primer sistema y a cuyo cumplimiento el segundo se resiste. A la expresión «existen» no la entendemos históricamente, a saber, que tales deseos estuvieron dados y después se los aniquiló; lo que afirma la doctrina de la represión, de la cual no puede prescindirse en el estudio de las psiconeurosis, es más bien que tales deseos reprimidos siguen existiendo, pero al mismo tiempo una inhibición pesa sobre ellos. El lenguaje corriente acierta en esto: se dice que tales impulsos están «sofocados». El dispositivo psíquico para que tales deseos sofocados pugnen por realizarse se conserva y sigue siendo susceptible de uso. Pero si ocurre que uno de esos deseos sofocados se cumple no obstante, la inhibición así vencida del segundo sistema (susceptible de conciencia) se exterioriza como displacer. Pongamos fin aquí a esta elucidación: cuando mientras dormimos sobrevienen sensaciones de carácter displacentero de fuente somática, esta constelación es aprovechada por el trabajo del sueño para figurar —con mayor o menor retaceo por la censura— el cumplimiento de un deseo que en cualquier otro caso se sofocaría.[17]

Ese estado de cosas es el que posibilita una serie de sueños de angustia, mientras que otra serie de esas formaciones oníricas contrarias a la teoría del deseo dejan reconocer otro mecanismo. En efecto, la angustia en los sueños puede ser psiconeurótica, nacida de excitaciones psicosexuales, correspondiendo la angustia a libido reprimida. Entonces esa angustia y todo el sueño de angustia tiene la intencionalidad de un síntoma neurótico, y estamos en el límite donde fracasa la tendencia del sueño a cumplir un deseo.[18] Pero en otros sueños de angustia [los de la primera serie] esa sensación es de origen somático (p. ej., en enfermos pulmonares o cardíacos, una dificultad contingente en la respiración), y luego se la utiliza para procurar cumplimiento en sueños a deseos enérgicamente sofocados; soñar con estos deseos por motivos *psíquicos* habría tenido por consecuencia el mismo desprendimiento de angustia. No es difícil unificar esos dos casos en apariencia separados. En ambos hay dos formaciones psíquicas, una inclinación de afecto y un contenido de representación que mantienen estrecha copertenencia; una de ellas, la que está dada actualmente, promueve en el sueño también a la otra; unas veces es la angustia dada por vía somática la que promueve al contenido de representación sofocado, y otras es este último, liberado de la represión y recorrido por una excitación sexual, el que promueve el desprendimiento de angustia. En el primer caso puede decirse que un afecto dado por vía somática es interpretado psíquicamente; en el segundo, todo está dado por vía psíquica, pero el contenido que fue sofocado se remplaza con facilidad por una interpretación somática adecuada a la angustia. Las dificultades que se presentan aquí para la comprensión tienen que ver muy poco con el sueño; se deben a que con estas elucidaciones rozamos los problemas de la represión y del desarrollo de angustia.

Entre los estímulos que se imponen al sueño desde el interior del cuerpo se cuenta sin duda la cenestesia corporal {*Gesamtstimmung*} [cf. pág. 61]. No es que esta última pueda brindar el contenido del sueño, pero obliga a los pensamientos oníricos a practicar una selección en el material destinado a la figuración en el contenido del sueño, acercando a sí una parte de ese material como adecuada a su

---

[17] [Este tema vuelve a tratarse en su totalidad en la sección C del capítulo VII; cf. esp. *infra*, **5**, págs. 550 y sigs. Cf. también pág. 275, y **5**, págs. 483-4.]

[18] [Cf. *supra*, págs. 178-9, e *infra*, **5**, págs. 571 y sigs.]

naturaleza y manteniendo alejada otra parte. Además, ese talante general legado por el día anterior está enlazado con los restos psíquicos significativos para el sueño. Así, ese talante puede conservarse como tal en el sueño o ser superado, de suerte que, si es displacentero, se vuelque en lo contrario.[19]

Cuando las fuentes somáticas de estímulo activas mientras se duerme —o sea, las sensaciones del dormir— no son de intensidad inusual, a mi juicio desempeñan en la formación de los sueños un papel semejante al de las impresiones diurnas que permanecen como recientes, pero son indiferentes. En efecto, opino que se recurre a ellas para la formación del sueño cuando se prestan a unirse con el contenido de representación de las fuentes oníricas psíquicas, pero no en otro caso. Son tratadas como un material barato y disponible en todo momento, que se emplea tan pronto se lo necesita, a diferencia de un material costoso que prescribe por sí mismo el modo de su empleo. Aquí sucede como cuando el mecenas lleva al artista una piedra rara, un trozo de ónix, para que haga de ella una obra de arte. El tamaño de la piedra, su color y sus manchas deciden en mucho sobre la cabeza o la escena que en ella han de figurarse, mientras que con un material más homogéneo y abundante, como mármol o arenisca, el artista no obedece más que a la idea que él formó en su mente. Sólo así me parece explicable que no aparezca en todos los sueños, ni todas las noches en los sueños, el contenido onírico brindado por estímulos corporales cuya intensidad no excede la habitual. [Cf. pág. 238.][20]

Quizás un ejemplo, que nos retrotrae de nuevo a la interpretación de sueños, ilustre del mejor modo mi opinión. Cierto día me obstiné en comprender el posible significado de esa sensación de parálisis, de no poderse mover del sitio, de no poder acabar algo, etc., que con tanta frecuencia se sueña y que tan afín es a la angustia. Esa misma noche tuve el siguiente sueño.

Con una toilette muy incompleta salgo de una vivienda de la planta baja y trepo por la escalera hasta el piso supe-

19 [Cf. *infra*, 5, págs. 483-4. — Esta última frase fue agregada en 1914.]

20 [*Nota agregada* en 1914:] Rank ha mostrado en una serie de trabajos [1910*a*, 1912*b* y 1912*d*] que ciertos sueños de despertar provocados por estímulos orgánicos (los sueños por estímulo vesical y de polución) son particularmente aptos para ilustrar la lucha entre la necesidad de dormir y los requerimientos de las necesidades orgánicas, así como la influencia de estas últimas sobre el contenido del sueño. [Cf. *infra*, 5, págs. 404-5.]

rior. Voy *saltando los escalones de tres en tres y me regocijo de poder subir las escaleras con tanta agilidad. De pronto veo que una mujer de servicio baja por la escalera y entonces viene a mi encuentro. Me avergüenzo, quiero apresurarme, y ahora aparece aquella parálisis, me quedo clavado en los escalones y no me muevo del sitio.*

ANÁLISIS: La situación del sueño está tomada de la realidad cotidiana. En una casa de Viena tengo dos viviendas que se comunican sólo exteriormente, por la escalera. En el entrepiso están mi consultorio médico y mi escritorio, y un piso más arriba las habitaciones. Cuando he terminado mi trabajo, a hora tardía, subo por la escalera hasta mi dormitorio. La tarde anterior al sueño había recorrido ese breve camino con una toilette realmente algo desarreglada, es decir, llevaba desprendidos el cuello, la corbata y los puños; en el sueño esto se convirtió en un grado mayor —pero, como suele suceder, indeterminado— de falta de vestimenta. [Cf. págs. 255-6.] Saltando los escalones es como habitualmente subo las escaleras, por lo demás un cumplimiento de deseo ya reconocido en el sueño, pues la facilidad con que lo logro me reaseguraría acerca del estado en que trabaja mi corazón. Por otra parte, esta manera de subir las escaleras es un eficaz opuesto a la inhibición de la segunda mitad del sueño. Me muestra —lo que no necesitaba de prueba— que el sueño no tiene dificultad alguna en representar a la perfección el cumplimiento de acciones motrices; ¡piénsese en el volar en sueños!

Pero la escalera por la que subo no es la de mi casa; primero no la reconozco, y sólo la persona que sale a mi encuentro me hace caer en la cuenta del lugar aludido. Esta persona es la mujer de servicio de la señora mayor a quien visito dos veces por día para ponerle inyecciones [cf. pág. 138]; y también la escalera se parece en todo a la que dos veces por día debo subir allí.

Ahora bien, ¿cómo llegaron esta escalera y esta persona de servicio a mi sueño? La vergüenza por no estar del todo vestido tiene sin duda carácter sexual; la mujer de servicio con la que sueño es mayor que yo, gruñona y nada atractiva. Sobre esto no se me ocurre otra cosa que lo siguiente: Cuando hago mi visita de la mañana a esa casa, suelen venirme accesos de tos; el producto de la expectoración cae sobre los escalones. Es que en estos dos pisos no hay salivadera, y yo sostengo el punto de vista de que la limpieza de la escalera no puede mantenerse a mi costa, sino que tiene que ser posibilitada colocando una salivadera. La conserje, una persona también de edad y gruñona, pero con instintos de limpieza, eso estoy dispuesto a reconocerle, tiene otro punto de vista sobre este asunto. Me espía para ver si me permito de nuevo dicha libertad, y cuando lo comprueba tengo que oírla rezongar en voz alta. En estos casos me niega durante días las habituales muestras de respeto cuando nos encontramos. La víspera del sueño, el partido de la portera se reforzó con la mujer de servicio. Había cumplido de prisa, como siempre, mi visita a la enferma, cuando la criada me detuvo en la antecámara y me espetó esta observación: «Señor doctor, sería bueno que se hubiese limpiado hoy los botines antes de entrar en la habitación. La alfombra roja está toda emporcada por sus pies». Es todo el derecho que pueden reclamar escaleras y mujeres de servicio para aparecer en mi sueño.

Entre mi subir-volando-las-escaleras y mi esputar-sobre-las-escaleras hay una íntima conexión. Tanto el catarro como la afección cardíaca han de representar el castigo por el vicio de fumar, a causa del cual, desde luego, tampoco ante el ama de mi casa tengo fama de una gran limpieza; de esa fama gozo tan poco en una como en otra casa, que el sueño confunde en una sola formación.

Debo posponer el resto de la interpretación hasta que pueda informar sobre el origen del sueño típico de ir vestido de manera incompleta. Como resultado provisional del sueño que acabo de comunicar sólo observaré que en los sueños se produce la sensación de movimiento inhibido dondequiera que un cierto contexto la demanda. Un estado particular de mi motilidad mientras duermo no puede ser la causa de ese contenido onírico, pues un momento antes me vi, como para certificarme este conocimiento, volar por los escalones.[21]

---

[21] [La sensación de inhibición en los sueños se trata extensamente *infra*, págs. 340 y sigs. El presente sueño vuelve a analizarse *infra*, págs. 257-8. Freud informó sobre él a Fliess en una carta del 31 de mayo de 1897 (Freud, 1950*a*, Carta 64), *AE*, **1**, págs. 295-6.]

D. Sueños típicos

En general, no podemos interpretar el sueño de otro si no quiere revelarnos los pensamientos inconcientes que están tras el contenido onírico, lo cual perjudica gravemente la aplicabilidad práctica de nuestro método de interpretación de los sueños.[1] Ahora bien, por directa oposición a la libertad de que en lo demás goza el individuo para imprimir a su mundo onírico un cuño personal y así sustraerlo a la comprensión de los otros, hay una cierta cantidad de sueños que casi todos han soñado del mismo modo y de los que solemos suponer que también tienen en todos el mismo significado. Estos sueños típicos suscitan un interés particular, además, porque puede conjeturarse que en todos los seres humanos brotan de las mismas fuentes, y por tanto parecen particularmente apropiados para procurarnos esclarecimiento acerca de las fuentes del sueño.

Por eso procedimos, con muy grandes esperanzas, a ensayar nuestra técnica de interpretación en estos sueños típicos, y muy a nuestro pesar debimos confesarnos que nuestro arte no da buenos resultados precisamente en este material. En la interpretación de los sueños típicos fallan, por regla general, las ocurrencias del soñante, que en los otros casos nos encaminaron a la comprensión del sueño; o se vuelven oscuras e insuficientes, de tal modo que no podemos resolver nuestra tarea con su ayuda.

La razón de esto y el modo en que hemos de salvar esta falla de nuestra técnica se expondrán más adelante.[2] Entonces comprenderá el lector que yo pueda tratar aquí sólo algunos sueños del grupo de los típicos y posponga para un contexto posterior la elucidación de los otros.[3]

[1] [*Nota agregada* en 1925:] La tesis de que nuestro método de interpretación de sueños es inaplicable cuando no disponemos del material de asociaciones del soñante exige esta precisión: en un caso nuestra labor interpretativa es independiente de estas asociaciones, a saber, cuando el soñante ha empleado elementos *simbólicos* en el contenido del sueño. Nos servimos entonces en sentido estricto de un segundo método, un método *auxiliar* para la interpretación del sueño. (Cf. *infra* [**5**, pág. 365].) [En la edición de 1911 aparecía en este lugar la nota siguiente: «Exceptuados los casos en que el soñante utiliza símbolos que nos son familiares con el propósito de figurar sus pensamientos oníricos latentes (véase *infra*)».]

[2] [Cf. **5**, págs. 357 y sigs.]

[3] [Cf. **5**, págs. 388 y sigs. — Este párrafo, en su forma actual, data de 1914. Fue en la edición de ese año (la cuarta) cuando se agregó al capítulo VI la sección sobre simbolismo. Esto produjo considerables alteraciones en la presente sección, buena parte de cuyo material fue trasferido a aquella (cf. mi «Introducción», *supra*, pág. 6).]

(α) *El sueño de turbación por desnudez*

El sueño de estar desnudo o mal vestido en presencia de un extraño se presenta a veces con el agregado de que eso no produjo vergüenza, etc. Pero el sueño de desnudez sólo nos interesa cuando en él se siente vergüenza y turbación, queremos escapar u ocultarnos y en eso sufrimos una extraña inhibición: no podemos movernos del sitio y nos sentimos impotentes para modificar la situación penosa. Sólo con esta conexión es típico el sueño; el núcleo de su contenido, en lo demás, puede incluirse en los más variados contextos y combinarse con agregados individuales. Lo esencial [en su forma típica] es la sensación penosa, la vergüenza que provoca querer ocultar la desnudez (casi siempre por la locomoción) y no poder hacerlo. Creo que la mayoría de mis lectores ya se habrán encontrado en sueños en esta situación.

Por lo común, la índole de la desnudez es poco clara. Oímos contar, por ejemplo, «Yo estaba en camisón», pero rara vez es esta una imagen nítida; casi siempre la ausencia de vestidos es tan indeterminada que se la refiere mediante una alternativa: «Estaba en camisón o en enaguas». Por regla general, la falta de ropas no es tan grave que parezca justificar la vergüenza sobreviniente. En los que llevan uniforme militar, la desnudez es muchas veces remplazada por una contravención a la ordenanza: «Voy sin sable por la calle y veo que unos oficiales se me acercan, o estoy sin corbatín, o llevo un pantalón civil a cuadros», etc.

Las personas ante las cuales nos avergonzamos son casi siempre extraños cuyos rostros quedan indeterminados. A nadie le sucede en el sueño típico que lo reprendan por ese modo de ir vestido que lo turba, ni aun que se lo hagan notar. Todo lo contrario, las personas muestran completa indiferencia o, como pude percibirlo en un sueño particularmente claro, ponen en su gesto un ceremonioso envaramiento. Esto es sugerente.

La turbación por vergüenza del que sueña y la indiferencia de la gente se combinan para formar una contradicción, como es harto común en el sueño. Lo único adecuado a la sensación del soñante sería que los extraños lo mirasen con asombro y se riesen de él, o le mostrasen indignación. Ahora bien, opino que este rasgo chocante ha sido eliminado por el cumplimiento de deseo, mientras que el otro, mantenido por algún poder, permanece, y así los dos fragmentos armonizan mal entre sí. Poseemos un interesante testimonio de que este sueño, en su forma parcialmente desfigurada {dislocada} por el cumplimiento de deseo, no ha sido bien entendido. En efecto, se ha convertido en la base de un cuento que todos conocemos en la versión de Andersen («El vestido nuevo del emperador») y que hace muy poco L. Fulda [4] reelaboró poéticamente en su [«cuento de hadas dramático»] *Der Talisman*. Andersen narra que dos impostores tejían un rico vestido para el emperador, que sería visible sólo para los súbditos buenos y fieles. El emperador se paseó con ese vestido invisible y, atemorizados por la virtud reveladora de la tela, todos hicieron como que no reparaban en su desnudez.

Ahora bien, esta última es la situación de nuestro sueño. No hace falta mucha audacia para suponer que el contenido onírico no entendido proporcionó una incitación para inventar un modo de vestimenta dentro del cual adquiere pleno sentido la situación que se presenta al recuerdo. Así se quita a esta su significado originario y se la pone al servicio de fines ajenos. Pero llegaremos a saber que ese malentendido del contenido onírico se produce las más de las veces por la actividad mental conciente de un segundo sistema psíquico, y ha de verse en él un factor para la configuración definitiva del sueño;[5] sabremos, además, que en la formación de ideas obsesivas y de fobias tales malentendidos —aun dentro de la misma personalidad— desempeñan un papel principal. También respecto de nuestro sueño puede indicarse el lugar de donde se tomó el material para la reinterpretación. El impostor es el sueño, el emperador es el soñante mismo, y la tendencia moralizante deja traslucir un oscuro saber de que en el contenido onírico latente están en juego deseos no permitidos, sacrificados a la represión. El contexto en que emergen tales sueños durante mis análisis de neuróticos no me deja duda alguna, en efecto, de que en la base del sueño hay un recuerdo de la primera infancia. Sólo nuestra infancia fue el tiempo en que familiares, niñeras, sirvientas y visitas nos vieron sin ropas, y en esa época no nos avergonzábamos de nuestra desnudez.[6] En muchos niños puede observarse, incluso a edad no tan temprana, que su desnudez les produce como una embriaguez en lugar de avergonzarlos. Ríen, dan saltos en derredor, se golpean el cuerpo, hasta que la madre o quien está presente los reprende

[4] [Dramaturgo alemán, 1862-1939.]

[5] [Este proceso de «elaboración secundaria» constituye el tema de la sección I del capítulo VI (**5**, págs. 485 y sigs.). Su aplicación a este mismo cuento de hadas es tratada en una carta a Fliess del 7 de julio de 1897 (Freud, 1950*a*, Carta 66), *AE*, **1**, pág. 300.]

[6] Los niños, empero, aparecen también en el cuento; en efecto, un niño pequeño exclama de pronto: «¡Pero no tiene nada puesto!».

por ello diciéndoles: «Epa, eso es un escándalo, no se hace». Es frecuente que los niños muestren apetencia de exhibición; apenas puede irse a una aldea cualquiera de nuestra campaña sin encontrar a un pequeño de dos a tres años que no se levante la camisita frente al que pasa, como en su honor. Uno de mis pacientes ha conservado en su memoria conciente una escena de cuando tenía ocho años: después de quitarse la ropa para irse a dormir, quiso entrar bailoteando en camisa a la habitación de su hermanita, vecina de la suya, y una persona de servicio se lo prohibió. En la historia infantil de ciertos neuróticos el desnudarse frente a niños del otro sexo cumple importante papel; en la paranoia, la obsesión de que a uno lo observan cuando se viste o se desviste ha de reconducirse a esas vivencias; entre los perversos existe una clase, la de los *exhibicionistas*, en que este impulso infantil se ha elevado a la condición de síntoma.[7]

Esta infancia desprovista de vergüenza nos aparece, cuando después miramos atrás, como un paraíso; y el paraíso mismo no es más que la fantasía colectiva de la infancia del individuo. Por eso también en el paraíso los hombres están desnudos y no se avergüenzan unos de otros, hasta el momento en que despiertan la vergüenza y la angustia, ellos son expulsados de allí y comienzan la vida sexual y el trabajo de la cultura. Ahora bien, a ese paraíso puede el sueño hacernos retroceder todas las noches; ya he formulado [págs. 231-2] la conjetura de que las impresiones de la primera infancia (del período prehistórico hasta cumplido el tercer año, más o menos), en sí y por sí, quizá sin que importe ya su contenido, demandan reproducciones y, por tanto, su repetición es cumplimiento de un deseo.[8] Los sueños de desnudez son entonces *sueños de exhibición*.[9]

El núcleo del sueño de exhibición lo forman la figura propia, no vista como la de un niño sino tal como es en el presente, y la falta de vestido, que aparece desdibujada por la superposición de tantos recuerdos posteriores de descuido en el vestir o por obra de la censura. Y a ello se suman las

[7] [Esta alusión a las perversiones como remanentes de la actividad sexual infantil prefigura el análisis de la pulsión sexual en *Tres ensayos de teoría sexual* (Freud, 1905*d*).]

[8] [Esta afirmación parece esbozar algunas de las ideas que se propondrían veinte años después, en *Más allá del principio de placer* (Freud, 1920*g*).]

[9] [*Nota agregada* en 1911:] Ferenczi [1910*a*] ha comunicado cierto número de interesantes sueños de desnudez sobrevenidos a mujeres; ellos se dejan reconducir sin dificultad al placer exhibicionista infantil, pero por muchos rasgos divergen del sueño «típico» de desnudez considerado en el texto.

255

personas frente a las cuales nos avergonzamos. No conozco ningún ejemplo en que reaparezcan en el sueño los espectadores reales de aquellas exhibiciones infantiles. Es que el sueño casi nunca constituye un simple recuerdo. Y cosa notable: las personas a que se dirigió en la infancia nuestro interés sexual son omitidas en todas las reproducciones del sueño, de la histeria y de la neurosis obsesiva; sólo la paranoia reinstala a los espectadores y, aunque permanezcan invisibles, con fanática convicción infiere su presencia. Lo que el sueño pone en su lugar, «muchas personas extrañas» que no hacen caso del espectáculo que se les ofrece, es precisamente el *opuesto de deseo* de aquella única persona, bien familiar, a quien se ofrece el desnudamiento. Además, es frecuente que aparezcan en los sueños «muchas personas extrañas» en cualquier otro contexto; siempre significan, en cuanto opuesto de deseo, «secreto».[10] Repárese en que también la restitución de la situación antigua, tal como se cumple en la paranoia, obedece a esta oposición. Ya no se está solo, con toda seguridad nos observan, pero los observadores son «muchas personas extrañas, curiosamente indeterminadas».

Por otra parte, en el sueño de exhibición la represión tiene algo que decir. La sensación penosa del sueño es, sin duda, la reacción del segundo sistema psíquico ante el hecho de que el contenido de la escena de exhibición, desestimado por él, haya alcanzado, no obstante, representación. Para evitar esa sensación, la escena no habría debido reanimarse.

De la sensación de parálisis volveremos a ocuparnos después [págs. 340 y sigs.]. En el sueño sirve excelentemente para figurar el *conflicto de la voluntad*, el *no*. De acuerdo con el propósito inconciente, la exhibición debe continuarse, y de acuerdo con la exigencia de la censura, debe interrumpirse.

Las relaciones de nuestros sueños típicos con las sagas y otros materiales de la creación literaria no son por cierto aisladas ni contingentes. En un caso, la penetrante mirada de un creador literario ha reconocido analíticamente el proceso de metamorfosis de que el escritor es instrumento, y lo persiguió en la dirección inversa, vale decir, recondujo la creación literaria al sueño. Un amigo llamó mi atención sobre el siguiente pasaje del *Grüne Heinrich* [parte III, capítulo 2], de Gottfried Keller: «¡No le deseo, querido Lee,

---

[10] [Este punto se menciona también en el artículo «Sobre los recuerdos encubridorcs» (Freud, 1899a), *AE*, **3**, págs. 312-3. — *Nota agregada* en 1909:] Por razones obvias, la presencia de «toda la familia» en un sueño tiene el mismo significado.

que alguna vez llegue usted a experimentar la picante y deliciosa verdad de la situación de Odiseo cuando apareció desnudo y cubierto de barro ante Nausicaa y sus compañeras! ¿Quiere usted saber cómo puede ocurrir? Consideremos el ejemplo. Si separado de su patria y de todo lo que le es querido, errante por países extraños, ha visto usted mucho y ha sufrido mucho y se encuentra abrumado por cuitas y preocupaciones, miserable y abandonado, indefectiblemente soñará, cada noche, que se acerca a su patria; la verá brillar y pintarse con los más hermosos colores, y figuras dulces, exquisitas y amadas vendrán a su encuentro; y de pronto descubrirá usted que marcha lacerado, desnudo y cubierto de polvo. Vergüenza indecible y angustia lo sobrecogerán, querrá usted cubrirse, ocultarse, y despertará bañado en sudor. Este es, desde que existen hombres, el sueño del cuitado, del náufrago, y así Homero extrajo esa situación de la esencia más profunda y eterna de la humanidad».

La esencia más profunda y eterna de la humanidad, que el poeta cuenta con poder despertar en su auditorio, son aquellas mociones de la vida del alma que tienen su raíz en la infancia que después se hizo prehistoria. Tras los deseos intachables y susceptibles de conciencia del expatriado, en el sueño irrumpen los deseos infantiles sofocados y prohibidos, y por eso el sueño que objetiva la saga de Nausicaa se vuelca generalmente en sueño de angustia.

Mi propio sueño, ya mencionado en págs. 249-50, en que yo subía precipitadamente las escaleras, y que de pronto se mudó en un quedarse-clavado-en-el-escalón, es también un sueño de exhibición, pues presenta los fragmentos esenciales que componen a este. Tendría que poderse reconducir entonces a vivencias infantiles, y el conocerlas tendría que proporcionarnos esclarecimiento sobre la medida en que la conducta que la mujer de servicio tiene hacia mí, y su reproche de haberle emporcado la alfombra, contribuyen a darle la posición que ocupa en el sueño. Ahora realmente puedo aportar los esclarecimientos deseados. En un psicoanálisis se aprende a reinterpretar la proximidad temporal como una trama objetiva [cf. pág. 320]; dos pensamientos en apariencia inconexos, que se siguen inmediatamente uno al otro, pertenecen a una unidad que ha de descubrirse, así como una *a* y una *b* que yo escribo una junto a la otra deben pronunciarse como una sílaba, *ab*. Algo parecido ocurre con la sucesión de sueños encadenados. El sueño de las escaleras ya mencionado está extraído de una serie de sueños cuyos otros eslabones me son conocidos por la interpretación. Y si se incluye en esa serie tiene que pertenecer a la misma trama. Ahora bien, en la base de los otros sueños que se insertan en ella está el recuerdo de una niñera que me cuidó desde algún momento al final de la lactancia hasta la edad de dos años y medio; en mi conciencia ha quedado un oscuro recuerdo de ella. Según los informes que no ha mucho recibí de mi madre, ella era vieja y odiosa, pero muy lista y capaz; y según las inferencias que yo puedo extraer de mis sueños, no siempre me otorgó el trato más amable, y me dirigió duras palabras cada vez que no respondí satisfactoriamente a sus preceptos educativos en materia de limpieza. Por eso, en la medida en que la mujer de servicio se empeña en proseguir esa labor educativa, ella reclama que yo la trate en el sueño como la encarnación de la vieja prehistórica. Cabe suponer que el niño dio su amor a esa educadora a pesar de sus malos tratos.[11]

(β) *Los sueños de la muerte de personas queridas*

Otra serie de sueños a los que tenemos el derecho de llamar típicos son aquellos cuyo contenido es la muerte de un deudo querido, padre, hermano, hijo, etc. Enseguida es preciso distinguir dos clases: una en la que el duelo no nos afecta en el sueño, de modo que al despertar nos asombramos de nuestra falta de sentimientos, y la otra en que sentimos profundo dolor por esa muerte fatal y aun dormidos rompemos a llorar amargamente.

Estamos autorizados a dejar de lado los sueños del primer grupo; no pueden pretenderse típicos. Cuando se los analiza, se descubre que significan algo diverso de lo que contienen, que están destinados a ocultar algún otro deseo. Así, el sueño de la tía que vio frente a sí, amortajado, al único hijo de su hermana (pág. 170). Esto no significa que desee la muerte de su sobrinito, sino que sólo oculta, como averiguamos, el deseo de volver a ver, tras larga privación, a una persona amada, la misma que después de un tiempo tam-

---

[11] He aquí una sobreinterpretación de este sueño: Puesto que «*spuken*» {«trasguear»} es propio de los espíritus, «esputar {*spucken*} en la escalera» daría, en una traducción libre, «*esprit d'escalier*». Tener «espíritu de la escalera» significa {en francés} que a uno le falta prontitud. Es algo que realmente tengo que reprocharme. ¿Le habrá faltado también a la niñera prontitud {*Schlagfertigkeit*; literalmente, «prontitud para golpear»}? [Freud se refiere a esta niñera en su *Psicopatología de la vida cotidiana* (1901*b*), *AE*, **6**, págs. 55-6, y con mayor detalle en sus cartas a Fliess del 3-4 y el 15 de octubre de 1897 (Freud, 1950*a*, Cartas 70 y 71), *AE*, **1**, págs. 303-5.]

bién largo volvió a ver frente al cadáver de otro sobrino. Este deseo, que es el genuino contenido del sueño, no da lugar al duelo, que por eso el sueño no registra. Aquí se observa que el sentimiento incluido en el sueño no pertenece al contenido manifiesto, sino al latente, y que el contenido de afecto ha quedado libre de la desfiguración que hubo de sufrir el contenido de representación.[12]

Otro es el caso de los sueños en que es representada * la muerte de un deudo querido y por eso se registra un afecto de dolor. Estos, por lo que toca a su contenido, expresan el deseo de que esa persona muera, y como aquí tengo derecho a esperar que los sentimientos de todos los lectores y de todas las personas que han soñado algo parecido se rebelen contra mi explicación, debo esforzarme en suministrar la prueba sobre la base más amplia.

Ya hemos elucidado un sueño en que pudimos aprender que los deseos que en sueños se figuran como cumplidos no siempre son deseos actuales. Pueden ser también unos deseos expirados, archivados, enterrados y reprimidos, a los que sólo por su reaparición en el sueño debemos atribuirles una suerte de supervivencia. No están muertos como entendemos lo están nuestros difuntos, sino como las sombras de *La Odisea*, que, tan pronto beben sangre, despiertan a una cierta vida. En aquel sueño de una niña muerta en la caja (pág. 171) se trataba de un deseo que fue actual quince años atrás y francamente confesado en ese tiempo. Quizá no sea indiferente para la teoría del sueño si agrego que también en el fondo de este deseo había un recuerdo de la primera infancia. Siendo muy niña —no recuerda el momento preciso—, la soñante oyó decir que su madre, durante el embarazo cuyo fruto fue ella, cayó en honda desazón y deseó fervientemente que muriese el hijo que llevaba en su vientre. Adulta y grávida a su vez, no hizo sino seguir el ejemplo de la madre.

Si alguien sueña, en medio de manifestaciones de dolor, que su padre o su madre, su hermano o su hermana, han muerto, nunca utilizaré yo ese sueño como prueba de que les desea *ahora* la muerte. La teoría del sueño no exige tanto; se conforma con inferir que les ha deseado la muerte en algún momento de la infancia. Me temo, no obstante, que esta restricción contribuya muy poco a apaciguar a los que protestan; están autorizados a poner en entredicho la posi-

[12] [Véase el análisis de los afectos en los sueños en el capítulo VI, sección H (*infra*, **5**, esp. pág. 461).]
* {«es representada» = «*vorgestellt wird*». Nótese el *pendant* entre «representación» y «afecto» en todo este pasaje.}

bilidad de haberlo pensado alguna vez, y con tanto mayor energía cuanto que se sienten seguros de no alimentar tales deseos en el presente. Por eso debo restaurar un fragmento de la vida del alma infantil ahora desaparecida, según los testimonios que todavía nos ofrece el presente.[13]

Consideremos primero la relación del niño con sus hermanos. No sé por qué suponemos que ha de ser amable, pues los ejemplos de hostilidad entre hermanos ya adultos se imponen a la experiencia de todos nosotros y hartas veces podemos comprobar que esa desavenencia viene de la niñez o existió desde siempre. Pero aun muchísimos adultos que hoy sienten tierno apego por sus hermanos y los asisten, vivieron con ellos en la infancia una hostilidad apenas interrumpida. El niño mayor maltrató al menor, lo denigró, le quitó sus juguetes; el menor se consumió en furia impotente contra el mayor, lo envidió y lo temió, o enderezó contra el opresor sus primeros conatos de libertad y de conciencia de lo justo. Los padres dicen que sus hijos no se soportan, y no atinan a descubrir la razón. No resulta difícil ver que aun el carácter del niño formal no es el que desearíamos hallar en un adulto. El niño es absolutamente egoísta, siente con intensidad sus necesidades y se afana sin miramientos por satisfacerlas, en particular contra sus rivales, los otros niños, y en primer lugar contra sus hermanos. Pero no por eso decimos del niño que es «malo», sino que es «díscolo», no es responsable de sus actos ni ante nuestro juicio ni ante la ley penal. Y está bien así; podemos esperar, en efecto, que aun dentro de épocas de la vida que incluimos en la niñez despierten en el pequeño egoísta las mociones altruistas y la moral, y que, para decirlo con Meynert [p. ej., 1892, págs. 169 y sigs.], un yo secundario se superponga al primario y lo inhiba. Es verdad que la moralidad no surge simultáneamente en toda la línea, y también varía según los individuos la duración del período de la infancia en que falta la moral. Donde esta moralidad no se desarrolla, hablamos sin vacilar de «degeneración»; manifiestamente se trata de una inhibición del desarrollo. Donde el carácter primario ya está recubierto por el desarrollo posterior, puede abrirse paso, al menos parcialmente, en la patología de la histeria. Y precisamente es llamativa la coincidencia del denominado carácter histérico con el de un niño díscolo. La neurosis ob-

[13] [*Nota agregada* en 1909:] Cf. mi «Análisis de la fobia de un niño de cinco años» (1909*b*) y mi artículo «Sobre las teorías sexuales infantiles» (1908*c*).

sesiva, en cambio, corresponde a una hipermoralidad, como carga de refuerzo impuesta al carácter primario que de nuevo se agita.

Muchas personas, entonces, que hoy aman a sus hermanos y se sentirían desoladas con su muerte, traen contra ellos en su inconciente malos deseos de la infancia que pueden realizarse en sueños. Ahora bien, tiene especialísimo interés observar la conducta del niño pequeño, de hasta tres años o menos, frente a sus hermanos menores. Hasta entonces ha sido hijo único; ahora se le anuncia que la cigüeña trajo un nuevo niño. Examina al recién llegado y dice, decidido: «Que la cigüeña lo lleve de vuelta».[14]

Profeso con toda seriedad la opinión de que el niño sabe apreciar los perjuicios que ha de esperar del extraño. Por una señora de mi conocimiento, que hoy se lleva muy bien con su hermana, cuatro años menor que ella, sé que respondió con esta reserva cuando le anunciaron el nacimiento: «Pero así y todo no le daré mi capa roja». Y aunque el niño llegue a apreciar tales perjuicios sólo después, en ese momento nacerá su hostilidad. Conozco el caso de una niña, aún no tenía tres años, que intentó ahogar en la cuna al bebé, de cuya ulterior presencia nada bueno vislumbraba. En esta época de la vida son capaces los niños de tener celos con toda fuerza y nitidez. O si el pequeño hermanito de hecho desapareció enseguida y el niño volvió a concentrar en sí toda la ternura de la casa, y ahora encargaron otro a la cigüeña: ¿No es correcto que nuestra criatura engendre el deseo de que el nuevo competidor sufra igual destino, para que a él le vaya otra vez tan bien como antes y como le fue en el intervalo?[15] Desde luego, en condiciones normales esta conducta del niño hacia el recién nacido es una simple función de la diferencia de edad. Después de cierto lapso, en la niña mayor despertarán los instintos maternales hacia el desvalido niñito.

[14] [*Nota agregada* en 1909:] Hans, de tres años y medio (cuya fobia fue analizada en el primero de los trabajos mencionados en la nota anterior), presa de un ataque de fiebre exclamó, poco después del nacimiento de una hermanita: «¡Pero yo no quiero tener ninguna hermanita!». [*AE*, **10**, pág. 11.] En su neurosis, un año y medio más tarde, confiesa paladinamente el deseo de que la madre deje caer a la pequeña en la bañera para que se muera. [*Ibid.*, pág. 57.] Al mismo tiempo, Hans es un niño tierno, de buen natural, que pronto se encariña con esta hermanita y la protege con particular gusto.

[15] [*Nota agregada* en 1914:] Esas muertes vivenciadas en la infancia pueden ser olvidadas pronto por la familia; no obstante, la exploración psicoanalítica muestra que cobraron una importancia muy grande en la neurosis sobrevenida después.

Sentimientos de hostilidad hacia los hermanos durante la infancia han de ser todavía más frecuentes de lo que pueda registrar la observación trunca de los adultos.[16]

En mis propios hijos, que son muy seguidos, perdí la ocasión de hacer tales observaciones; ahora me resarzo con mi sobrinito, a quien la aparición de una competidora perturbó en su exclusivo reinado de quince meses. Me dicen que el jovencito se comporta muy caballerescamente con su hermanita, le besa las manos y la acaricia; pero pude convencerme de que ya antes de cumplir los dos años aprovecha su capacidad de lenguaje para criticar a esa personita que a él le parece del todo superflua. Cada vez que se habla de ella, se inmiscuye en la conversación y exclama malhumorado: «¡Muy tiquita, muy tiquita!». En los últimos meses, después que el magnífico desarrollo de la niña dejó atrás ese menosprecio, él aprendió a fundamentar de otro modo su advertencia de que no merece tanta atención. En cuanta ocasión se le presenta, recuerda que «no tiene dientes».[17] De la hija mayor de otra de mis hermanas recordamos todos que, teniendo seis años, se pasó una buena media hora haciendo que sus tías le corroborasen: «¿No es cierto que Lucía aún no puede entender?». Lucía era su competidora más pequeña, de dos años y medio.

En ninguna de mis pacientes, por ejemplo, he dejado de hallar el sueño de la muerte de los hermanos, correspondiente a una hostilidad acrecentada. Tropecé con una sola excepción, que fácilmente pudo reinterpretarse como confirmación de la regla. Cierta vez que explicaba en sesión a una señora este asunto, porque juzgué que sus síntomas lo ponían en la orden del día, ella respondió, para mi asombro, que nunca

---

[16] [*Nota agregada* en 1914:] Después de escritas estas líneas se han hecho muchísimas observaciones, consignadas en la bibliografía psicoanalítica, sobre la conducta originariamente hostil de los niños hacia sus hermanitos y hacia uno de los progenitores. El autor y poeta [suizo] Spitteler ha descrito de manera particularmente genuina e ingenua esta actitud típica de la infancia, tomándola de su propia experiencia [1914, pág. 40]: «Además, había ahí un segundo Adolf. Un pequeño engendro de quien decían que era mi hermano, pero yo no podía entender para qué podía servir; y menos todavía, a santo de qué le daban tanta importancia como a mí mismo. Yo estaba contento; ¿para qué me hacía falta un hermano? Y no sólo era inútil, sino directamente un estorbo. Cuando yo fastidiaba a la abuela, él quería fastidiarla también; cuando yo viajaba en mi cochecito, él se sentaba enfrente y me quitaba la mitad del lugar, de manera que teníamos que ir tocándonos los pies».

[17] [*Nota agregada* en 1909:] Con las mismas palabras disfraza Hans, a los tres años y medio, una crítica demoledora a su hermana. Supone que porque le faltan los dientes no puede hablar. [Freud (1909*b*), *AE*, **10**, pág. 11.]

había tenido tales sueños. Ahora bien, recordó un sueño que supuestamente nada tenía que ver con ello, uno que soñó por vez primera a los cuatro años, siendo la menor, y después repetidas veces: *Un montón de niños, todos sus hermanos y hermanas, primos y primas, travesean en un prado. De pronto les nacen alas, remontan vuelo y desaparecen*. Del significado de ese sueño nada columbraba ella; no nos resultó difícil reconocerlo como un sueño de la muerte de todos sus hermanos, en su forma originaria, poco influida por la censura. Me atrevo a sugerir el siguiente análisis. Con motivo de la muerte de un niño del grupo —en este caso, los hijos de dos hermanos se criaban en fraterna comunidad—, nuestra soñante, que aún no había cumplido entonces los cuatro años, habrá preguntado a una persona adulta: «¿Qué pasa con los niños cuando mueren?». Y la respuesta habrá sido: «Les crecen alas y se convierten en ángeles». Ahora bien, después de esta explicación, en el sueño les crecieron a todos los hermanos alas como a los ángeles, y —es lo principal— desaparecieron volando. Nuestra pequeña creadora de ángeles * quedó sola, se supone que la única del grupo de niños. Y el que los niños traveseasen en un prado desde donde remontaron vuelo alude casi inequívocamente a mariposas, como si la niña se hubiera inspirado en la misma conexión de pensamientos que movió a los antiguos a pintar a Psiquis con alas de mariposa.

Quizás alguien oponga esta objeción: concedidos los impulsos hostiles de los niños hacia sus hermanos; pero, ¿puede su mente llegar a esa suma perversidad que es desear la muerte a sus competidores o a sus compañeros de juego más fuertes, como si no hubiera otro castigo que el de la muerte para expiar todas las faltas? Quien tal juzgue no sabe que la idea de «muerte» en el niño tiene en común con la nuestra poco más que la palabra. El niño nada sabe de los horrores de la putrefacción de la carne, del muerto que se hiela en la tumba fría, del espanto de la noche infinita, que tanto desasosiego ponen en las representaciones del adulto, como lo muestran todos los mitos del más allá. El temor a la muerte le es ajeno, y por eso juega con la atroz palabra y amenaza a otro niño: «Si lo haces otra vez te morirás, como se murió Franz», y lo escucha estremecida la madre, quien quizá no puede olvidar que más de la mitad de los nacidos sobre la Tierra mueren antes de cumplir el año. Todavía a los ocho años puede un niño, de vuelta

* {«*Engelmacherin*»: también puede significar «la que mata niños».}

en casa después de una visita al museo de historia natural, decir a su madre: «¡Mamá, yo te quiero tanto que cuando te mueras te haré embalsamar y te pondré aquí, en mi pieza, para que siempre, siempre pueda verte!». Tanto difiere de la nuestra la idea infantil de la muerte.[18]

Para el niño, a quien por lo demás se le ahorran las escenas de sufrimiento que preceden a la muerte, «estar muerto» significa tanto como «estar lejos», no molestar más a los sobrevivientes. Y en nada cambia las cosas el modo en que se produzca esa ausencia, si por viaje, abandono, alejamiento o muerte.[19] Si en los años prehistóricos de un niño su niñera fue despedida y algún tiempo después murió su madre, ambos acontecimientos forman en su recuerdo una secuencia, como se descubre en el análisis. El niño no echa muy de menos al ausente; es lo que tantas madres han podido comprobar, doloridas, cuando después de unas vacaciones de varias semanas vuelven a su casa y averiguando se enteran de que los niños no preguntaron por su mamá ni una sola vez. Pero si la madre ha viajado realmente a esa «tierra inexplorada de la que nadie vuelve», los niños parecen olvidarla primero, y sólo *con posterioridad* empiezan a acordarse de la muerta.

Por tanto, si el niño tiene motivos para desear la ausencia de otro niño, nada lo retiene para no vestir ese deseo con la forma de la muerte, y la reacción psíquica frente al sueño de deseo de muerte prueba que, a pesar de las diferencias en lo que respecta al contenido, el deseo del niño

[18] [*Nota agregada* en 1909:] Con sorpresa escuché a un niño de diez años, muy inteligente, exclamar tras la muerte repentina de su padre: «Que mi padre ha muerto, lo entiendo; pero no puedo explicarme por qué no viene a casa a la hora de la cena». — [*Agregado* en 1919:] Se encontrará más material sobre este tema en los primeros [siete] volúmenes de la revista *Imago* [1912-21], bajo la sección «*Vom wahren Wesen der Kinderseele*» {Acerca de la verdadera naturaleza del alma infantil}, dirigida por la doctora Hermine von Hug-Hellmuth.

[19] [*Nota agregada* en 1919:] La observación de un padre instruido en el psicoanálisis apresó también el momento en que su hijita de cuatro años, de notable inteligencia, reconoció el distingo entre «estar lejos» y «estar muerto». La niña opuso dificultades para comer y se sintió observada inamistosamente por una de las mucamas de la pensión donde se alojaban. «Ojalá que Josefine se muera», dijo por eso al padre. «¿Por qué justamente que se muera?», preguntó este conciliadoramente; «¿no basta con que se mande a mudar?». «No —respondió la niña—, porque entonces vuelve». Para el irrestricto egoísmo (narcisismo) del niño, toda perturbación es un *crimen laesae majestatis* y, como la legislación draconiana, frente a todo crimen de esa clase el sentimiento del niño impone una única pena, que no admite grados.

es idéntico de algún modo al que en el adulto se expresa de igual manera.[20]

Ahora bien, si el deseo de muerte del niño contra sus hermanos se explica por su egoísmo, que le hace verlos como competidores, ¿cómo se explica el deseo de que mueran los padres, que son para él quienes le dispensan amor y le colman sus necesidades, y cuya conservación debería desear precisamente por motivos egoístas?

La experiencia nos encamina a la solución de esta dificultad: los sueños de muerte de los padres recaen con la máxima frecuencia sobre el que tiene el mismo sexo que el soñante; vale decir que el varón sueña con la muerte del padre y la mujer con la muerte de la madre. No puedo establecer esto como regla, pero el predominio en el sentido indicado es tan nítido que demanda explicación por un factor de alcance general.[21] Dicho groseramente, las cosas se presentan como si desde muy temprano se abriera paso una preferencia sexual, como si el varón viera en el padre, y la niña en la madre, competidores en el amor, cuya desaparición no les reportaría sino ventajas.

Antes de rechazar esta idea por monstruosa es preciso también aquí considerar las relaciones reales entre padres e hijos. Hay que distinguir entre la piedad que la cultura exige en esta relación y lo que la observación cotidiana nos presenta de hecho. En la relación entre padres e hijos se esconde más de un motivo de hostilidad; hay sobradas condiciones para que emerjan deseos que no pasan la prueba de la censura. Detengámonos primero en la relación entre padre e hijo. Creo que la sacralidad de que hemos investido a los preceptos del Decálogo embotan nuestra percepción de la realidad. Quizá no osamos notar que la mayor parte de la humanidad se sustrae de la obediencia al cuarto mandamiento. Así en los estratos más bajos como en los más altos de la sociedad humana, la piedad filial suele ceder el paso a otros intereses. Las oscuras noticias que de los tiempos primordiales de la sociedad humana han llegado a nosotros en

[20] [Freud se ocupa más particularmente de la actitud adulta hacia la muerte en el segundo ensayo de *Tótem y tabú* (1912-13), *AE*, **13**, págs. 58 y sigs., en su artículo sobre «El motivo de la elección del cofre» (1913*f*) y en la segunda parte de su trabajo «De guerra y muerte» (1915*b*).]

[21] [*Nota agregada* en 1925:] La situación queda oscurecida muchas veces por el surgimiento de una tendencia punitoria que, en una reacción moral, amenaza con la pérdida de aquel de los dos progenitores a quien se ama.

la mitología y las sagas nos trasmiten una triste idea del despotismo del padre y de la inmisericordia con que usó de él. Cronos devora a sus hijos como el jabalí a sus cachorros, y Zeus castra al padre [22] y lo suplanta como señor. Cuanto más irrestricto fue el poder del padre en la familia antigua, tanto más debió el hijo, llamado a sucederle, situarse como su enemigo y sentir la impaciencia de alcanzar la dominación por la muerte del padre. Aun en nuestra familia burguesa, el padre, negando a su hijo la independencia y los medios para procurarla, suele favorecer el desarrollo del germen natural de hostilidad contenido en esa relación. El médico observa hartas veces en el hijo que el dolor ante la pérdida del padre no puede sofocar su satisfacción por la libertad al fin alcanzada. Los padres suelen aferrarse espasmódicamente a lo que en nuestra sociedad queda de la ya anticuada *potestas patris familias*, y todo poeta que, como Ibsen, ponga en el primer plano de su fábula la lucha inmemorial entre padre e hijo puede estar seguro de la impresión que causará. Los motivos de conflictos entre madre e hija surgen cuando esta crece y encuentra en la madre la guardiana que estorba su anhelo de libertad sexual, mientras que el florecimiento de la hija anuncia a la madre que es llegado el tiempo en que deberá renunciar a cualquier reclamo sexual.

Todas estas constelaciones están ahí bien patentes para el que quiera verlas, pero no nos hacen adelantar en nuestro intento de explicar los sueños de muerte de los padres sobrevenidos en personas en quienes la piedad filial se ha vuelto desde hace mucho algo sacrosanto. Es verdad que, por las elucidaciones anteriores, estamos preparados a derivar de la primera infancia el deseo de que los padres mueran.

Los análisis de psiconeuróticos confirman con total certidumbre, respecto de estos, tal conjetura. Llegamos a saber que los deseos sexuales del niño —si es que en ese estado germinal merecen tal nombre— despertaron muy temprano, y que la primera inclinación de la niña atendió al padre [23] y

---

[22] [*Nota agregada* en 1909:] Así al menos en algunas versiones del mito. De acuerdo con otras, la castración fue ejecutada solamente por Cronos en su padre Urano. [Este pasaje se examina en *Psicopatología de la vida cotidiana* (Freud, 1901*b*), *AE*, **6**, pág. 213.] Para el significado mitológico de este tema, cf. Rank (1909) [*agregado* en 1914:] y Rank (1912*c*), capítulo 9, sección 2. — [Las frases del texto son, por supuesto, una temprana insinuación de la línea de pensamiento que Freud desarrollaría más tarde en *Tótem y tabú* (1912-13).]

[23] [Las opiniones de Freud sobre este punto se modificaron ulteriormente. (Cf. Freud, 1925*j* y 1931*b*.)]

los primeros apetitos infantiles del varón apuntaron a la madre. Así, para el varón el padre y para la niña la madre devinieron competidores estorbosos, y ya respecto de los hermanos puntualizamos cuán poco se necesita para que este sentimiento lleve al deseo de muerte. Es regla que la preferencia sexual se imponga ya en los propios padres; un impulso natural vela por que el hombre halague a su pequeña y la madre favorezca al varón, al paso que ambos, donde el ensalmo del sexo no enturbia su juicio, se empeñan con rigor en la educación de sus hijos. El niño advierte muy bien la preferencia y se revuelve contra el miembro de la pareja parental que se le opone. Para él, hallar amor en el adulto no es sólo la satisfacción de una necesidad particular; también significa que su voluntad será obedecida en todo lo demás. Así, cuando elige a uno de sus progenitores en el mismo sentido en que ellos lo hacen, cede a su propia pulsión sexual, renovando al mismo tiempo la incitación que partió de ellos.

Los signos de estas inclinaciones infantiles suelen pasar inadvertidos. No obstante, algunos pueden observarse después del primer año de vida. Una niña de ocho años que yo conozco aprovechó una oportunidad en que la madre se ausentó de la mesa para proclamarse su sucesora: «Ahora quiero ser la mamá. Karl, ¿quieres más legumbres? Tómalas, te lo ruego», etc. Una niña de cuatro años, muy dotada y muy vivaz, en quien es particularmente claro este rasgo de la psicología infantil, declara sin ambages: «Ahora mamita puede marcharse, después papito debe casarse conmigo y yo quiero ser su mujer». En la vida infantil este deseo en modo alguno excluye que la niña ame tiernamente a su madre. Si el varoncito tuvo permiso para dormir junto a su madre mientras el padre estaba de viaje, y después que este regresó tuvo que volver a su habitación con una persona que le gusta mucho menos, es fácil que forme el deseo de que el padre esté siempre ausente a fin de que él pueda conservar su sitio junto a la mamá querida, a la mamá linda, y un medio para alcanzar ese deseo es, manifiestamente, que el padre muera, pues esto es lo que su experiencia le ha enseñado: las personas «muertas», por ejemplo el abuelo, están siempre ausentes, nunca regresan.

Si bien tales observaciones de niños pequeños concuerdan sin violencia con la interpretación propuesta, no engendran la convicción plena que imponen al médico los psicoanálisis de neuróticos adultos. En estos, la comunicación de los sueños correspondientes se produce con tales preámbulos que es imposible no interpretarlos como *sueños de deseo.* Cierto día encontré a una señora afligida y llorosa. Dijo: «No quiero ver más a mis familiares, tengo que causarles horror». Y después contó casi sin transición que se acordaba de un sueño cuyo significado desde luego no conocía. Le ocurrió soñarlo a los cuatro años, y era así: *Un lince {Luchs} o un zorro {Fuchs} va a pasearse por el tejado, después algo cae o ella se cae de allí, y después sacan a la madre muerta de la casa,* frente a lo cual ella rompe a llorar dolorida. Apenas le hube comunicado que este sueño tenía que significar el deseo infantil de ver a la madre muerta, y que a causa de ese deseo se le ocurría que sus familiares se horrorizarían de ella, la mujer proporcionó algún material para el esclarecimiento del sueño. «Ojo de lince» fue un insulto que, siendo ella muy pequeñita, le dirigió un chico de la calle; además, cuando ella tenía tres años, a su madre le cayó sobre la cabeza un ladrillo del tejado, de cuya herida sangró mucho.

Otra vez tuve ocasión de estudiar a fondo a una joven que atravesó por diversos estados psíquicos. En el estado de excitación confusional con que se inició la enfermedad, mostró particular repulsión hacia su madre, a quien golpeaba e insultaba cada vez que se acercaba a su cama, mientras que al mismo tiempo se comportaba amorosa y dócilmente con una hermana mucho mayor. Después siguió un estado más despejado, pero algo apático, con serias perturbaciones del dormir; en esta fase empecé el tratamiento y analicé sus sueños. Una buena cantidad de estos versaban de manera más o menos encubierta sobre la muerte de la madre; ora asistía al entierro de una mujer vieja, ora se veía a la mesa con su hermana, vestidas ambas de luto; no cabía duda alguna sobre el sentido de estos sueños. Cuando avanzó en su mejoría, aparecieron fobias histéricas; la más martirizante era que pudiese sucederle algo a su madre. Dondequiera que estuviese, debía correr hasta su casa para convencerse de que la madre aún vivía. Este caso, combinado con mis otras experiencias, me resultó muy instructivo; mostraba en traducción a varias lenguas, por así decir, diversos modos de reacción del aparato psíquico frente a la misma representación excitante. En el estado de confusión, que yo concebí como *avasallamiento* de la segunda instancia psíquica por la primera, que normalmente estaría sofocada, la hostilidad inconciente hacia la madre adquirió poder en el plano motor; después, cuando sobrevino el primer apaciguamiento y, ya sofocada la revuelta, se restableció el imperio de la censura, esa hostilidad sólo encontró franco el reino de los sueños para realizar el deseo de que aquella muriese; y acentuada la normalidad, dio origen a la exagerada preocupación por la madre como contrarreacción histérica y fenómeno de defensa. Dentro de esta concatenación ya no es inexplicable que las jóvenes histéricas muestren un apego tan tierno hacia su madre.

También pude penetrar en profundidad la vida anímica de un joven a quien una neurosis obsesiva le impedía casi la existencia: no podía andar por la calle porque lo martirizaba la prevención de que asesinaría a todos los que encontrase. Pasaba los días urdiendo su coartada para el caso de que se lo acusase de alguno de los asesinatos ocurridos en la ciudad. Huelga decir que era un hombre de fina cultura y acendrada conciencia moral. El análisis —que por lo demás culminó con su curación— descubrió que la raíz de esa penosa representación obsesiva eran sus impulsos de matar a su padre, severo con algún exceso; para su asombro, tales impulsos se habían exteriorizado en la conciencia cuando tenía siete años, pero desde luego su origen se remontaba a la primera infancia. Después que murió su padre tras una dolorosa enfermedad, y teniendo él treinta y un años, emergió el reproche obsesivo que se tradujo en la forma de esa fobia a los extraños. De quien fue capaz de querer despeñar a su propio padre a los abismos, es creíble que tampoco perdonará la vida a los que pasan; bien hará, pues, en encerrarse en su habitación.[24]

Según mis experiencias, y ya son muchas, los padres desempeñan el papel principal en la vida anímica infantil de todos los que después serán psiconeuróticos; y el enamoramiento hacia uno de los miembros de la pareja parental y el odio hacia el otro forman parte del material de mociones psíquicas configurado en esa época como patrimonio inalterable de enorme importancia para la sintomatología de la neurosis posterior. Pero no creo que los psiconeuróticos se distingan grandemente en esto de los otros niños que después serán normales; que se creen algo por entero nuevo y propio de ellos. Mucho más verosímil, y abonado por observaciones ocasionales de niños normales, es que aquellos nos den a conocer, en forma extrema, esos deseos enamoradizos u hostiles hacia los padres que con menor nitidez e intensidad ocurren en el alma de casi todos los niños. En apoyo de esta idea la Antigüedad nos ha legado una saga

[24] [Este paciente se menciona nuevamente *infra*, **5**, pág. 456.]

cuya eficacia total y universal sólo se comprende si es también universalmente válida nuestra hipótesis sobre la psicología infantil.

Me refiero a la saga de Edipo rey y al drama de Sófocles que lleva ese título. Edipo, hijo de Layo (rey de Tebas) y de Yocasta, es abandonado siendo niño de pecho porque un oráculo había anunciado a su padre que ese hijo, todavía no nacido, sería su asesino. Es salvado y criado como hijo de reyes en una corte extranjera, hasta que, dudoso de su origen, recurre también al oráculo y recibe el consejo de evitar su patria porque le está destinado ser el asesino de su padre y el esposo de su madre. Entonces se aleja de la que cree su patria y por el camino se topa con el rey Layo, a quien da muerte en una disputa repentina. Después llega a Tebas, donde resuelve el enigma propuesto por la Esfinge que le ataja el camino. Agradecidos, los tebanos lo eligen rey y lo premian con la mano de Yocasta. Durante muchos años reina en paz y dignamente, y engendra en su madre, no sabiendo quién es ella, dos varones y dos mujeres, hasta que estalla una peste que motiva una nueva consulta al oráculo de parte de los tebanos. Aquí comienza la tragedia de Sófocles. Los mensajeros traen la respuesta de que la peste cesará cuando el asesino de Layo sea expulsado del país. Pero, ¿quién es él?

«Pero él, ¿dónde está él?
¿Dónde hallar la oscura huella de la antigua culpa?».

La acción del drama no es otra cosa que la revelación, que avanza paso a paso y se demora con arte —trabajo comparable al de un psicoanálisis—, de que el propio Edipo es el asesino de Layo pero también el hijo del muerto y de Yocasta. Sacudido por el crimen que cometió sin saberlo, Edipo ciega sus ojos y huye de su patria. El oráculo se ha cumplido.

Edipo rey es una de las llamadas tragedias de destino; su efecto trágico, se dice, estriba en la oposición entre la voluntad omnipotente de los dioses y la vana resistencia que a ella oponen los hombres amenazados por la desgracia; los espectadores, conmovidos hondamente, aprenderán en el drama a someterse a la voluntad de los dioses y a comprender su propia impotencia. De acuerdo con esto, creadores modernos intentaron producir un efecto trágico parecido urdiendo esa misma oposición en una fábula inventada por ellos. Sólo que los espectadores asistieron sin inmutarse al fatal cumplimiento de una maldición o una predicción del oráculo en hombres inocentes que en vano se debatieron contra ella; después de *Edipo rey*, las tragedias de destino no produjeron efecto.

Si *Edipo rey* sabe conmover a los hombres modernos con no menor intensidad que a los griegos contemporáneos de Sófocles, la única explicación es que el efecto de la tragedia griega no reside en la oposición entre el destino y la voluntad de los hombres, sino en la particularidad del material en que esa oposición es mostrada. Tiene que haber en nuestra interioridad una voz predispuesta a reconocer el imperio fatal del destino de Edipo, mientras que podemos rechazar, por artificiosos, argumentos como los de *Die Ahnfrau* [de Grillparzer] o de otras tragedias de destino. Y, en efecto, un factor así está contenido en la historia de Edipo. Su destino nos conmueve únicamente porque podría haber sido el nuestro, porque antes de que naciéramos el oráculo fulminó sobre nosotros esa misma maldición. Quizás a todos nos estuvo deparado dirigir la primera moción sexual hacia la madre y el primer odio y deseo violento hacia el padre; nuestros sueños nos convencen de ello. El rey Edipo, que dio muerte a su padre Layo y desposó a su madre Yocasta, no es sino el cumplimiento de deseo de nuestra infancia. Pero más afortunados que él, y siempre que no nos hayamos vuelto psiconeuróticos, hemos logrado después desasir de nuestra madre nuestras pulsiones sexuales y olvidar los celos que sentimos por nuestro padre. Retrocedemos espantados frente a la persona en quien ese deseo primordial de la infancia se cumplió, y lo hacemos con todo el monto de represión que esos deseos sufrieron desde entonces en nuestra interioridad. Al paso que el poeta en aquella investigación va trayendo a la luz la culpa de Edipo, nos va forzando a conocer nuestra propia interioridad, donde aquellos impulsos, aunque sofocados, siguen existiendo. El contraste con el cual el coro se despide de nosotros,

> «...miradle: es Edipo,
> el que resolvió los intrincados enigmas
> y ejerció el más alto poder;
> aquel cuya felicidad ensalzaban y envidiaban
> todos los ciudadanos.
> ¡Vedle sumirse en las crueles olas del destino fatal!»,

esa admonición nos hiere en nuestro orgullo —a nosotros, que en sabiduría y en fortaleza nos creíamos tan lejos de nuestra infancia—. Como Edipo, vivimos en la ignorancia de esos deseos que ofenden la moral, de esos deseos que la naturaleza forzó en nosotros, y tras su revelación bien querríamos todos apartar la vista de las escenas de nuestra niñez.[25]

En el texto mismo de la tragedia de Sófocles hay un indicio inconfundible de que la saga de Edipo ha brotado de un material onírico primordial cuyo contenido es la penosa turbación de las relaciones con los padres por obra de las primeras mociones sexuales. Aún no esclarecido Edipo, pero ya caviloso con el recuerdo del oráculo, Yocasta lo consuela mencionándole un sueño que tantísimos hombres sueñan, pero sin que eso, ella dice, importe nada:

«*Son muchos los hombres que se han visto en sueños cohabitando con su madre:* pero aquel para quien todo esto es nada, soporta sin pesadumbre la carga de la vida».

El sueño de tener comercio sexual con la madre sobreviene, hoy como entonces, a muchos hombres, quienes lo cuentan indignados y atónitos. Es, bien se entiende, la clave de la tragedia y la pieza complementaria del sueño de la muerte del padre. La fábula de Edipo es la reacción de la fantasía frente a esos dos sueños típicos, y así como los adultos los vivencian con sentimientos de repulsa, así la saga tiene que recoger en su contenido el horror y la autopunición. En lo demás, su configuración procede de un malentendido en la elaboración secundaria del material, al que procura poner al

[25] [*Nota agregada* en 1914:] Ninguno de los descubrimientos de la investigación psicoanalítica ha provocado una oposición tan acerba, una negativa tan feroz ni unos malabarismos tan divertidos por parte de la crítica como esta referencia a las inclinaciones incestuosas infantiles, conservadas en lo inconciente. En los últimos tiempos se ha querido incluso presentar al incesto, contra todo lo que indica la experiencia, como meramente «simbólico». Ferenczi (1912*c*) ha expuesto una ingeniosa sobreinterpretación del mito de Edipo, basándose en un pasaje del epistolario de Schopenhauer. — [*Agregado* en 1919:] El «complejo de Edipo», mencionado aquí, en *La interpretación de los sueños*, por primera vez, ha adquirido por obra de ulteriores estudios una importancia insospechada para la comprensión de la historia de la humanidad y el desarrollo de la religión y la eticidad. (Cf. mi libro *Tótem y tabú*, 1912-13 [ensayo IV].) — [En realidad, lo esencial de este examen del complejo de Edipo y de *Edipo rey*, como así también lo que sigue sobre *Hamlet*, ya había sido planteado por Freud en una carta a Fliess del 15 de octubre de 1897 (Freud, 1950*a*, Carta 71), *AE*, **1**, págs. 307-8. Una insinuación todavía más temprana del descubrimiento del complejo de Edipo se incluyó en la carta del 31 de mayo de 1897 (Manuscrito N), *ibid.*, pág. 296. La expresión «complejo de Edipo» parece haber sido utilizada por primera vez en una obra publicada en «Sobre un tipo particular de elección de objeto en el hombre» (Freud, 1910*b*), *AE*, **11**, pág. 164.]

servicio de un propósito teológico. (Cf. los sueños de exhibición, págs. 254-5.) Desde luego, en este material como en cualquier otro, el intento de armonizar la omnipotencia divina con la responsabilidad humana tiene que malograrse.

En el mismo suelo que *Edipo rey* hunde sus raíces otra de las grandes creaciones trágicas, el *Hamlet* de Shakespeare.[26] Pero en el diverso modo de tratar idéntico material se manifiesta toda la diferencia de la vida anímica en esos dos períodos de la cultura, tan separados en el tiempo: se muestra el progreso secular de la represión en la vida espiritual de la humanidad. En Edipo, como en el sueño, la fantasía del deseo infantil subterráneo es traída a la luz y realizada; en *Hamlet* permanece reprimida, y sólo averiguamos su existencia —las cosas se encadenan aquí como en una neurosis— por sus consecuencias inhibitorias. Cosa extraña: quedarse totalmente a oscuras acerca del carácter del héroe en nada perjudicó el efecto subyugante del más reciente de esos dos dramas. La pieza se construye en torno de la vacilación de Hamlet en cumplir la venganza que le está deparada; las razones o motivos de esa vacilación, el texto no los confiesa; tampoco los ensayos de interpretación, que son tantos y tan diversos, han podido indicarlos. Según la concepción abonada por Goethe, y que es todavía hoy la prevaleciente, Hamlet representa el tipo de hombre cuya virtud espontánea para la acción ha sido paralizada por el desarrollo excesivo de la actividad de pensamiento («debilitada por la palidez del pensamiento»).* Otros sostienen que el poeta quiso pintar un carácter enfermizo, irresoluto, que cae en el campo de la neurastenia. Pero la trama de la pieza nos enseña que Hamlet en modo alguno se presenta como una persona incapaz para cualquier acción. Por dos veces lo vemos entrar en acción, una llevado por un súbito estallido de furia, cuando se abate sobre el que lo espía escondido tras los tapices, y la otra con un plan meditado, y aun pérfido, cuando con el total desprejuicio de un príncipe del Renacimiento brinda a los dos cortesanos la misma muerte que habían maquinado para él. ¿Qué lo inhibe, entonces, en el cumplimiento de la tarea que le encargó el espectro de su padre? Aquí se nos ofrece de nuevo la conjetura: es la particular índole de esa tarea. Hamlet lo puede todo, menos vengarse del hombre que eliminó a su padre y usurpó

---

[26] [Este párrafo se imprimió como nota al pie en la primera edición (1900), y fue incluido en el texto desde 1914 en adelante.]
* {*Hamlet*, acto III, escena 1.}

a este el lugar junto a su madre, del hombre que le muestra la realización de sus deseos infantiles reprimidos. Así, el horror que debería moverlo a la venganza se trueca en auto-rreproche, en escrúpulo de conciencia: lo detiene la sospecha de que él mismo, y entendido ello al pie de la letra, no es mejor que el pecador a quien debería castigar. De tal modo he traducido a lo conciente aquello que en el alma del protagonista tiene que permanecer inconciente; si alguien quiere llamar histérico a Hamlet, no puedo yo sino admitirlo como la consecuencia de mi interpretación. A ello conviene muy bien la repugnancia por lo sexual que Hamlet expresa en el coloquio con Ofelia, esa misma repugnancia que en los años siguientes se apodera cada vez más del alma del poeta hasta alcanzar su expresión culminante en *Timón de Atenas*. Desde luego, no puede ser sino la vida anímica del propio creador la que nos sale al paso en Hamlet; de la obra de Georg Brandes sobre Shakespeare (1896) tomo la noticia de que el drama fue escrito inmediatamente después de la muerte de su padre (en 1601), y por tanto en pleno duelo, en la revivencia —tenemos derecho a suponerlo— de los sentimientos infantiles referidos a él. También es sabido que un hijo de Shakespeare muerto prematuramente llevaba el nombre de Hamnet (idéntico a Hamlet). Si *Hamlet* trata de la relación del hijo con los padres, *Macbeth*, escrito por esa misma época, aborda el tema de la esterilidad. Así como cualquier síntoma neurótico, y también el sueño, son susceptibles de sobreinterpretación —y aun esta es indispensable para una comprensión plena—, de igual modo toda genuina creación literaria surgirá en el alma del poeta por más de un motivo o incitación y admitirá más de una interpretación. Aquí sólo he ensayado interpretar el estrato más profundo de las mociones que se agitaban en el alma del creador.[27]

[27] [*Nota agregada* en 1919:] Las indicaciones anteriores para una comprensión analítica de *Hamlet* han sido completadas después por E. Jones y defendidas contra otras opiniones consignadas en la bibliografía. (Véase Jones, 1910*a* [y, en forma más completa, 1949].) — [*Agregado* en 1930:] En cuanto a la premisa adoptada *supra*, a saber, que el autor de las obras de Shakespeare era el hombre de Stratford, he visto después mi error [cf. Freud, 1930*e*]. — [*Agregado* en 1919:] Otros intentos de análisis de *Macbeth* se hallarán en un ensayo mío [1916*d*] y también en uno de Jekels (1917). — [La primera parte de esta nota se incluyó bajo una forma diferente en la edición de 1911, pero se omitió desde 1914 en adelante: «Los puntos de vista sobre el problema de *Hamlet* contenidos en el pasaje del texto han sido confirmados después y sustentados con nuevos argumentos en un extenso estudio debido al doctor Ernest Jones, de Toronto (1910*a*). El ha señalado también la relación entre el ma-

No puedo dar por terminado el estudio de los sueños típicos de la muerte de deudos queridos sin aclarar todavía con algunas palabras su significación para la teoría del sueño en general. Ejemplifican un caso harto infrecuente: en ellos el pensamiento onírico formado por el deseo reprimido escapa de toda censura y se presenta inalterado en el sueño. Tiene que haber particulares condiciones que posibiliten ese destino. Descubro dos factores que favorecen estos sueños: En primer lugar, no hay deseo del que nos creamos más lejos que de este; nos parece que «ni en sueños» podría ocurrírsenos desear eso, por lo cual la censura onírica está desarmada frente a esa enormidad; algo semejante ocurría, por ejemplo, con la legislación de Solón, que no supo establecer ningún castigo para el asesinato del padre. En segundo lugar, con ese deseo reprimido y cuya existencia no se sospecha transige con particular frecuencia un resto diurno en la figura de un *cuidado* por la vida de la persona querida. Esta preocupación no puede registrarse en el sueño como no sea sirviéndose del deseo homólogo; ahora bien, el deseo puede enmascararse tras el cuidado que se engendró durante el día.[28] Si se opina que las cosas son más simples, a saber, que durante la noche y en el sueño no se hace sino proseguir lo que se urdió durante el día, se resta a los sueños de la muerte de personas queridas todo nexo con la explicación de los sueños y se mantiene un inútil enigma, que en verdad puede resolverse.

También es instructivo estudiar la relación de estos sueños con los sueños de angustia. En los sueños sobre la muerte de personas queridas el deseo reprimido ha descubierto un camino que le permite sustraerse de la censura (y de la desfiguración condicionada por ella). Un fenómeno concomitante infaltable es, entonces, que se tengan en el sueño sentimientos doloridos. De igual modo, el sueño de angustia sólo sobreviene cuando la censura es avasallada por completo o en parte, y por otro lado el avasallamiento de la censura se facilita cuando la angustia ya está dada como sensación actual proveniente de fuentes somáticas. [Cf. págs. 247 y sigs.] Es patente, pues, la tendencia con que la censura desempeña su oficio y ejerce la desfiguración onírica; lo hace *para preservar del desarrollo de angustia o de otras formas de afecto penoso.*

terial de *Hamlet* y los mitos del nacimiento de los héroes examinados por Rank (1909)». — Freud volvió a tratar el tema de *Hamlet* en su trabajo póstumo «Personajes psicopáticos en el escenario» (1942a), escrito probablemente en 1905 o 1906.]

[28] [Cf. *infra*, **5**, págs. 548-9.]

En lo que precede [pág. 260] he hablado del egoísmo del alma infantil, y ahora vuelvo sobre ello con el objeto de que se vislumbre aquí una continuidad: los sueños han conservado también ese carácter. Todos ellos son absolutamente egoístas,[29] en todos emerge el querido yo, aunque disfrazado. Los deseos que en ellos se cumplen son por lo general deseos de ese yo; que algún sueño pueda engendrarse por un interés hacia otro no es sino una ilusión engañadora. Someteré a análisis algunos ejemplos que parecen contradecir esta afirmación.

I

Un niño que aún no ha cumplido cuatro años cuenta: *Ha visto una gran fuente en la que había un gran trozo de carne asada con guarnición de verduras, y el trozo era comido de un solo bocado, sin cortarlo. No ha visto a la persona que lo comió.*[30]

¿Quién sería el desconocido con cuyo opíparo almuerzo de carne soñó nuestro pequeño? Días pasados el médico le había prescrito una dieta láctea; ahora bien, la tarde del día del sueño se portó mal y en castigo le privaron de la cena. Ya una vez había debido soportar parecida cura por hambre y la había sobrellevado con mucha valentía. Sabía que no le darían nada, pero tampoco dejó escapar una palabra que confesase su hambre. La educación empieza a operar en él; ya se exterioriza en el sueño, que muestra un esbozo de desfiguración onírica. No hay duda de que él mismo es la persona que desea una comida tan rica, y por cierto de carne asada. Pero como sabe que la tiene prohibida, no osa ponerse a comer él mismo, como suelen hacerlo en sueños los niño

[29] [Véase el final de la nota 33, en pág. 279. Cf. también pág. 328.]
[30] [Este sueño, perteneciente a Robert Fliess —hijo de Wilhelm— se menciona en las cartas del 8 y el 20 de agosto de 1899 (Freud, 1950a, Cartas 114 y 116).] — También lo grande, lo abundantísimo, lo desmedido y exagerado de los sueños podría ser un carácter infantil. El niño no abriga un deseo más anhelado que el de hacerse grande, y obtener de todo tanto como los grandes; es difícil de contentar, no le basta con nada, pide insaciablemente la repetición de lo que le ha gustado o le ha sabido bien. Sólo la cultura, por medio de la educación, le enseña a *medirse*, a moderarse, a resignarse. Como es sabido, también el neurótico se inclina hacia lo sin medida y desmesurado. [Freud alude al amor de los niños por la repetición en su libro sobre el chiste (1905c), *AE*, **8**, pág. 214, y retoma el tema en *Más allá del principio de placer* (1920g), *AE*, **18**, pág. 35.]

con hambre (cf. el sueño de las fresas de mi pequeña Anna, pág. 149). La persona permanece anónima.

II

Cierta vez soñé que en el escaparate de una librería veía una nueva entrega de esa colección que yo suelo comprar (son monografías sobre grandes artistas, historia universal, monumentos de arte, etc.). *La nueva colección se llama «Oradores (o discursos) famosos» y su primer cuaderno lleva el nombre del doctor Lecher.*

En el análisis me pareció inverosímil que en sueños me ocupase la fama del doctor Lecher, el resistente orador de los obstruccionistas [nacionalistas] alemanes del Parlamento. Las cosas en realidad fueron así: días antes había tomado nuevos pacientes en tratamiento psíquico y me vi obligado a hablar entre diez y once horas por día. Yo mismo soy entonces el orador resistente.

III

Otra vez soñé que un profesor a quien yo conozco decía en nuestra universidad: *Mi hijo, el miope.* Después sigue un diálogo que consiste en dichos y réplicas breves. Y a continuación, un tercer fragmento onírico en el que aparecemos yo y mis hijos; para el contenido latente del sueño, el profesor M. y su hijo no son sino hombres de paja que nos ocultan a mí y a mi primogénito. Más adelante volveré a referirme a este sueño, a causa de otra particularidad que presenta.[31]

IV

El siguiente sueño brinda un ejemplo de sentimientos egoístas realmente desdeñables, que se ocultan tras un tierno cuidado.

Mi amigo Otto se ve malo, tiene la tez oscura y los ojos desorbitados.

Otto es el médico de mi casa; le estoy eternamente agradecido porque desde hace años vigila la salud de mis hijos, los trata con éxito cuando caen enfermos, y encima de ello

---

[31] [Cf. **5**, págs. 440 y sigs.]

aprovecha cuanta ocasión puede servirle de pretexto para hacerles regalos. [Cf. pág. 136.] El día del sueño había estado de visita, y mi mujer observó que se lo veía cansado y abatido. Por la noche sobrevino mi sueño y le atribuyo algunos signos de la enfermedad de Basedow. Quien deseche mis reglas para la interpretación de los sueños lo entenderá en el sentido de que yo me preocupo por la salud de mi amigo y realizo en el sueño esa preocupación. Ello no sólo contradiría la tesis de que el sueño es cumplimiento de deseo, sino también la tesis según la cual sólo admite mociones egoístas. Pero quien tal interpretase debería responder a esto: ¿Por qué temo que Otto tenga la enfermedad de *Basedow*, siendo que su aspecto no ofrece el menor motivo para tal diagnóstico? En cambio, mi análisis brinda el siguiente material, tomado de un hecho ocurrido hace seis años. Unos pocos conocidos, entre los que se encontraba el profesor R., viajábamos por el bosque de N., a unas horas de distancia de nuestra residencia veraniega. Era noche cerrada. El cochero, no del todo sobrio, nos despeñó con el vehículo por una cuesta, y fue milagro que saliésemos sanos. Pero nos vimos precisados a pernoctar en la posada más próxima, donde la noticia de nuestro accidente nos valió gran simpatía. Un señor, que mostraba signos inequívocos del *morbus basedowii* —por lo demás, exactamente como en mi sueño, sólo la piel del rostro oscurecida y los ojos salientes, pero no papada—, se puso a nuestra entera disposición y nos preguntó qué podía hacer por nosotros. El profesor R., con el modo que le es característico, respondió: «Nada, si no es que me preste usted un camisón de dormir». Y a eso respondió el noble caballero: «Por desgracia no puedo hacerlo», y se alejó de nosotros.

En la continuación del análisis se me ocurre que Basedow no es sólo el nombre de un médico, sino también el de un famoso pedagogo. (Ahora, en la vigilia, no me siento del todo seguro de este conocimiento.)[32] Ahora bien, mi amigo Otto es la persona a quien he pedido que en caso de sucederme a mí alguna desgracia vigile la educación corporal de mis hijos, en especial en la pubertad (de ahí el camisón de dormir). Y puesto que en el sueño veo a mi amigo Otto con los síntomas patológicos de aquel noble auxiliador, es manifiesto que quiero decir: Si me sucediese una desgracia, le importará tan poco de mis hijos como le importó a aquel

[32] [Aunque de hecho era correcto. Vivió en el siglo XVIII y fue prosélito de Rousseau.]

barón de L. a pesar de sus gentiles ofrecimientos. Bien se descubre el sesgo egoísta del sueño.[33]

Pero, ¿dónde se oculta aquí el cumplimiento de deseo? No en la venganza contra mi amigo Otto, cuyo destino es otra vez que yo lo maltrate en mis sueños,[34] sino en la siguiente relación: figurando a Otto en el sueño como el barón de L., al mismo tiempo identifico mi persona con otra, a saber, la del profesor R., pues yo demando algo a Otto como el profesor R. demandó en aquella ocasión algo al barón de L. Eso es, entonces. El profesor R., con quien en la realidad no osaría yo compararme, ha seguido, como yo lo he hecho, su propio camino con independencia de cualquier carrera académica, y sólo tardíamente obtuvo el título que desde mucho antes merecía. Por tanto, ¡otra vez quiero ser profesor! Y aun el «tardíamente» es un cumplimiento de deseo, pues significa que he de vivir lo bastante para guiar yo mismo a mis hijos en la pubertad.[35]

[(γ) Otros sueños típicos]

De otros sueños típicos en los que se vuela gozoso o se cae con sentimientos de angustia nada sé por experiencia propia, y todo lo que tengo que decir sobre esto lo debo a los psicoanálisis.[36] De los datos que estos nos proporcionan

[33] [*Nota agregada* en 1911:] En una conferencia que pronunció ante un auditorio norteamericano, Ernest Jones habló del egoísmo de los sueños; se levantó entonces una culta dama, que le hizo esta objeción: era la suya una generalización no científica, pues Jones podía emitir juicio sobre los sueños de los austríacos, mas nada podía decir sobre los de los norteamericanos. En cuanto a su persona, ella estaba segura de que todos sus sueños eran rigurosamente altruistas. — [*Agregado* en 1925:] A manera de disculpa de esta dama orgullosa de su raza, digamos de pasada que la tesis según la cual los sueños son enteramente egoístas no debe llevar a un malentendido. Absolutamente todo lo que aparece en el pensamiento preconciente puede pasar al sueño (tanto al contenido como a los pensamientos oníricos latentes); por ende, esta posibilidad se halla abierta también para las mociones altruistas. De igual modo, puede aparecer en el sueño una moción tierna o enamorada hacia otra persona, moción que preexiste en el inconciente. El núcleo correcto de la tesis mencionada se restringe entonces a este hecho: entre las incitaciones inconcientes del sueño se encuentran muy a menudo tendencias egoístas que parecen superadas en la vida de vigilia.

[34] [Véase el sueño de la inyección de Irma, *supra*, págs. 138 y sigs.]

[35] [Este sueño vuelve a considerarse más adelante (cf. 5, págs. 548 y 553).]

[36] [La primera oración de este párrafo apareció en la edición original (1900) pero luego fue eliminada hasta 1925. El resto del pá-

es preciso inferir que también tales sueños repiten impresiones de la infancia: se relacionan con los juegos de movimiento, tan singularmente atractivos para los niños. No hay tío que no haya hecho volar a su sobrinito tomándolo con sus brazos extendidos y corriendo.por la habitación, o jugado a que lo deja caer, balanceándolo sobre las rodillas y estirando de pronto una pierna, o lanzándolo al aire y haciendo como si no fuese a sostenerlo. Los niños dan entonces gritos de alegría y no se cansan de pedir la repetición, en particular cuando va en ello algo de susto o de vértigo; andando el tiempo, se procuran en el sueño esa repetición, pero ahora faltan las manos que los sujetaban y por eso flotan o caen libremente. Conocida es la preferencia de todos los niños pequeños por esos juegos, como la hamaca y el subibaja; cuando después ven acrobacias en el circo, el recuerdo se renueva.[37] En muchos varones el ataque histérico no consiste sino en reproducciones de tales acrobacias, que ejecutan con gran habilidad. No es raro que estos juegos de movimiento, en sí inocentes, despierten sensaciones sexuales.[38] Para decirlo con una palabra usual entre nosotros, que abarca todos estos manejos: el «corretear» {«*Hetzen*»} de la infancia, que repiten {retoman} los sueños de volar, caer, tener vértigo, etc., es aquel cuyo sentimiento de placer se tuerce ahora simétricamente {*verkehren*} en angustia. Y to-

rrafo, junto con el párrafo siguiente, datan de 1900, y en 1914 se trasfirieron al capítulo VI, sección E (donde también se los encontrará; cf. **5**, págs. 395-6). En la edición de 1930 se los incluyó en *ambos* lugares.]

[37] [*Nota agregada* en 1925:] La indagación analítica nos ha permitido colegir que en la predilección que sienten los niños por los ejercicios gimnásticos, y en su repetición en el ataque histérico, participa, amén del placer de órgano, otro factor más: la imagen mnémica (a menudo inconciente) del comercio sexual observado (en hombres o en animales). [Sobre el «placer de órgano», cf. «Pulsiones y destinos de pulsión» (Freud, 1915*c*), *AE*, **14**, pág. 121 y *n.* 14.]

[38] Un joven colega médico, por completo libre de cualquier trastorno neurótico, me comunica lo siguiente acerca de este punto: «Por mi propia experiencia sé que muy temprano el columpiarme, y sobre todo en el momento en que el movimiento descendente alcanzaba su máximo impulso, me provocaba una rara sensación en los genitales; aunque en verdad no me resultaba agradable, tengo que definirla como una sensación de placer». — Con mucha frecuencia he oído decir a los pacientes que las primeras erecciones acompañadas por una sensación de placer que recuerdan les sobrevinieron de muchachos al trepar. — Los psicoanálisis muestran con toda certeza que muchas veces las primeras mociones sexuales arraigan en los juegos de pelea y riñas de la infancia. — [Este tema fue elaborado por Freud en sus *Tres ensayos de teoría sexual* (1905*d*), *AE*, **7**, págs. 183 y sigs.]

da madre sabe que el corretear de los niños con harta frecuencia termina en querellas y lágrimas.

Por eso tengo buenas razones para rechazar la explicación según la cual el estado de nuestra sensibilidad cutánea mientras dormimos, las sensaciones del movimiento pulmonar, etc., provocan los sueños de volar o caer. [Cf. pág. 63.] Veo que estas sensaciones mismas son reproducidas {*reproduzieren*} a partir del recuerdo a que el sueño se refiere, y por tanto son contenido de este y no sus fuentes.

No se me escapa que para esta serie de sueños típicos no puedo aportar una explicación completa.[39] Precisamente aquí, mi material me ha dejado en la estacada. He de limitarme a refirmar el punto de vista general según el cual todas las sensaciones cutáneas y de movimiento de estos sueños típicos son convocadas tan pronto como un motivo psíquico cualquiera necesita de ellas, y pueden ser desdeñadas si una necesidad tal no las solicita. [Cf. pág. 249.] Por los indicios que he recogido en el análisis de psiconeuróticos, paréceme también segura la relación con las vivencias infantiles. Pero no sé indicar los otros significados a los que en el curso de la vida pueda haberse enlazado el recuerdo de aquellas sensaciones (quizá varíen con las personas, a pesar de que tales sueños son un fenómeno típico); mucho me gustaría poder compensar esta laguna mediante análisis cuidadosos de buenos ejemplos. Si alguien se asombra de que pese a la frecuencia con que sobrevienen precisamente estos sueños de vuelo, de caída, de extracción de un diente, etc., me queje yo de falta de material, debo explicarle que no he tenido sueños de esa índole desde que presto atención al tema de la interpretación de los sueños. En cuanto a los sueños de neuróticos, de que dispongo, no todos ellos son interpretables y a menudo no lo son hasta el final de su propósito oculto; un cierto poder psíquico que participó en la edificación de la neurosis, y que en la resolución de esta alcanza de nuevo eficacia, estorba que podamos interpretarlos hasta su último enigma.

[δ] *El sueño de examen*

Todos los que han dado cima a sus estudios de la escuela media con el examen de suficiencia se quejan de ser insisten-

---

[39] [En la edición original (1900), el párrafo siguiente (el primero sobre los sueños de examen) *precedía* a este, el cual concluía el capítulo. De ahí en más este párrafo fue totalmente omitido hasta 1925.]

temente perseguidos por el sueño de angustia de que fracasaron en él y deben repetir el curso, etc. En quienes poseen un título universitario, ese sueño típico es remplazado por otro: se ven reprobados en el examen de doctorado, y en vano alegan, dormidos, que ya tienen sus años de práctica, que son profesores auxiliares o han puesto bufete. Son los recuerdos imborrables de los castigos que sufrimos en la niñez por las faltas que cometimos los que de nuevo despiertan en nuestra interioridad en esos dos puntos críticos de nuestros estudios, en el «*dies irae, dies illa*» de los exámenes rigurosos. También la «angustia de examen» del neurótico encuentra su refuerzo en esta angustia infantil. Después que dejamos de ser alumnos, no son ya —como antes— los padres, los maestros o los profesores universitarios quienes cuidan de castigarnos; el inexorable encadenamiento causal de la vida ha tomado en lo sucesivo a su cargo nuestra educación, y ahora soñamos con el examen de suficiencia o el de doctorado —¿y quién no temió en esas ocasiones ser reprobado?— cada vez que tememos el fracaso porque no hemos hecho bien algo o no lo hemos dispuesto como se debe, cada vez que sentimos la presión de una responsabilidad.

Otro esclarecimiento sobre los sueños de examen [40] lo debo a una observación de un versado colega [Stekel], quien, en un coloquio científico, puso de relieve que por lo que él sabía el sueño del examen de suficiencia sólo sobreviene en personas que pasaron bien ese examen, y nunca en quienes fracasaron. El sueño angustioso de examen, que, como se confirma cada vez más, surge cuando al día siguiente nos espera un desempeño que compromete nuestra responsabilidad y conlleva la posibilidad de ser reprobado, rebuscaría entonces en el pasado una ocasión en que la gran angustia resultó injustificada y fue contradicha por el desenlace. Sería este un ejemplo muy llamativo de malentendido del contenido onírico por parte de la instancia vigilante. [Cf. pág. 254.] La objeción que oponemos al sueño, «Pero es que ya soy doctor, etc.», sería en realidad el consuelo que el sueño nos dispensa y que podríamos formular así: «No temas el mañana; mira la angustia que tuviste antes del examen de suficiencia, y después nada malo te sucedió. Hoy ya eres doctor, etc.». Ahora bien, la angustia que imputamos al sueño provenía de restos diurnos.

[40] [Este párrafo y el siguiente se agregaron en 1909. En las ediciones de 1909 y 1911 decía «el verdadero esclarecimiento», en lugar de «otro esclarecimiento».]

Las pruebas de esta explicación que pude recoger en mí y en otros, aunque insuficientes en número, fueron coincidentes. Por ejemplo, fui reprobado en el examen final de medicina legal; nunca este tema se abrió paso en mis sueños, mientras que hartas veces soñé que me tomaban examen de botánica, zoología o química, disciplinas en que fui al examen con fundada angustia, pero el favor del destino o el del examinador me libraron del castigo. En los sueños de exámenes de la escuela media por lo general rindo historia, prueba que pasé brillantemente, pero sólo porque [en el examen oral] mi amable profesor (el médico tuerto de otro sueño, cf. pág. 43) había reparado en que en la hoja de examen que yo le devolví había tachado con la uña la segunda de las tres preguntas, como aviso de que no debía insistir sobre ella. Uno de mis pacientes, que desistió de presentarse al examen final de la escuela media pero lo aprobó después, y que más tarde fracasó en el examen de la Academia Militar y no pudo ser oficial, me cuenta que a menudo sueña con el primero de esos exámenes, pero nunca con el segundo.[41]

Los sueños de examen[42] oponen a la interpretación, desde luego, aquella dificultad que antes indiqué como característica en la mayoría de los sueños típicos [pág. 252]. Rara vez basta, para alcanzar aquella, el material de asociaciones de que el soñante dispone. La mejor inteligencia de esos sueños se obtiene reuniendo una serie mayor de ejemplos. No hace mucho llegué a la suposición segura de que la objeción «Ya eres doctor, etc.» no sólo oculta un consuelo; también indica un reproche. Podríamos formularlo así: «Adulto ya y habiendo vivido tanto, sigues haciendo semejantes estupideces y niñerías». Parece que esta mezcla de autocrítica y de consuelo respondería al contenido latente de los sueños de examen. No sería asombroso, entonces, que los reproches

---

[41] [En la edición de 1909 decía en este punto: «El colega a quien mencioné antes (el doctor Stekel) ha llamado la atención sobre el hecho de que la palabra que empleamos para el examen de suficiencia, "Matura", significa también "madurez"; dice haber observado que los sueños de "madurez" con suma frecuencia se presentan cuando al día siguiente habrá de enfrentarse una prueba sexual, vale decir, cuando el fracaso temido puede consistir en una potencia insuficiente». En la edición de 1911 se agregó: «A esto un colega alemán ha objetado, creo que con razón, que el nombre de este examen en alemán ("Abiturium") carece de ese doble sentido». Todo este párrafo fue omitido desde 1914 en adelante. En 1925 se lo remplazó por el nuevo párrafo final del capítulo. El propio Stekel trató el tema en una de sus obras (1909, págs. 464 y 471).]

[42] [Este párrafo se agregó en 1914.]

de haber cometido «estupideces» y «niñerías» se refiriesen, en los ejemplos analizados en último término, a la repetición de actos sexuales objetados.

W. Stekel,[43] a quien debemos la primera interpretación del «sueño de suficiencia», opina que por regla general este alude a la prueba y la madurez sexuales. Mi experiencia ha podido corroborarlo muchas veces.[44]

VI. El trabajo del sueño[1]

Todos los intentos hechos hasta ahora por resolver los problemas del sueño arrancaban directamente de su contenido *manifiesto*, tal como lo presenta el recuerdo, y a partir de él se empeñaban en obtener la interpretación del sueño o, cuando renunciaban a ella, en fundamentar su juicio acerca del sueño por referencia a ese contenido. Somos los únicos que abordamos otra explicación de las cosas; para nosotros, entre el contenido onírico y los resultados de nuestro estudio se incluye un nuevo material psíquico: el contenido *latente* o pensamientos del sueño, despejados por nuestro procedimiento. Desde ellos, y no desde el contenido manifiesto, desarrollamos la solución del sueño. Por eso se nos plantea una nueva tarea, inexistente para quienes nos precedieron: investigar las relaciones entre el contenido manifiesto y los pensamientos latentes del sueño, y pesquisar los procesos por los cuales estos últimos se convirtieron en aquel.

Pensamientos del sueño y contenido del sueño se nos presentan como dos figuraciones del mismo contenido en dos lenguajes diferentes; mejor dicho, el contenido del sueño se nos aparece como una trasferencia de los pensamientos del sueño a otro modo de expresión, cuyos signos y leyes de articulación debemos aprender a discernir por vía de comparación entre el original y su traducción. Los pensamientos del sueño nos resultan comprensibles sin más tan pronto como llegamos a conocerlos. El contenido del sueño nos es dado, por así decir, en una pictografía, cada uno de cuyos signos ha de trasferirse al lenguaje de los pensamientos del sueño. Equivocaríamos manifiestamente el camino si quisiésemos leer esos signos según su valor figural en lugar de hacerlo según su referencia signante. Supongamos que me presentan un acertijo en figuras: una casa sobre cuyo tejado puede verse un bote, después una letra aislada, después una silueta humana corriendo cuya cabeza le ha sido

---

[1] [En la 11ª de las *Conferencias de introducción al psicoanálisis* (1916-17), Freud aborda este tema en forma mucho más resumida.]

cortada, etc. Frente a ello podría pronunciar este veredicto crítico: tal composición y sus ingredientes no tienen sentido. No hay botes en los tejados de las casas, y una persona sin cabeza no puede correr; además, la persona es más grande que la casa y, si el todo pretende figurar un paisaje, nada tienen que hacer allí las letras sueltas, que por cierto no se encuentran esparcidas por la naturaleza. La apreciación correcta del acertijo sólo se obtiene, como es evidente, cuando en vez de pronunciar tales veredictos contra el todo y sus partes, me empeño en remplazar cada figura por una sílaba o una palabra que aquella es capaz de figurar en virtud de una referencia cualquiera. Las palabras que así se combinan ya no carecen de sentido, sino que pueden dar por resultado la más bella y significativa sentencia poética. Ahora bien, el sueño es un *rébus* de esa índole, y nuestros predecesores en el campo de la interpretación de los sueños cometieron el error de juzgar la pictografía como composición pictórica. Como tal, les pareció absurda y carente de valor.

A. El trabajo de condensación

Lo primero que muestra al investigador la comparación entre contenido y pensamientos del sueño es que aquí se cumplió un vasto *trabajo de condensación*. El sueño es escueto, pobre, lacónico, si se lo compara con la extensión y la riqueza de los pensamientos oníricos. Puesto por escrito, el sueño ocupa media página; en cambio, si se quiere escribir el análisis que establece los pensamientos del sueño se requiere un espacio seis, ocho o doce veces mayor. Esta relación varía para diferentes sueños; pero su sentido, hasta donde yo puedo determinarlo, nunca cambia. Es regla que se subestime la medida de la compresión producida, pues se juzga que los pensamientos oníricos traídos a la luz constituyen el material completo cuando en verdad todavía pueden descubrirse otros, ocultos tras el sueño, si se prosigue el trabajo de interpretación. Ya hubimos de mencionar [págs. 231-2] que en rigor nunca se está seguro de haber interpretado un sueño exhaustivamente;[1] aun cuando parece que la resolución es satisfactoria y sin lagunas, sigue abierta la posibilidad de que a través de ese mismo sueño se haya insinuado otro sentido. Por tanto, estrictamente hablando, la *cuota de condensación* es indeterminable.

Así, la desproporción entre contenido y pensamientos oníricos lleva a inferir que en la formación del sueño se efectuó una amplia condensación del material psíquico. Contra este aserto puede levantarse una objeción que a primera vista parece muy seductora. Es que hartas veces tenemos la sensación de que estuvimos soñando mucho toda la noche, pero olvidamos después la mayor parte. El sueño que recordamos al despertar no sería entonces sino un resto del trabajo onírico total, que sin duda coincidiría con la extensión de los pensamientos oníricos si pudiéramos recordarlo completo. Algo de cierto hay en esto: no es engañosa la observación de que reproducimos un sueño con la máxima fidelidad cuando intentamos recordarlo enseguida de despertar, mientras que después, cuando avanza la tarde, su recuerdo se hace cada vez más lagunoso. Pero, por otra parte, puede averiguarse que la sensación de haber soñado mucho más que no podemos reproducir descansa a menudo en una ilusión cuya génesis habremos de elucidar más ade-

---

[1] [Este tema se trata por extenso en «Algunas notas adicionales a la interpretación de los sueños en su conjunto» (Freud, 1925*i*), *AE*, **19**, págs. 129-32.]

lante.[2] Por lo demás, el supuesto de que en el trabajo del sueño se operó una condensación no es refutado por la posibilidad del olvido; en efecto, lo demuestran las masas de representaciones relativas a cada uno de los fragmentos oníricos conservados. Y si de hecho un gran fragmento del sueño se perdió para el recuerdo, más bien ello nos bloquea el acceso a una nueva serie de pensamientos oníricos. Es que nada justifica la conjetura de que los fragmentos oníricos naufragados se referirían también a aquellos pensamientos que ya conocemos por el análisis de lo que se conservó.[3]

En vista del nutrido tropel de ocurrencias que el análisis aporta a cada elemento del contenido del sueño, más de un lector planteará una duda de principio: ¿Hay derecho a imputar a los pensamientos del sueño todo cuanto al soñante se le ocurre con posterioridad en el análisis? ¿Estamos autorizados a suponer que todos esos pensamientos estuvieron activos mientras se dormía y cooperaron en la formación del sueño? ¿O más bien en el proceso del análisis se engendraron nuevas conexiones de pensamiento que no habían participado en la formación del sueño? Sólo con reservas puedo adherir a esta duda. Es evidentemente cierto que algunas conexiones de pensamiento se engendran sólo durante el análisis; pero es posible en cada caso convencerse de que tales conexiones nuevas se establecen únicamente entre pensamientos que ya estaban ligados de otro modo en los pensamientos oníricos;[4] las nuevas conexiones son, por así decir, contactos laterales o cortocircuitos, posibilitados por la existencia de vías de conexión diferentes y que corren a mayor profundidad. Respecto de la inmensa mayoría de las masas de pensamiento descubiertas por el análisis debe admitirse que ya estuvieron activas en la formación del sueño; en efecto, cuando se reelabora una cadena de esos pensamientos que parecen situarse fuera de la trama de la formación del sueño, se tropieza de pronto con un pensamiento que tiene su subrogado en el contenido del sueño, es indispensable para la interpretación de este e inalcanzable por otra vía que aquella cadena de pensamientos. Considérese a tal fin el sueño de la monografía botánica [págs. 186 y

---

[2] [Cf. 5, págs. 486 y 512.]

[3] [*Nota agregada* en 1914:] Referencias a la condensación en el sueño se encuentran en numerosos autores. Du Prel (1885, pág. 85) manifiesta en un pasaje que está absolutamente seguro de que se ha producido un proceso de condensación de la serie de representaciones.

[4] [Esta cuestión se menciona nuevamente *infra*, págs. 316-7, y se trata con extensión mucho mayor más adelante (5, págs. 520-1; cf. esp. pág. 526).]

sigs.], que aparece como el resultado de una asombrosa operación de condensación, por más que yo no comuniqué su análisis completo.

Ahora bien, ¿cómo debemos concebir el estado de la psique durante el dormir, que es precedente respecto del soñar? ¿Coexisten yuxtapuestos todos los pensamientos oníricos, o discurren sucesivamente, o varias ilaciones coetáneas de pensamiento se forman desde diversos centros para reunirse después? Opino que no tenemos necesidad alguna de crearnos una representación plástica * del estado de la psique durante la formación de los sueños. Basta con no olvidar que se trata de un pensar *inconciente* y que probablemente el proceso es diverso del que percibimos dentro de nosotros en la reflexión intencionada, acompañada de conciencia.

En todo caso, el hecho de que la formación del sueño se basa en una condensación se mantiene inconmovible. Pero, ¿cómo se produce esa condensación?

Si se considera que, de los pensamientos oníricos hallados, sólo los menos están subrogados en el sueño por uno de sus elementos de representación, se debe inferir que la condensación adviene por vía de la *omisión*, pues el sueño no sería una traducción fiel ni una proyección punto por punto de aquellos pensamientos, sino un reflejo en extremo incompleto y lagunoso. Pronto descubriremos que esta intelección es harto deficiente; pero apoyándonos en ella para empezar, preguntémonos: Si sólo unos pocos elementos de los pensamientos oníricos alcanzan el contenido del sueño, ¿qué condiciones comandan la elección?

Para obtener esclarecimiento sobre esto, dirijamos nuestra atención a los elementos del contenido del sueño, puesto que, sin duda, tienen que haber satisfecho las condiciones buscadas. Un sueño a cuya formación haya contribuido una condensación particularmente intensa será el material más propicio para esta indagación. Escojo el comunicado en las págs. 186 y sigs.

---

* {Vale decir, Freud juzga innecesario crear un «modelo» (como hoy se diría) para el estado de la psique durante el dormir, del tipo del que expone en el capítulo VII (*infra*, **5**, págs. 529 y sigs.) para el aparato psíquico.}

I. Sueño de la monografía botánica

CONTENIDO DEL SUEÑO: *Tengo escrita una monografía sobre una variedad (indeterminada) de planta. El libro yace frente a mí, y estoy hojeando una lámina en colores doblada. Acompaña al ejemplar un espécimen desecado de la planta.*

El elemento más llamativo de este sueño es la *monografía botánica*. Se engendró de las impresiones del día del sueño; en el escaparate de una librería había visto yo de hecho una *monografía sobre el género «ciclamen»*. La mención de este género falta en el contenido del sueño, en que sólo han quedado la monografía y su relación con la botánica. La «monografía botánica» muestra enseguida su relación con el *trabajo sobre la cocaína* que yo escribí antes; desde la cocaína, la conexión de pensamientos se dirige por una parte al volumen conmemorativo y a ciertos hechos ocurridos en un laboratorio de la universidad, y por la otra a mi amigo, el médico oculista doctor Königstein, que participó en la aplicación de la cocaína. A la persona del doctor K. se anudan, además, el recuerdo de la charla interrumpida que la tarde anterior había mantenido yo con él, y los variados pensamientos acerca de la retribución de los servicios médicos entre colegas. Ahora bien, esa charla es el genuino excitador actual del sueño; la monografía sobre el ciclamen es también una actualidad psíquica {*Aktualität*}, pero de naturaleza indiferente; veo que la «monografía botánica» del sueño resulta ser algo *común intermediario* entre las dos vivencias diurnas, tomado sin cambios de la impresión indiferente y enlazado por las más ricas conexiones asociativas con la vivencia psíquicamente significativa.

Pero no sólo la representación compuesta «monografía botánica»; también cada uno de sus elementos («botánica» y «monografía») por separado penetra por múltiples conexiones a profundidad cada vez mayor en la madeja de los pensamientos oníricos. A «botánica» corresponden las reminiscencias de la persona del profesor *Gärtner* {jardinero}, de su *floreciente* mujer, de mi paciente llamada *Flora* y de la dama [la señora L.] de quien yo conté la historia de las *flores* olvidadas. Gärtner me lleva de nuevo al laboratorio y a la conversación con Königstein; a esta misma pertenece la mención de las dos pacientes [Flora y la señora L.]. Desde la mujer de las flores se bifurca una vía de pensamientos hasta las *flores predilectas* de mi mujer, cuya otra rama llega hasta el título de la monografía que vi de pasada el día anterior. Además, «*botánica*» evoca un episodio de la escuela media y un examen de mi época universitaria, y un nuevo tema tocado en aquella conversación, el de mis *afi-ciones*, se enlaza, por mediación de la que en broma llamo mi *flor predilecta*, el alcaucil, con la cadena de pensamientos que arranca de las flores olvidadas; tras «alcaucil» se oculta la reminiscencia de Italia,[5] por un lado, y de una escena infantil con la que inauguré mis relaciones con los libros, que desde esa época se hicieron íntimas, por el otro. «*Botánica*» es, entonces, un verdadero punto nodal en que convergen para el sueño numerosas ilaciones de pensamiento que, según puedo asegurarlo, con pleno derecho se entramaron con aquella conversación. Nos encontramos aquí en medio de una fábrica de pensamientos en la cual, como en la obra maestra del tejedor,

> «...un golpe del pie mil hilos mueve,
> mientras vienen y van las lanzaderas
> y mil hilos discurren invisibles
> y a un solo golpe se entrelazan miles».[6]

«*Monografía*» en el sueño roza a su vez dos temas, la unilateralidad de mis estudios y lo costoso de mis aficiones. De esta primera búsqueda obtenemos la impresión de que los elementos «botánica» y «monografía» han sido recogidos en el contenido del sueño porque pueden exhibir los contactos más ricos con la mayoría de los pensamientos oníricos, y por tanto figuran *puntos nodales* donde se reúnen muchísimos de los pensamientos oníricos; han sido recogidos, entonces, porque son *multívocos* con referencia a la interpretación del sueño. El hecho que está en la base de esta explicación puede expresarse también de otra manera, diciendo: Cada uno de los elementos del contenido del sueño aparece como *sobredeterminado*, como siendo el subrogado de múltiples pensamientos oníricos.

Llegamos a averiguar más cosas examinando los restantes ingredientes del sueño en cuanto a su presentación en los pensamientos oníricos. La *lámina en colores* que yo despliego desemboca (cf. el análisis, págs. 188-9) en un nuevo tema, la crítica de mis colegas a mis trabajos, y en algo que ya tiene subrogado en el sueño: mis aficiones; además, en la reminiscencia infantil en que yo deshojaba un libro con láminas en colores; y el *ejemplar desecado de la planta* alude a la vivencia del herbario, de mis tiempos de estudiante secundario, y da particular realce a ese recuerdo. Discierno en-

---

5 [Esta parece ser una referencia a un elemento de los pensamientos oníricos no mencionado previamente.]
6 [Goethe, *Fausto*, parte I, escena 4.]

tonces la índole de la relación entre contenido y pensamientos oníricos: no sólo los elementos del sueño están determinados de manera *múltiple* por los pensamientos oníricos, sino que los pensamientos oníricos singulares están también subrogados en el sueño por varios elementos. De un elemento del sueño, la vía asociativa lleva a varios pensamientos oníricos, y de un pensamiento onírico, a varios elementos del sueño. La formación del sueño no se cumple entonces como si cada pensamiento onírico singular o cada grupo de ellos brindara una abreviación para el contenido del sueño, y después el pensamiento que sigue ofreciera otra abreviación en calidad de subrogación, a semejanza de un electorado que designase un diputado por distrito, sino que toda la masa de pensamientos oníricos es sometida a una cierta elaboración después de la cual los elementos que tienen más y mejores apoyos son seleccionados para ingresar en el contenido onírico; valga como analogía la elección por listas. Cualquiera que sea el sueño que yo someta a una desarticulación parecida, siempre encuentro corroborados idénticos principios, a saber: los elementos oníricos se configuran desde la masa total de pensamientos oníricos, y cada uno de ellos aparece determinado de manera múltiple por referencia a los pensamientos oníricos.

No será ocioso, por cierto, que ilustremos esta relación entre contenido y pensamientos oníricos con un nuevo ejemplo, que descuella por su entramado particularmente habilidoso de las relaciones recíprocas. El sueño procede de un paciente a quien trato por una claustrofobia. Enseguida se advertirá la razón que me lleva a dar a esta operación onírica excepcionalmente ingeniosa el siguiente título:

II. «*Un bello sueño*»

En compañía de mucha gente, él viaja por la calle X, en la que se encuentra una modesta posada (lo cual no es cierto). *En sus habitaciones se representa teatro; él es por momentos público, por momentos actor. Al final dicen que hay que mudar de ropa para volver a la ciudad. A una parte del personal se le asignan las habitaciones de la planta baja y a la otra las habitaciones del primer piso. Después se enciende una disputa. Los de arriba protestan porque los de abajo todavía no están listos, por lo cual no pueden bajar. Su hermano está arriba y él abajo, y él se fastidia con su hermano por tales presiones.* (Esta parte no es clara.) *Ya desde que llegaron, por lo demás, eso estaba determinado y se habían dividido los que debían estar arriba y los que debían estar abajo. Después él marcha solo, cuesta arriba, por la pendiente que la calle X hace allí yendo a la ciudad, y avanza con tanta dificultad, con tanto trabajo, que no se mueve del sitio. Un señor mayor se le reúne y echa pestes contra el rey de Italia. Al final de la cuesta marcha él más aliviado.*

La fatiga del ascenso era tan nítida que después de cobrar el sentido dudó un rato si era sueño o era realidad.

Por su contenido manifiesto, difícilmente sería elogiable este sueño. Contrariando la regla, empezaré la interpretación por el fragmento que el soñante caracterizó como el más nítido.

La fatiga soñada y probablemente sentida mientras soñaba, la disnea de la subida trabajosa, es uno de los síntomas que el paciente mostró de hecho años atrás; y en ese tiempo, en asociación con otros fenómenos, fue atribuida a una tuberculosis (con probabilidad, simulada por la histeria). Los sueños de exhibición [págs. 253 y sigs.] nos han familiarizado ya con esa sensación de movimiento inhibido característica del sueño, y aquí encontramos de nuevo que, en su calidad de material disponible en todo momento, se la aplica a los fines de otra figuración cualquiera. [Cf. págs. 340 y sigs.] El fragmento del contenido onírico en que se describe que el ascenso era fatigoso al comienzo, y al final de la cuesta se hizo aliviado, me trae a la memoria, cuando me es contado el sueño, la conocida y magistral introducción de *Safo*, de Alphonse Daudet. Allí un joven carga a su querida escaleras arriba, y al comienzo es como si llevase una pluma; pero a medida que monta, tanto más le pesa en los brazos. La escena es parábola de la trayectoria de la relación amorosa, y pintándola quiere Daudet advertir a los jóvenes que no se enreden con muchachas de ínfima cuna y dudoso pasado, desperdiciando una inclinación más seria.[7] Aunque yo sabía que poco antes mi paciente había mantenido y había roto una relación amorosa con una mujer de teatro, en modo alguno esperaba que mi ocurrencia interpretativa resultase confirmada. Además, en *Safo* sucedía *lo inverso* que en el sueño; en este, el ascenso era al comienzo pesado y después liviano; en la novela el simbolismo sólo era

[7] [*Nota agregada* en 1911:] Para apreciar esta figuración de Daudet, considérese lo que he comunicado, en la sección referida al simbolismo, acerca del significado de los sueños en que se sube escaleras [*infra*, **5**, pág. 360, *n.* 12].

pertinente si lo que al principio se lleva con facilidad resulta a la postre una pesada carga. Para mi asombro, el paciente observó que esa interpretación armonizaba muy bien con el contenido de la pieza que la tarde anterior había visto en el teatro. Era su título *Alrededor de Viena* y trataba de la peripecia de vida de una muchacha honesta primero, entregada después a un ambiente dudoso, que anudó relaciones con personas de alta posición, con lo cual «*trepó a las alturas*» pero en definitiva cada vez «*cayó más bajo*». La pieza le había traído a la memoria otra, representada años atrás, que llevaba el título *De escalón en escalón* y en los carteles que la anunciaban se veía una *escalera* con varios peldaños.

Prosigamos la interpretación. En la calle X había vivido la actriz con la cual mi paciente mantuvo su última y muy rica vinculación amorosa. Posada en esa calle no la hay. Sólo que cierta vez que él pasó en Viena buena parte del verano por amor de su dama, se hospedó {*abgestiegen*, también «descendió»} en un pequeño hotel de las cercanías. Al dejarlo, dijo al cochero: «Estoy contento, al menos no me picaron las sabandijas» (por lo demás, una de sus fobias). Y la respuesta del cochero: «¿Cómo pudo hospedarse allí? En verdad no es un hotel, es sólo una *posada*».

Con la posada se anuda inmediatamente el recuerdo de una cita:

«En una paradisíaca posada
era yo, de joven, el huésped».[8]

El posadero de esta poesía de Uhland es, no obstante, un *manzano*. Y una segunda cita prosigue la cadena de pensamientos:

«*Fausto (bailando con la joven):*
Tuve una vez un *bello sueño*:
vi un *manzano*, y en él
dos bellas manzanas relucían;
me excitaron y *monté ahí.*

La bella:
Mucho apetecéis las manzanitas
desde los tiempos del Paraíso,
y me mueve a regocijo
pues yo las tengo en mi jardín».[9]

[8] [Uhland, *Wanderlieder*, 8, «Einkehr».]
[9] [Goethe, *Fausto*, parte I, escena 21, «Noche de Walpurgis».]

294

No puede caber la menor duda sobre lo aludido con «manzano» y «manzanitas». Un hermoso busto era también el principal de los atractivos con que la actriz había cautivado a mi soñante.

Por la concatenación del análisis, teníamos pleno fundamento para suponer que el sueño se remontaba a una impresión de la infancia. De ser esto así, debía referirse a la nodriza de este hombre, próximo a cumplir los treinta años. Para el niño, el pecho de la nodriza es, de hecho, la posada. Y tanto la nodriza cuanto la Safo de Daudet aparecen como alusión a la querida que él abandonó poco antes.

En el contenido onírico aparece también el hermano (mayor) del paciente; el hermano está *arriba*, y él *abajo*. He aquí otra *inversión* de la situación real, pues, según yo sé, el hermano ha perdido su posición social y mi paciente la ha conservado. Al reproducir el contenido onírico, el paciente evitó decir que su hermano estaba arriba y él «*par terre*».* Habría sido una manifestación demasiado clara, pues entre nosotros se dice de una persona que está «*par terre*» cuando ha perdido su posición y su fortuna, asimilación parecida al usual «*caer bajo*». Ahora bien, ha de tener un sentido el que en este lugar del sueño algo se figure *invertido*. La inversión debe valer también para otra relación existente entre los pensamientos oníricos y el contenido del sueño [cf. págs. 331-2]. Y poseemos el indicio de cómo ha de emprenderse esa inversión. Sin duda se encuentra al final del sueño, donde con el ascenso ocurre de nuevo lo *inverso* que en *Safo*. Es que resulta fácil averiguar la inversión aludida: En *Safo* el hombre carga a la mujer que mantiene con él relaciones sexuales; por tanto, en los pensamientos oníricos se trata, *a la inversa*, de una mujer que carga al hombre, y como este caso sólo puede ocurrir en la infancia, se relaciona de nuevo con la nodriza que carga al lactante. La conclusión del sueño acierta entonces a figurar a Safo y a la nodriza con la misma alusión.

Así como en la elección del nombre de Safo por el poeta no está ausente la referencia a un hábito lesbiano, los fragmentos del sueño en que las personas hacen su faena *arriba* y *abajo* apuntan a fantasías de contenido sexual que atarean al soñante y que, como apetencias sofocadas, no carecen de vínculos con su neurosis. Que lo figurado en el sueño son fantasías y no recuerdos de sucesos reales, eso no lo muestra por sí la interpretación del sueño; esta sólo nos brinda

---

* {En francés, «*par terre*»: «por tierra»; en alemán, «*Parterre*»: «planta baja».}

un contenido de pensamiento y deja a nuestro cuidado establecer su valor de realidad. Hechos reales y hechos fantaseados aparecen aquí —y no sólo aquí, también en la creación de formaciones psíquicas más importantes que los sueños— al comienzo como de igual valor.[10]

La numerosa compañía, como ya sabemos [cf. pág. 256] significa «secreto». El hermano no es otra cosa que el subrogado, inscrito en la escena infantil por un «fantaseo retrospectivo»,[11] de todos los venideros rivales con las mujeres. El episodio del señor que echa pestes contra el rey de Italia se refiere también, por mediación de una vivencia reciente en sí misma indiferente, al ingreso de personas de baja cuna en la alta sociedad. Es como si la advertencia que Daudet dirige a los jóvenes fuese paralelizada por otra del mismo tenor, válida para el niño de pecho.[12]

A fin de ofrecer otro ejemplo para el estudio de la condensación en la formación de los sueños, comunico el análisis parcial de otro sueño, que debo a una señora mayor en tratamiento psicoanalítico. En consonancia con los graves estados de angustia de que padece la enferma, sus sueños contienen abundantísimo material de pensamientos de naturaleza sexual; cuando tomó conocimiento de esto, su espanto no fue menor que su sorpresa. Puesto que no pudo llevar hasta el final la interpretación del sueño, el material onírico aparece dividido en varios grupos sin trabazón visible.

III. «*El sueño de los abejorros*»

CONTENIDO DEL SUEÑO: *Se acuerda de que tiene en una cajita dos abejorros a los que debe dejar en libertad, pues de lo contrario se asfixiarán. Abre la cajita, los abejorros*

[10] [Es probable que Freud se refiera aquí a su reciente descubrimiento de que los traumas sexuales infantiles aparentemente revelados en sus análisis de pacientes neuróticos eran en realidad, con mucha frecuencia, fantasías. Cf. «Mis tesis sobre el papel de la sexualidad en la etiología de las neurosis» (Freud, 1906*a*).]

[11] [Freud se había ocupado ya de este tipo de fantaseos en «Sobre los recuerdos encubridores» (1899*a*), *AE*, **3**, pág. 315.]

[12] La naturaleza fantástica {*phantastisch*} de la situación relativa a la nodriza del soñante fue probada por el hecho, verificado objetivamente, de que en este caso la nodriza era la madre. Por lo demás, recuerdo la anécdota, mencionada en la pág. 218, del joven que lamentaba no haber aprovechado mejor la situación en que estaba con su nodriza; sin duda, es la fuente de este sueño.

están totalmente agotados; uno se vuela por la ventana
abierta pero el otro es aplastado por una hoja de la venta-
na en el momento en que ella la cierra, como alguien le de-
mandó hacerlo (manifestaciones de asco).

ANÁLISIS: Su marido está de viaje, y su hija de catorce
años duerme junto a ella en la misma cama. La pequeña le
hizo notar al anochecer que una polilla había caído en su
vaso de agua; pero desiste de rescatarla, y a la mañana la-
menta la suerte del pobre animalito. En su lectura de esa
noche se contaba de unos chicos que arrojaron un gato en
agua hirviente, y se describían las contorsiones del animal.
Estas son las dos ocasiones del sueño, en sí indiferentes. El
tema de la *crueldad hacia los animales* la ocupa más. Hace
unos años, su hija, en una residencia de verano que tuvieron
en cierta comarca, se mostró muy cruel con los bichos. Reunió una colección de mariposas y le pidió *arsénico* para ma-
tarlas. Una vez se dio el caso de una mariposa nocturna que
revoloteó todavía largo rato por la habitación, el cuerpo
atravesado por un alfiler; otra vez, unos gusanillos que había guardado para ver su metamorfosis se le murieron de
hambre. Esta misma niña, en edad todavía más tierna, arrancaba las alas a *abejorros* y mariposas; hoy le espantarían
esas acciones crueles, tanto se ha vuelto de buen corazón.

Esta contradicción le da que hacer. Recuerda otra contradicción, la que hay entre *aspecto* e interioridad, tal como se
la figura en *Adam Bede*, de [George] Eliot. Una muchacha
hermosa, pero fatua y enteramente estúpida, y junto a ella
una muchacha horrible, pero noble. El *aristócrata* que se-
duce mozuelas; el obrero de sentimientos nobles, y que
así se comporta. Nada de eso se ve en el aspecto de la gente. ¿Quién podría ver *en ella* que la atormentan deseos sensuales?

El mismo año que la pequeña reunió su colección de mariposas, se abatió sobre aquella comarca una plaga de abejorros. Los niños se enfurecían con los insectos y los *aplas-
taban* cruelmente. Vio esa vez a un hombre que arrancaba
las alas a los abejorros y después les comía el cuerpo. Ella
misma nació en *mayo*, y también en *mayo* se casó.* Tres
días después de la boda escribió a casa de sus padres una
carta donde les decía cuán feliz era. Pero en modo alguno
era feliz.

La tarde anterior al sueño había estado revolviendo cartas viejas y leyó a los suyos algunas, serias unas y cómicas

---

* {«*Maikäfer*» («abejorro») significa literalmente «coleóptero de
mayo».}

otras; así, una extremadamente ridícula de un profesor de piano que le hizo la corte de muchacha, y también la de un pretendiente *aristocrático*.[13]

Se reprocha que haya caído en manos de una de sus hijas un libro «malo» de Maupassant.[14] El *arsénico* que su hija le demandaba le trae a la memoria las *píldoras de arsénico* que en *Le Nabab* [de Daudet] devuelven el vigor juvenil al duque de Mora.

En cuanto a «dejar en libertad», se le ocurre este pasaje de *La flauta mágica*:

«No puedo obligarte a que me ames,
pero está en mi mano *negarte la libertad*».[15]

Sobre los «abejorros», lo que dice Käthchen:

«Estás enamorado de mí como un *abejorro*».[16]

Y en medio de esto, *Tannhäuser*:

«Porque tú, animado de un *maligno placer*...».[17]

Vive en angustia y cuidado por su marido ausente. El temor de que le suceda en el viaje alguna *desgracia* se exterioriza en innumerables fantasías diurnas. Poco antes había descubierto en sus pensamientos inconcientes, durante el análisis, una queja por la «senilidad» de su marido. El pensamiento-deseo que este sueño encubre se discernirá quizá mejor si cuento que varios días antes del sueño se espantó de pronto, mientras hacía sus tareas, al oírse dirigir este imperativo a su marido: «¡Ahórcate!». Era que horas antes había leído en alguna parte que a los ahorcados les sobrevenía una poderosa erección. Y fue el deseo de esta erección lo que retornó de lo reprimido con esta vestidura que movía a espanto. «¡Ahórcate!» significa tanto como

[13] Este había sido el verdadero excitador del sueño.
[14] En este punto se requiere una interpolación: Lecturas como esta son *veneno* para una joven. Ella misma en su juventud frecuentó mucho los libros prohibidos.
[15] [Sarastro a Pamina, en el *Finale* del primer acto.]
[16] [Heinrich von Kleist, *Käthchen von Heilbronn*, acto IV, escena 2.] — Otro hilo de pensamiento llevó a *Penthesilea*, del mismo poeta, y a la idea de la *crueldad* hacia un amante.
[17] [Se trata presumiblemente de un recuerdo de la frase inicial de la condena del papa, comunicada por Tannhäuser en la última escena de la ópera. Las palabras textuales son: «Puesto que has compartido tan maligno placer...».]

«¡Procúrate una erección a cualquier precio!». Las píldoras de arsénico del doctor Jenkins en *Le Nabab* armonizan con esto; pero la paciente también sabe que el afrodisíaco más poderoso, la *cantaridina*, se prepara *aplastando* unos *abejorros* (las llamadas «moscas de España»). Este es el sentido al que apunta el elemento principal del contenido onírico.

El abrir o cerrar la *ventana* es motivo de permanente querella con su marido. Ella es, para dormir, aerófila, y él aerófobo. El *agotamiento* es el principal síntoma de que se había quejado por esos días.

En los tres sueños que acabo de comunicar he destacado, con las bastardillas, los lugares en que un elemento del sueño reaparece en los pensamientos oníricos, a fin de hacer patente la múltiple pertenencia del primero. Pero como en ninguno de estos sueños el análisis se lleva hasta el final, bien vale la pena que nos volvamos hacia un sueño cuyo análisis hayamos comunicado con detalle, a fin de mostrar en él la sobredeterminación del contenido del sueño. Escojo para ello el sueño de la inyección de Irma [págs. 127 y sigs.]. En este ejemplo advertiremos sin dificultad que en la formación de los sueños el trabajo de condensación no se sirve de un medio único sino de varios.

La persona principal del contenido onírico fue mi paciente Irma, a quien vi con todos los rasgos que le pertenecen en la vida real; por tanto, en primer término se figura a ella misma. Pero la situación en que yo la examino junto a la ventana está tomada de la reminiscencia de otra persona, aquella dama por quien querría permutar a mi paciente, según muestran los pensamientos oníricos. En la medida en que Irma presenta una placa difterítica, que me lleva a recordar el cuidado que me inspiró mi hija mayor, ella figura también a esta hija mía, tras la cual, enlazada por la identidad del nombre, se oculta la persona de una paciente que murió por intoxicación. En el discurrir del sueño va cambiando el significado de la personalidad de Irma (pero sin que se modifique la imagen suya que veo en el sueño): se convierte en uno de los niños que examinamos en el consultorio externo del instituto pediátrico, y que fue motivo para que mis amigos mostraran la diversidad de sus disposiciones espirituales. Esa transición, es evidente, se vio facilitada por la representación de mi hijita. Debido a su renuencia en abrir la boca, esta misma Irma pasa a aludir a otra señora que yo examiné una vez, y además, en el mismo contexto, a mi propia mujer. Y en las alteraciones patológicas que descubro en su garganta también he reunido alusiones a una serie de otras personas.

Todas estas personas a que llego pesquisando a «Irma» no aparecen en el sueño en su figura propia; se ocultan tras la persona onírica «Irma», que así es constituida como una imagen de acumulación {*Sammelbild*}, dotada por cierto de rasgos contradictorios. Irma deviene la subrogada de estas otras personas sacrificadas en el trabajo de condensación, en la medida en que hago que ocurra en ella todo lo que, rasgo por rasgo, me recuerda a esas personas.

Hay otro modo por el que puedo crearme una *persona de acumulación* a los fines de la condensación onírica: reuniendo rasgos actuales de dos o más personas en una imagen onírica. De tal suerte se engendró el doctor M. de mi sueño: lleva el nombre del doctor M., habla y actúa como él; sus características corporales y su dolencia son las de otra persona, mi hermano mayor; un rasgo singular, la palidez del rostro, está determinado doblemente, puesto que en la realidad es común a ambas personas.

Una persona mixta {*Mischperson*} similar a la mencionada es la del doctor R. del sueño sobre mi tío [págs. 155 y sigs.]. Pero aquí la imagen onírica se preparó de otro modo. No reuní rasgos pertenecientes a uno con los del otro, suprimiendo para ello ciertos rasgos de la imagen mnémica de ambos; adopté el procedimiento mediante el cual Galton producía sus retratos de familia, a saber, proyectando las dos imágenes una sobre la otra; de ese modo los rasgos comunes cobran realce, y los discordantes se borran y se vuelven desdibujados en la imagen. En el sueño sobre mi tío se realza la *barba dorada* como rasgo destacado de un rostro que pertenece a dos personas y es por tanto borroso. Además, ese rasgo contiene una alusión a mi padre y a mí mismo, por intermedio del encanecimiento.

La creación de personas de acumulación y de personas mixtas es uno de los principales recursos con que trabaja la condensación onírica. Pronto se nos ofrecerá la ocasión de tratarlo en otro contexto. [Cf. pág. 326.]

La ocurrencia de la «disentería» en el sueño de la inyección también está determinada de manera múltiple, de un lado por la homofonía con «difteria» [cf. pág. 135], y del otro por la relación con el enfermo que envié al Oriente y cuya histeria despistó al médico.

Un caso interesante de condensación resulta también la mención de «*propileno*» en ese mismo sueño [págs. 136-7] Los pensamientos oníricos no contenían «*propileno*», sino «*àmilo*». Podría creerse que aquí se ha producido un simple desplazamiento en la formación del sueño. Y así es, sólo que ese desplazamiento sirve a los fines de la condensación, como lo muestra la siguiente anotación mía sobre el análisis del sueño: si mi atención se demorase otro poco sobre la palabra *«propileno»*, se me pasaría por la cabeza la homofonía con la palabra *«propileo»*. Ahora bien, los *propileos* no se encuentran sólo en Atenas, sino también en Munich.[18] En esta ciudad examiné, un año antes del sueño, a un amigo entonces gravemente enfermo, cuya mención en el sueño es inequívoca por la *trimetilamina* que sigue al *propileno.*

Paso por alto la llamativa circunstancia de que aquí, como en otros análisis de sueños, se aprovechan para la conexión de pensamientos asociaciones de la valencia más dispar como si tuvieran igual valor, y cedo a la tentación de representarme de una manera por así decir plástica el proceso de la sustitución del *amilo* en los pensamientos oníricos por el *propilo* en el contenido onírico.

Por un lado tenemos el grupo de representaciones en torno de mi amigo Otto, quien no me entiende, no me da la razón y me obsequia un licor que hiede a amilo; por el otro, y ligado por oposición, el de mi amigo de Berlín [Wilhelm Fliess], quien me entiende, me daría la razón y a quien debo tantas comunicaciones valiosas, también sobre la química de los procesos sexuales.

Lo que del grupo Otto ha de excitar particularmente mi atención viene comandado por las ocasiones recientes, excitadoras del sueño; el *amilo* pertenece a estos elementos destacados, predestinados al contenido onírico. El rico grupo de representaciones «Wilhelm» es animado directamente por oposición a Otto, y dentro de él se convoca a los elementos consonantes con los ya suscitados en Otto. En todo este sueño recurro, en contra de una persona que se ha atraído mi mala voluntad, a otra que yo puedo oponerle según mi deseo; invoco rasgo por rasgo al amigo contra el opositor. Así, el amilo relativo a Otto despierta en el otro grupo reminiscencias que también pertenecen al círculo de la química; la trimetilamina, que recibe apoyo de muchas partes, llega al contenido onírico. También «amilo» podría alcanzar sin cambio alguno el contenido onírico, pero sufre la influencia del grupo «Wilhelm», puesto que de todo el conjunto de reminiscencias que este nombre evoca se escoge un elemento que puede proporcionar una determinación doble para amilo. En la proximidad de amilo se encuentra, proclive a la

[18] [Alude a un pórtico ceremonial construido según el modelo del ateniense.]

asociación, «propileno»; y del círculo de «Wilhelm» le conviene Munich con los propileos. En propilo-propileos se encuentran los dos círculos de representaciones. Entonces, este elemento intermediario es el que llega al contenido del sueño como por un compromiso. Así se ha creado algo común intermediario que admite determinación múltiple. En ello tenemos la prueba palmaria de que la determinación {determinismo} múltiple tiene que facilitar el acceso [de un elemento] al contenido del sueño. Y a los fines de esa formación intermediaria se cumplió subrepticiamente un desplazamiento de la atención desde lo mentado propiamente hasta algo que le es próximo en la asociación.

El estudio del sueño de la inyección ya nos permite obtener cierto panorama sobre los procesos de la condensación durante la formación de los sueños. Como particularidades del trabajo de condensación pudimos reconocer la elección de elementos que están presentes de manera múltiple en los pensamientos oníricos, la formación de nuevas unidades (personas de acumulación, productos mixtos) y la producción de elementos comunes intermediarios. ¿Para qué sirve la condensación y por qué razón se la procura? He ahí preguntas que sólo podremos hacernos cuando nos propongamos aprehender en su trabazón los procesos psíquicos que operan en la formación de los sueños.[19] Por ahora démonos por satisfechos comprobando que la condensación onírica es una notable relación entre pensamientos oníricos y contenido del sueño.

El trabajo de condensación del sueño se muestra con la máxima evidencia cuando ha escogido como objetos palabras y nombres. Las palabras son manejadas por el sueño con la misma frecuencia que las cosas, y experimentan idénticas urdimbres que las representaciones-cosa del mundo.[20] Cómicas y raras creaciones léxicas son el resultado de tales sueños.[21]

[19] [Cf. infra, pág. 335, y 5, capítulo VII, sección E, esp. págs. 584 y sigs.]

[20] [La relación entre las representaciones-palabra y las representaciones-cosa fue tratada por Freud mucho más tarde, en su artículo sobre «Lo inconciente» (1915e), AE, 14, págs. 197-8.]

[21] [Freud informa sobre un sueño que incluía una cantidad de caprichos verbales en su Psicopatología de la vida cotidiana (1901b), AE, 6, págs. 68-9. — Como se verá, la mayoría de los ejemplos que siguen son intraducibles. Cf. mi «Introducción», supra, pág. 15.]

I

Cierta vez un colega me envió un ensayo del que era autor, en que a mi juicio concedía importancia excesiva a un descubrimiento fisiológico reciente y, sobre todo, trataba el asunto con expresiones hiperbólicas; la noche siguiente soñé con una frase que sin duda se refería a ese tratado: «*Es un estilo verdaderamente "norekdal"*». La resolución de ese producto léxico me resultó trabajosa al comienzo; era indudable que se había creado parodiando superlativos como «colosal, piramidal»; pero no era fácil señalar su origen. Por fin el engendro se me separó en los dos nombres de *Nora* y *Ekdal*, tomados de dos conocidos dramas de Ibsen.[22] En un periódico había leído yo antes un ensayo sobre Ibsen, del mismo autor cuya última obra criticaba en el sueño.

II

Una de mis pacientes me comunica un breve sueño que acaba en una disparatada combinación léxica. Asiste con su marido a una fiesta campestre, y dice: «*Esto terminará en un "Maistollmütz" general*». Con relación a esto, el sueño trae la vaga idea de que sería un plato hecho con maíz, una suerte de polenta. El análisis separa la palabra en *Mais* {maíz} – *toll* {loco} – *mannstoll* {ninfómana} – *Olmütz* [ciudad de Moravia], fragmentos todos que se reconocen como restos de una conversación que mantuvo estando a la mesa con sus parientes. Tras *maíz* se ocultan, además de la alusión a la Exposición del Jubileo que acaba de inaugurarse,[23] las palabras: *Meissen* (una figura de porcelana de *Meissen* [Dresde], que representa un pájaro), *miss* (la institutriz inglesa de sus parientes había viajado a *Olmütz*), *mies* = asqueroso, malo, empleado con intención burlesca en la jerga judía; y una larga cadena de pensamientos y de anudamientos parte de cada una de las sílabas de esta palabra compuesta.

III

Un joven a cuya casa había llamado un conocido al anochecer para dejarle una tarjeta de visita, sueña esa noche:

22 [*Casa de muñecas* y *El pato silvestre*.]
23 [Para conmemorar el jubileo del emperador Francisco José, que se celebró en 1898.]

303

Un operario espera hasta el anochecer para arreglar el timbre. Después que se ha marchado, sigue sonando todavía, no de manera continua, sino a golpes intermitentes. El criado va a buscar de nuevo al hombre, y este dice: «Es asombroso que aun personas que, por lo demás, son "tutelrein" no sepan manejar estas cosas».

La ocasión indiferente del sueño no recubre, como vemos, más que uno de los elementos del sueño. Y ella cobró significado únicamente porque se enhebró con una vivencia temprana del soñante, vivencia que, en sí también indiferente, fue dotada por su fantasía de un significado {intencionalidad} vicario. De muchacho, viviendo en casa de su padre, medio dormido derramó cierta vez un vaso de agua por el piso, de tal suerte que el cable del timbre se mojó y su *sonar continuado* molestó a su padre que dormía. Puesto que el sonar continuado corresponde al mojarse, los «*golpes intermitentes*» se emplean para figurar el *gotear*. Ahora bien, la palabra «*tutelrein*» se separa en tres direcciones, y así apunta a tres de las materias subrogadas dentro de los pensamientos oníricos: «Tutela» = curatela; «*Tutel*» (quizá «*Tuttel*») es también un nombre vulgar del pecho femenino; y el elemento «*rein*» se une con las primeras sílabas de «*Zimmertelegraph*» {«timbre»} para formar «*zimmerrein*» {«limpieza de la habitación»}, que tiene mucho que ver con la mojadura del piso y además suena parecido al apellido de un miembro de la familia del soñante.[24]

[24] La misma descomposición y recomposición de las sílabas —una verdadera química de las sílabas— nos sirve en la vigilia para gran número de bromas: «¿Cuál es la manera más barata de obtener plata? Uno se dirige a una avenida donde hay álamos plateados {*Silberpappeln*} y pide silencio; entonces cesa el *Pappeln* {"parloteo", también "álamo"}, y queda libre la *Silber* {"plata"}». El primer lector y crítico de este libro me hizo la objeción, que probablemente repetirán los subsiguientes, de que «el soñante aparece a menudo demasiado chistoso». Esto es justo, siempre que se refiera sólo al soñante; y únicamente esconde un reproche si debe hacérselo extensivo al intérprete de sueños. En la realidad de vigilia, yo apenas merezco el atributo de «chistoso»; si mis sueños parecen tales, ello no se debe a mi persona, sino a las peculiares condiciones psicológicas bajo las cuales se forma el sueño, y está en íntima relación con la teoría de lo chistoso y de lo cómico. El sueño se vuelve chistoso porque tiene bloqueado el camino más directo e inmediato para la expresión de sus pensamientos: se ve forzado a ser chistoso. Los lectores pueden convencerse de que los sueños de mis pacientes provocan en igual grado que los míos, y aun más, la impresión de lo chistoso (bromista). — [*Agregado* en 1909:] De todos modos, este reproche me movió a comparar la técnica del chiste con el trabajo del sueño; los resultados se hallarán en mi libro *El chiste y su relación con lo inconciente* (1905c). [En particular, en el capítulo VI, hacia el final del cual Freud observa que los chistes oníricos son

IV

En un sueño mío largo y desordenado, cuyo núcleo es aparentemente un viaje en barco, sucede que la próxima estación se llama *Hearsing*, y la que le sigue, *Fliess*. Este último es el nombre de mi amigo de B. {Berlín}, quien muchas veces ha sido el objetivo de mis viajes. Ahora bien, *Hearsing* se ha combinado a partir de los topónimos de las estaciones próximas a Viena, que tan a menudo terminan en «*ing*»: Hietzing, Liesing, Mödling (Medelitz, *meae deliciae*, es su nombre antiguo, o sea, «*meine Freud*»), y a partir del inglés *Hearsay* = *Hörensagen* {saber algo de oídas}. Este último apunta a «calumnia» y establece la relación con el excitador —diurno— indiferente del sueño, una poesía aparecida en *Fliegende Blätter* sobre un enano calumniador, llamado «Sagter Hatergesagt» {el decidor de lo dicho por odio}. Adicionando la sílaba final «*ing*» al nombre de *Fliess* obtenemos «*Vlissingen*», que es de hecho la estación marítima en que mi hermano recala cuando viene a visitarnos desde Inglaterra. El nombre inglés de *Vlissingen* suena *Flushing*, que en lengua inglesa significa «sonrojo» y alude a una paciente con eritrofobia que yo traté, y también a una publicación reciente de Bechterew sobre esta neurosis y que me provocó sentimientos de desagrado.

V

Otra vez tuve un sueño compuesto de dos fragmentos separados. El primero es la palabra «*Autodidasker*», que recuerdo vívidamente, y el otro coincide fielmente con una fantasía breve e inocente, engendrada días antes; he aquí su contenido: La próxima vez que vea al profesor N., tengo que decirle: «El paciente sobre cuyo estado hace poco lo consulté a usted sufre en realidad de una neurosis, tal como usted supuso». Ahora bien, la neoformación «*Autodidasker*» no sólo tiene que cumplir el requisito de contener o subrogar un sentido comprimido, sino que ese sentido tiene que compaginar bien con mi designio, que el sueño repite de la vigilia, de dar aquella satisfacción al profesor N.

Ahora bien, «*Autodidasker*» se descompone con facilidad chistes malos, y explica por qué ello debe ser así. Lo mismo se señala en la 15ª de sus *Conferencias de introducción al psicoanálisis* (1916-17). — El «primer lector» al que alude al comienzo de la nota era Fliess, y Freud se ocupa del asunto en una carta del 11 de setiembre de 1899 (Freud, 1950*a*, Carta 118).]

en *autor*, *autodidacta* y *Lasker*, al que se asocia el nombre de *Lassalle*.[25] Las primeras de estas palabras llevan a la ocasión del sueño, significativa esta vez: Había yo obsequiado a mi mujer varios volúmenes de un conocido autor con quien mi hermano mantiene lazos de amistad y que, según me he enterado, es oriundo del mismo lugar que yo (J. J. David). Platicábamos con mi mujer una tarde sobre la profunda impresión que le había hecho la conmovedora y triste historia de un talento malogrado, que David cuenta en una de sus novelas, y nuestra conversación recayó sobre las señales de talento que percibíamos en nuestros propios hijos. Subyugada por su reciente lectura, ella exteriorizó una aprensión con respecto a los niños, y yo la consolé haciéndole notar que esos precisamente son los peligros que pueden evitarse mediante la educación. Esa noche proseguí la ilación de mis pensamientos, recogí la aprensión de mi mujer y con ello urdí algo enteramente diverso. Una observación que el escritor había hecho a mi hermano acerca del matrimonio indicó a mis pensamientos un camino lateral por el que podían figurarse en el sueño. Ese camino llevaba a Breslau, donde se había casado una dama que tiene gran amistad con nosotros. Y para la aprensión de perderse por culpa de una mujer, que constituía el núcleo de mis pensamientos oníricos, encontré en Breslau los ejemplos de Lasker y de Lassalle, que me permitieron figurar al mismo tiempo los dos modos en que esa influencia fatal puede ejercerse.[26] El «*cherchez la femme*» en que estos pensamientos pueden resumirse me lleva, en otro sentido, hasta mi hermano todavía soltero, de nombre Alexander. Ahora reparo en que *Alex*, que es como abreviamos su nombre, suena casi como un anagrama de *Lasker*, y este factor tiene que haber cooperado para imponer a mis pensamientos el desvío por Breslau.

Pero el jugueteo con nombres y sílabas que cultivo aquí tiene todavía otro sentido. Es subrogado del deseo de que mi hermano tenga una vida familiar dichosa, y ello por el siguiente camino: En la novela *L'oeuvre*, sobre la vida de un artista, que tiene que haberse insinuado a mis pensamientos oníricos por su tema, es notorio que el autor [Zola] se

[25] [Ferdinand Lassalle, fundador del movimiento socialdemócrata alemán, nació en Breslau en 1825 y murió en 1864. Eduard Lasker (1829-1884), nacido en Jarotschin —no muy lejos de Breslau—, fue uno de los fundadores del Partido Liberal Nacional de Alemania. Ambos eran de origen judío.]

[26] Lasker murió de tabes, es decir, como resultado de una infección (sífilis) contagiada de una mujer; Lassalle, como todos saben, cayó en un duelo a causa de una mujer. [*The Tragic Comedians*, de George Meredith, se basa en la historia de este último.]

pintó episódicamente a sí mismo y a su dicha familiar presentándose bajo el nombre de *Sandoz*. Es verosímil que recorriera el siguiente camino para tal cambio de nombre: *Zola*, invirtiéndolo (como suelen hacerlo los niños), da *Aloz*. Pero esto lo descubría demasiado; por eso sustituyó la sílaba *Al*, que inicia el nombre de Alexander, por la tercera sílaba de este, *sand*, y así obtuvo *Sandoz*. De manera parecida se engendró también mi *Autodidasker*.

Mi fantasía de contarle al profesor N. que el enfermo examinado por ambos padece en efecto de una neurosis llegó al sueño del siguiente modo. Poco antes que terminase mi año de labor, recibí a un paciente cuyo diagnóstico me hizo dudar. Cabía suponer una grave enfermedad orgánica, quizás una alteración de la médula espinal, pero no era posible comprobarla. Habría sido seductor diagnosticar una neurosis, y ello resolvería todas las dificultades, si el enfermo no hubiera puesto en entredicho tan enérgicamente la anamnesis sexual, sin la cual no puedo reconocer neurosis alguna. Perplejo, llamé a consulta al médico a quien más estimo como hombre (y no soy el único en hacerlo) y ante cuya autoridad me inclino por sobre todas. Escuchó mis dudas, las juzgó justificadas, y opinó después: «Manténgalo bajo observación, ha de ser una neurosis». Como yo sé que él no comparte mis puntos de vista sobre la etiología de las neurosis, me abstuve de contradecirlo, pero no le oculté mi incredulidad. Días después comuniqué al enfermo que yo no atinaba a nada con él, y le aconsejé que se dirigiese a otro. Para mi enorme asombro, él empezó a disculparse por haberme mentido; es que era tanta su vergüenza... Y me reveló justamente el fragmento de etiología sexual que yo había esperado y que necesitaba para conjeturar una neurosis. Ello fue para mí un alivio, pero también motivo de bochorno; debía confesar que mi consejero, sin dejarse engañar por el relato de la anamnesis, había visto más claro que yo. Me propuse decírselo cuando lo volviese a ver: le diría que él tenía razón y yo estaba equivocado.

Es precisamente lo que hago en el sueño. Ahora bien, ¿qué cumplimiento de deseo puede ser ese, el de confesar que me había equivocado? Pero ese es mi deseo; me gustaría andar equivocado con mis temores, y correlativamente me gustaría que lo anduviera también mi mujer con los suyos, que yo me apropio en los pensamientos oníricos. El tema a que se refiere en el sueño el tener razón o el estar equivocado no se halla muy lejos de lo que realmente interesa a los pensamientos oníricos. Es la misma alternativa que media entre deterioro orgánico o deterioro funcional por causa de la mujer, o más propiamente por causa de la vida sexual: parálisis tabética o neurosis. Y el fin de Lassalle puede asimilarse laxamente a esta última.

El profesor N. desempeña un papel en este sueño bien compaginado (y en un todo trasparente para una interpretación cuidadosa), no sólo por esta analogía ni por mi deseo de estar equivocado (tampoco por sus incidentales relaciones con Breslau y con la familia de nuestra amiga, la que se casó y estableció allí), sino por un pequeño episodio que siguió a nuestra consulta. Después que terminó su tarea médica formulando la conjetura que dije, dirigió su interés a los asuntos personales: «¿Cuántos hijos tiene usted ahora?». «Seis». Hizo un gesto de admiración y preguntó, caviloso: «¿Niñas, varones?». «Tres y tres, son mi orgullo y mi riqueza». «Pero tenga usted cuidado, con las niñas todo va fácil, pero los varones más adelante le crean a uno dificultades en la educación». Le objeté que hasta ahora se comportaban con mucha docilidad; es manifiesto que este segundo diagnóstico sobre el futuro de mis hijos varones me gustó tan poco como el que pronunció primero, a saber, que mi paciente no tenía sino una neurosis. Estas dos impresiones se conectaron entonces por contigüidad, porque se vivenciaron de un mismo tirón, y cuando en el sueño recojo la historia de la neurosis, con ella sustituyo lo que se dijo sobre la educación, que muestra una trabazón más estrecha con los pensamientos oníricos por rozar tan de cerca las aprensiones exteriorizadas después por mi mujer. Así logra entrar también en el contenido del sueño mi angustia por el eventual acierto de las observaciones de N. acerca de las dificultades pedagógicas que oponen los varones; lo hace ocultándose tras la figuración de mi deseo de que yo ande equivocado con tales temores. Esta fantasía, sin cambio alguno, sirve para figurar los dos extremos opuestos de la alternativa.

VI

«Hoy temprano vivencié,[27] entre el sueño y la vigilia, una linda condensación léxica. En el discurrir de una multitud de residuos oníricos apenas recordables me apoyé, por así decir, en una palabra que vi frente a mí en parte como escrita, en parte como impresa. Era "*erzefilisch*" y pertenece

[27] Cita tomada de Marcinowski [1911]. [Este párrafo se agregó en 1914.]

a una frase que se coló en mi recuerdo conciente enteramente aislada, fuera de todo nexo; hela aquí: *"Esto operará 'erzefilisch' sobre el sentimiento sexual"*. Supe enseguida que, hablando con propiedad, debía decir *"erzieherisch"* {pedagógicamente}, pero anduve todavía otro poco cavilando si no sería más correcto *"erzifilisch"*.[28] En relación con ello se me ocurre la palabra "sífilis", y me devano los sesos cuando empiezo a analizar, todavía en duermevela, cómo pudo haberse infiltrado eso en mi sueño, puesto que ni personalmente ni por mi oficio tengo contacto alguno con esa enfermedad. Después se me ocurre un *"erzehlerisch"* [otro vocablo sin sentido], que explica la *e* y es al mismo tiempo esclarecedor; es que ayer tarde nuestra institutriz (*"Erzieherin"*) me movió a hablar sobre el tema de la prostitución, y con ese motivo le di un libro de Hesse, *Über die Prostitution*, para influir "pedagógicamente" (*"erzieherisch'*) sobre su vida sentimental, cuyo desarrollo no es del todo normal; y se lo di después de contarle (*"erzählen"*) muchas cosas sobre el problema. Ahora me queda en claro que la palabra "sífilis" no debe tomarse en sentido literal, sino que vale por "veneno", desde luego que en relación con la vida sexual. La frase es entonces totalmente lógica, traduciéndola: "Mediante mi relato {*Erzählung*} quise influir pedagógicamente {*erzieherisch*} sobre la vida sentimental de mi institutriz {*Erzieherin*}, pero temo que al mismo tiempo él pueda obrar en ella como un *veneno* (*vergiftend*)". *Erzefilisch* = *erzäh*- (*erzieh*-) (*erzefilisch*)».

Las deformaciones léxicas del sueño se asemejan mucho a las que conocemos en la paranoia, pero que tampoco faltan en la histeria y en las ideas obsesivas. Tanto para el sueño como para las psiconeurosis la fuente común son los artificios verbales de los niños,[29] que en ciertos períodos tratan de hecho a las palabras como si fuesen objetos e inventan lenguajes nuevos y formaciones sintácticas artificiales.

El análisis de las formaciones léxicas carentes de sentido que aparecen en los sueños [30] es particularmente apto para

---

[28] [Este ingenioso ejemplo de condensación gira en torno de la pronunciación de la segunda sílaba —la acentuada— de la palabra sin sentido léxico. Si es «ze», se pronuncia en forma similar a la segunda sílaba de «*erzählen*» y a la de la inventada «*erzehlerisch*». Si es «zi», se pronuncia en forma similar a la segunda sílaba de «*erzieherisch*», y —aunque no tanto— a la primera sílaba de «*syphilis*».]

[29] [Cf. el capítulo IV del libro sobre el chiste (Freud, 1905*c*).]

[30] [Este párrafo se agregó en 1919.]

mostrar la operación condensadora del trabajo onírico. Aquí hemos seleccionado unos pocos ejemplos, pero no debe inferirse que ese material es raro u observable sólo por excepción. Más bien es muy frecuente, pero ocurre que la interpretación de los sueños depende del tratamiento psicoanalítico y ello trae por consecuencia que los ejemplos registrados y comunicados sean los menos, y que los análisis que se comunican resulten comprensibles, las más de las veces, únicamente para los expertos en patología de las neurosis. Es lo que sucede con un sueño del doctor Von Karpinska (1914), que contiene la formación léxica sin sentido «*Svingnum elvi*». Digno de mención es el caso en que aparece en el sueño una palabra que en sí no carece de significado, pero que fue extrañada del que le es propio y reunió otros diversos, respecto de los cuales se presenta como una palabra «sin sentido». Tal el sueño de un niño de diez años sobre la «categoría», comunicado por V. Tausk (1913*b*). «*Categoría*» significa aquí los genitales femeninos, y «*categorizar*» equivale a orinar.

Dondequiera que en un sueño ocurran dichos que como tales sean expresamente distintos de pensamientos, vale sin excepción la regla de que el dicho onírico tiene su origen en un dicho recordado dentro del material onírico. La literalidad de los dichos es conservada sin cambios o bien sufre ligeros desplazamientos en la expresión; a menudo, el dicho onírico es un emparchado de diversas reminiscencias verbales; la literalidad es lo que se mantiene idéntico, pero su sentido se altera en lo posible haciéndolo diverso o multívoco. El dicho onírico no pocas veces sirve como mera alusión al acontecimiento a raíz del cual se pronunció el dicho recordado.[31]

---

[31] [*Nota agregada* en 1909:] No hace mucho descubrí una única excepción a esta regla en el caso de un joven que sufría de representaciones obsesivas, pero cuyas funciones intelectuales, muy desarrolladas, estaban en lo demás intactas. Los dichos que aparecían en sus sueños no provenían de dichos escuchados o pronunciados, sino que correspondían a los textos no desfigurados de sus pensamientos obsesivos, que en la vigilia le llegaban a la conciencia sólo modificados. [Este joven era el «Hombre de las Ratas», sobre el cual Freud escribió «A propósito de un caso de neurosis obsesiva» (1909*d*); allí se encontrará una alusión a este punto (*AE*, **10**, pág. 175). — El tema de los dichos en los sueños se trata en forma más completa *infra*, **5**, págs. 419 y sigs.]

B. El trabajo de desplazamiento {descentramiento}

Otra relación, probablemente no menos importante, hubo de llamarnos la atención ya cuando reuníamos los ejemplos de condensación onírica. Pudimos observar que los elementos que en el contenido [manifiesto] del sueño se imponen como los ingredientes esenciales, en modo alguno desempeñan el mismo papel en los pensamientos oníricos. Como correlato puede formularse también la proposición inversa. Lo que en los pensamientos oníricos constituye evidentemente el contenido esencial ni siquiera necesita estar presente en el sueño. El sueño está por así decir *diversamente centrado*, y su contenido se ordena en torno de un centro constituido por otros elementos que los pensamientos oníricos. Por ejemplo, en el sueño de la monografía botánica [págs. 186 y sigs.], el centro del contenido onírico es sin duda el elemento «botánica», mientras que en los pensamientos oníricos entran en juego complicaciones y conflictos que resultan de las obligaciones profesionales entre colegas y, más allá de eso, el reproche de que yo sacrifico demasiado a mis aficiones. El elemento «botánica» no encuentra sitio alguno dentro de este núcleo de los pensamientos oníricos, como no sea conectado a él laxamente por oposición, pues la botánica nunca ocupó un lugar entre mis estudios preferidos. En el sueño de *Safo*, de un paciente mío [págs. 292 y sigs.], el *subir a las alturas* y el *caer bajo*, el estar *arriba* y el estar *abajo*, se sitúan en el centro; pero el sueño versa * sobre los peligros de mantener relaciones sexuales con personas de *baja* posición, de modo tal que sólo uno de los elementos de los pensamientos oníricos (y aun este con una extensión abusiva) parece haber penetrado en el contenido onírico. Algo parecido sucede en el sueño de los abejorros [págs. 296 y sigs.], cuyo tema son las relaciones entre sexualidad y crueldad: el factor de la crueldad reaparece sin duda en el contenido onírico, pero dentro de un enlace de otra índole y sin mención de lo sexual; por tanto, desprendido de su contexto y convertido así en algo extraño. También en el sueño sobre mi tío [págs. 155 y sigs.], la barba dorada que configura su centro aparece fuera de todo nexo visible de sentido con los deseos de grandeza que reconocimos como el núcleo de los pensamientos oníricos. Por eso tales sueños nos dejan la justificada impresión de estar «*desplazados*» {descentrados}. En total oposición a estos ejemplos, el sueño

---

* {*Sic*; entiéndase: «los pensamientos oníricos versan...».}

311

de la inyección de Irma [págs. 127 y sigs.] nos muestra que en el proceso de la formación del sueño los elementos singulares muy bien pueden mantenerse en el lugar que ocupan en los pensamientos oníricos. El descubrimiento de esta nueva relación, cuyo sentido es por completo inconstante, entre pensamientos oníricos y contenido del sueño ha de provocarnos al principio asombro. Cuando en un proceso psíquico de la vida normal hallamos que una representación ha sido privilegiada sobre otras, adquiriendo particular vivacidad para la conciencia, solemos ver en este resultado la prueba de que á la representación triunfante le corresponde una valencia psíquica particularmente elevada (un cierto grado de interés). Ahora bien, la experiencia nos dice que esa valencia de cada uno de los elementos incluidos en los pensamientos oníricos no es conservada o no es tomada en cuenta en la formación de los sueños. Determinar los elementos más valiosos entre los pensamientos oníricos no ofrece duda alguna; nuestro juicio nos lo dice inmediatamente. Pero en la formación del sueño estos elementos esenciales, sobre los que recae un interés intenso, pueden ser tratados como si tuviesen valor ínfimo, y en su lugar aparecen en el sueño otros elementos que con seguridad eran de valor ínfimo en los pensamientos oníricos. La primera impresión que obtenemos es que la intensidad psíquica [1] de las representaciones singulares no es tomada para nada en cuenta en la selección onírica: sólo lo es la mayor o menor multilateralidad de su determinación. No llega al sueño lo que es importante en los pensamientos oníricos, sino, podríamos decir, lo que está contenido en ellos de manera múltiple; ahora bien, con esta hipótesis no avanzamos mucho en la comprensión de los sueños, pues a primera vista no parece creíble que esos dos factores, la determinación múltiple y la valencia intrínseca, puedan producir efectos de sentido diverso. Aquellas representaciones que son las más importantes en los pensamientos oníricos serán también, casi con certeza, las que retornen en ellos con la mayor frecuencia, puesto que desde esas representaciones, como desde otros centros, irradian los pensamientos oníricos singulares. Y sin embargo el sueño puede desechar estos elementos acentuados con intensidad y apoyados desde múltiples lados, y recoger en su contenido otros elementos a los que sólo conviene la segunda de esas propiedades.

Para resolver esta dificultad recurriremos a otra impresión

[1] La intensidad y la valencia psíquicas, el interés que recae sobre una representación, han de distinguirse desde luego de la intensidad sensorial, la intensidad de lo representado.

que obtuvimos en el estudio de la sobredeterminación del contenido onírico [en la sección anterior]. Quizá muchos lectores de ese estudio han pensado que la sobredeterminación de los elementos oníricos no es un descubrimiento importante, por trivial. Pues en el análisis se parte de los elementos oníricos y se van delineando todas las ocurrencias que se enlazan con ellos; no es maravilla entonces que en el material de pensamientos así adquirido aquellos elementos reaparezcan con particular frecuencia. No podría yo admitir esta objeción, pero formularé algo que se le parece: entre los pensamientos que el análisis saca a luz hay muchos que están alejados del núcleo del sueño y que aparecen como interpolaciones artificiosas que persiguen cierto fin. Ese fin se averigua con facilidad; precisamente son ellos los que establecen una conexión, a menudo forzada y rebuscada, entre contenido y pensamientos oníricos, y si estos elementos se eliminasen del análisis, los ingredientes del contenido onírico casi siempre perderían, no sólo su sobredeterminación, sino en general toda determinación suficiente por parte de los pensamientos oníricos. Así, nos vemos llevados a inferir que la determinación múltiple, decisiva para la selección de lo que se incluirá en el sueño, no ha de ser un factor primario de la formación de los sueños, sino con frecuencia un resultado secundario de un poder psíquico que todavía no conocemos. Pero en todo caso debe de tener importancia para el ingreso de los elementos singulares en el sueño, pues podemos observar que se la establece con un cierto gasto toda vez que el material onírico no la proporciona sin ayuda.

Entonces, nos es sugerida esta idea: en el trabajo onírico se exterioriza un poder psíquico que por una parte despoja de su intensidad a los elementos de alto valor psíquico, y por la otra procura a los de valor ínfimo nuevas valencias *por la vía de la sobredeterminación*, haciendo que estos alcancen el contenido onírico. Si esto se concede, en la formación de los sueños ocurre entonces *una trasferencia y un desplazamiento de las intensidades psíquicas* de los elementos singulares, de lo cual deriva la diferencia de texto entre contenido y pensamientos oníricos. El proceso que con esto suponemos es lisa y llanamente la pieza esencial del trabajo onírico: merece el nombre de *desplazamiento onírico. El desplazamiento y la condensación oníricos* son los dos maestros artesanos a cuya actividad podemos atribuir principalmente la configuración del sueño.

Creo que también nos resultará fácil reconocer el poder psíquico que se exterioriza en los hechos del desplazamiento onírico. Resultado de este desplazamiento es que el contenido del sueño ya no presenta el mismo aspecto que el núcleo de los pensamientos oníricos, y que el sueño sólo devuelve {refleja} una desfiguración {dislocación} del deseo onírico del inconciente. Ahora bien, la desfiguración onírica nos es ya conocida; la reconducimos a la censura que una instancia psíquica ejerce sobre la otra en la vida pensante. [Cf. págs. 160 y sigs.] El desplazamiento onírico es uno de los medios principales para alcanzar esta desfiguración. «*Is fecit cui profuit*».[2] Podemos suponer que el desplazamiento onírico se produce por la influencia de esa censura, la de la defensa endopsíquica.[3]

[2] [El viejo lema jurídico: «Cometió el hecho quien se benefició con él».]

[3] [*Nota agregada* en 1909:] Puedo decir que el núcleo de mi concepción de los sueños es la reconducción de la desfiguración onírica a la censura. Por eso inserto aquí la última parte de un relato tomado de *Phantasien eines Realisten* {Fantasías de un realista}, de «Lynkeus» (Viena, 2ª ed., 1900 [1ª ed., 1899]), donde he reencontrado este rasgo principal de mi doctrina. [Cf. el «Apéndice de 1909» agregado al capítulo I, *supra*, págs. 115-6; cf. también «Josef Popper-Lynkeus y la teoría del sueño» (Freud, 1923*f*) y «Mi contacto con Josef Popper-Lynkeus» (Freud, 1932*c*).] El título del relato es «Träumen wie Wachen» {El soñar es como el velar}:

«Acerca de un hombre que tiene la maravillosa cualidad de no soñar nunca disparates. (. . .)

»"Tu espléndida cualidad de soñar como si estuvieras en vela se debe a tu virtud, a tu bondad, a tu sentido de la justicia, a tu amor a la verdad; es la serenidad moral de tu naturaleza la que me lo explica todo".

»"Pero si yo no estoy equivocado —replicó el otro—, estoy por creer que todos los hombres tienen la misma constitución que yo y nadie sueña disparates. Un sueño que se recuerde con nitidez tal que se lo pueda contar, vale decir, que no sea un sueño producido por la fiebre, tiene *siempre* sentido. ¡Y no podría ser de otro modo! En efecto, lo que está en contradicción recíproca no podría agruparse en un todo. El hecho de que el tiempo y el espacio a menudo se confundan no menoscaba en nada al contenido verdadero del sueño, pues ni uno ni el otro han tenido importancia para su contenido esencial. Y aun muchas veces hacemos lo mismo en la vigilia; piénsese en los cuentos, en tantos osados y significativos productos de la fantasía, respecto de los cuales sólo un hombre carente de inteligencia podría decir: 'Esto es disparatado, porque no es posible'".

»"¡Ah! —exclamó el amigo—. ¡Si todos supieran interpretar siempre correctamente los sueños como tú lo has hecho con el mío!".

»"No es por cierto una tarea fácil, pero con un poco de atención el soñante mismo debería poder llevarla a cabo siempre... Preguntarán ustedes: '¿Por qué casi nunca lo consigue?'. Es que en el caso de ustedes parece haber algo escondido en el soñar, algo impúdico de algún tipo, un cierto secreto que difícilmente se concibe; y por eso tan a menudo el soñar de ustedes parece sin sentido, y aun un disparate. Empero, en el fundamento último en modo alguno es así; y no puede serlo, pues siempre se trata del mismo hombre, ya esté en vela o sueñe"».

Reservaremos para indagaciones posteriores el averiguar los modos en que estos factores del desplazamiento, la condensación y la sobredeterminación juegan unos con otros en la formación del sueño, y cuál es el factor principal y cuál el accesorio.[4] Provisionalmente podemos indicar, como una segunda condición que deben satisfacer los elementos que llegan al sueño, que *tienen que haberse sustraído de la censura de la resistencia*.[5] Pero al desplazamiento onírico lo tomaremos en cuenta, para lo que sigue, como un hecho indubitable en la interpretación de los sueños.

[4] [Cf., por ejemplo, *infra*, **5**, págs. 407 y sigs.]
[5] [La primera condición es que deben estar sobredeterminados.]

C. Los medios de figuración del sueño

Además de los dos factores del *desplazamiento* y la *condensación* oníricos, que, según descubrimos, operan en la mudanza del material de pensamientos latentes en el contenido onírico manifiesto, tropezaremos, avanzando en esta investigación, con otras dos condiciones que ejercen indudable influencia sobre la selección del material que llega al sueño. Antes quisiera, aun a riesgo de que parezca que nos detenemos en nuestro camino, echar una primera ojeada sobre los procesos que se cumplen cuando se ejecuta la interpretación de un sueño. No se me escapa que el mejor modo de esclarecerlos y de poner a salvo de objeciones su confiabilidad sería tomar por modelo un determinado sueño, desarrollar su interpretación (tal como la expuse en la segunda sección [el capítulo II] con el sueño de la inyección de Irma), pero después componer los pensamientos oníricos que he descubierto y reconstruir desde ellos la formación del sueño; por tanto, completar el análisis de los sueños con una síntesis de ellos. He cumplido este trabajo con varios ejemplos para mi coleto; pero aquí no puedo retomarlos, pues múltiples miramientos por el material psíquico, que toda persona sensata aprobará, me impiden publicar esa demostración. En el análisis de los sueños esos miramientos molestan menos, pues él puede quedar incompleto y basta que agregue algo a la urdimbre del sueño para que conserve su valor. De la síntesis, todo cuanto cabe decir es que, para ser convincente, ha de ser completa. Y yo sólo podría proporcionar una síntesis completa de sueños de personas que sean desconocidas para el público lector. Pero los únicos que me ofrecen los medios para ello son mis pacientes, neuróticos, por lo cual esta pieza de la figuración del sueño tiene que posponerse hasta que —en otro trabajo— pueda yo hacer avanzar la explicación psicológica de las neurosis hasta establecer el enlace con nuestro tema.[1]

Por mis intentos de reconstruir sueños mediante síntesis desde los pensamientos oníricos, sé que el material que se obtiene en el curso de la interpretación es de valor des-

---

[1] [*Nota agregada* en 1909:] Después de escrito lo anterior, he publicado el análisis y la síntesis completos de dos sueños en mi «Fragmento de análisis de un caso de histeria» (1905e) [*AE*, **7**, págs. 57 y sigs. Véase, asimismo, la síntesis del sueño del «Hombre de los Lobos» (Freud, 1918b), *AE*, **17**, págs. 29 y sigs.) — *Agregado* en 1914:] El análisis de Otto Rank, «Ein Traum, der sich selbst deutet» {Un sueño que se interpreta a sí mismo} [1910a], debe mencionarse como la interpretación más completa publicada de un sueño de considerable longitud.

igual. Una parte de él son los pensamientos oníricos esenciales: los que son el sustituto cabal del sueño y se bastarían solos para esa sustitución si en el sueño no hubiera censura. A la otra parte suele asignársele poca significación. Tampoco se atribuye valor alguno a la afirmación de que todos estos pensamientos han participado en la formación del sueño;[2] más bien, entre ellos pueden encontrarse ocurrencias que se anudaron a vivencias posteriores al sueño, sobrevenidas entre el momento en que se lo soñó y aquel en que se lo interpreta. Esta parte abarca todas las vías de conexión que llevaron desde el contenido onírico manifiesto hasta los pensamientos oníricos latentes, pero además las asociaciones mediadoras y aproximadoras por las cuales se obtuvo el conocimiento de estas vías conectivas durante el trabajo interpretativo.[3]

En este lugar nos interesan exclusivamente los pensamientos oníricos esenciales. La mayoría de las veces se revelan como un complejo de pensamientos y de recuerdos, de construcción en extremo intrincada, y que poseen todas las propiedades de las ilaciones de pensamiento que conocemos durante la vigilia. No es raro que sean itinerarios de pensamientos que no arrancan de un centro solo, sino de varios, aunque no faltan los puntos de contacto; casi regularmente, junto a una ilación de pensamientos se presenta su contrarreflejo contradictorio, conectado con ella por asociación de contraste.

Los fragmentos singulares de este complicado producto mantienen entre sí, desde luego, las más variadas relaciones

[2] [Cf. *supra*, pág. 288, e *infra*, **5**, pág. 526.]
[3] [En este párrafo, el fragmento que va desde «A la otra parte...» hasta el final data, en su forma actual, de 1919. En ediciones anteriores se leía: «A la otra parte puede designársela en conjunto como "hilos colaterales"; ellos son las vías que recorre el deseo genuino, que surge de los pensamientos oníricos, antes de convertirse en el deseo del sueño. El primer grupo de estos "hilos colaterales" consiste en retoños de los pensamientos oníricos propiamente dichos; en términos esquemáticos, son desplazamientos de lo esencial a lo inesencial. Un segundo grupo comprende los pensamientos que conectan entre sí a estos elementos inesenciales (que se han vuelto importantes a causa del desplazamiento) y que se extienden desde ellos hasta el contenido del sueño. Por último, un tercer grupo consta de asociaciones e ilaciones de pensamiento por cuyo intermedio el trabajo de interpretación nos lleva del contenido manifiesto al segundo grupo de hilos colaterales. No es indispensable suponer que todos los de este tercer grupo han participado también necesariamente en la formación del sueño». Con referencia a este pasaje, en *GS*, **3** (1925), pág. 55, Freud apunta que resolvió eliminar de él la expresión «hilos colaterales»; sin embargo, esta sobrevivió en otro lugar del libro (cf. *infra*, **5**, pág. 526).]

lógicas. Configuran primeros y segundos planos, digresiones y elucidaciones, condiciones, demostraciones y objeciones. Y después, cuando toda la masa de estos pensamientos oníricos es prensada por el trabajo del sueño, con lo cual los fragmentos se dan vuelta, se hacen añicos y vuelven a soldarse como témpanos a la deriva, cabe preguntar por lo ocurrido con los lazos lógicos que hasta entonces habían configurado la ensambladura. ¿Qué figuración reciben en el sueño los «si, porque, así como, o bien... o bien...» y todas las otras preposiciones [4] sin las cuales no podemos comprender oraciones ni discursos?

Debe responderse, en primer lugar, que el sueño no dispone de medio alguno para figurar estas relaciones lógicas entre los pensamientos oníricos. Las más de las veces omite todas estas preposiciones y sólo recoge, para elaborarlo, el contenido sustantivo de los pensamientos oníricos.[5] Será la interpretación del sueño la que habrá de restaurar la trama que el trabajo del sueño aniquiló.

La falta de esta capacidad de expresión tiene que deberse al material psíquico con que el sueño se elabora. Una restricción semejante encontramos en las artes figurativas, la pintura y la plástica, a diferencia de la poesía, que puede servirse del habla; y también en ellas el fundamento de esa incapacidad está en el material mediante cuya elaboración aspiran a expresar algo. Antes de alcanzar el conocimiento de las leyes de expresión que la rigen, la pintura se esforzaba todavía por compensar esa desventaja. En antiguos cuadros, de la boca de las personas retratadas pendían rotulillos donde se leía lo que el pintor desesperaba de figurar.

Quizá se levante aquí una objeción contra mi tesis de que el sueño renuncia a figurar las relaciones lógicas. Hay sin duda sueños en que se cumplen las más complejas operaciones del espíritu; en ellos, como en el pensamiento despierto, se alegan razones y se impugna, se ironiza y se compara. Pero también aquí engañan las apariencias; cuando abordamos la interpretación de tales sueños nos enteramos de que todo eso es *material onírico, no figuración de un trabajo intelectual dentro del sueño*. Lo que el aparente pensar del sueño refleja es el *contenido* de los pensamientos oníricos, no la *relación recíproca entre los pensamientos oníricos*, en cuyo establecimiento consiste el pensar. He de apor-

[4] [«*Präpositionen*»: Freud se refiere aquí, propiamente, a las conjunciones.]
[5] [Se hacen ciertas salvedades a esta afirmación *infra*, **5**, pág. 449*n*.]

tar ejemplos de ello.[6] Pero es harto difícil demostrar que todos los dichos que ocurren en sueños y que expresamente se caracterizan como tales son copias, literales o muy poco modificadas, de dichos que ya se encontraban entre los recuerdos del material onírico. El dicho es a menudo mera alusión a un acontecimiento incluido entre los pensamientos oníricos; y el sentido del sueño es por completo diverso.[7]

Por otra parte, no negaré que también participa en la formación del sueño un trabajo de pensamiento crítico, que no repite simplemente un material tomado de los pensamientos oníricos. Al final de estas elucidaciones habré de echar luz sobre la influencia de ese factor. Veremos entonces que tal trabajo de pensamiento no es provocado por los pensamientos oníricos, sino por el sueño mismo después que en cierto sentido ya está terminado.[8]

Tenemos pues, como conclusión provisional, que las relaciones lógicas entre los pensamientos oníricos no encuentran en el sueño una figuración particular. Donde, por ejemplo, hallamos en el sueño una contradicción, esta o bien es una contradicción al sueño,* o bien está tomada del contenido de uno de los pensamientos oníricos; sólo por una mediación en extremo indirecta puede corresponder a una contradicción *entre* los pensamientos oníricos.

Pero así como la pintura logró finalmente expresar por otros medios (que no el rótulo tremolante) al menos la intención que las personas figuradas ponen en lo que dicen —ternura, amenaza, advertencia, etc.—, también el sueño se procuró la posibilidad de mirar por algunas de las relaciones lógicas entre sus pensamientos oníricos, mediante una modificación conveniente de la figuración que le es propia. Podemos convencernos por la experiencia de que, en este sentido, no todos los sueños proceden igual; mientras que uno pasa enteramente por alto la ensambladura lógica de su material, otro busca indicarla de la manera más completa posible. En esto, el sueño se aleja a mayor o menor distancia del texto que se le presenta para elaborar. Y con pareja variabilidad se comporta el sueño, además, respecto de la ensambladura *temporal* de los pensamientos oníricos en los casos en que ella se halla establecida en lo inconciente (sirva de ejemplo el sueño de la inyección de Irma [págs. 127 y sigs.]).

[6] [Cf. *infra*, **5**, págs. 440 y sigs.]
[7] [Cf. *infra*, **5**, págs. 419 y sigs.]
[8] [Cf. la sección I de este capítulo, *infra*, **5**, págs. 485 y sigs.]
* {«contradicción al sueño» por parte de la segunda instancia, se infiere.}

Ahora bien, ¿cuáles son los medios de que puede valerse el trabajo del sueño para figurar las relaciones del material onírico, tan difíciles de figurar? Procuraré pasarles revista uno por uno.

En primer lugar, el sueño da satisfacción al nexo que innegablemente existe entre todos los fragmentos de los pensamientos oníricos, por cuanto unifica este material en una síntesis, como situación o proceso. Refleja una *conexión lógica* como *simultaneidad*; en eso obra a semejanza del pintor, quien en un cuadro sobre la Escuela de Atenas o sobre el Parnaso reúne a todos los filósofos o todos los poetas que, aunque nunca estuvieron juntos en ese pórtico o en la cumbre de ese monte, configuran una comunidad para la consideración reflexiva.[9]

Este es el modo de figuración que el sueño continúa hasta los detalles. Toda vez que muestra a dos elementos como vecinos, atestigua que sus correspondientes entre los pensamientos oníricos mantienen un nexo particularmente íntimo. Es como en nuestro sistema de escritura: *ab* significa que las dos letras deben proferirse en una sílaba; en cambio, si entre *a* y *b* hay un espacio en blanco, debe verse en *a* la última letra de una palabra y en *b* la primera de otra.[10] A semejanza de ello, las combinaciones del sueño no se configuran desde ingredientes cualesquiera, dispares por completo, del material onírico, sino desde aquellos que también en los pensamientos oníricos mantienen entre sí un nexo más íntimo.

Para figurar las *relaciones causales* el sueño posee dos procedimientos, que en esencia desembocan en lo mismo. Cuando los pensamientos oníricos rezan, por ejemplo, «Porque esto era así y así, debió ocurrir esto y esto otro», lo más frecuente es que se figure la prótasis como sueño-prólogo, y la apódosis como sueño principal. Si lo he entendido bien, la serie temporal puede ser también la inversa, pero siempre a la apódosis le corresponde la parte más detallada del sueño.

[9] [Alude a los frescos de Rafael en el Vaticano. Freud volvió a referirse a ellos en *Sobre el sueño* (1901a), *infra*, **5**, págs. 642-3, y en su trabajo «De guerra y muerte» (1915b), *AE*, **14**, pág. 279.]

[10] [Esta comparación es una de las favoritas de Freud. Ya la había utilizado *supra*, pág. 257, y también la empleó en el caso «Dora» (1905e), *AE*, **7**, pág. 35. Posiblemente deriva de un poema de Goethe («Schwer in Waldes Busch»), donde aparece la misma metáfora.]

Un bello ejemplo de esa figuración de la causalidad me lo brindó una paciente, cuyo sueño después comunicaré por extenso.[11] Se componía de un breve preludio y de un fragmento onírico muy difuso, que presentaba un centro muy marcado y podía llevar este título: «Por la flor».* El sueño-prólogo decía así: *Ella va a la cocina y reprocha a las dos muchachas que no tengan preparado ese «bocadito»; allí ve mucha vajilla vuelta hacia abajo para que se escurra, vajilla tosca amontonada. Las dos muchachas van por agua y para eso tienen que entrar como en un río, que llega has a la casa o hasta el patio.*

Después sigue el sueño principal, que empieza así: *Desciende desde lo alto, por extraños barandales, y le alegra que su vestido con todo eso no se haya desgarrado en ninguna parte,* etc. El sueño-prólogo se refiere a la casa paterna de esta señora. Las palabras dichas en la cocina las oyó muchas veces de labios de su madre. Los montones de vajilla tosca provienen del comercio de vajilla ordinaria establecido en la misma casa. La otra parte del sueño contiene una alusión al padre, que importunaba mucho a las muchachas de servicio y después, en una inundación —la casa estaba próxima al río—, contrajo una enfermedad mortal. He aquí el pensamiento que se oculta tras ese sueño-prólogo: «Puesto que yo provengo de esta casa, de una condición tan ínfima y poco edificante...». El sueño principal recoge este mismo pensamiento y lo pone bajo una forma modificada por el cumplimiento de deseo: «Soy de alta cuna». De modo que el *genuino* pensamiento es: «Puesto que vengo de cuna tan baja, mi vida fue así y así».

Por lo que yo sé, la partición del sueño en dos fragmentos desiguales no siempre significa una relación causal entre los pensamientos correspondientes a cada uno de ellos. Muchas veces parece como si en los dos sueños el mismo material se figurase desde diversos puntos de vista. (Con seguridad esto es válido cuando una serie de sueños de una noche culmina en una polución, una serie en que la necesidad somática va imponiendo una expresión cada vez más clara.)[12] O bien los dos sueños partieron de centros separados en el material onírico y se traslaparon en su contenido, de

---

[11] [Cf. *infra*, **5**, págs. 353 y sigs.; también se hace referencia a este sueño en págs. 324 y 330.]

* {«*Durch die Blume*»: esta expresión significa también «metafóricamente».}

[12] [Esta oración se agregó en 1914. El tema vuelve a mencionarse en pág. 339, y se trata más extensamente *infra*, **5**, págs. 404-5. Respecto de los sueños que ocurren en una misma noche, cf. págs. 338-9.]

manera que en uno es centro lo que en otro concurre como alusión, y a la inversa. No obstante, en cierto número de sueños la escisión en un prólogo más breve y un sueño posterior más largo significa de hecho una relación causal entre ambos fragmentos.

El otro modo de figuración del nexo causal se aplica a un material de menor alcance, y consiste en que una figura del sueño, sea persona o cosa, se muda en otra. Sólo donde veamos llevarse a cabo en el sueño esta mudanza afirmaremos con seriedad el nexo causal; no donde meramente observemos que ahora en lugar de una aparece la otra. Dije que los dos procedimientos de figurar la relación causal desembocaban en lo mismo; en los dos casos la *causación* es figurada por una *sucesión*; en el primero porque los dos sueños se suceden, y en el segundo porque una imagen se muda directamente en otra. Comoquiera que sea, en la gran mayoría de los casos la relación causal no es figurada en modo alguno, sino que se pierde en la sucesión de los elementos, inevitable en el proceso del soñar.

En cuanto a la alternativa «o bien... o bien...», el sueño no puede expresarla; suele recoger en una trama sus dos términos como igualmente justificados. El sueño de la inyección de Irma contiene un ejemplo clásico de ello. En sus pensamientos latentes [págs. 139-40] se afirma sin duda: «No tengo la culpa de que los dolores de Irma continúen; la tiene, *o bien* su renuencia a aceptar la solución, *o bien* el que viva en condiciones sexuales desfavorables, que yo no puedo modificar, *o bien* sus dolores no son para nada histéricos, sino de naturaleza orgánica». Ahora bien, el sueño realiza todas esas posibilidades, casi excluyentes entre sí, y no le molesta añadir una cuarta de tales soluciones, tomada del deseo onírico. Sólo después, hecha la interpretación del sueño, introduje el «o bien... o bien...» en la trabazón de los pensamientos oníricos.

Toda vez que el relator, cuando reproduce su sueño, utiliza un «o bien... o bien...»: «Era o bien un jardín o la habitación de una casa, etc.», en los pensamientos oníricos no ocurre una alternativa sino una «y», una simple coordinación conjuntiva. Con un «o bien... o bien...» describimos las más de las veces el carácter borroso, todavía no resuelto por nosotros, de un elemento onírico. La regla interpretativa para este caso dice: Equiparar entre sí los términos de la aparente alternativa y enlazarlos con una «y». Un ejemplo: después que durante mucho tiempo esperé en vano la dirección de un amigo mío que permanecía en Italia, soñé que recibía un telegrama donde se me comunicaba esa dirección. La veo impresa en azul sobre la banda de papel del telegrama; la primera palabra es confusa:

tal vez «*Via*»
o «*Villa*» } ; la segunda es clara: «*Sezerno*».
o aun («*Casa*»)

La segunda palabra, que suena a nombre italiano y me recuerda las conversaciones que tuvimos con mi amigo sobre cuestiones etimológicas, expresa también mi enfado por el hecho de que me haya mantenido tanto tiempo *secreta* su residencia; pero cada uno de los miembros de la terna que se me propone para la primera palabra puede reconocerse en el análisis como punto de partida, independiente y con igual derecho que los otros, de la cadena de pensamientos.[13]

La noche anterior al entierro de mi padre soñé con una pizarra, un mural o un cartel anunciador impresos —como la placa que en la sala de espera de los ferrocarriles anuncia la prohibición de fumar—, donde se leía

o bien «*Se ruega cerrar los ojos*»,
o bien «*Se ruega cerrar un ojo*»,

lo que yo suelo representar en la siguiente forma:

$$\text{«Se ruega cerrar } \genfrac{}{}{0pt}{}{los}{un} \text{ ojo(s)».}$$

Cada una de esas dos versiones tiene su sentido particular y lleva a la interpretación del sueño por un camino diverso. Había yo escogido el ceremonial más sencillo posible, porque sabía lo que el muerto pensaba sobre tales protocolos. Pero otros miembros de mi familia no estaban de acuerdo con semejante sencillez puritana; opinaban que de suyo los haría avergonzarse ante los condolientes. Por eso uno de los textos del sueño ruega «cerrar un ojo», o sea, mostrar indulgencia. El significado de la borrosidad que describimos con «o bien... o bien» se capta aquí con particular facilidad. El trabajo del sueño no logró establecer un texto único, pero de doble sentido, para los pensamientos oníricos. Por eso las dos líneas de pensamiento principales se

---

[13] [Este sueño se describe con mayor detalle en la carta a Fliess (el amigo en cuestión) del 28 de abril de 1897 (Freud, 1950*a*, Carta 60), *AE*, **1**, págs. 286-7.]

separan una de la otra ya en el contenido [manifiesto] del sueño.[14]

En algunos casos la bipartición del sueño en dos fragmentos de igual tamaño es expresión de una alternativa difícil de figurar.

En extremo llamativa es la conducta del sueño hacia la categoría de la *oposición* y la *contradicción*. Lisa y llanamente la omite, el «no» parece no existir para el sueño.[15] Tiene notable predilección por componer los opuestos en una unidad o figurarlos en idéntico elemento. Y aun se toma la libertad de figurar un elemento cualquiera mediante su opuesto en el orden del deseo, por lo cual de un elemento que admita contrario no se sabe a primera vista si en los pensamientos oníricos está incluido de manera positiva o negativa.[16] En uno de los sueños citados en último término, cuya prótasis ya indicamos («Puesto que soy de baja cuna» [cf. pág. 321]), la soñante desciende por un barandal y en eso lleva en las manos una rama florida. Puesto que frente a esa imagen se le ocurren el ángel que en los cuadros de la Anunciación de María (ella se llama María) lleva en la mano una vara de azucenas y las niñas que van vestidas de blanco en la procesión de Corpus Christi, mientras las calles se adornan con verdes ramos, la rama florida del sueño es una inequívoca alusión a la inocencia sexual. Pero la rama está cargada de nutridas flores *rojas*, cada una de las cuales es idéntica a una camelia. Al final de su camino, sigue diciéndose en el sueño, las flores ya están bastante deshojadas;

[14] [Freud informa sobre este sueño en una carta a Fliess del 2 de noviembre de 1896 (Freud, 1950*a*, Carta 50), *AE*, **1**, págs. 273-4. Ahí se dice que el sueño tuvo lugar la noche *posterior* al funeral. En la primera formulación del sueño, se aludía al deber filial de cerrar los ojos del muerto.]

[15] [Freud atenúa luego esta afirmación; cf. *infra*, págs. 331, 341, y **5**, pág. 434.]

[16] [*Nota agregada* en 1911:] Por un trabajo de K. Abel, *Über den Gegensinn der Urworte* {El sentido antitético de las palabras primitivas} (1884) (véase mi reseña, 1910*e*), me enteré del hecho asombroso, confirmado también por otros lingüistas, de que las lenguas más antiguas se comportan en esto exactamente como los sueños. Al comienzo poseen una sola palabra para los dos opuestos de una serie de cualidades o de actividades (fuertedébil, viejojoven, lejoscerca, unirseparar), y sólo secundariamente forman designaciones separadas para los dos opuestos, mediante ligeras modificaciones de la palabra originaria común. Abel lo demuestra en particular respecto de la lengua del Egipto antiguo, pero comprueba la existencia de nítidos restos del mismo desarrollo también en las lenguas semíticas e indogermánicas. [Cf. también *infra*, **5**, págs. 468-9.]

después siguen innegables alusiones al período. Y así esa misma rama que es llevada como una azucena y como por una niña inocente se convierte, al mismo tiempo, en una alusión a la *dama de las camelias*, que, según se sabe, siempre lleva una camelia blanca, pero en la época del período lleva una roja. El mismo ramo florido («las flores de la niña» de las canciones de la molinera en Goethe)[17] figura la inocencia sexual y también su opuesto. Y entonces ese mismo sueño en que ella expresa la alegría de haber podido marchar inmaculada por la vida, deja traslucir en algunos pasajes (como el deshojarse de las flores) la ilación de pensamiento opuesta: ella se ha hecho culpable de diversos pecados contra la pureza sexual (a saber, en la infancia). En el análisis del sueño podemos distinguir con claridad las dos ilaciones de pensamiento; de ellas, la consoladora parece situada en un estrato superficial, y la de los reproches, en uno profundo; ambas son directamente contrarias entre sí, y sus elementos iguales pero de sentido opuesto han encontrado su figuración en los mismos elementos del sueño [manifiesto].[18]

Entre las relaciones lógicas, una sola es extremadamente favorecida por el mecanismo de la formación del sueño. Es la relación de la semejanza, la concordancia, el contacto, el *«así como»*, que en los sueños puede figurarse como ninguna otra con diversos medios.[19] Las congruencias existentes en el material de los pensamientos oníricos o los casos de *«así como»* son, por cierto, los primeros puntos de apoyo para la formación del sueño, y una parte no desdeñable del trabajo del sueño consiste en crear nuevas congruencias de esa índole cuando las existentes no pueden abrirse camino hasta el sueño por causa de la censura de la resistencia. El afán de condensación del trabajo del sueño viene en ayuda de la figuración de la relación de semejanza.

Semejanza, concordancia, comunidad son figuradas por el sueño en todos los casos por reunión en una *unidad* que ya estaba dada en el material onírico o que se crea nueva. Al primer caso puede llamárselo *identificación*, y al segundo, *formación mixta*. La identificación se emplea cuando se trata de personas; la formación mixta, cuando el material

---

17 [En su poema «Der Müllerin Verrat».]
18 [Este sueño se relata íntegramente *infra*, **5**, pág. 353.]
19 [*Nota agregada* en 1914:] Véanse las observaciones de Aristóteles sobre las cualidades que debía poseer un intérprete de sueños, citadas *supra*, pág. 119, *n.* 2.

reunido son cosas, aunque también se establecen formaciones mixtas de personas. Los lugares son a menudo tratados como personas.

La identificación consiste en que sólo una de las personas enlazadas por algo común alcanza a figurarse en el contenido [manifiesto] del sueño, mientras que la otra u otras parecen sofocadas para él. Ahora bien, esta única persona encubridora entra en el sueño en todas las relaciones y situaciones que se derivan de ella o de las personas encubiertas. En la formación mixta, cuando se extiende a personas, la figura onírica incluye rasgos que son peculiares de una u otra de las personas en cuestión, pero no comunes a ellas, de manera que por la unificación de estos rasgos aparece bien definida una nueva unidad, una persona mixta. La mezcla misma puede producirse por diversos caminos. La persona onírica puede llevar el nombre de una de las personas con que se la relaciona —y entonces sabemos que se mienta a esta o estotra persona, de un modo por entero análogo a nuestro saber de vigilia—, mientras que los rasgos visuales pertenecen a la otra; o la imagen onírica puede estar compuesta por rasgos visuales que en la realidad se distribuyen entre ambas. En lugar de los rasgos visuales, la participación de la segunda persona puede estar subrogada por los ademanes que se le atribuyen, las palabras que se le hacen decir o la situación en que se la pone. Con este último modo de la caracterización empieza a esfumarse el distingo nítido entre identificación y formación mixta de persona.[20] Pero también puede ocurrir que la formación de una tal persona mixta fracase. Entonces la escena del sueño se atribuye a una persona, y la otra —por regla general la más importante— aparece meramente presente, como si no participase en cosa alguna. El soñante cuenta, por ejemplo: «Mi madre estaba también allí» (Stekel). Un elemento así del contenido onírico es entonces comparable a un determinativo de la escritura jeroglífica, no destinado a la elocución, sino a la aclaración de otro signo.

Lo común que justifica la reunión de las dos personas (vale decir, que la ocasiona) puede estar figurado en el sueño o faltar. Por lo general, la identificación o la formación de una persona mixta sirve para ahorrarse la figuración de eso común. En lugar de repetir: *A* me es hostil, y *B* también,

---

[20] [Sobre el tema de las personas mixtas, véase también págs. 300 y sigs. Las tres oraciones siguientes se agregaron en 1911, y la última del párrafo, en 1914. — En este pasaje, la palabra «identificación» se utiliza, evidentemente, en un sentido distinto que el examinado en págs. 167-8.]

formo en el sueño una persona mixta de A y de B, o me represento a A en una acción de otra índole, que caracteriza a B para mí. La persona onírica así lograda me sale al paso en el sueño en cualquier enlace nuevo, y la circunstancia de que ella significa tanto A como B me proporciona el justificativo para introducir en el lugar correspondiente de la interpretación del sueño lo común a ambas, o sea, su relación hostil conmigo. De este modo logro con frecuencia una condensación de todo punto extraordinaria en cuanto al contenido del sueño; puedo ahorrarme la figuración directa de relaciones muy complejas que se entraman con una persona si he hallado para ella otra que, con igual derecho, puede reclamar una parte de esas relaciones. Fácilmente se comprende que este modo de figurar por identificación puede contribuir mucho también a eludir la censura de la resistencia, que tan duras condiciones impone al trabajo del sueño. Lo repugnante para la censura puede residir precisamente en aquellas representaciones que dentro del material están enlazadas con una persona en particular; pues bien, hallo una segunda persona que igualmente tiene relaciones con el material objetado, pero sólo con una parte de este. Y el contacto en aquellos puntos no exentos de censura me da ahora el derecho a formar una persona mixta caracterizada por rasgos indiferentes de ambas. Esta persona. mixta o de identificación, es apta, por cuanto está exenta de censura, para que se la acoja en el contenido del sueño; así, usando de la condensación onírica he satisfecho los requisitos de la censura onírica.

Donde en el sueño es figurado algo común a las dos personas, suele esto ser indicio de que hemos de buscar otro elemento común, escondido, cuya figuración fue imposibilitada por la censura. Aquí, por así decir, se ha producido un desplazamiento respecto de eso común, en aras de la figurabilidad. Puesto que la persona mixta me exhibe en el sueño algo común indiferente, yo debo descubrir en los pensamientos oníricos algo común que no es en absoluto indiferente.

Según esto, la identificación o la formación de una persona mixta sirve en el sueño a diversos fines: en primer lugar, a la figuración de algo común a las dos personas; en segundo lugar, a la figuración de una comunidad *desplazada*, y por último, a la expresión de una comunidad meramente *deseada*. Como el deseo de que exista una comunidad entre dos personas muchas veces coincide con una *permutación* entre ellas, también esta relación se expresa en el sueño mediante identificación. En el sueño de la inyección de Irma yo deseo permutar esta paciente por otra, y en consecuencia deseo que la otra sea mi paciente, que es la misma cosa; el sueño atiende a este deseo, puesto que me muestra a una persona que se llama Irma, pero que es examinada en una posición en que sólo a la otra tuve ocasión de ver [pág. 131]. En el sueño sobre mi tío, hice de esa permutación el centro del sueño; me identifico con el ministro en cuanto no trato ni juzgo a mis colegas mejor que lo haría él [págs. 207-8].

La experiencia nos dice, y no he hallado excepción alguna, que todo sueño versa sobre la persona que sueña. Los sueños son absolutamente egoístas.[21] Toda vez que en el contenido onírico no se presenta mi yo, sino sólo una persona extraña, tengo derecho a suponer tranquilamente que mi yo se ocultó tras esa persona, por identificación. Estoy autorizado a agregar mi yo. Otras veces mi yo aparece en el sueño, pero la situación en que se encuentra me enseña que tras él, por identificación, se esconde otra persona. El sueño me avisa entonces que en la interpretación debo trasferir a mí algo referido a esa persona, y eso es lo común oculto. Hay sueños en que mi yo se presenta junto a otras personas, que, resuelta la identificación, se revelan también como mi yo. Debo entonces, por medio de esa identificación, unir con mi yo ciertas representaciones a cuya aceptación la censura se opuso. Por tanto, puedo figurar mi yo en un sueño varias veces, una vez directamente, y otras por medio de la identificación con personas extrañas. Y con varias de tales identificaciones puede condensarse un material de pensamientos enormemente rico.[22] Que el yo propio aparezca en un sueño varias veces o se presente en diversas configuraciones no es, en el fondo, más asombroso que el hecho de que esté contenido varias veces en un pensamiento conciente, y en diferentes lugares o dentro de diversas relaciones, por ejemplo, en esta oración: «Si *yo* pienso en el niño sano que *yo* fui».[23]

En el caso de lugares designados con nombres propios, la resolución de las identificaciones se perfila con mayor claridad todavía que en el de las personas. En efecto, aquí desaparece la perturbación que introduce el yo prepotente en el sueño. En uno de mis sueños sobre Roma (cf. pág.

[21] [*Nota agregada* en 1925:] Cf. pág. 279, *n*. 33.

[22] Cuando estoy en duda acerca de cuál de las personas que aparecen en el sueño oculta a mi yo, me atengo a la siguiente regla: Es la persona que en el sueño experimenta un afecto que yo, como durmiente, siento.

[23] [Esta oración se agregó en 1925. El tema se trata más ampliamente en «Observaciones sobre la teoría y la práctica de la interpretación de los sueños» (Freud, 1923*c*), *AE*, **19**, pág. 122.]

210), el lugar en que me encuentro se llama Roma; pero me asombra la multitud de carteles en alemán que hay fijados en una esquina. Esto último es un cumplimiento de deseo, respecto del cual enseguida me acuerdo de Praga; y el deseo mismo quizá nació en un período juvenil, hoy superado, de nacionalismo alemán.[24] Para la época en que soñé, tenía en vista un encuentro en Praga con mi amigo [Fliess]; la identificación entre Roma y Praga se explica entonces por una relación de comunidad deseada; me gustaría más encontrar a mi amigo en Roma que en Praga, me gustaría permutar Praga por Roma para ese encuentro.

La posibilidad de crear formaciones mixtas está en primera línea entre los rasgos que tan a menudo confieren a los sueños un cuño fantástico, por cuanto introducen en el contenido onírico elementos que nunca podrían ser objeto de percepción.[25] El proceso psíquico que se sigue en la creación de formaciones mixtas de los sueños es manifiestamente el mismo que el de la vigilia cuando nos representamos o dibujamos un centauro o un dragón. La única diferencia está en que la creación fantástica de la vigilia se rige por la impresión que intencionadamente quiere alcanzarse con el producto nuevo, mientras que la formación mixta del sueño está determinada por un factor extrínseco a su configuración: lo común en los pensamientos oníricos. La formación mixta del sueño puede producirse de maneras muy diversas. En la variedad lograda con menos arte, sólo se figuran las propiedades de una cosa, y además se sabe que esta figuración vale también para otro objeto. Una técnica más puntillosa reúne rasgos de uno y de otro objeto en una nueva figura, valiéndose para ello habilidosamente, por ejemplo, de las semejanzas que ambos objetos ya presentan en la realidad. La nueva formación puede parecer por entero absurda o bien un logro de la fantasía, según el material y el ingenio de la composición. Si los objetos que han de condensarse en una unidad son demasiado dispares, el trabajo del sueño suele limitarse a crear una formación mixta dotada de un núcleo más nítido al que se añaden determinaciones más desdibujadas. En tal caso, la reunión en una sola imagen ha fracasado, por así decir; las dos figuraciones se superponen y producen como una competencia entre las imágenes visuales. Podríamos obtener figuraciones parecidas en una representación gráfica si nos empeñáramos en ilus-

[24] [Cf. el sueño del conde Thun, págs. 223 y 226.]
[25] [Algunos ejemplos divertidos de esto se ofrecen en *Sobre el sueño* (1901a), *infra*, **5**, págs. 635-6.]

trar la formación de un concepto a partir de imágenes perceptivas individuales.

Desde luego, los sueños son almácigo de tales productos mixtos; ya comuniqué algunos ejemplos en los sueños analizados hasta aquí; ahora agregaré otros. En el sueño que describe «con una metáfora» {«*durch die Blume*»} o «alegóricamente» {«*verblümt*»} la peripecia de vida de la paciente, sobre el cual se informa *infra*,[26] el yo del sueño lleva en la mano una rama florida, que, como averiguamos, significa al mismo tiempo inocencia y pecaminosidad sexual. Además, y por el modo en que tiene las flores, esa rama recuerda a flores de *cerezo*; las flores mismas, tomadas por separado, son *camelias*, por lo cual el todo deja todavía la impresión de una planta *exótica*. Lo común a los elementos de este producto mixto resulta de los pensamientos oníricos. La rama florida se compone de alusiones a obsequios que la movieron o quisieron moverla a mostrarse complaciente. En la niñez fueron las *cerezas*, y en años posteriores una planta de *camelias*; lo *exótico* alude a un naturalista que había viajado mucho y que quiso conquistar sus favores dibujando unas flores. — Otra paciente se crea en el sueño una cosa intermedia entre las *casetas* de los baños de mar, los *escusados* del campo y los *desvanes* de nuestras viviendas urbanas. Los dos primeros elementos tienen en común la relación con la desnudez y el desvestirse; por su composición con el tercer elemento se infiere que también un desván fue (en la infancia) el escenario de un desnudamiento. — Un soñante[27] se procura un lugar mixto combinando dos sitios donde se practica la *Kur*: mi consultorio y el local público donde conoció a su mujer.* — Una muchacha, luego de que su hermano mayor le prometió convidarla con caviar, sueña que este hermano tiene las piernas como brotadas con las *huevas negras del caviar*. Los elementos «*contagio*» en sentido moral y el recuerdo de una *erupción* que, siendo niña, hizo que sus piernas apareciesen brotadas de puntitos no negros sino *rojos*, se reúnen aquí con las *huevas de caviar* en un nuevo concepto: el de «*lo que ella ha recibido de su hermano*». Partes del cuerpo humano son tratadas en este sueño como objetos, como por lo demás suele ocurrir en los sueños. — En uno comunicado por Ferenczi [1910*a*] [28] aparece un producto mixto compuesto por la persona de un

[26] [En **5**, págs. 353 y sigs., y también *supra*, pág. 324.]
[27] [Esta oración se agregó en 1909.]
* {«*Kur*» es tanto «cura» como «cortejo» (en el sentido de «cortejar» a una mujer).}
[28] [El resto de este párrafo se agregó en 1911.]

médico y un *caballo*, y que además llevaba una *camisa de dormir*. Lo común a estos tres ingredientes se reveló en el análisis, después que la camisa de dormir se reconoció como alusión al padre de la soñante en una escena infantil. En los tres casos se trataba de objetos de su curiosidad sexual. De pequeña, muchas veces su niñera la había llevado consigo a la caballeriza militar, donde tuvo oportunidad de satisfacer abundantemente su curiosidad —por entonces no inhibida aún—.

Antes afirmé [pág. 324] que el sueño no tiene ningún medio de expresar la relación de la contradicción, la oposición, el «no». Ahora paso a contradecir por primera vez esa afirmación.[29] Según vimos, una parte de los casos que pueden agruparse bajo «oposición» son figurados simplemente por vía de identificación: ello sucede cuando a la contraposición puede conectarse una permutación, un remplazo. Repetidas veces hemos citado ejemplos de esto. Otra parte de las oposiciones incluidas en los pensamientos oníricos, que cae bajo la categoría de *«lo inverso, lo contrario»*, logra figurarse en el sueño de la siguiente manera, asombrosa y casi se diría chistosa. Lo «inverso» no llega como tal al contenido onírico, sino que exterioriza su presencia en el material por el hecho de que se *invierte* —como con posterioridad— un fragmento ya configurado del contenido onírico, que fue arrimado a este por otras razones. Ilustrar este proceso es más fácil que describirlo. En el bello sueño *«trepar a lo alto y descender bajo»* (págs. 292 y sigs.), la figuración onírica del trepar está invertida respecto del modelo incluido en los pensamientos oníricos, a saber, la escena introductoria de *Safo*, de Daudet; en el sueño se avanza primero con dificultad y después aliviadamente, mientras que en aquella escena el ascenso es primero liviano, y después cada vez más pesado. También el «arriba» y el «abajo» respecto del hermano se figuran en el sueño trastornados. Esto apunta a una relación de inversión o de oposición existente entre dos fragmentos del material incluido en los pensamientos oníricos, y la descubrimos en lo siguiente: en la fantasía infantil del soñante él era cargado en brazos por su nodriza, a la inversa que en la novela, donde el héroe lleva a su amada. También mi sueño sobre el ataque de Goethe al señor M.[30] contiene un «a la inversa» semejante,

---

[29] [Lo hace nuevamente *infra*, pág. 341, y 5, pág. 434.]
[30] Cf. *infra* [5, págs. 438 y sigs.]

que es preciso enderezar para lograr la interpretación del sueño. En este, Goethe ha atacado a un joven, el señor M.; en la realidad, según está contenido en los pensamientos oníricos, un hombre importante, mi amigo [Fliess], fue atacado por un joven autor desconocido. En el sueño cuento desde la fecha de la muerte de Goethe; en la realidad, la cuenta parte del año de nacimiento del paralítico. El pensamiento decisivo en el material onírico resulta ser la contradicción a la idea de que Goethe sea tratado como si fuese un mentecato. A la inversa, dice el sueño, si tú no comprendes el libro, eres tú [el crítico] el imbécil, no lo es el autor. En todos estos sueños de inversión paréceme contenida una referencia al giro despectivo «volver la *espalda* a uno» (cf. la inversión con respecto al hermano, en el sueño de *Safo* [pág. 295]). Digna de señalarse, por otra parte,[31] es la frecuencia con que se usa la inversión precisamente en sueños sugeridos por mociones homosexuales reprimidas.

La inversión,[32] mudanza en lo contrario, es por lo demás uno de los medios de figuración preferidos por el trabajo del sueño, y susceptible del uso más multilateral. Ante todo, sirve para imponer la vigencia del cumplimiento de deseo respecto de un elemento determinado de los pensamientos oníricos. «¡Ojalá hubiera ocurrido lo inverso!» es a menudo la mejor forma de expresar la reacción del yo frente a un recuerdo penoso. Pero, además, la inversión cobra valor particular al servicio de la censura: ella infunde a lo que ha de figurarse una medida de desfiguración {dislocación} que al comienzo paraliza sin más la comprensión del sueño. Por eso, cuando un sueño nos niega con obstinación su sentido, estamos autorizados, en todos los casos, a tantear con la inversión de determinados fragmentos de su contenido manifiesto; haciéndolo, no raras veces todo se aclara enseguida.

Junto a la inversión del contenido, no ha de descuidarse la inversión temporal. Una técnica muy común de la desfiguración onírica consiste en figurar el final del asunto o la conclusión de la ilación de pensamiento al inicio del sueño, y en diferir hasta el final de este las premisas del razonamiento o las causas de lo acontecido. Por eso la tarea de interpretar el sueño sumirá en la perplejidad a quien no haya reparado en este recurso técnico de la desfiguración onírica.[33]

---

[31] [Esta oración se agregó en 1911.]

[32] [Este párrafo y el siguiente se agregaron en 1909.]

[33] [*Nota agregada* en 1909:] De esta misma técnica de la inversión temporal se sirve muchas veces el ataque histérico para ocultar

Y aun en muchos casos [34] sólo se recupera el sentido del sueño tras practicar múltiples inversiones siguiendo relaciones diferentes. Por ejemplo, en el sueño de un joven neurótico obsesivo el recuerdo del deseo infantil de muerte del padre temido se oculta tras el siguiente texto: *Su padre lo increpa porque él llega a casa a hora demasiado tardía*. Pero sucede que el contexto de la cura psicoanalítica y las ocurrencias del soñante prueban que debió decir primero que *está enojado con el padre*, y después que el padre en todo caso llegó *demasiado temprano* (es decir, demasiado pronto) a casa. Habría preferido que el padre no llegara nunca a casa, lo que es idéntico al deseo de que el padre muera (cf. págs. 263-4). Es que el soñante, de pequeño, durante una larga ausencia del padre se había hecho culpable de una agresión sexual contra otra persona, y lo castigaron entonces con esta amenaza: «¡Espera a que vuelva tu padre y verás!».

Si queremos seguir ahondando en la relación entre contenido y pensamientos oníricos, lo mejor que podemos hacer es tomar ahora al sueño mismo como punto de partida y preguntarnos por la intencionalidad de ciertos caracteres formales de la figuración onírica con respecto a los pensamientos del sueño. Entre estos caracteres formales que no pueden menos que llamarnos la atención en el sueño se cuentan, ante todo, las diferencias de intensidad sensorial entre productos oníricos singulares, y de nitidez entre partes de sueños o entre sueños enteros, comparados entre sí. Las diferencias de intensidad entre productos oníricos sin-

al espectador su sentido. Por ejemplo, una muchacha histérica figuraba en un ataque una pequeña novela que ella había fantaseado en su inconcente tras un encuentro con un hombre en el ferrocarril metropolitano. En la fantasía, él, atraído por la belleza de su pie, la interpelaba mientras ella leía; después se iba con él y vivenciaba una apasionada escena de amor. Su ataque se iniciaba con la figuración de esta última mediante las convulsiones (movimientos de los labios como para besar, entrelazamiento de los brazos como para abrazar); después corría a otra habitación, se sentaba en una silla, levantaba su vestido para enseñar el pie, hacía como si estuviera leyendo un libro y me interpelaba (es decir, me respondía). [Freud vuelve a mencionar este caso en sus «Apreciaciones generales sobre el ataque histérico» (1909*a*), *AE*, **9**, pág. 208.] — [*Agregado* en 1914:] Cf. sobre esto la observación de Artemidoro: «En la interpretación de historias soñadas es preciso avanzar desde el principio hasta el final algunas veces, y otras veces desde el final hasta el principio...». [Libro I, capítulo XI; cita tomada por Freud de la traducción de Krauss (1881), pág. 20.]
[34] [Este párrafo se agregó en 1911.]

gulares recorren toda una escala: desde un fuerte realce, que nos inclinamos —aunque sin certeza— a poner por encima del de la realidad, hasta una enfadosa borrosidad, que suele juzgarse característica del sueño porque en verdad no puede asimilársela por completo a ninguno de los grados de desdibujamiento que ocasionalmente percibimos en los objetos de la realidad. Además, solemos calificar la impresión que recibimos de un objeto onírico desdibujado como «fugaz», mientras que de las imágenes oníricas más nítidas creemos que se han mantenido durante mayor tiempo en la percepción. Cumple buscar ahora las condiciones del material onírico que han engendrado esta diferencia en la vivacidad de los fragmentos singulares del contenido onírico.

Primero tenemos que salir al paso de ciertas expectativas que parecen inevitables. Puesto que entre el material del sueño pueden contarse también sensaciones reales sobrevenidas mientras se duerme, probablemente se supondrá que ellas, o los elementos oníricos que engendran, han de resaltar en el contenido del sueño con particular intensidad; o a la inversa, que aquello que en el sueño resulte llamativo por su particular intensidad habrá de remontarse a esas sensaciones reales. Mi experiencia nunca ha corroborado esto. No es cierto que los elementos del sueño que son retoños de impresiones reales sobrevenidas mientras se duerme (estímulos nerviosos) descuellen por su vivacidad sobre los otros, los que provienen de recuerdos. El factor de la realidad no cuenta para la determinación de la intensidad de las imágenes oníricas.

Además, alguien podría presuponer que la intensidad sensorial (vivacidad) de las imágenes oníricas singulares tiene alguna relación con la intensidad psíquica de los elementos que les corresponden dentro de los pensamientos oníricos. En estos últimos, intensidad coincide con valencia psíquica; los elementos más intensos no serían otros que los más significativos, los que constituyen el centro de los pensamientos oníricos. Ahora bien, nosotros sabemos que precisamente estos elementos, por causa de la censura, casi nunca son acogidos en el contenido onírico. Pero podría suceder que sus retoños más inmediatos que los subrogan en el sueño cobrasen un alto grado de intensidad sin que por eso hubieran de constituir el centro de la figuración onírica. También este presupuesto, no obstante, es destruido por el estudio comparativo del sueño y el material onírico. La intensidad de los elementos en uno nada tiene que ver con esa intensidad en el otro; entre material onírico y sueño ocurre de hecho

334

una total «*subversión de todos los valores psíquicos*».[35] Y aun es frecuente que un retoño directo de lo que en los pensamientos oníricos ocupa un lugar dominante pueda descubrirse en un elemento del sueño, vaporoso y fugitivo, tapado por imágenes más potentes.

La intensidad de los elementos del sueño se muestra determinada de otro modo, y por dos factores independientes entre sí. Primero, es fácil ver que se figuran con particular intensidad aquellos elementos por los cuales se expresa el cumplimiento de deseo.[36] Y después el análisis enseña que de los elementos más vívidos del sueño parten la mayoría de las ilaciones de pensamiento; que esos elementos más vívidos son, al mismo tiempo, los más determinados. No alteramos el sentido de este último enunciado, que obtuvimos empíricamente, si le damos la siguiente forma: Máxima intensidad muestran aquellos elementos del sueño para cuya formación se precisó del más vasto *trabajo de condensación*.[37] Tenemos derecho a esperar, entonces, que esta condición, junto con la otra, la del cumplimiento de deseo, se expresen en una fórmula única.

Quisiera que el problema que ahora empecé a tratar, el de las causas de la mayor o menor intensidad o nitidez de los elementos oníricos singulares, no se embrollase con un problema distinto, el que se refiere a la variable nitidez de sueños enteros o de tramos de sueños. En un caso, nitidez se opone a borrosidad, y en el otro, a confusión. Empero, es innegable que el incremento y el decremento de las cualidades ocurren al mismo paso en las dos escalas. Una parte del sueño, que se nos presenta clara, contiene las más de las veces elementos intensos; un sueño oscuro se compone, al contrario, de elementos menos intensos. No obstante, el problema que ofrece la escala que va desde lo que aparece claro hasta lo oscuro-confuso es más complejo que el de las variaciones de los elementos oníricos en cuanto a vivacidad; todavía no podemos abordar aquí su elucidación, por razones que después detallaremos.[38]

En algunos casos se observa, no sin asombro, que la impresión de claridad o de falta de nitidez que nos deja un sueño nada significa respecto de su ensambladura, sino que

35 [Alusión al célebre *leitmotiv* del ataque lanzado por Nietzsche contra el cristianismo.]
36 [Cf. *infra*, **5**, págs. 553-4.]
37 [Cf. *infra*, **5**, págs. 584-5.]
38 [Cf. *infra*, **5**, pág. 496.]

brota del material onírico como un ingrediente de este. Así, recuerdo un sueño que, cuando cobré el sentido, me pareció tan bien ensamblado, tan claro y sin lagunas, que aún no del todo despierto me propuse crear una nueva categoría de sueños que no estarían sometidos al mecanismo de la condensación y del desplazamiento, sino que podrían designarse como «fantasías sobrevenidas durante el dormir». Un examen más atento reveló que este sueño raro mostraba en su ensambladura los mismos desgarramientos y saltos que cualquier otro; abandoné, pues, la categoría de las fantasías oníricas.[39] Sintetizo el contenido del sueño: yo proponía a mi amigo [Fliess] una teoría sobre la bisexualidad, teoría difícil y largamente buscada, y al deseo que pugnaba por cumplirse en el sueño debe imputarse que dicha teoría (que por lo demás no se comunicaba en el sueño) nos pareciese clara y sin lagunas. Lo que yo tuve por un juicio sobre el sueño terminado no era sino un fragmento, y por cierto el fragmento esencial, del contenido onírico. El trabajo del sueño invadió en ese caso, por así decir, los primeros pensamientos de la vigilia, y me trasmitió como *juicio* sobre el sueño aquel fragmento del material onírico cuya figuración precisa no había logrado en el sueño.[40] Un perfecto correspondiente de esto me lo proporcionó una paciente: primero por nada del mundo quiso contarme un sueño que tuvo durante el tratamiento, porque «es tan oscuro y tan confuso...», y por último lo contó bajo repetidas protestas de que no estaba segura de lo que exponía; en el sueño entraban varias personas —ella, su marido y su padre— y era como si no hubiera sabido a ciencia cierta si su marido era su padre o quién era verdaderamente su padre o algo así. La confrontación de este sueño con las ocurrencias que ella tuvo en la sesión reveló sin lugar a dudas que se trataba de la historia, bastante corriente, de una muchacha de servicio que debió confesar que esperaba un hijo y hubo que oírle decir que estaba en duda sobre «quién era el verdadero padre (de la criatura)».[41] Por consiguiente, la falta de claridad que mostraba el sueño era también un fragmento del material que lo suscitó. Un fragmento de ese contenido había sido figu-

[39] [*Nota agregada* en 1930:] No estoy seguro, ahora, de haber obrado correctamente. [Freud argumenta en favor de la existencia de tal categoría en su artículo «Sueño y telepatía» (1922*a*), *AE*, **18**, pág. 200.]

[40] [Este tema se trata en forma más completa *infra*, **5**, págs. 444 y sigs.]

[41] Síntomas histéricos concomitantes: amenorrea y gran depresión (el principal padecimiento de esta enferma). [Este sueño se examina *infra*, **5**, págs. 444-5.]

rado en la *forma* del sueño. *La forma del sueño o del soñar se usa con asombrosa frecuencia para figurar el contenido oculto.*[42]

Glosas sobre el sueño, observaciones en apariencia inofensivas sobre él, sirven harto a menudo para ocultar de la manera más refinada un fragmento de lo soñado, al par que en verdad lo revelan. Por ejemplo, un soñante manifiesta: «Aquí el sueño se *borra* {*verwischen*; *wischen*: restregar, limpiar}», y el análisis saca a luz la reminiscencia infantil de una vez que *espió* con las orejas a una persona que se limpiaba después de defecar. También lo ilustra otro caso, que merece comunicarse con detalle: Un hombre joven tiene un sueño muy claro; le recuerda fantasías de sus épocas de muchachito, que han permanecido concientes en él: anochece, él se encuentra en un hotel de vacaciones, equivoca el número de su habitación y entra en una pieza donde una señora mayor y sus dos hijas se desvisten para meterse en cama. Y prosigue: «*Entonces hay unas lagunas en el sueño, ahí falta algo*, y al final apareció un hombre en la habitación; quiso echarme de allí y tuve que pelear con él». En vano se empeña en recordar el contenido y el propósito de aquella fantasía de muchachito a que el sueño manifiestamente alude. Pero al final caemos en la cuenta de que el contenido buscado ya está presente en la manifestación sobre el pasaje oscuro del sueño. Las «lagunas» son las aberturas genitales de las mujeres que están por meterse en cama: «ahí falta algo» describe el carácter principal de los genitales femeninos. De muchacho lo consumía el apetito de saber {*Wissbegierde*}, de ver los genitales de una mujer, y entonces todavía se inclinaba a creer en la teoría sexual infantil que atribuye a la mujer la posesión del miembro masculino.

De manera enteramente parecida se revistió una reminiscencia análoga de otro soñante.[43] He aquí su sueño: *Voy con la señorita K. al restaurante del Volksgarten*... viene luego un pasaje oscuro, una interrupción..., *después me encuentro en la sala de un burdel, donde veo a dos o tres mujeres, una de ellas en camisa y calzón.*

ANÁLISIS: La señorita K. es la hija de un jefe que él tuvo antes y es, según admite, un sustituto de la hermana. Tuvo muy pocas ocasiones de hablar con ella, pero una vez

---

[42] [La última oración se agregó en 1909, y desde 1914 en adelante se la destacó mediante tipografía espaciada. El párrafo siguiente se agregó en 1911.]

[43] [Este párrafo y los dos siguientes se agregaron en 1914.]

hubo un coloquio entre ellos en el que «cada uno reconoció, por así decir, su sexo, como si uno dijese: Yo soy hombre y tú eres mujer». En el restaurante indicado sólo estuvo en una oportunidad acompañando a la hermana de un cuñado, una muchacha que le era por completo indiferente. Otra vez acompañó a un grupo de tres damas hasta la entrada de ese restaurante. Las damas eran su hermana, su cuñada y la hermana de su cuñado, ya mencionada; las tres le eran en extremo indiferentes, pero todas pertenecían a la clase de «las hermanas». Rara vez ha visitado burdeles, quizás en dos o tres ocasiones durante toda su vida.

La interpretación se apoyó en el «*pasaje oscuro*», la «*interrupción*» del sueño. Se averiguó que de muchacho, en su apetito de saber, había inspeccionado, aunque sólo contadas veces, los genitales de su hermana, unos años menor que él. Días después tuvo el recuerdo conciente del desaguisado a que aludía el sueño.

Todos los sueños de una misma noche pertenecen por su contenido a una misma totalidad; su división en varios fragmentos, el modo en que se agrupan y su número, todo eso rebosa de sentido y puede considerarse parte de la comunicación que proviene de los pensamientos oníricos latentes.[44] En la interpretación de sueños que constan de varios fragmentos principales o, en general, de aquellos que corresponden a una misma noche no puede echarse a olvido la posibilidad de que esos diversos sueños, que se siguen unos a otros, signifiquen lo mismo, expresen en un material diferente mociones idénticas. De estos sueños homólogos, el primero de la serie es a menudo el más desfigurado y pudoroso, y el que le sigue, más atrevido y nítido.

Ya el sueño bíblico del Faraón, el sueño de las mieses y las vacas interpretado por José, era de este tipo. En Josefo (*Antiquitates Judaicae* {Antigüedades judías}, libro II, capítulos 5 y 6) lo encontramos relatado con más detalle. Después que el rey contó el primer sueño, dijo: «Luego de esta primera visión onírica desperté inquieto y me puse a reflexionar sobre lo que pudiera significar, pero estando en eso volví a dormirme poco a poco y tuve un segundo sueño, mucho más extraño, que me infundió un terror y me pro-

---

[44] [Esta oración se agregó en 1909; el resto del presente párrafo, y los tres siguientes, en 1911. Freud se ocupa nuevamente del tema al final de la 29ª de sus *Nuevas conferencias de introducción al psicoanálisis* (1933a), *AE*, **22**, pág. 25. Ya lo había tocado *supra*, págs. 320 y sigs., y vuelve a hacerlo *infra*, **5**, págs. 405, 443, *n.* 26, y 519.]

vocó una confusión todavía mayores». Escuchado el relato del sueño, dijo José: «Tu sueño, ¡oh rey!, es por su apariencia otro, pero las dos visiones tienen un solo significado».

Jung, en «Ein Beitrag zur Psychologie des Gerüchtes» (1910*d*), cuenta el modo en que el sueño disfrazadamente erótico de una colegiala fue comprendido, sin que mediase interpretación, por sus amigas, quienes lo resoñaron con variantes. Y respecto de uno de estos relatos del sueño observa que «el pensamiento final de una larga serie de imágenes oníricas contiene precisamente aquello que se intentó figurar ya en la primera imagen de la serie. La censura aparta al complejo a la mayor distancia posible mediante renovados encubrimientos simbólicos, desplazamientos, disfraces inocentes, etc.» (*ibid.*, pág. 87). Scherner conoció bien esta propiedad de la figuración en los sueños y la describe, dentro de su doctrina de los estímulos de órgano [cf. *supra*, págs. 107-8], como una ley particular (1861, pág. 166): «Pero en definitiva la fantasía, en todas las formaciones oníricas simbólicas que parten de estímulos nerviosos determinados, obedece a una ley de validez universal: al comienzo del sueño ella pinta el objeto estimulador sólo en las alusiones más lejanas y libres, pero al final, supuestamente cuando se agotó su caudal pictórico, pinta en toda su desnudez al estímulo mismo, al órgano que le corresponde o a su función, con lo cual el sueño, habiendo designado a su ocasión orgánica, toca a su fin...».

Una bella confirmación de esta ley de Scherner es la ofrecida por Otto Rank (1910*a*). Comunica este el sueño de una muchacha, que se componía de dos sueños separados en el tiempo y habidos en una misma noche; el segundo concluyó con una polución {*Pollution*}. Este sueño de polución pudo ser interpretado hasta los detalles renunciando casi a las contribuciones de la soñante, y la multitud de recíprocas referencias que presentaban los dos contenidos oníricos permitió reconocer que el primer sueño expresaba, con figuración pudorosa, lo mismo que el segundo, de manera que este, el sueño de polución, hubo de ayudar a la explicación plena del primero. A partir de estos ejemplos, y con buen derecho, Rank elucida la significación de los sueños de polución para la teoría del soñar en general.[45]

No obstante, según mi experiencia, sólo en pocos casos estamos en condiciones de reinterpretar la claridad o la con-

45 [Cf. *infra*, **5**, págs. 404 y sigs.]

fusión del sueño por la presencia de una certeza o una duda en el material onírico. Después habré de revelar el factor de la formación del sueño, hasta aquí no mencionado, de cuya influencia depende en lo esencial esta escala de cualidades.[46]

En muchos sueños en que la misma situación e idéntico escenario persisten durante algún tiempo, sobrevienen interrupciones que son descritas con las siguientes palabras: «Pero después es como si fuera simultáneamente otro lugar, y allí sucediera esto y aquello». Eso que así interrumpe el tratamiento principal del sueño, el cual puede proseguirse luego de un momento, resulta ser en el material onírico una oración incidental, un pensamiento intercalado. La cláusula condicional incluida en los pensamientos oníricos se figura en el sueño por simultaneidad (el «si...» se convierte en «cuando...»).

¿Qué significa la sensación, que tantas veces se produce en sueños, de no poder movernos, y que tanto se aproxima a la angustia? Queremos avanzar y no nos movemos del sitio, queremos ejecutar algo y chocamos con obstáculos que nos lo impiden. El tren ya se pone en movimiento, y no podemos alcanzarlo; levantamos la mano para vengar una ofensa, y la mano no nos responde, etc. Ya tropezamos con esta sensación a raíz de los sueños de exhibición [págs. 253 y sigs.; cf. también pág. 293], pero todavía no hemos hecho un serio intento de interpretarla. Es fácil, pero insuficiente, responder que mientras se duerme prevalece una parálisis motriz que se hace notar por medio de la sensación mencionada. Tenemos derecho a preguntar: ¿Por qué entonces no se sueña permanentemente con tales inhibiciones del movimiento?, y podemos conjeturar que esta sensación que se engendra en todo momento mientras dormimos sirve a fines cualesquiera de la figuración, y sólo se la convoca cuando el material onírico necesita ser figurado de esa manera.

El no-poder-consumar-nada no siempre emerge en el sueño como sensación, sino a veces simplemente como fragmento del contenido onírico. Juzgo a uno de estos casos particularmente apto para esclarecernos sobre la intencionalidad de este requisito del sueño. Comunicaré de manera abrevia-

[46] [Cf. infra, 5, pág. 496.]

da un sueño en que yo aparezco culpado {*beschuldigt*}* de deslealtad. *El escenario es una mezcla de un sanatorio privado y varios otros locales. Aparece un servidor que me llama para una revisión. En el sueño yo sé que se ha echado de menos algo y la revisión se hace por la sospecha de que yo me apropié de lo que se perdió.* El análisis muestra que «revisión» ha de tomarse en doble sentido, e incluye examen médico. *Conciente de mi inocencia {Unschuld} y de mi función de médico de consulta en ese instituto, marcho {gehen} tranquilo con el servidor. En una puerta nos recibe {empfängen} otro servidor, que dice, señalándome: «Lo ha traído usted a él, él es un hombre decente {decoroso}». Entro después sin servidor a una gran sala donde hay máquinas y que me recuerda a un «Inferno» con sus faenas de diabólicos castigos. Encepado en un aparato veo a un colega que tendría todas las razones para hacer caso de mí; pero no repara en mí. Dicen entonces que ahora puedo marcharme {gehen}. Pero no encuentro mi sombrero y no puedo marcharme.*

Es manifiesto en el sueño el cumplimiento de deseo: que me reconozcan como hombre honrado y me dejen marcharme; por tanto, en los pensamientos oníricos tiene que haber diversos materiales que contengan la contradicción a ello. Que tenga permiso para marcharme es el signo de mi absolución; y entonces, si el sueño trae al final un acontecimiento que suspende mi marcha, cabe inferir que en este rasgo se impone el material, sofocado, de esa contradicción. Que yo no encuentre el sombrero significa, entonces: «Después de todo no eres un hombre honrado». El no-poder-consumar-nada del sueño es una *expresión de contradicción*, un «*no*», por lo cual debemos corregir nuestra anterior afirmación [pág. 324] según la cual el sueño no puede expresar el no.[47]

---

* {En lo que sigue incluimos las voces alemanas derivadas de «*Schuld*» = «culpa, deuda», indicando los juegos de palabras; véase la repetición de «*gehen*», que traducimos por «marchar», y considérese que «*empfängen*» puede significar «concebir».}

[47] En el análisis completo surgía una referencia a una vivencia de mi infancia, a través del siguiente eslabón: «*Der Mohr hat seine Schuldigkeit getan, der Mohr* kann gehen» {«El Moro ha hecho su menester, el Moro puede *ir (gehen)*»}. [Schiller, *Fiesco*, acto III, escena 4. — «*Schuldigkeit*» («menester») es un error en la cita, en lugar de «*Arbeit*» («trabajo»).] Y después una pregunta en broma: «¿Qué edad tenía el Moro cuando hizo su menester?». «Un año, pues puede andar {*gehen*}». (Parece que vine al mundo con un cabello negro tan enmarañado que mi joven madre declaró que era un pequeño moro.) — El que yo no encuentre el sombrero es una vivencia diurna empleada con varios sentidos. Nuestra mucama, genial para guardar las cosas, lo había escondido. — También se oculta, tras el final de este sueño, el rechazo de unas tristes ideas de muerte: Yo todavía no

En otros sueños, donde el no-poder-consumar un movimiento ocurre como sensación y no meramente como situación, esa misma contradicción es expresada con más fuerza por la sensación de movimiento inhibido, como una volición a la que se opone una volición contraria. La sensación del movimiento inhibido figura, por tanto, un *conflicto de la voluntad*. [Cf. pág. 256.] Después sabremos[48] que precisamente la parálisis motriz que acompaña al dormir se cuenta entre las condiciones fundamentales del proceso psíquico que ocurre mientras se sueña. Ahora bien, el impulso trasferido a las vías motrices no es otra cosa que la volición, y el hecho de que estemos ciertos de percibir este impulso, mientras dormimos, como inhibido hace que todo el proceso se vuelva tan excepcionalmente apto para figurar la *voluntad* y el «*no*» que se le opone. La explicación que yo doy a la angustia permite entender también con facilidad que la sensación de voluntad inhibida se avecine tanto a la angustia y tan a menudo se conecte con ella en sueños. La angustia es un impulso libidinoso que parte de lo inconciente y es inhibido por lo preconciente.[49] Por eso toda vez que en sueños la sensación de inhibición se conecta con la angustia tiene que estar en juego una volición que alguna vez fue capaz de desarrollar libido en torno de una moción sexual.

El significado[50] del juicio emergente durante un sueño: «Esto no es más que un sueño», y el poder psíquico a que haya de adscribírselo, son cosas que elucidaremos en otro lugar.[51] Anticiparé que está destinado a restar importancia a lo soñado. El interesante problema, afín a este, que consiste en averiguar lo que se expresa cuando cierto contenido se designa en el sueño mismo como «soñado», el enigma del «sueño en el sueño», ha sido resuelto en un sentido semejante por Stekel [1909, págs. 459 y sigs.], mediante el análisis de algunos ejemplos convincentes. La intención es

he hecho lo que debía; todavía no puedo irme. — Nacimiento y muerte, como en el sueño de Goethe y el paralítico, que había soñado poco tiempo antes. (Véase *supra*, pág. 332, e *infra*, **5**, págs. 438 y sigs. [y 447].)

[48] [Cf. *infra*, **5**, págs. 559-60.]

[49] [*Nota agregada* en 1930:] A la luz de intelecciones obtenidas posteriormente, esto ya no puede sostenerse. [Cf. *supra*, pág. 178, *n.* 30, y también *infra*, **5**, pág. 495, *n.* 17.]

[50] [Este párrafo (con excepción de la penúltima oración y de parte de la última) se agregó en 1911.]

[51] [Cf. *infra*, **5**, pág. 485.]

también desvalorizar a lo «soñado» del sueño, arrebatarle su realidad; lo que se sigue soñando después de despertar del «sueño dentro del sueño» es lo que el deseo onírico quiere poner en lugar de la realidad borrada. Puede entonces suponerse que lo «*soñado*» contiene la figuración de la realidad, el recuerdo real, y el sueño que sigue, al contrario, la figuración de lo que el soñante meramente desea. La inclusión de cierto contenido en un «sueño dentro del sueño» es equivalente a desear que ojalá lo así designado como sueño no hubiera ocurrido. Con otras palabras:[52] cuando un determinado hecho es situado [como un sueño] dentro de un sueño por el propio trabajo del sueño, ello implica la más decisiva corroboración de la realidad de ese hecho, su más fuerte *afirmación* {*Bejahung*: decir sí}. El trabajo del sueño usa al soñar mismo como una forma de repulsa [53] y así da testimonio de que el sueño es cumplimiento de deseo.

[52] [Esta oración se agregó en 1919.]
[53] [Lo que sigue en esta oración se agregó en 1919.]

343